U0568134

中國收藏拍賣年鑑

十石

CHINESE FINE ART &
ANTIQUES AUCTION
YEARBOOK 2019

中国 收藏 拍卖 年鉴
2019

文物出版社

主编 张自成

图书在版编目（CIP）数据

中国收藏拍卖年鉴.2019 / 张自成主编. -- 北京：
文物出版社，2020.4

ISBN 978-7-5010-6642-1

Ⅰ.①中… Ⅱ.①张… Ⅲ.①收藏－中国－ 2019 －年
鉴②拍卖－中国－ 2019 －年鉴 Ⅳ.① G894-54
② F724.59-54

中国版本图书馆 CIP 数据核字 (2020) 第 024706 号

中国收藏拍卖年鉴 2019

主　　编	张自成
责任编辑	陈　峰
装帧设计	王　鹏
责任印制	张　丽
出版发行	文物出版社
社　　址	北京市东直门内北小街 2 号楼
邮　　编	100007
网　　址	http://www.wenwu.com
邮　　箱	web@wenwu.com
经　　销	新华书店
制版印刷	天津图文方嘉印刷有限公司
开　　本	889mm×1194mm　1/16
印　　张	33.5
版　　次	2020 年 4 月第 1 版
印　　次	2020 年 4 月第 1 次印刷
书　　号	ISBN 978-7-5010-6642-1
定　　价	580.00 元

本书版权独家所有，非经授权，不得复制翻印

中国收藏拍卖年鉴 2019
专家顾问委员会

按姓氏笔画排列：

丁　孟　故宫博物院古器物部副主任、研究馆员，国家博物馆鉴定委员

王奇志　南京博物院副院长

王明明　中国美术家协会副主席，北京画院院长，第十二届全国政协常委

云希正　国家文物鉴定委员会委员，中国文物学会玉器研究会常务理事

孔繁峙　中国文物学会副会长，北京市文物鉴定委员会主任，北京市文物局原局长

田黎明　中国艺术研究院中国画院院长、博士生导师

冯　远　中央文史研究馆副馆长，中国文学艺术界联合会副主席，中国美术家协会副主席

吕成龙　故宫博物院古器物部副主任、研究馆员，故宫博物院古陶瓷研究中心秘书长

向德春　北京市文物局党组成员、副局长

苏士澍　中国书法家协会主席，文物出版社名誉社长，第十二届全国政协常委

杜廼松　中央文史研究馆馆员，中国收藏家协会顾问，故宫博物院研究馆员

李小可　中央文史研究馆馆员，北京画院艺术委员会主任，李可染艺术基金会理事长

李　刚　吉林省博物院院长

杨　新　中国收藏家协会专家委员会副主任，国家文物鉴定委员会委员，故宫博物院原副院长

励小捷　中国文物保护基金会理事长，国家文物局原局长

肖燕翼　国家文物鉴定委员会委员，故宫博物院原副院长

吴志友　北京孔庙和国子监博物馆馆长，中国孔庙保护协会常务副会长

邱宝昌　北京市律师协会副会长，中拍协法律咨询委员会委员

沈　鹏　中国收藏家协会顾问，中国书法家协会名誉主席

张忠义　中国书画艺术鉴定研究中心副主任，中国人民大学徐悲鸿艺术研究院研究员

陆宗润　旅日学者、卷轴书画修复专家，中国艺术研究院工笔画院副院长、硕士生导师

邵大箴　中央美术学院教授，中国美术家协会美术理论委员会名誉主任

余　辉　国家文物鉴定委员会委员，故宫博物院研究室主任、研究馆员

欧阳中石　首都师范大学教授、博士生导师，中国书法文化研究院名誉院长

尚　辉　中国美术家协会美术理论委员会主任，《美术》杂志社社长、主编、编审，博士生导师

郑　工　中国艺术研究院研究员及博士生导师，广州美术学院美术学研究中心主任、教授

罗伯健　中国收藏家协会会长

岳　峰　中国国家博物馆艺术品鉴定中心主任，中国收藏家协会专家委员会秘书长

哈　骏　北京市文物局市场处处长

郑欣淼　中国收藏家协会顾问，中华诗词学会会长，故宫博物院原院长

郎绍君　国家文物鉴定委员会委员，中国艺术研究院研究员

胡德生　国家文物鉴定委员会委员，故宫博物院研究馆员

耿宝昌　中国收藏家协会顾问，国家文物鉴定委员会副主任委员，中国古陶瓷学会名誉会长

徐庆平　中国人民大学徐悲鸿艺术研究院院长，徐悲鸿纪念馆副馆长，全国政协委员

阎崇年　北京社会科学院研究员，中国紫禁城学会副会长

彭卿云　中国文物学会名誉会长，国家文物局原副局长

蒋奇栖　中博协 MPR 专委会副主任兼秘书长

覃志刚　中国文学艺术界联合会原副主席，第十二届全国政协常委

舒小峰　北京市文物局党组书记、局长

詹长法　中国文物保护基金会秘书长，上海视觉艺术学院文物保护与修复学术委员会主任

熊光楷　中国收藏家协会顾问，上将，中国人民解放军原副总参谋长

薛永年　中央美术学院教授，中国美术家协会美术理论委员会主任

戴志强　国家文物鉴定委员会委员，中国钱币博物馆名誉馆长

中国收藏拍卖年鉴 2019
编辑委员会

名誉主编

励小捷　　张忠义

主　编

张自成

副主编

谭　平

编　委（按姓氏笔画排列）

王　戈　　向德春　　张自成　　张忠义

蒋奇栖　　谭　平

编辑中心

牛志萍　　周文昭　　仇　盛　孟　语

中国收藏拍卖年鉴 2019
指导单位

（排名不分先后）

南京博物院

四川博物院

河南博物院

福建博物院

吉林省博物院

湖北省博物馆

湖南省博物馆

浙江省博物馆

湘潭市博物馆

宜兴市博物馆

陕西历史博物馆

中国园林博物馆

北京奥运博物馆

广州艺术博物院

景德镇中国陶瓷博物馆

中国（海南）南海博物馆

北京孔庙和国子监博物馆

国家发展和改革委员会价格监测中心

国家发展和改革委员会信息中心

国家对外文化贸易基地（北京）

中国保险学会文化体育旅游专业委员会

北京易拍全球文物艺术品产业发展研究院

艺商传媒（北京）有限公司

2018 年是全面贯彻党的十九大精神的开局之年，也是改革开放四十周年，更是决胜全面建成小康社会、实施"十三五"规划承上启下的关键一年。这一年，国内外形势复杂严峻，经济出现新的下行压力。在以习近平同志为核心的党中央坚强领导下，全国各族人民以习近平新时代中国特色社会主义思想为指导，砥砺奋进，攻坚克难，经济运行保持增速。国内生产总值增长 6.6%，总量突破 90 万亿元。经济结构不断优化，消费拉动内需，深化改革，经济增长得以实现。

2018 年也是巩固发展国家文物局发布《国家文物事业发展"十三五"规划》的重要一年。在中共中央办公厅、国务院办公厅印发的《关于加强文物保护利用改革的若干意见》指导下，从坚定文化自信、传承中华文明、实现中华民族伟大复兴中国梦的战略高度，提高对文物保护、利用重要性的认识，增强责任感、使命感、紧迫感，进一步解放思想、转变观念，深化文物保护利用体制机制改革，加强文物政策制度顶层设计，切实做好文物保护利用各项工作。同时，积极应对文化市场发展新形势，不断提高文化市场管理水平；深刻把握文化产业面临的新机遇和新要求，提升文化产业发展质量和效益。

改革开放四十年以来，随着国民经济的快速发展和国民财富的积累，文物艺术品收藏、投资和消费市场发展迅速。研究表明，文物艺术品已经成为继房地产、股票之后的第三大投资品，更多的高净值人群、企业和机构将文物艺术品列为资产配置计划的重要组成部分。一方面，伴随着文物艺术精品的价格不断上涨，机构收藏参与市场愈加深入，文物艺术品高端市场从"散户市"向"机构市"的转变将成趋势。另一方面，大众对文物艺术品的关注度持续提升，随着消费结构从满足基本生活需求的生存型向享受型和发展型转变，具有创意设计和美学元素的商品在艺术品电商平台中深受追捧，大众消费升级的趋势明显。

中国经济在高速发展中进行结构调整，文物艺术品市场则在变化调整中砥砺前行。近年来，中国文物艺术品市场的格局在不断调整中逐渐走向成熟。但在现阶段仍然存在着行业生态不健康、管理不规范、专业人才匮乏、发展环境有待优化等问题，所以能够全面、准确、客观地认识当今文物艺术品市场现状以及发展趋势就显得尤为重要。

作为国内最早、最权威、影响力深远的收藏拍卖类年鉴，《中国收藏拍卖年鉴》自2017年改版之后，以更专业、更学术的面貌出现在大众面前，《年鉴》立足全球视野，以中国文物艺术品在全球拍卖行的真实交易大数据为依托，致力于全面、客观、公正地反映全球中国文物艺术品收藏和拍卖市场的真实状况及发展趋势。对于各相关机构及大众收藏，具有不可替代的参考价值，得到了社会广泛认可，政府相关部门、文博机构、国家级各大图书馆及高校均将其列为购藏书目。

《中国收藏拍卖年鉴（2019）》仍然沿用了上一年的编写体例，由中国文物艺术品市场综述、中国文物艺术品收藏市场报告、中国文物艺术品全球拍卖市场报告、重要拍品图录等八个章节组成。今年对前三章做了创新性调整：第一章主要从中国文物艺术品的一级市场、二级市场以及线上交易市场分别展开论述；第二章为新增的中国文物艺术品收藏市场报告，文中系统地对2018年国内大众收藏和机构收藏进行了梳理和分析，使读者更为全面立体地了解中国文物艺术品在各个领域的收藏情况。第三章特别增添了"中国瓷器全球指数"一节，丰富了对中国文物艺术品市场细分品类的指数研究。另外，在展示方式上与时俱进，进行了较大调整，将原第二章收藏与拍卖行业政策法规以在线阅读的方式呈现，提高读者的阅读体验。

作为《年鉴》最具独创性与特色的艺拍指数，今年将继续发挥其在大数据整合与应用的优势，在往年编纂成功的经验基础上，一如既往地对中国书画及油画市场进行分析，同时重点推出了徐悲鸿的艺术指数分析，新增的中国瓷器全球指数，从宏观市场与微观变量两个方面展开深入剖析，力求做到"致广大，尽精微"，争取全面客观地反映文物艺术市场真实状况，为读者提供真实可靠的决策参考。

《中国收藏拍卖年鉴》的编辑出版离不开国家相关部门及领导的支持和重视，知名专家与学者的指导和建议。蓦然回首，《中国收藏拍卖年鉴》已出版发行八年，八年中有积淀、有传承、有创新。时值中华人民共和国成立七十周年之际，藉此书为新中国华诞献礼，希望《年鉴》继往开来，办出水平，办出特色，继续为行业提供权威参考！

2019年7月于京

185 ········ 第四章 年度重要拍品图录

186 ········ 中国书画

278 ········ 油画及中国当代艺术

316 ········ 瓷玉杂项

368 ········ 收藏品

382 ········ 珠宝尚品

Chapter 1

Chinese Antique and Art Market Overview

第一章 中国文物艺术品市场综述

2018 市场总述
Market Overview In 2018

2018 年全球经济增长趋势放缓，经济格局发生重大变化，世界财富的分配更趋两极分化。根据国际货币基金组织 IMF 统计，2018 年世界经济增速为 3.7%，与 2017 年持平。其中发达经济体的增速为 2.4%，略高于 2017 年的 2.3%。除了美国经济表现亮眼，经济增速全年达到 3.1%，高于去年的 2.2% 外，其他经济体均受到不同程度的影响。新兴市场和发展中经济体 2018 年整体增速为 4.7%，与 2017 年持平。中国、欧元区、英国、日本等主要经济体增速较上一年均有所下行。

中美两大经济体贸易战于 3 月底拉开帷幕，导致全球经济遭受重创，供应链和价值链也相应作出了重大调整和重塑。伴随着美联储数次加息，欧洲央行亦步亦趋，逐步退出量化宽松政策。美元升值，对各国货币形成紧张压力，尤其是俄罗斯、印度、巴西等新经济体发展受阻，发展中国家也在艰难中行进。美国政府推行的关税政策，一定程度上损害了与其相关的贸易伙伴的利益，贸易保护情绪的上涨导致政策不确定性的上升，进而影响到全球投资的流动。投资者对经济前景信心下滑，制造业和贸易增速放缓。新兴市场生产力普遍低下，高额的金融负债增长，金融环境广泛趋紧。英国脱欧进程不确定，影响到欧洲其他国家金融等相关产业链发展，无形中也抑制了经济增速。

面对国际外部经济环境的巨大变化带来的压力，中国负重前行，坚持稳中求进，坚持新发展理念，坚持以供给侧结构性改革为主线，凝心聚力，攻坚克难，经济社会发展的主要预期目标较好完成，保持了经济稳健增长。据国家统计局核算，2018 年全年国内生产总值达 900,309 亿元，按可比价格计算，比上年增长 6.6%，实现了 6.5% 左右的预期发展目标。全国居民收入消费稳定增长，扣除价格因素实际增长 6.5%，快于人均 GDP 增速，与经济增长基本同步。

文物艺术品市场是经济发展的一面镜子，真实反映了全球经济的波动变化。与全球经济发展增速放缓的态势相一致，2018 年全球文物艺术品市场销售额虽有 6% 的同比增幅，但较 2017 年 12% 的同比增幅下跌了 50%，显现出增长动能乏力之象。2018 年度中国文物艺术品市场亦呈现出顺周期性波动，从交易总额来看，无论是全球市场交易还是区域市场交易，均同比 2017 年出现不同程度的下降；从消费层级结构来看，位于市场金字塔顶端的投资性消费比例缩小，市场整体下沉，大众消费市场容量扩增，使得整个市场结构更加稳定。

一 鼎足之势赓续，中国市场回落第三位

文物艺术品是人类独有的精神产品，凝结着创作者的心血和对世界的感知认识，集精神性与物质性于一身，因而具有审美价值、文化价值、历史价值和经济价值等。在资本市场，文物艺术品高回报率成为继股票、房地产之后的投资避险工具。其高附加值早已获得藏家的青睐，成为必备的资产配置。它不仅可以彰显藏家的文化积淀，艺术品位，提升审美意识，更可以提高社会文化身份，获得社会认可与尊重。因此，近年来，虽然经济形势时好时坏，文物艺术品市场却热度不减。

2018 年全球文物艺术品市场销售额达 674 亿美元，同比增长 6%。全球三大文物艺术品市场主体美国、英国和中国的销售额占全球市场总额的 84%。其中美国销售额达到 299 亿美元，占全球文物艺术品销售额的 44%，不容置疑占据首位，且达到美国文物艺术品市场有史以来的最高销售额；英国销售额逼近 140 亿美元，以 21% 的市场占有率获得第二位，虽然受到脱欧及未来不确定性的影响，但市场表现依然坚挺；中国销售额达到 129 亿美元，占据全球市场份额的 19%，同比下降了 3%[1]，回落到第三位。此全球文物艺术品市场"三国鼎立，轮流坐庄"的行业格局已形成多年，预计未来几年内不会发生大的改变。

2018 年度美国虽然处于国际贸易战的漩涡中心，但受益于美国政府实施推行的税改政策，刺激国内外需求，促进投资流动，推动了美国经济的高速扩张。被投行一致唱衰的美元，年内涨幅约 5%，反而成了今年主导全球市场的关键因素之一。长债利率涨势放缓，其经济增长和利率均高于其他主流经济体，令绝大多数主流货币均有不同程度的升值，也促进了美国文物艺术品市场前所未有的发展势头。

在中美贸易战中，与文物艺术品市场关联密切的要素集中在关税的调整之上。7月 10 号，美国政府提出只要是原产于中国，无论从世界任何港口出口的艺术品和古董需要征收 10% 关税，2019 年将升至 25%，并公布了原始关税清单。若此项提案通过，将终结美国长期以来对文物艺术品进口零关税的政策。对于中国文物艺术品市场、亚洲乃至欧美文物艺术品市场形成强烈高压。凡是拥有中国文物艺术品的藏家，均受到波及。而对于美国自身的艺术品市场，也并非有益。如果增收高额关税，持有中国文

1　Dr.Clare McAndrew,The Art Market 2019, An Art Basel & UBS Report,P16

物艺术品的藏家将因高关税而减少在美市场的送拍，从而选择保留藏品或流向其他低关税乃至零关税的国家，这将加大美国拍卖行的征集成本和难度，从而导致美国的中国高端文物艺术品市场的紧缩。同时也会挫败海外藏家的购藏积极性，从而使中国文物艺术品的市场可能转移到欧洲和其他免税的销售中心。

对此项提案，美国和英国的文物艺术品市场利益各方（贸易机构、经销商和拍卖行等）据理力争，最终在 9 月 17 日美国政府公布的中国进口货物关税修订清单上取消了古董和艺术品，此举减少了中国文物艺术品市场在美的损失。当然，在整个贸易战中，文物艺术品市场所占的份额在整个美国经济微乎其微。

2018 年度脱欧风云依然笼罩着英国，欲脱不脱、举棋不定的政策让世界关注着英国的去向。出人意料的是英国文物艺术品市场似乎并未受到脱欧的影响，其文物艺术品销售额全球占比不仅未出现衰退之势，反而由 2017 年的第三跃居到第二位。究其原因，虽然脱欧一事贯穿了整个 2018 年度，因其状态不明朗而致英镑连续两次贬值，然而英镑降低反而促进了文物艺术品的更高需求，藏家买气飙升，加大了市场容量，激发了艺术市场的潜能。欧盟又多为独立国家，彼此之间的文物艺术品交易并不会因脱欧受到巨大影响。同时，这也从某种层面上说明了英国文物艺术品市场经过近两百余年的发展，早已形成一套成熟的运行系统，足以抵挡政治风波所带来的冲击。

中国改革开放以来，其崛起速度令世界瞩目，经济发展水平不断攀上新台阶。2010 年，中国超越日本，成为全球第二大经济体；2016 年到 2018 年，我国经济总量连续跨越 70 万、80 万和 90 万亿元大关，占世界经济的比重接近 16%。2018 年，我国人均国民总收入达到 9732 美元，根据世界银行标准，高于中等收入国家平均水平[2]。

随着人们生活水平大幅提升，消费观念逐渐转变，文化生活的丰富促使文物艺术品逐渐进入到人们的文化消费和投资的视野。中国文物艺术品市场在 20 世纪 80 年代末开始起步，短短 20 余年，以迅雷不及掩耳之速走过了欧美逾百年的艺术市场发展历程，虽然其间问题重重，但仍不掩其勃发的生机，近年来一跃成为全球首屈一指的文物艺术品市场核心地带。

2018 年全球文物艺术品拍卖市场达到了 291 亿美元，同比增长 3%，其中排名前五的拍卖行——佳士得、苏富比、北京保利、富艺斯和中国嘉德成交额占据了拍卖总额的一半以上。相比于英美两个大国悠久而坚实的拍卖历史，中国二十几年的拍卖企业所取得的成绩令世界刮目相看。中国嘉德、北京保利和欧美老牌拍卖巨头比肩，其成长之迅速，发展之广大，专业之精深，令人看到中国拍卖企业隐含的巨大发展潜

2《沧桑巨变七十载民族复兴铸辉煌——新中国成立 70 周年经济社会发展成就系列报告之一》，国家统计局，2019.7.1

中国收藏
拍卖年鉴
2019

CHINESE FINE ART &
ANTIQUES AUCTION
YEARBOOK 2019

力与后劲。

然而纵观 2018 年度，中国文物艺术品市场销售额较上一年有所下滑，主要反映在二级市场销售的减弱。通过统计数据可见，2018 年中国文物艺术品销售额为 129 亿美元，同比下降 3%。其中二级市场销售额为 85 亿美元，较 2017 年同比卜降了 9.7%，一级市场销售额为 44 亿美元，反较 2017 年同比上升了约 10%[3]。二级市场销售下滑的原因在于高端精品供给缩紧，征集难度加大，表明了委托方对市场景气度的担忧。同时高端精品的流拍率也较高，出现了卖方市场转变为买方市场的必然现象，热钱、快钱的时代一去不返，买家心理日趋谨慎，投资趋于理性。同时，占据市场主导地位的拍卖市场对于外部政策环境有所担忧，尤其是上半年中美贸易战影响到了春季大拍，造成了上半年拍卖市场的"额减量增"。随着下半年中美贸易战对于文物艺术品市场限制的弱化，我国经济形势整体稳健，通胀和就业较为平稳，供给侧改革扎实推进。文物艺术品拍卖市场在下半年的表现令人满意，整体稳中回升，取得不俗的成绩，平衡了上半年的衰势。

二　高端市场稳中有降，市场下沉明显

全球文物艺术品交易总额的提升，很大程度上取决于高端业务的增长，作为全球第一大市场的美国地区高端市场表现尤为强劲，纽约成为世界上最大的高端文物艺术品集散地，英国艺术市场表现良好，连续第二年迎来增长，在高端市场板块上与纽约展开竞争，尤其是把握了一些耀眼的欧洲艺术明星。拍卖的火力集中在 1945 年以来的战后现代和当代艺术，占拍卖总额的一半。

与全球文物艺术市场不同的是，中国的文物艺术品销售重点领域集中在公开的二级拍卖市场。2018 年度，中国文物艺术品拍卖市场出现了新的状况，高端市场较 2017 年有所紧缩，而中低端拍品则呈现上升趋势，市场下沉，基础市场容量扩大，大众对文物艺术品的投资收藏兴趣提升。

细观全球中国文物艺术市场的高端板块，2018 年度超过 500 万的拍卖精品成交额高达 222.5 亿元，占据总成交额的 46.4%，同比去年下滑了约 62.2 亿，占比下滑了 3.9%，高端拍品下滑重灾区集中在中国大陆地区市场，下降约 32.0 亿元，其次为亚太其他地区市场，下滑了 22.3 亿元，海外地区市场下滑了 16.5 亿；下滑的品类主要集中在藏家所关注的中国书画板块，下滑了 51.7 亿元；其次为瓷玉杂项板块，下滑了 19.7 亿元；油画及当代艺术和收藏品的板块一直保持了多年来的

3　Dr.Clare McAndrew,The Art Market 2019, An Art Basel & UBS Report,P16

稳增势头，但毕竟是小品类，未能平衡书画与瓷杂大品类的下滑额度。故而整体来看，依然是成交额下降。

再看全球中国文物艺术市场 500 万以下的中低端拍品，其成交额为 257.0 亿元，同比去年下滑了约 23.8 亿，占总成交额的 53.6%，同比上年上升了 3.9%，全球三大地区市场又呈现出各自不同的状况。该价格区间下滑的主要市场地区集中在亚太其他地区，除了低于 1 万元的拍品之外，各个价格区间同比均呈现下滑趋势，下滑到 8.6 亿元；大陆地区细分的价格区间在 10 万~500 万之间的拍品成交额呈现下滑状况，下滑了 21.1 亿元；成交额的上升主要集中在大陆地区和亚太其他地区的低端市场和海外地区市场，中国大陆地区市场 10 万元以下的拍品成交额上升了 2.6 亿元；亚太其他地区市场低于 1 万元的拍品成交额上升了 0.02 亿元，海外地区市场 500 万以下的中低端拍品总体均为上升，同比上升了 3.3 亿元。具体到品类中，油画及当代艺术板块 500 万以下的拍品成交额上升了 1.1 亿元，集中在大陆地区的市场，而收藏品在该价格区间也呈现上升趋势，上升了 2.1 亿元[4]。可以看出，中国文物艺术品的全球拍卖市场高端市场稍降，中低端市场增量提升，整体市场呈下沉趋势。

三 藏家结构趋向多元，新藏家表现亮眼

2018 年，中国全民消费趋稳，在文物艺术品领域，依然存在以高端收藏与大众收藏为主，以及多种收藏梯阶并存的多元化发展状况。据易拍全球研究院（筹）大数据显示，二级拍卖市场中，100 万元以上的拍品成交额为 338.2 亿元，占据整个二级市场收藏的 70.5%，成交量为 6781 件（套），占二级拍卖市场总成交量的 4.6%；10 万元以下的拍品成交额为 32.9 亿元，占总成交额的 6.9%，成交量为 104276 件（套），占据总成交量的 70.9%[5]。以上数据可侧面显示出不同价位拍品吸引着不同经济实力与喜好各异的藏家，同时也反映出藏家结构呈现出明显的多元化趋势。

高净值人群一直是高端收藏的主要群体，2018 年这一群体中加入了新鲜血液，文物艺术品的藏家趋于年轻化，尤其是 80、90 后出生的"千禧一代"，其中亚洲的年轻买家表现抢眼。在部分地区的消费百万及以上的高端收藏家中所占比例高达 45%。根据德勤报告，到 2020 年，80 和 90 后的总财富将达到 24 兆美元，是美国 2015 年经济综合的 1.5 倍。从近年来文物艺术品市场的交易人群构成来看，这一代人对艺术投资的热衷度非常高，他们对文物艺术品市场的推动作用已不容小觑。未来全球文物艺术品市场买家的区分将不再以地区为主，而是以年龄为主。

---

4 数据源于易拍全球研究院（筹）数据库，2019 年 5 月
5 同 4

中国收藏
拍卖年鉴
2019

CHINESE FINE ART &
ANT QUES AUCTION
YEA·RBOOK 2019

各个年龄层级的藏家对于文物艺术品关注领域有所不同，老一辈藏家更多关注点在古代文献典籍、古代书画及现当代书画领域。但近几年来，伴随着东西方文化艺术交流的频繁，西方战后的现当代艺术逐渐进入藏家视野，拥有资金实力的老一代藏家也不惜重金购入，诸如苏富比全球拍场购藏西方艺术品的亚洲藏家在 2018 年度人数增长了 32%。"千禧一代"的藏家在大陆地区异军突起，为中国文物艺术品市场树立了标杆，新藏家关注的领域已经由前几年的珠宝及奢侈品板块，转向了文化内涵丰富、收藏门槛相对较高的瓷玉杂项和油画及当代艺术板块，也表明了"千禧一代"藏家的成长所带来的收藏风向转变。藏家群体这一重要变化，意味着收藏领域的拓展，接收面的扩增，审美的转向更加全球化。

2018 年的机构收藏依然亮眼，虽然比不上 2017 年的豪放做派，但是相比于个人的购买力而言，在公开的二级拍卖市场上，过亿的高端精品往往由机构竞得。一方面源于机构的雄厚资金的实力；另一方面，也为机构将来筹建博物馆或美术馆馆藏奠定基础。这些机构，不仅将视野投射到大陆地区的拍卖，也常常是国际老牌拍卖公司的金牌买家。佳士得香港 2018 年秋拍"不凡—— 宋代美学一千年"晚间拍卖现场，苏轼《木石图》在流失日本近百年之后以 4.04 亿人民币成交，据佳士得官方透露，最终成功购得此图的机构来自于中国大陆。

2017 年 2 月，国家文物局印发了国家文物事业发展"十三五"规划，提出要进一步鼓励民间合法收藏文物和提升社会文物管理服务水平，此后一年中连续三次就鼓励民间合法文物收藏召开了座谈会。官方对民间收藏的积极倡导以及媒体宣传对民众的引导，引起了大众收藏热度不断升温。大众收藏"火热"的背后，我们也不得不直面其中存在的诸多问题。部分大众收藏群体有跟风与盲从现象，甚至于被短暂的投资收益所迷惑而走了收藏的弯路，遭到了损失，比如前几年的文交所的超高交割率，各级城市的古玩城古玩市场的火爆，都曾吸引大众的投资热情。在"火热"的大众收藏环境中，更需各藏家冷静理性的头脑与行为。

四 艺术金融谨慎前行，探索新模式

在全球化、信息化的当下，艺术和金融的跨界融合已然成为一种趋势，这一趋势在 2018 年表现得尤为热闹。新技术的发展给中国艺术金融带来了新的拓展，特别是基于大数据的综合服务平台技术、鉴证备案技术与体系、互联网艺术金融，不仅催生新的金融业态，也进一步推进跨界融合与业务创新、商业模式进程的深化。

从涉及艺术品金融领域的新技术来看，2018 年区块链在艺术市场的尝试开始变得步履谨慎，至今尚未有大规模的真正运行和推广。即使国际老牌的艺术机构，对于区块链技术运用到艺术市场中的行径，也保持谨慎态度。从目前艺术金融的具体业

务模式上来看，艺术品保险、艺术品基金信托和艺术品质押融资，都属于艺术金融业务的外在产品。以艺术品保险为例，文物艺术品市场日益发展壮大，其风险保障需求也日益突出，在此背景下，艺术品保险作为风险管理，遇到损失后的有效经济补偿手段正在被更多受众群体所接受。积极发展与文物艺术品市场相配套的保险产品是大势所趋。但是，艺术品保险的发展也面临着一些挑战。比如文物艺术品价值的确定，就是一个多年来难以解决的问题。由于文物艺术品的非标性，导致其没有一个统一的价格评估体系，估值困难，阻碍了其艺术金融化的发展。另外，艺术品保险产品能否针对不同客户群体进行量身定做，保险公司对于艺术品保险的认知度、承保、理赔、风险管理经验、资源是否充足，针对大型项目是否具有足够的承保能力进行承保等，也都是艺术保险面临的挑战。根据易拍全球研究院（筹）调研发现：国内首例依托区块链和大数据应用、基于新型科学估值标准体系的文物艺术品保险项目及首批文物艺术品保险产品，相关国家机构与行业机构正在筹划中，此项目及配套产品将在很大程度上推动国内艺术金融与文化产业的积极发展。我们期望 2019 年能够迎来艺术品保险领域的切实推进。

艺术金融领域目前仍然存在诚信机制缺失、配套服务不足、艺术金融产品市场流动性较差以及行政法规的缺失等瓶颈问题，只有解决这些问题，才能为艺术与金融的融合奠定一个良好的市场基础，才有可能形成可持续发展道路。

五 人工智能助力艺术，拓展新领域

2018 年以来，人工智能（AI）对科技、产业和社会变革的巨大潜力得到全球广泛认同，各国人工智能战略布局升级，人工智能正在从少数大国关注的视野中走向全球新格局。《中国新一代人工智能发展报告 2019》分析结果显示，2018 年，有 12 个国家地区陆续发布或加强了其国家级人工智能战略计划，另有 11 个国家正在筹备制定其人工智能国家战略，美国、中国、英国在人工智能发展方面表现突出。习近平总书记在致 2018 世界人工智能大会的贺信中明确指出："新一代人工智能正在全球范围内蓬勃兴起，为经济社会发展注入了新动能，正在深刻改变人们的生产生活方式。"这场变革同时也推动着艺术领域的嬗变，催生出更具生命力的新型艺术形态，也将改变行业格局。

一方面，人工智能技术极大地提升了艺术的想象力与创造力，丰富了艺术的形式与创作工具。在造型艺术领域，人工智能已经可以将一幅作品的内容和风格分开，向艺术大师学习艺术风格的同时，把艺术风格转移到另外作品中，用不同艺术家的风格来渲染同样的内容。传统意义上的艺术家由身份、经验和技巧所构筑的边界在人工智能时代逐步消融，人工智能艺术将帮助公众有趣地体验世界，使人们更易于享受

中国收藏
拍卖年鉴
2019

CHINESE FINE ART &
ANTIQUES AUCTION
YEARBOOK 2019

到艺术化的生活。2018年，中国某艺术高校，试图使由微软（亚洲）互联网工程院研发的人工智能机器人（昵称夏语冰）学习艺术史上数百位著名艺术家的作品。以期在它完成学习之后能在受到文本或其他创作源激发时，独立完成百分百原创的绘画作品。此外，微软开发的AI bot只需用户输入语言描述的关键词即可根据词意自动生成与之相匹配的图画；Prisma则是运用人工智能技术赋予普通照片不同艺术风格的网红APP，它们的共同特征是寻求更为大众化、平等化的艺术，使艺术于普通大众更具可消费性。

同时我们注意到，目前的人工智能创作基于大数据和深度学习技术发展，其创作核心是"数据"和"算法"，只是对某种艺术进行风格化和技术化处理，还未涉及艺术本质中的情感、想象、感受等重要范畴，因此是否是真正的艺术品仍值得商榷。

另一方面，人工智能技术的应用也丰富了原有艺术领域的业态，无论是艺术展览还是艺术品拍卖市场，都因人工智能技术的出现而新象频出。2018年，国际博物馆日的主题是"超级连接的博物馆：新方法、新公众"，5月18日，国家文物局在上海市历史博物馆举办了国际博物馆日中国主会场活动，正式启动"用科技传承文明：AI博物馆计划"。此举将博物馆事业与人工技能技术的融合以观众的体验为契机，成为博物馆事业发展的新风尚。

人工智能与艺术的结合是高科技的产物，作品的属性是否还称得上传统意义上的"艺术品"，成为人们热议的话题。当代艺术的创作内涵扑朔迷离，也正是其令人着迷的魅力所在，引来了不少藏家的追捧和投资。2018年10月，纽约佳士得秋季拍卖会上，一幅人工智能创作的名为《埃德蒙·德·贝拉米肖像》的油画以43.25万美元的价格成交，一时引起轰动。拍卖行的这一举动具有开创性意义——将人工智能作为一种有效的艺术媒介，承认了其艺术与收藏的双重价值。AI艺术作品在拍卖市场是昙花一现还是经久不衰，仍需一段时间的市场考验。

2018 一级市场
The Primary Market In 2018

一级市场作为中国文物艺术品市场的重要组成部分，它的发展形势直接影响到整个中国文物艺术品市场的格局分布。在艺术经纪人的连接作用下，买卖双方通过画廊与艺术博览会的平台达成交易，因此对一级市场的调研，通过画廊与艺术博览会的经营现状分析，便可观察到几乎整个一级市场的全貌。中国画廊随着改革开放的浪潮应运而生，在经历了探索初期的迷茫、经济危机的冲击后，现在已步入新常态的发展阶段，并逐步走向规范化、制度化，但同时也存在诸多问题，有画廊内部的原因，也有制度、法律等外部因素。中国的艺术博览会伴随着画廊行业的发展而兴起，并形成了具有中国特色的行业态势。2018 年，在新的国内外经济形势下，中国文物艺术品一级市场也随之做出适应性调整，画廊与艺术博览会的行业格局较 2017 年出现新的变化，业态更为丰富；它们的经营模式在经济调整期进行了进一步探索；作为买方角色的藏家群体阶层更为多样化，"千禧一代"藏家对市场的砥柱作用更加显现。

从数据上来看，2018 年全球文物艺术品一级市场销售总额约为 359 亿美元，与去年同比增长 7%，其中全球艺术博览会销售总额约达 165 亿美元，占一级艺术市场总销售额的 46%，与去年同比增长 6%。2018 年，画廊销售额、私洽和在线零售占据市场 54% 的份额，约为 193.9 亿美元。尽管 2018 年画廊整体交易额增长了 6%，却有 57% 的画廊销售额缩减，这正是中小型画廊生存状况的真实反映。2018 年比十一年前的 2008 年新开画廊减少了 86%[6]。由于规模较小的画廊在起步阶段投入培养艺术家及其市场的大量时间和资金成本，艺术家成名之后易签约更大的画廊。这种早期投资得不到相应的回报，导致画廊经营的不稳定，这种不稳定是画廊逐年减少

---

6 Dr.Clare McAndrew,The Art Market 2019, An Art Basel & UBS Report,P48

中国收藏
拍卖年鉴
2019

CHINESE FINE ART &
ANTIQUES AUCTION
YEARBOOK 2019

的主要原因。

再观中国画廊市场，虽然也同样面临由于艺术家转换门庭所带来损耗的全球性问题，但是其发展态势却呈现出不同的景象。

2018 年，中国大陆地区画廊大约有 4500 余家，比 2017 年新增画廊约 50 余家，呈现增长的势头。主要分布在经济文化繁荣的地区，其中华北地区占到 41.8%，其中以北京为最；华东地区占据 33.8%，以山东为最；华南地区占比为 14.6%，以河南为最；其他地区占据 9.8%，以四川为最。画廊的地域分布呈现不均衡状态，四川地区的画廊数量有所攀升，主要是由当代艺术带来的活跃。

在这些遍布全国的大大小小的画廊中，易拍全球研究院（筹）通过问卷调查的形式，对全国经营稳定的且具有一定经济实力，市场活跃度较高，经常参加艺术博览会的 274 家画廊进行数据调查，发现中国经营年限在 20 年以上的画廊仅占 3%，多数经营的年限在 10 年以内，约占业内总量的 75%，10 年至 20 年之间的画廊占到 22% 的比例。说明了中国画廊处于生长的阶段，具有充足的成长空间。

中国画廊代理艺术家主要方式为合作制和签约制。在我们抽取的这些样品画廊中，艺术家与画廊之间的合作制占据主导，约为代理总量的 59%，代理制则画廊约占整个画廊代理量的 41%，并且代理的艺术家时间普遍偏短，集中在 1 ~ 3 年之间。艺术家流转的周期较短，市场的活跃度增强。

据调查，中国大陆地区的画廊经营纯艺术的品类为主要为当代油画、当代书画、雕塑装置等；更多画廊面对生存压力，经营的品类范围更为综合，2018 年逐渐扩张到摄影艺术、陶瓷紫砂、珠宝首饰等品类，呈综合态势发展。画廊全年的交易量小于或等于 30 件（套）的画廊约占 40%，交易量大于或等于 30 件（套）的画廊约占 60%，表明了画廊的交易规模尚可。但整体销售额偏低，主要是由于销售额在 1000 万元以上的画廊占全国画廊的比例不足 10%；销售的作品单价以 5 万元以下艺术品为主，占总销售额的 51.5%；1~2 万之间的艺术品约占画廊市场主体的 80.1%，成为最受关注的价格区间，艺术消费拥有绝对优势。2018 年全球艺术博览会呈现出一派生机蓬勃的气象。2018 年全球艺博会所占全球文物艺术品一级市场销售额从 2010 年的不到 30% 增长至 46%，年比增长稳定。但也要注意到，因参加艺博会的成本也大大增加，据调查信息显示，2018 年参加艺博会的成本大约为 4.8 亿美元，年比增长 5%。受外部经济大环境的不稳定影响以及自身成本运营的压力，全球画廊减少了参与艺术博览会的量次，由前两年的平均参加 5 场降低至 4 场。

再观 2018 年中国的艺术博览会的发展业态，根据易拍全球研究院（筹）的调研发现，与全球画廊参加艺术博览会次数稍减的情况不同。2018 年，90％的中国画廊参加艺术博览会的数量达到并超过了 2017 年，超过 60％的画廊平均比 2017 年多参加 2 场艺术博览会。艺术博览会在画廊销售中的平台作用日益凸显，艺术博览会的数量不断增加，经营方式也在转型探索之中，也是中国艺术品销售的中坚力量。

一 行业"马太效应"凸显，业态分层鲜明

2018 年，在国际大环境经济下行的整体趋势下，中国文物艺术品一级市场出现新的格局。一方面，画廊的两极分化日趋明显，国际性画廊巨头几乎统治着一级市场，逆势扩张，占领更多优秀资源，形成实力越强光聚效应越强的"马太效应"，而中小画廊生存举步维艰，在应对复杂多变的内外环境中，求新求变，开发灵活多变的模式，在夹缝中生存，度过艰难时日；中国本土画廊在国际性艺博会所占位置愈发边缘。另一方面，中国艺术博览会风起云涌，打破以往的"三足鼎立"格局，向区域多元化发展，出现鲜明的阶梯状发展格局。

1. 国际画廊"泛亚洲化"，实力画廊逆势扩张

2018 年，画廊在全球的地理分布更为广泛，国际巨头画廊进一步扩张地盘，充实自身实力。在新兴经济体和发展中国家建立自己的新地盘，集中了更多知名艺术家和高端藏品，销售业绩大幅度提高。如高古轩画廊（Gagosian Gallery）在全球的展厅面积高达 1.7 万平方米，成为全球"最大画廊"；佩斯画廊（Pace Gallery）的总面积约 1 万平方米，位居第二，并计划在 2019 年于纽约扩增一家面积约 7000 平方米的旗舰店，届时其总面积将与高古轩平分秋色。

中国的画廊发展态势与全球保持一致，作为新兴的经济体，其画廊市场的发展越来越成为全球艺术市场中不可忽视的一环，国际大画廊进军中国市场顺理成章。第二波国际画廊在 2018 年进一步深度介入中国市场，入驻香港、北京、上海、台北等地，继续推行国际画廊的泛亚洲化，促进当地城市文化多元化发展。据统计，2018 年，中国（含香港、澳门、台湾）画廊数量为 4500 余家，中国本土画廊达 4400 余家[7]。中国画廊行业格局中，仍以中国本土画廊为绝对主力，以量取胜；国际性大画廊作为中国画廊市场的重要组成部分，其国际视野与经营策略上令人瞩目。中国本土大画廊和国际性画廊的中国区空间在中国文物艺术品一级市场中已形成"寡

---

7 易拍全球研究院（筹）大数据统计，2019 年 5 月

中国收藏
拍卖年鉴
2019

CHINESE FINE ART &
ANT QUES AUCTION
YEA-BOOK 2019

头化"的趋势，且区域性特征明显。

香港因其地理位置便利，与多国短时间的航距，时间成本的节省，优惠的免税政策，语言的国际化特征等等因素，成为国际性画廊进军亚洲市场的绝佳着陆地。自 2009 年开始，陆续有多家国际画廊在香港开设空间。第一波入驻潮中的本·布朗画廊（Be Brown Fine Arts）、高古轩（Gagosian Gallery）、立木画廊（Lehmann Maupin）、法国的 Massimo De Carlo 画廊等都选择在毕打行（Pedder Building）开设空间。2018 年确定开设新空间的卓纳画廊（David Zwirner）、豪瑟·沃斯画廊 （Hauser & Wirth）则 3 月底之前入驻香港中环的 H Queen's，首开亚洲市场第一站；2014 年就入驻香港的佩斯画廊（Pace Gallery）则在 H Queen's 增设了第二个空间，目标是以更灵活的方式参与中国迅速发展的艺术市场，推广欧美艺术与亚洲艺术。莱维·格瑞（Lévy Gorvy）画廊也在 11 月份宣布将在香港开设空间，已经有驻台北的人员负责拓展当地业务。国际大牌画廊趋同的选择并非偶然，场地是画廊业务发展的主要条件之一，香港每年 3 月份的巴塞尔艺博会、中环艺博会，以及国际大牌拍卖行的春秋两季大拍的火红，无疑给香港画廊业的繁荣发展注入了多维的市场活力，促进香港艺术生态链的成熟。这种良性的艺术生态环境，为入驻画廊提供了进军亚洲文物艺术市场的平台，并为其在亚洲的地盘扩张提供了机会。

2018 年度，一些本土实力画廊步步为营，稳扎稳打地实施自己的战略目标，在规模上和空间领域中进行了扩张。比如创办于 1997 年的当代唐人艺术中心除了经营北京、曼谷的艺术空间外，2018 年年初入驻香港当代艺术聚合楼 H Queen's 大厦，扩张自身的亚洲地盘；蜂巢当代艺术中心 2017 年扩展了深圳华侨城艺术空间，2018 年迎来了画廊创立的第 5 周年，虽然只有短短 5 年时间，却在圈内以高能勤奋著称，2018 年开了 25 个展览，成绩卓著。方由美术已有 12 年的画廊经营，于 2018 年 3 月份也入驻了香港中环"直立式艺术空间"的 24 层 H Queen's 大厦，同时入驻的还有上海艺术门画廊，与其他世界顶级画廊与拍卖行共同打造了一座国际化当代艺术市场香港地区的聚合点。

北京作为中国的政治文化中心，一直处于文化艺术阵地的前沿，其浓郁的艺术氛围和巨大的市场吸引着国际画廊的不断入驻。伴随着一波波国际画廊的入驻，在北京的国际画廊已经逐渐立稳脚跟，首批进驻北京的红门画廊已有 27 年的历史，堪称北京最长久的海外画廊。这些国际画廊为推进中国及西方的现当代艺术做出了贡献。他们不断引进西方现代派和当代前卫艺术，震撼着中国观众的艺术心灵，并引发一股股艺术思潮和艺术现象的讨论，近年来其中一些画廊开始关注中国当代艺术，全力推广。北京已经形成了成熟的国际画廊生态链。2018 年度，受中美贸易摩擦不断升级的影响，一些国际性画廊对于不确定的经济环境有某些顾虑，持观望态度，入驻较少。

当代艺术氛围更为浓厚的上海，成为港澳台和海外画廊进入中国大陆地区市场的窗口，呈现更加丰富多元的增长态势。贝浩登画廊（Galerie Perrotin）来沪上开辟了亚洲的第四个分支，旨在推广西方大师级作品及深度挖掘中国内地青年艺术家。3 月 22 日，英国里森画廊（Lisson Gallery）的上海空间也正式开放，是其在亚洲设立的首个画廊空间，注重西方当代艺术诸如抽象派和极简主义作品的推介。

台北传统文化的深厚以及对当代艺术的接纳，吸引了画廊的入驻。台北当代的举行，促使许多顶级画廊认识到台湾地区的藏家的实力和热情，是构成亚洲地区重要购买力之一，也是吸引国际画廊入驻的重要因素之一。例如长期以来只在纽约拥有空间的肖恩·凯利画廊（Sean Kelly）选址台北，开设其首家海外空间。

2. 中小画廊备受压力，抱团取暖

根据对中国画廊聚集区的京沪两地为代表的抽样调研显示，上海样本中，参与本地调研的画廊中超过四成的画廊坦言没有盈利，其中，36.8% 的画廊表示过去三年整体"收支平衡"，5.3% 的画廊表示"亏损较多"。而北京样本显示，近 75% 的画廊认为当前最大的挑战是整体经济下滑。超过 60% 的画廊表示过去三年收支平衡或偶有盈利；50% 的画廊表示今年整体销售数量与去年持平。中小型画廊在外部经济大环境下行，大画廊挤压生存空间，多年经营的艺术家可能转向上游资源的多重压力下，顺应时势，探索多样经营模式，联合共荣，抱团取暖，在夹缝中求生存，坚守原有阵地，精耕细作，稳扎稳打做出业绩。

如 3 月 23 日至 30 日举行的为期一周的第二届北京画廊周，联合 17 家国内外画廊，3 家非营利机构，共同呈现北京地区年度最重要的当代艺术展览阵容，为北京的当代艺术开拓了国际性视野。展览期间，参观访问者人数超过 10 万人，销售超过 1000 万，甚至于一些画廊的作品在展览开幕之前就已售空，多数画廊在画廊周期间出售了 80% 的作品。画廊周的平台向世界展现了国际语境下的中西方前卫艺术，带来了全球艺术专业人群的聚集效应。

上海作为当代艺术市场更为蓬勃发展的都市，对国际画廊的经营模式的嗅觉更为灵敏。7 月份，马凌画廊引入国际画廊共享模式 Condo，9 家本地画廊联合了 13 家海外画廊，在上海西岸、M50 和市中心等多个区域展开跨国合作艺术联展，本地画廊（host gallery）免费向一家或多家受邀画廊（guest gallery）提供展示空间，与其共同展出各自代理的艺术家作品。Condo模式的引入，不仅让本地画廊看到与海外画廊的合作空间及各种发展潜能，促使业界更为关注上海以及华东地区当代艺术的活力，扩展了当代艺术的影响力和市场。

3.艺博会风起云涌，打破"三足鼎立"旧格局

2017年，中国的艺博会逐渐形成了稳定的"三足鼎立"的发展格局，香港、北京、上海三地艺博会规模巨大，质量优秀，成为吸引国际大型画廊及国内实力画廊的三大平台。2018年，这一稳定格局被新崛起的艺博会打破，趋向更为多元化、区域化的发展。

2018年，中国举办了36场艺博会，其中新增了6场。分布在北京、长三角和中国西南地区。艺览北京（JINGART）、北京城市博览会（AFIH）、北京当代等三场新生艺博会立足北京，艺术西湖·国际水墨博览会、南京扬子当代艺术博览会占据了长三角地区，艺术成都则开启了中国西南当代艺术的平台。这些艺术博览会的命名，拥有着鲜明的地域特色以及主要囊括的艺术范畴。他们立足当代艺术，立足本土艺术，同时引进国际性画廊参与，凸显其国际视野，当代特色。

6家新增的艺术博览会，同中有异，各具特色，自身市场定位清晰，目标藏家群体多层次。如北京当代·艺术展是国内"策展式艺术博览会"的全新尝试，在共融、合作的精神下，融汇艺术、时尚、品牌和流行文化，以创新形式构建艺术交流平台，通过激发纵深的行业活力，从而连接起社会性空间，推动当代中国艺术的发展。作为中国内地首个聚焦"水墨"的艺术西湖·国际水墨博览会，其1万平方米的空间划分为主题展区和特邀展区两大板块，58家艺术机构在主题展区参展。其立足于发展当代水墨艺术，声明"水墨"是一种文化系统，叙说曲折历史，映射时代变迁。首届艺术成都艺术博览会开创了中国西南部地区的当代艺术展示平台，虽然参展的画廊只有31家，但展示艺术作品品质优良。除了大力推广本土艺术家之外，兼有国际性的当代艺术家。这些新的艺博会为原有固定格局注入了新鲜血液和活力。区域性本土化艺术特征鲜明，带动当地的艺术生态的健康发展，提升了大众的文化艺术审美意识，促进了整个文化经济生态链的综合发展。

4.艺博会分级鲜明，呈现阶梯化态势

在打破原有艺博会的固定格局之外，2018年的艺博会整体形成了鲜明的分级发展的态势，呈现阶梯化的特点，尤其体现在当代艺术博览会类型上。如香港巴塞尔艺术展、上海西岸艺博会、Art 021、艺术北京等处于第一梯队，能吸引国际大牌画

廊参展，单件销售和总体销售均有亮点，这种自带流量的画廊同时吸引了国际高端收藏群体。第一梯队的博览会需要保持自己艺术水准，并在细节上体现国际一流艺术博览会的高品质。艺术深圳、上海艺博会等处于第二梯队，这一梯队的参展画廊以国内画廊为主，辐射的藏家范围主要为国内藏家。第二梯队多数为区域性艺博会，在博览会品牌和服务等方面具有更多的地域特色。第三梯队以品类或者经营模式的独特性取胜，如艺术西湖·国际水墨博览会，以水墨题材为介质，探讨当代水墨的文化传承与创新，规模较小，藏家的兴趣点也更为集中和单一。独角兽艺博会（阿那亚）则选择了一个旅游城市为据点，借鉴美国迈阿密艺博会的形式和英国弗里兹大棚的搭建模式，区别于常规的艺博会大多由画廊代理艺术家作品的形式，直接面向艺术家，给每个艺术家一个大约十几平方米的独立展位，相当于同时为108位艺术家举办个展，也更吸引收藏家前往，少了画廊的中间环节，但其未来的举办地点的游动性也带来了许多不确定的因素。

二 顺势而为，多种模式共生

受到全球经济表现不佳的影响，2018年画廊行业是积累沉淀、稳定求发展的一年。在不偏离自身定位的前提下，增加对外的合作机会，包括跨领域的项目合作与学术机构如美术馆、博物馆进行更多学术上的交流与积累；参与不同城市优质的艺博会，由不同城市的属性及艺博会的特点去开发不同的艺术收藏群体。除了向外发展，画廊对内定期举办展览，举行不同主题的活动沙龙吸引藏家客户，增加与艺术家及藏家的黏着度。

艺术博览会在2018年继续探索多样化经营模式，原有的艺博会立足本土，放眼国际，引导参展画廊不遗余力地推出长期合作的艺术家，并发掘新锐。在国际化的发展融合趋势中，出现了许多新的面孔。在新增加的6家艺博会中，主办方越来越趋于年轻化，他们思维活跃，对于当下艺术市场及消费趋势感受敏感，把握准确，推动地域性艺术，带动整个艺术生态链的良性发展。

1. 国际化视野，全方位提升品质

中国本土画廊近两年开始将视野转向欧美或者拉美，经营国际知名的艺术大家，为其引进首次展览的举措日益增多，积极推动国外艺术在中国的传播。中国本土画廊所代理的艺术家因而呈现出"国际化"的趋势。以2018年的中国北京地区画廊为例，据相关调查显示，有接近40%的画廊表示今年有关注西方当代艺术，尤其在上

半年画廊周期间，几家画廊都带来了国外艺术家的个展：北京公社呈现的特纳奖获奖艺术家理查德·迪肯的雕塑，这是画廊首次与艺术家合作，常青画廊呈现的卡斯滕·霍勒个展，亦是艺术家在画廊举办的首次个展；博而励画廊展示的是5位正处于创作生涯中期阶段的德国艺术家，这是画廊首次带来德国艺术家的群展；5月份，麦勒画廊推出了瑞士艺术家 Michel Comte 在画廊北京空间的首次个展；在6月份，蜂巢当代艺术中心呈现的七户优个展，也是画廊与艺术家的首次合作；艾米李画廊在7月初推出的以色列写实风格的艺术家伊格尔·奥泽里的首次个展；芳草地画廊呈现的西班牙知名插画家 Joan Cornellà 的个展引起了不小的网红效应。另外，当代唐人艺术中心、艺·凯旋画廊、站台中国、桥舍画廊、北京798艺栈等画廊均表示西方当代艺术会成为画廊关注的新领域。

艺博会作为画廊集中展示销售的平台，无疑更具备国际视野。2018年上海艺博会引进近120家画廊与艺术机构参展，其中，海外画廊达50多家，占比近半。海外艺术机构为上海观众带来伦勃朗、鲁本斯、毕加索、吕佩尔茨等世界艺术大师的作品。创办于1997年的上海艺术博览会，历经20多年的辛勤耕耘，已成长为亚洲规模最大、国际化程度最高的艺术博览会之一。第六届ART021上海廿一当代艺术博览会则吸引了来自全球18个国家及地区，30个城市，共计103家顶级画廊，其中61家来自本土，超过23家连续5年参展，呈现国内外杰出的当代艺术作品。举办方在欢迎西欧及北美地区蓝筹画廊回归的同时，特意引入拉丁美洲、东欧、中东、南亚等地域的艺术机构，将艺术版图扩张到各大新兴艺术市场，注入了新鲜血液。以艺术与设计为主的上海西岸博览会步入第五年，西岸博览会以"双馆"亮相，来自亚洲、欧洲和北美洲38个城市的超百家国际重要画廊呈现首屈一指的当代艺术创作。上海的西岸艺博会2018年新增画廊39家，以欧美画廊为主，国际画廊进驻上海，推动上海艺术生态的良性发展，以国际性的视野和更高的行业标准，在整体上推动行业的发展。

2. 艺博会立足本土，服务结构精细化

随着画廊代理国外艺术家的增多，艺术对外交流频繁，参加国内、国外艺博会，拓展了国际化视野。相应的艺博会平台虽然具有国际化的视野，但多数立足本土，并按照藏家需求对市场进行分级，维护老藏家，培养新面孔，服务结构更为精细到位。

不同于一些艺博会国际化的风潮，"北京当代"艺术博览会上，则强调本土化，强调"策展性"，注重对当代艺术价值的梳理，并与社会公众产生关联。"艺术北京"和"艺术深圳"博览会上，有些画廊展现的是几代艺术家独特而丰富的实践脉络，

他们为藏家提供定制化的学术性、专业性的服务，全面梳理和展示艺术品，对全球艺术市场进行多元并存的分析，以满足不同藏家的艺术品需求。首届 AFIH 北京城市艺术博览会力图建立一个不同于以往的博览会模式，意在培养大众消费艺术、家庭收藏的习惯，传播健康的艺术生活观念，以"将生活·以艺术"为主题，"让艺术走进更多人的生活"为使命，将艺术品与家居生活场景融合，为藏家提供一个精准的场景体验。作为中国内地成长出来的艺博会，ART021 则开拓了环太平洋艺术视野，有着明确清晰的定位，没有盲目复制巴塞尔或者弗里兹的模式，而是在支持中国本土画廊的同时，尽量拓展本土藏家势力。

艺博会不仅仅是一个商业活动，更承载了社会责任、教育的功能，在提高群众文化品位的同时，往往还能展现一个城市的文化、艺术形象。经济上，艺博会能很大程度地提升居民参与公共生活的热情，推动该城市的文化旅游业的积极发展；文化上，艺博会会彻底改变一座城市的生活和公共文化氛围，重构一座城市的面貌，为城市打造一张极具吸引力的城市新名片。在市场先行和教育严重滞后的情况下，艺博会还承担起了一部分艺术审美教育的义务，单纯的交易指标不应是衡量艺博会成功与否的单一标准。

三 藏家阶层多样化，"千禧一代"成砥柱

尽管 2018 年经济大环境不尽如人意，但真正的艺术收藏群体并没有萎缩。伴随着审美教育的不断提升，人们对于精神产品越来越重视，对于文物艺术品的消费欲望与日俱增。虽然好东西不愁卖，顶级藏品总是受到巨额资金的青睐，但 2018 年度尖货稀缺，大众收藏群体崛起，整体的一级市场的消费群体基数在扩大，容量在扩升，低价位的藏品更吸引了新藏家参与到市场中来。藏家根据其购买力和关注品类，已经形成了清晰的层阶。除了 500 万以上精品相对藏家的数量有所降低，500 万以下的各价格区间的藏家数量在攀升。

从藏家的社会身份而言，相较于之前传统类型的藏家，2018 年的收藏群体中注入了新的元素。从事投行、IT 业、设计师等领域的高净值人群明显增多。究其原因，经济收入是一方面，更高的人文艺术审美修养是更为重要的因素，新藏家不再仅仅是随性随心的零星收藏，而是根据历史分期或是艺术史的分类进行系统性、专题性的持续性收藏。这种系统性收藏不仅需要雄厚稳定的资金实力的支撑，更需要深入研究藏品的浓厚趣味，这种资金和研究的并行将大大提升藏品的市场投资盈利能力。

这些新晋藏家也将成为继美术馆、基金会、企业等机构收藏与老一代藏家之外的一支推动文物艺术品市场的力量。

从年龄上而言，在亚洲文物艺术品市场中，"千禧一代"（70年代至80年代后藏家）收藏在藏家中所占比例日益增加。据统计，中国大陆"千禧藏家"占总藏家数量比例已近50%，主要集中在京、沪、广、深等一线城市。此比例在新加坡和香港则分别为46%和39%。在高端消费品类中，"千禧一代"在文物艺术品的市场中表现不俗，具备令人刮目相看的消费能力，他们所占高端消费人群的比例高达45%，对于文物艺术品的热情比传统藏家更为强烈。新藏家与传统藏家关注的品类也有所区别。随着一级市场中新藏家数量的逐年增多，不同于传统藏家更关注具有悠久历史的文物，或可增长自身知识的藏品；新藏家关注的品类集中在当代艺术及其衍生艺术品上。原来以当代艺术为收藏主要范畴的西方藏家群体中，出现了兴致勃勃的东方面孔与之博弈。这些"千禧藏家"资金来源比较稳定，往往根据自身兴趣和审美选择作品，更注重作品的本身品质是否具有高度辨识性，是否契合自身精神需要，当然，对于一些价格高昂的藏品，也会考虑再次进入流通领域，使其增值。显示出藏家心理素质的成熟与理性。

四 成长与问题共生，健全体制提上日程

2018年度国际经贸态势阴晴不定，中美贸易战对峙，英国脱欧进程时紧时慢，新经济体的增速下滑等一系列政治经济的对弈，给市场带来了相对不稳定的情绪。一级市场中的茁壮成长中机会与危机并存，问题频频出现，健全整个艺术市场体制的要求被提上日程。

1. 新锐艺术少人问津，高端藏品有价无市

在2018年整个经济大环境的影响下，一级市场出现强者愈强，弱者愈弱的两极分化的情况。超级画廊拥有更多的资源，而中小型画廊生存越来越困难。全球画廊营业中，盈亏分布不均，从营业额的角度观察，年营业额低于25万美元和在25万到50万美元之间的画廊，销售额分别减少了18%和4%，而营业额在1000万到5000万美元及5000万美元以上的画廊，销售额分别增长了17%和7%。这种"破窗理论"与"马太效应"的现象突出表现在中小画廊与大画廊之间的经营状态上。资本与生俱来的逐利性，导致了画廊两极分化的鸿沟越来越深，几乎难以逾越。

面对难以逾越的鸿沟，中小画廊自身经营是一方面，藏家的资金流向起着决定性的作用。中小画廊虽然抱团取暖，取得了不错的成绩。但是其推出的潜力艺术家的作品，应是藏家关注的核心要点。顶级精品毕竟为数较少，而更多的新锐艺术则支撑起整个艺术市场的基础，每年的新锐艺术家如雨后春笋般涌出，其中不乏具备艺术潜力的；另外有大量中青年艺术家长期耕耘在艺坛，形成自己独特的艺术语言，但由于不善市场经营，也有待画廊和藏家的发掘和支持。因此，中小画廊对潜力艺术家的市场培养以及对藏家的关注度向潜力艺术家上加以引导，不失为中小画廊经营的有效途径之一。

画廊发展式微的另一面是艺术博览会全面发展，迎来了所谓的"艺术博览会"时代。有些画廊成了专业参加艺博会的画廊，而消减了自己的线下画廊。来自二级市场拍卖作品价高的影响，许多高端价位的艺术品在艺博会上较少出现，从而也流失了许多重要的优质买家。比如在重要的香港巴塞尔艺术博览会中，美国重要藏家缺席，另外，比利时、意大利以及荷兰的藏家的购买力也在下降，高端价位的艺术品出现了有价无市的状况。也应注意到，由于艺博会近年来无限制的扩张，但是高端艺术品却少有真正的藏家问津，世界性的超级艺博会忙于全球圈地扩张，但是更多的小型地域性的艺博会将面临藏家开拓困难，低端艺术消费品占主导的尴尬境地，未来几年的发展不容乐观。

2. 同质化倾向严重，经营成本提高

在"画廊关闭潮"中，多是经营不善的中小型画廊，面对外部风云变幻的经济环境，超级画廊尚需全力应对，顺应时势及时调整经营策略，抗击市场所带来的巨大风险。而中小型画廊如果市场定位不够准确，艺术家挖掘和培养之后的流失严重，藏家资源匮乏而不及时拓展的话，出货压力将与日俱增，面临倒闭的危险。另一方面，如果经营成本提高，无疑是压倒画廊的最后一根稻草。画廊的经营成本中主要是场地租金、人员工资、推广艺术家、策展费用、参加艺博会等，还有一笔不可忽视的大额费用即赋税。

在经营品类的选择上，目前许多画廊与艺博会的主要关注点为当代艺术，包括中国传统题材的拓展，如：新水墨、实验水墨、新文人画等；西方舶来品的油画、装置、摄影、新媒体等艺术。如果画廊和艺博会经营的艺术家作品，不具有鲜明的辨识性的话，将会错失掉盈利时机。这种经营品类的同质化，让藏家在选择作品入藏的时候，陷入多样重复的一种疲倦状态、审美疲劳，而且看不到作品未来的升值空间，从而放弃购藏。

中国收藏
拍卖年鉴
2019

CHINESE FINE ART &
ANT QUES AUCTION
YEA-RBOOK 2019

画廊对于艺术家的发掘和培养环节问题多多，许多中小型画廊费尽心力全力推广新艺术家，与艺术家存在长久的合作或代理关系。但是，一旦新艺术家获得一定的知名度之后，往往会被大画廊和超级画廊看好，给予艺术家更优厚的条件和更短的受益回报时间，这诱使着艺术家离开培养其基础影响力的中小型画廊，背弃合约，给画廊造成了不可估量的损失。另一方面，在中国传统艺术市场中，职业艺术经纪人体制不够完善，契约精神欠缺。收藏家往往直接从艺术家手里购买作品，扰乱了一级市场内部的游戏规则，这将导致画廊与艺术家的合作出现问题。更有一些艺术家类似游击队，不断更换合作画廊，较少艺术家愿意和艺术机构患难与共。种种现象表明：市场中有些艺术机构和艺术家不遵守行业规则，缺乏契约精神，也限制了一级市场的健康发展。

2018年中国新开设的艺博会多达6家，面对遍地开花的艺博会，画廊的参与成本逐年增加，对于中小型画廊而言，参加一场国际性的大型艺博会所需费用不菲。展位租金、运输费用、差旅成本、艺术品保险、人员工资、时间成本等均为考虑是否参加的主要因素。频繁参与艺博会对画廊来说，是过度的透支。这不仅体现在参加博览会本身的成本上，最为重要的，是与其合作的艺术家无法在短时间内按照博览会的节奏完成相应的作品。因而画廊在2018年度在参与艺博会的项目上变得愈加理性，并非对每个新增的艺博会面面涉足。部分画廊选择理性退出艺博会，降低时间和精力的成本，减少无效重复的投入，将资金投入到更能产生实际效益的项目中去。

3.赋税再成发展障碍，限制艺术市场繁荣

一级艺术市场中，涉及一项较高的成本，便是赋税。画廊如果经营的艺术家主要以国内为主导，则要面临三种主要赋税：作品17%的增值税，艺术家20%的个人所得税，画廊自身的个体所得税（按照"特许权使用费"所得项目缴纳应纳税所得额20%的个体所得税）。如果涉及进口艺术家作品，则会增加进口关税和进口增值税。虽然我国近年来连续6次下调艺术品的进口关税，2018年度则将部分艺术品的进口关税下调幅度较大〔见2018年6月1日国务院关税税则委员会发布关于降低日用消费品进口关税的公告【2018】4号中显示，"唐卡以外的手绘油画、粉画及其他画""雕版画、印制画、石印画的原本""各种材料制的雕塑品原件"由3%暂行税率下调至1%；"唐卡（97011011）"由12%下调至6%；"使用或未使用的邮票"由8%下调至4%；"手绘油画、粉画及其他画的复制品""拼

贴画及类似装饰板"由14%下调至6%]。但相对17%的进口增值税而言,进口关税的大幅下调,只起到杯水车薪的作用。相比于其他国家而言,中国一级市场面临着高赋税的境况。

美国、加拿大、新西兰、韩国、白俄罗斯等国家对艺术品实施零关税;美国境内买卖艺术品主要需缴纳资本利得税(capital gains tax)、销售税(sales tax)及使用税(use tax);美国的艺术品资本利得税为28%,利得税根据持有艺术品年限有所不同,取决于持有者的收入,销售税在各个州的额度不等,使用税则是对未缴纳销售税情况下的一种补充。在某些州(俄勒冈、德拉瓦尔等)不存在任何销售税,而在纽约城的交易需支付8.9%的销售税,为全美最高。中国台湾地区和日本在零关税之外对艺术品预收5%的营业税。英国在零关税之外,加征5%的进口增值税。德国对绘画、邮票等采取零关税,该国正常的增值税为19%,但对艺术品实施增值税减大半,最优惠税率仅为7%;新加坡的总税率为7%。相比于中国对于艺术品销售的税率,画廊投入的成本显然过于高昂,不利于艺术市场的良性发展。

对于藏家而言,在海外地区回购中国文物艺术品,同样面临着高昂的赋税。在大型艺博会上画廊推广的西方当代艺术品也备受藏家青睐,但面对较高比例的赋税入藏态度犹疑,不少国外画廊主动承担部分关税,或者将税金直接算在作品的价格上再给予优惠,"羊毛出在羊身上"的经济规律,决定了这些赋税最终还是要落在藏家身上。

一些藏家为了合理避税,选择将自己买到的藏品保存在香港的保险箱或内地的保税区。因为在香港,古董文物可以自由流通无须征税,这也使香港成为全球储存艺术品最多的地方之一,据估计,目前香港存放着价值约100亿美元的艺术品。但是,这无形中减弱了藏家购藏的兴趣,如果购买文物艺术品而将之束之高阁或藏于暗黑之处,不得欣赏把玩,购藏的趣味儿将大打折扣。

高赋税产生的这一系列不良影响,不利于海外文物的回流,不利于一级市场的繁荣发展,不利于提升藏家的购买信心,更不利于地区经济文化的发展等。如许多国际性画廊和老牌实力画廊,将扩增的分公司设置在香港,而避开北京、上海、广州等内地一线城市,这些举动无形中也限制了地区艺术市场的繁荣。如果因为税收增长,导致市场的转移,不仅征税不利,而且会丧失市场繁荣带来的就业机会,丧失市场的话语权和权威性。

五　务实理性，走向更确定的未来

文物艺术品一级市场在风雨飘摇的 2018 年中繁盛与危机共生，繁荣背后的问题也引起业界的反思，如何保持良好的发展业态并解除行业发展的障碍，是2019 年度的主要任务。

一级市场中的画廊则对未来抱有信心。需要对今后的发展作出可执行的规划，比如明确市场定位，准确划分消费群体；建立长久的经营策略和发展方向，探索多种经营模式，或与前沿技术结合，利用大数据提供的精准分析，准确定位观众和藏家需求，有针对性地制定发展策略。或与艺术家的合作进一步稳固化，制定更具弹性的合作方案，即推广了艺术家又能保证自身利益。当然，画廊行业在追求商业利润的同时，还承担着推广艺术的社会职责，艺术思想的高度、深度和前瞻度决定了一个画廊是否走得长久。2019 年画廊的运作将会越来越务实，与藏家、爱好者的沟通更多围绕艺术本身所具备的思想性和审美性，投机性投资的客户逐渐在被"淘汰"。

在越来越红火的艺博会平台发展中，2019 年除了原有的发展格局外，艺博会的定位将更加明晰，分类更为精细，专题性的艺博会将为藏家提供更为明确的收藏方向，服务也将更为专业化和定制化，从粗放式的发展模式向精细化方向发展。如"艺术深圳"明确提出将借助国家深化改革开放之策，借助"一带一路""粤港澳大湾区"发展之力，进一步盘活珠三角甚至华南地区的艺术生态场域，整合国内外更好的当代艺术资源，整合当代艺术市场平台要素，力求做出富有创新力、竞争力、市场化程度高的国际当代艺术博览会。新晋艺博会对各自的定位，预示着这些资本背后运作的智慧和对当下经济市场与形势的诊断及未来的预言。

2018 年，世界经济增速放缓，贸易保护主义加剧，威胁全球贸易增长，经济不确定性增强。全球文物艺术品拍卖市场成交额为 291 亿美元，同比增长 3%。在所有主要艺术市场中，美国、中国、英国占据拍卖总额的 88%，其中美国的拍卖销售额增长最为强劲，增长率达 18%，合计达 118 亿美元。英国的销售额年比增长 15%，达 53 亿美元。中国的文物艺术品拍卖收入则下降 9%[8] 至 85 亿美元。这与中国经济增长速度放缓，中美贸易摩擦牵动国际总体经济与股市震荡有直接关系。由于"去杠杆""去泡沫"及防范金融风险等一系列宏观经济举措，对宏观经济及金融市场会产生短期的负面冲击。

反观 2018 年度全球中国文物艺术品市场状况，与中国的文物艺术市场呈现大致相似的趋势。其年度成交额为 479.6 亿元人民币，同比上一年下降 13.1%；成交率为 54.9%，同比上一年下降 6.2%；令人欣喜的是上拍量、成交量以及专场数量同比上一年均有不同幅度的提升。2018 年全球中国文物艺术品上拍量为 26.8 万件（套），同比上升 18.9%；成交量为 14.7 万件（套），同比上升 6.8%；专场数量为 3028 场，同比上升 22.2%。成交量的提升与成交额的下降，表明了全球中国文物艺术品拍卖市场总体稍有下滑，中低端价位拍品受到藏家关注，高价甚至创纪录的文物艺术品数量不及往年。市场对于"精、生、稀"的文物艺术品仍有强烈需求，只是更加理性；中低端价位拍品供给量增加，藏家群体扩大，成交量攀升，这令从业者、藏家乃至整个市场信心不减。

在供给端，拍品结构的调整给中国文物艺术品拍卖市场带来了相应的变化。占据半壁江山的传统中国书画式微，略微下滑；瓷玉杂项仍然占据市场份额的第二名，

8　Dr.Clare McAndrew,The Art Market 2019, An Art Basel & UBS Report,P142

中国收藏
拍卖年鉴
2019

CHINESE FINE ART &
ANTIQUES AUCTION
YEARBOOK 2019

但中低端藏品却量额双增，呈现上升势头，基础市场容量扩大；与此类似的是珠宝尚品品类，较上年总额有所下滑，但是低端价位拍品受到藏家追捧，量额上升。本年度的精彩亮点是油画及现当代艺术的逆势上升和收藏品连续五年量额双增。油画及现当代艺术板块近年来收藏群体逐渐扩大，这与学术研究的深入、一级市场的推动、国有博物馆及美术馆的宣传、受众人群的审美意识和接受能力随之增强关系密切。作为小众品类、学术价值高的古籍善本及碑帖，近年来买气逐年上升，本年度突破15亿元大关，意味着收藏方向的重大变化。

在需求端，新老藏家在调整期都保持了理性和专业性，老藏家们大多经过二十多年的购藏，基本完成了自己的收藏体系，逐渐进入梳理、整合阶段，购藏速度放缓，但对顶级拍品的追逐热度不减。新藏家的强势入局，参与到亿元价位拍品竞争以及中等级别的购藏，成为市场潜力的新生力量，也给市场释放了积极的信号。

精细化的运营，专业化的服务，搜寻更加顺应市场需求的拍品，淘汰一些竞争力小、专业程度弱的企业是拍卖行业转变的前景，也是进步的方向。拍卖行应对经济下行与精品资源枯竭的现状，不断进行突破，拍卖概念上推陈出新，并积极引进新科技，带给市场全新的角度，更为未来拍卖的方向提供更多的可能与格局。

一　行业格局新变化，尝试新模式

1. 资本更趋集中，行业梯队调整

2018年全球中国文物艺术品的拍卖总成交额约为479.6亿元，其中位列前五名的拍卖行的成交额为219.6亿元，占据总成交额的45.8%，比2017年占比提升了1.0%，基本持平；位列前二十名的拍行成交额为357.1亿元，占据总成交额的74.5%，与上一年的74.6%相比下滑了0.1%，变化微乎其微。再追溯前三年的拍卖成交额状况，五大拍行北京保利、中国嘉德、香港苏富比、佳士得香港、北京匡时稳居前五，只是排序的先后有所不同，形成了固若金汤的稳定的第一梯队[9]。位居第一梯队拍行之首的仍然是北京保利，中国嘉德四年来的业绩从2015年的第四名稳步上升到2016年的第三位，之后的两年连续位居第二；发生巨大变化的是北京匡时，业绩从2015年的第五名，一跃成为2016年的第二名，成交额高达48.0亿，与第一名保利只相差8亿，而后的两年北京匡时业绩下滑，一直位居第五名。我们观察

9　易拍全球研究院（筹）数据库，2019年5月

近四年前五名拍行的成交额，在占年度总成交额的44.8%~49.2%之间变动，即占比高达近乎一半，这种状况坚实地证明了资本、资源的集中，拍行寡头的真实存在，更符合资本趋利的基本经济原理。

第二梯队的成员近年来则有较大的调整，虽然行业寡头占据了最为优质的拍品和藏家资源，但是第二梯队的拍行顺势而行，及时调整策略，努力提升自身业绩，打造独具特色的品牌效应，获得藏家一致认可。2018年迈入第二梯队的拍行有西泠印社、北京荣宝、中贸圣佳、广州华艺、广东崇正等。其中的中贸圣佳近四年来一步一个脚印，从2015年的第15名走到2018年的第9名，业绩稳扎稳打地连续上升，成为行业里信任度与辨识度较高的企业。北京荣宝的进步更令人瞩目，北京荣宝在2015年的业绩还未进入前25名，2016年前进入第18名，而2017有了质的飞跃，跻身第9名，2018年在整体经济下行的情况下，业绩达到第8名。短短四年，北京荣宝的快速进阶，在拍行里有目共睹。

2.调整拍品结构，板块热点多元化发展

（1）中低端拍品量额双增，市场整体下沉

从拍品价格结构看，2018年，中国文物艺术品拍卖市场整体行情虽然成交额有所下滑，但是主要集中在高端精品市场，而中低档拍品的量额出现大幅增加，全球三个市场均出现类似状况。说明了整体市场下沉,市场规模扩增。高端市场略显萎缩，"精、稀、生"的作品和专场热度下降，藏家对于接盘高端拍品持极其谨慎的态度，投资更趋理性，导致出现了较高的流拍率。

2018年的高端市场，一边是新纪录频出提高市场信心，北京保利的过云楼旧藏文徵明《溪堂谯别图》和陈少梅《二十四孝图卷》分别刷新艺术家个人拍卖最高价纪录。中国嘉德2018年创造13项拍品成交纪录，其中尤为令人瞩目的是，《安思远藏善本碑帖十一种》以1.926亿元创造碑帖拍卖最高纪录，令市场振奋。而另一边重量级拍品频频流拍则让人们感到市场的艰难。以北京保利为例，近现代书画板块中最耀眼的亿元级拍品潘天寿巨幅画《春塘水暖图》，因起拍价过高流拍；古董珍玩板块,康熙珐琅彩对碗在6000万元流拍；现当代艺术板块,冷军的《文物——新产品设计》以3800万元起拍，起拍价已经超越目前冷军拍卖市场最高成交价，虽然拍前呼声极高却没有藏家参与竞价。

对于重器失守的现象，主要归因于拍品定价与市场预期差距过大。重要拍品的卖家对高估价和高成交价的需求，与调整期市场压力形成冲突与张力，导致多件高

中国收藏
拍卖年鉴
2019

CHINESE FINE ART &
ANTIQUES AUCTION
YEARBOOK 2019

价作品流拍。市场进入结构性调整的阶段，唯有高质量且定价合理的拍品可以安全落地。

相比于高端精品频繁流拍的状况，中低端拍品的市场表现却好于往年。全球三大地区文物艺术市场均出现这类令人振奋的现象，具体状况是大陆地区和亚洲其他地区的低端拍品上升，大陆地区 10 万元以下的拍品成交量较去年提高了 10309 件（套），成交额提升 2.6 亿；亚太其他地区的低价位提升体现在 1 万元以下价位的拍品，成交量较去年提高 343 件（套），成交额提高了 243.8 万元；而海外地区的量额提升表现在除了价位在 5000 万元以上的其他各价格段位，成交量提高 1530 件（套），成交额提高 5.0 亿。可以看出：整个市场在 2018 年度基层市场开始大幅提升，三大地区在 1 万元以下的拍场表现显著。海外地区则全面开花，各个价位都有提升，无奈敌不过 5000 万以上的高端精品稀缺到零，比去年低 18.1 亿元，其提升的额度低于高端精品的下滑力度，整体看来海外市场成交额下滑。一是说明了高端精品的稀缺性，二是反映了大众收藏的基础扩大，市场的容量提升了。

（2）拍品品类结构调整，小众品类抢滩

从拍品门类来看，2018 年度主力板块中国书画和瓷器、珠宝尚品等三大品类成交额均出现下滑趋势，上拍量与成交量大幅上升，尤其表现在中低价位。观其主要原因是由于高端精品的稀缺，过亿拍品只有 20 件，比起 2017 年下滑了一半。藏家受整个经济大环境的影响，资金收紧，很多藏家持观望态度惜售慎买，是此三类板块出现下滑的主要原因之一。而在高端精品出现在市场中时，由于委托方对于市场信心过盛，估价过高，导致一些重要的高端精品流拍。中国书画和瓷玉杂项均出现这样的状况。

与之相反的是中国油画及当代艺术板块的逆势生长，量额双增。取得良好的拍卖成绩。主要体现在油画市场领域，近年来，随着人们对油画这一世界性艺术语言的认可和喜爱。青年艺术家的成长与积淀，对艺术的精进，逐渐成长为具备市场潜力的优质股，也被藏家所关注。尤其是那些作品辨识度高的中青年艺术家，成为藏家的主要投资目标。

除了中国书画、瓷玉杂项等大品类受到藏家关注之外，近年来佛教艺术、明清家具以及古籍文献及手稿等小品类出现轮涨，在市场上占有一席之地。尤其是古籍文献板块，连续五年量额双增，足见其热度。古籍文献及手稿总成交额在 2018 年突飞猛进，高达 16.7 亿元，2017 年度这一板块的成交总额仅为 11.9 亿元，涨幅达到 40.3%，高成交额得益于高端古籍文献在拍场的顺利易手。

2018年，有3件文物艺术品进入亿元拍品俱乐部，其中的明宣德御制《大般若波罗蜜多经》十卷和《安思远藏善本碑帖十一种》，更是一举创下世界最贵佛经与金石碑帖的拍卖纪录。究其原因，拍品本身的稀缺性、历史文献价值、拍卖行的专题化宣传和展示，持续培育老藏家以及新贵藏家构建系统收藏均是重要因素。近年来古籍文献及手稿的价值逐渐得到市场认可，尤其是一些早期宋版书早已经成为孤品级别的拍品，其历史价值和学术价值得到了专业学者的认可，某些古籍文献及手稿的残页也有机构收藏，这些释出的孤品填补了整套的体系。名人旧藏作为拍品的一个特别加分项，在2018年度的体现更为直接，诸如安思远毕生所藏十一种善本碑帖的首次上拍、大总统曹锟旧藏以及著名藏书家黄丕烈旧藏等等。

其次，金石热作为海内外的学术趋势，渐渐成为一门显学，早年间对于古籍文献的研究也较多出自于海外，对于收藏市场的影响也与日俱增，在海内外拍卖市场中均有孤品级别的拍品出现。中国嘉德、北京保利、香港苏富比均有高端价位拍品呈现；其次西泠拍卖、中贸圣佳作为两家老牌拍卖公司，对于古籍文献的收藏群体培育起到了重要作用。"集聚效应"在2018年度在该领域得到了完美体现，高端价位的拍品频出，使民间所藏不断亮相拍场，逐步构建市场价值体系。专场逐渐增多，本年度举办的学术讲座也是历年之最，通过深入了解古籍专业与学术价值，降低古籍收藏门槛，使得古籍善本学成为一个热点。此外，古籍文献日益成为新贵藏家的优先选择。随着艺术市场的不断成熟，书画和瓷器等其他门类的价格不断上涨，一些财力有限的收藏家就会发掘新的热点，处于价值洼地的古籍文献，其投资价值也就逐步体现出来。而对于企业收藏来说，可以作为一个单独的学术门类，丰富其收藏体系，是企业收藏配置的良好选择方向。

板块热点多元化与轮涨的现象，说明中国文物艺术品拍卖正从单一同质化转向差异化及强调文化价值取向的良性竞争，有助于市场生态的健康发展。预计2019年，在传统板块市场趋缓情况下，小品类板块会继续被各大拍卖行进行重点挖掘。

（3）精准投放，细分市场成型

随着中国文物艺术品市场的开放发展，利用信息不对称而赚得盆满钵满的卖方市场如今强势不再，买方市场悄然登台。为迎合市场多元化的收藏方向，2018年各拍卖行采取"精雕细琢，精准投放"的策略，积极转变思路，精简运营结构，提高拍品质量，增强运行效率，确保其生存空间。在保证市场覆盖面的同时，针对性地推出专题专场，细分市场逐渐成形。行业朝着专业化、特色化、品牌化的方向发展。大浪淘沙，一些违规经营、恶性竞争以及亏损严重、竞争力低、风控力低、专业度低、创新力低的拍行将沉没于市场发展的大潮中。

大型拍卖行的专题专场多样，已形成品牌效应。在第一梯队的中国嘉德，书画板块的"观想"、古典家具的"观华"、明清官窑的"观古"等专场均是成熟品牌，致力高古名窑的"抟泥幻化"和"玉质金相"专场已磨砺两载。2018年秋又推出"应物希古——清代御窑瓷器"专场，渐渐形成了中国嘉德对外宣传的重点品牌。此外，针对藏家群体有目标地设置"名家收藏"专场也是近年来拍行的一大热点。如北京保利的"大藏——雅克·巴雷尔家族藏重要中国古代佛教艺术"等都取得不凡成绩。其中，"利国伟爵士藏重要中国艺术珍品"因品质好，热度高，成交率达九成以上。

中小型拍行则在特色专题上铆足力气，坚守已有定位或开发新的特色品牌，在细分市场站稳脚跟。以北京荣宝为例，春秋大拍皆采用专题的形式，以此聚拢人气、买气，征集的拍品质量好、估价平实（秋拍部分拍品以无底价形式上拍），收获颇丰。其春拍设立的"一念莲花开·敦煌写经及佛教艺术专场"的"敦煌写经专题"，共10件拍品全部成交，总成交额高达4760.3万元，其中7件拍品超百万成交，1件过千万成交，大多数拍品超低估价数十倍成交，溢价颇高。秋拍再次推出"一念莲花开·敦煌写经及佛教艺术专场"，其中"法宝重光——15件南北朝·隋唐·敦煌写经"，作品也全部成交。

3. 接受新事物，探索新模式

2018年，拍卖公司不断寻求突破，不仅在拍卖品类上推陈出新，更积极引进新科技，以期吸引更多新藏家入场并拓展市场。多元化价值拍品的尝试也是拍卖行应对经济下行与精品资源枯竭的一大举措。

随着技术的新突破，各个领域的人工智能均受到广泛瞩目。2018年10月，佳士得纽约拍卖会上，一幅名叫《爱德蒙·贝拉米的肖像》以最终售价43.25万美元成交，远远超过了7000到1万美元的预计售价，与当时同场拍卖的一幅毕加索画作的价格相当。该作品成为第一幅由拍卖行出售的人工智能制作出的艺术品，画作由运用AI技术创作的艺术机构Obvious Art提供。《爱德蒙·贝拉米的肖像》描绘了一个略显模糊的穿着黑色礼服白领子的微胖男子，绘画右下角的签名显示了创作它的实际算法。这幅肖像画亮相拍卖市场，预示着"AI艺术家"这个新事物的壮大。人工智能作品进入拍卖行业，显示了佳士得拍行的创新勇气。

在探索新的拍品品类中，中国大陆地区的本土拍行在2018年表现亮眼。中国嘉德、北京保利、北京匡时、北京荣宝、北京翰海等一批老牌拍行，将上拍目光投向国外现当代艺术家的作品上，诸如毕加索、达利、米罗等西方艺术大师的版画、水彩、雕塑等以及亚洲当代艺术家草间弥生、奈良美智、井上有一等艺术家的代表性作品。上述老资历拍行中，又以中国嘉德和北京荣宝的海外艺术家专场设置令人瞩目。中国嘉德在 2018 年 9 月举办首次网络拍卖会，其中设置的"20 世纪及当代艺术专场"共上拍 44 件拍品，包含 7 件毕加索、达利等海外现当代艺术家的版画及工艺品全部成交，其成交额为 29.9 万元，占该专场总成交额的 17.2%。北京荣宝则是加大力度在 2018 年秋拍中首次设置"最后的荣光——欧洲大师及西方现代艺术"专场，共上拍 117 件丢勒、伦勃朗、戈雅、珂勒惠支、马奈、高更等艺术大师的版画及夏加尔、康定斯基等大家的油画作品。该专场成交率为 80.5%，成交额为 1083.3 万元，推动了西方艺术在中国市场的进一步流通。

另外，近年来成立的新晋拍行，2018 年在拍品拓展上标新立异，通过设置潮玩专场，比如上拍 Kaws、Banksy、空山基、村上隆、下田光等知名艺术家的潮玩作品以迎合 80、90 后年轻一代藏家的收藏品味，丰富了二级市场的流通品类。2018 年，老牌拍行通过对海外现当代艺术的积极推广，引导藏家向更广阔的国际艺术品关注，在上拍策略上主推出名国际艺术家的版画、水彩等作品，因价格相对较低，降低了对国际艺术家作品的收藏门槛，不失为培育市场的一种谨慎选择。而新晋拍行另辟蹊径，主打流行文化艺术品，进一步扩大了二级市场的品类版图，吸引更年轻的藏家力量参与到二级市场的运行之中。

再观地处中国的国际拍行，香港苏富比在 2018 年 8 月推出了观念艺术的新拍品，首次以《徐震超市》作为拍品上拍，以 200 万港币成交，开创亚洲拍卖界先河，让市场看到了当代艺术拍卖更广泛的切入点。对全球拍卖界而言，观念艺术仍属新兴门类，这次新尝试有助于业界开拓收藏领域的视野，拓宽艺术品拍卖边界。

从某种意义上来讲，无论人工智能所创作的艺术，还是潮玩，以及观念艺术，都预示着一个来势汹汹的年轻化和国际化市场的到来。拍卖行这些值得被谈论、记录和书写的尝试，将打破固有的传统的拍卖规则，给我们以新的期待。

二 区域市场格局微变，竞争与互助共生

纵观 2018 年中国大陆的文物艺术品拍卖，在区域分布上已经形成如下基本格局：以京沪广杭等城市作为中心，辐射到各个相应的区域市场。如京津地区、长三角、珠三角等区域，另外还有以山西太原和四川成都、重庆为主的中西部区域和其他地

方的拍卖。拍卖重地仍然集中在经济活跃、文化氛围浓厚的城市地区。

仅北京一地的拍卖，无论从成交量和成交额两方面来说，占据全国拍卖的50%有余。2018年北京地区的成交量占到大陆地区的50.2%，成交额占到66.1%，位居首位，是全国文物艺术品市场的核心地带，更是亚洲地区的重要文物艺术品交易中心之一，也是世界非常活跃的文物艺术品交易城市。北京地区拥有国内顶尖的拍卖公司，如国内第一梯队的北京保利和中国嘉德、北京匡时等，第二梯队的中贸圣佳、北京荣宝、北京翰海等等拍卖公司，在高端拍行中，北京地区拍卖公司占到全球文物艺术品拍卖公司成交额前20名的7个名额。但是这种格局也并非一成不变的，具体到2018年的变化是：北京文物艺术品拍卖市场较上一年在成交额方面略低，长三角与珠三角地区的成交额略微上涨。这一变化体现在跻身全球文物艺术品拍卖成交额前20名拍行的占比中，2017年北京地区占据9个名额，而2018年降为7个名额，这一下降趋势说明了北京地区的文物艺术市场规模较去年有所下滑，而转向其他地区。上海的拍卖公司成交额跻身前20的由2017年的1个席位提升至3个席位，整个长三角地区的文物艺术品市场份额被拉升。珠三角地带在成交额据前20名的席位中，由2017年的2个提升到3个，促进了珠三角地区拍卖业的行业发展。

香港地区在亚太文物艺术品市场的重要位置显而易见，随着中国文物艺术品不断被全球收藏者所关注和投资，国际拍行与大陆拍行纷纷布局于此。国际拍行的大批入驻，推动了香港二级艺术市场的繁荣发展。2018年老牌拍卖行香港苏富比总成交额达到76.8亿港元，达到入驻亚洲以来的最佳业绩。佳士得香港拍卖行以4.6亿港元的高价拍卖了苏轼的《木石图》，创下佳士得香港拍卖史上最高单幅拍卖纪录。

与苏富比和佳士得相比，大陆拍行在内地经济增速减缓的情况下，针对地区的藏家品味而布局香港市场，与大陆市场形成联动，取得稳步上升的业绩。在香港地区市场，拍卖品类以瓷玉杂项及油画及当代艺术见长。对于进驻香港拍卖的大陆拍卖行而言，这两个板块的竞争尤为激烈。嘉德香港的策略是以特长视人，重推亚洲20世纪及当代艺术、观古——瓷器珍玩工艺品、观想——中国书画四海集珍以及珠宝翡翠等实力板块，12个专场获得成交额16.4亿元，取得进入香港以来最好业绩。港台与内地之间的互补，扩大了我国文物艺术品市场的繁荣度，在世界文物艺术品市场中的所占份额也越来越大。

三 藏家新老迭代，需求升级

1. 高端拍品市场收紧，老藏家需求升级

在全球文物艺术品资产效应带动下，人们对于高端优质艺术品长期持有的意愿有所增长，对文物艺术品价格的预期不断提高，但是市场中大量的进场资金又在观望，出现了市场交易的僵持状态，即"惜售"与"惜买"在博弈，中国文物艺术品高端拍品市场出现紧缩。来自易拍全球研究院（筹）的大数据统计显示：2018 年成交价在 500 万以上的高端拍品其成交额为 222.5 亿元，2017 年为 284.7 亿元，同比减少 21.8％；其 2018 年成交量为 1299 件（套），同比 2017 年减少 260 件（套）。从数据上反映出 2018 年中国文物艺术品高端拍品市场"量额双减"的收紧态势。同时，伴随着"雅贿"的覆灭和整个经济增速放缓的经济态势，文物艺术品市场正在悄然发生着变化，已从过去的礼品市场为主逐渐蜕变为收藏投资市场，这直接影响到二级市场中高端精品的释出与成交，而中低端价位的拍品逐渐回归到理性价格，价格缩水率达 50％，从而成为藏家新的关注点。

另外，从关注高端精品的机构收藏来说，2018 年进入了调整期。由于股票市场低迷，财富缩水，不少民营企业资金链断裂不得不将早年购买的文物艺术品释出以解决困境。这部分资产经过多年的购藏持有，有一些能够顺利成交，略有增值；也有一部分不能满足资产委托方对投资增值回报率的期望值而遭遇流标。

对于个人藏家而言，老藏家们大多经过二十多年的购藏，基本完成了自己的收藏体系，逐渐进入梳理、整合时期，升级藏品的需求并不急迫，购藏速度放缓。如果市场中符合其品味的稀缺精品出现，他们仍然是顶级市场争夺的主力军。

2. 新藏家强势入市，担大任买大货

一般来说，文物艺术品拍卖市场上的收藏家约略可分为两种：一种是收藏时间较长，对文物艺术品的鉴赏能力与知识远胜一般人的资深藏家；另一种则是入门不久，对于一切都还处于学习阶段的初阶藏家。在过去，初阶藏家通常是由购入中低价位的拍品开始，逐渐累积经验；而资深藏家则往往是在拍卖市场上购买高价商品的主力，他们不仅对文物艺术品的审美和质量要求较高，出价也相对理性保守。

然而，2018 年度新藏家已经是"担大任买大货"的重要角色。新买家发挥实力战绩耀眼，例如，中国嘉德 2018 年度近现代书画共计有 3 件拍品进入到亿元榜单，分属潘天寿《无限风光》、傅抱石《蝶恋花》与李可染《千岩竞秀万壑争流图》，而这三件过亿拍品均被新藏家包揽。另有钱维城的《富春秋色图》，安思远藏古籍善本

中国收藏
拍卖年鉴
2019

CHINESE FINE ART &
ANTIQUES AUCTION
YEARBOOK 2019

也为新买家所购，这是本年度高端价位拍品的另外一个显著特征，新买家持续进场，并且参与到亿元价位拍品竞争，新老藏家融合交替。

中等级别的新买家入场，从消费市场转入拍卖收藏领域，同样也为市场带来了积极变化。新藏家中有相当一部分是年轻藏家，他们的教育背景更加国际化，收藏需求也会更加多元，拍卖企业在拍品征集过程中越来越重视这部分藏家的需求，推出更加有针对性的拍卖专场，开拓更大的市场。苏富比亚洲拍卖官方发布的信息谈道：新客户占苏富比亚洲拍卖整体买家人数的27%，亚洲区拍卖中，年轻买家占整体买家的23%。在2018年专门针对年轻藏家的收藏需求策划的"当代艺术专场：TURN IT UP"中，年轻买家比率高达40%。新老藏家结构的稳步调整交替无疑为文物艺术品市场注入了更多活力。不同层次的新藏家促使中国文物艺术品拍卖市场的结构在持续发生深刻的变化。

四　跨界融合，努力打造健康产业链

据中国拍卖协会2019年发布的《2018年度艺术市场报告》中称：2018年拍卖行业盈亏状况持续恶化，仅有21.8%的拍卖企业实现盈利。面对如此残酷的竞争环境，位居第一、二梯队的各家拍行保持原有拍行份额已属不易，晋升前位更是艰难。占据资本与资源优势的前两梯队尚且多方探索，处于梯队之外的拍卖公司的生存状况则令人担忧。各家拍卖公司在主打拍卖业务之外，均积极拓展经营模式，与相关的艺术金融跨界融合，打造涉及艺术品拍卖环节的物流、保险等良性产业链。艺术品产业链的各个环节，包括鉴定、评估、保险、运输、储藏等环节，事实上整个生态链都需要基础建设支持，是一项更加长期和艰难的事业。伴随金融资本进入艺术市场，市场对文物艺术品的投资收藏从简单的个人爱好，转变为一种财富管理的新类型，资本通过艺术品抵押、艺术品按揭、艺术品信托、艺术品基金等各种金融形式加入到艺术领域里来，开启了艺术的金融时代。

2018年外部宏观环境由于贸易摩擦不断升级，国内经济持续低迷等方面的影响，导致投资资金锐减，进入到文物艺术品行业的资金减少。由于文物艺术品的特殊性，其确权、真伪、估值以及变现等各个环节不够完善，没有形成健康成熟的业态，一直以来，艺术的金融化之路走得比较艰难，谨小慎微。

拍卖公司接轨艺术金融，主要的目的是解决艺术品在拍卖的交易平台中产生的资金问题，为委托方与藏家提供资金的保障。基本的方式有两种，一种是拍行拥有自身体系的艺术品金融体系，如北京保利艺术品金融公司，自成立伊始已为艺术品金融市场提供各类资金超过 50 亿元人民币，为委托方和藏家提供艺术品金融服务，业务拓展到艺术品的融资、投资理财方面的服务。结合拍卖的专家力量，为藏家选择送拍保利提供了信心，同时也解决了藏家一时的资金流转问题。第二梯队的拍行则往往选择与金融公司合作，为藏家解忧。另一种方式是与第三方投资公司合作做艺术品金融服务，如北京匡时、西泠印社选择与柏通投资合作，当藏家周转资金紧张时，则可以将艺术品在投资平台上进行质押融资，以解燃眉之急。

艺术银行作为近年来艺术金融化的探索模式，参照了发达国家的成熟模式和经验，受到拍行和藏家的广泛欢迎，这是中国艺术金融化必然结果。2018 年 4 月，中国人民银行、中国银行保险监督管理委员会、中国证券监督管理委员会和国家外汇管理局正式发布了《关于规范金融机构资产管理业务的指导意见》。资管新规对所有资管行业的行为进行了严格的规范。金融机构应当加强投资者教育，不断提高投资者的金融知识水平和风险意识，向投资者传递"卖者尽责、买者自负"的理念，打破刚性兑付。资管新规对艺术品金融市场影响深远。此《意见》的推出，为艺术银行与中国二级市场的业务融合有了可靠的政策指导。

2018 年在科技领域兴起了人工智能和"区块链"技术，但是在拍卖市场的应用却鲜有结合，显示出较弱的创新力，是否在不远的将来，二级市场能够与高科技相结合，实现跨界融合，我们拭目以待。

五　政策支持，探求最佳发展路径

1. 推出新规，保障行业诚信发展

2018 年度文物艺术品市场除了以上转变之外，出现的问题也不少，其中以原有的行业顽疾，比如行业的诚信问题，拍而不付的问题等最为明显。

针对行业诚信问题，维护文化市场秩序，国家文化和旅游部 6 月 19 日颁布了《全国文化市场黑名单管理办法》，旨在完善文化市场信用监管制度，健全守信激励和失信惩戒机制，提高监管效能，促进文化市场健康有序发展。文件规定："将严重违法失信的文化市场主体及人员列入全国文化市场黑名单"，对于经营文物艺术品的拍卖行业来说，市场主体及人员包括：艺术品收购、销售、租赁；经纪；进出口经营；鉴定、评估、商业性展览等服务；以艺术品为标的物的投资经营活动及服务；网络经营等领域。这些作为市场主体及人员作为重点监管对象，将增加检查频次，加大监管力度，发现再次违法违规经营行为的，依法从重处罚。政策法规的出台，将进一步健全对严重违法失信者联合惩戒机制，营造风清气正的文化艺术品市场环境。

中国收藏
拍卖年鉴
2019

CHINESE FINE ART &
ANTIQUES AUCTION
YEARBOOK 2019

2. 调整税率，为企业松绑

高赋税问题一直以来是拍行所面临的困境，2018年度，国家出台了一系列法律法规有针对性地调整税率，为企业松绑减负，促进行业的健康良性的发展。这些措施主要体现在以下两个方面：

（1）大幅下调进口关税

5月31日，国务院关税税则委员会印发《关于降低日用消费品进口关税的公告（税委会公告〔2018〕4号）》，决定自2018年7月1日起降低部分进口日用消费品的最惠国税率。其中，对"艺术品、收藏品及古物"按最惠国税率一半以上降税，油画、粉画及其他手绘画原件，雕版画、印制画、石印画的原本，各种材料制的雕塑品原件三类税率降至1%。而唐卡由12%下调至6%，手绘油画、粉画及其他画的复制品，拼贴画及类似装饰板两类由14%下调至6%。但17%的增值税仍然没有下调，再加上国内二次销售以及消费税等多种税费的累积，国内买家依旧需要支付远超过市场行情的价格来购买在国外拍卖的文物艺术品，对于早年流出海外的文物回流产生不利影响。因此，虽然降低关税传达了政府对文物艺术品市场的支持态度，但这对市场的影响比较有限。

（2）调整增值税税率

困扰拍卖行业多年的增值税缴纳在2018年有了明确变化。7月25日，国家税务总局发布2018年第42号公告，明确"拍卖行受托拍卖取得的手续费或佣金收入按照经纪代理服务缴纳增值税"，同时废止1999年开始实行的《国家税务总局关于拍卖会取得的拍卖收入增收增值税、营业税有关问题的通知》。按照税务部门原来的规定，对于拍卖行受托拍卖增值税应税货物，向买方收取的全部价款和价外费用，是按照4%（2014年7月1日后调整为3%）的征收率征收增值税；对拍卖行向委托方收取的手续费征收营业税。2016年"营改增"以后，对拍卖行取得的手续费收入，已由缴纳营业税改为缴纳增值税。此次调整后，明确拍卖企业增值税的税基为佣金及手续费，不再包含拍品价款。这一规定，有效降低了拍卖企业可能存在的全额纳税的税政稽查风险，是创造拍卖业良好营商环境的有力举措。

值得注意的是，新法并不涉及豁免卖方应承担的增值税纳税义务，且涉及范围不仅限于文物艺术品类，而是全部涉及增值税的应税拍卖标的和劳务。因此，拍卖公司仍可能作为增值税代扣代缴的扣缴义务人。后期行业的实际征收政策、代扣代缴等问题有待于进一步理清，确保政策有效落实。

3. 打击文物犯罪，促进行业健康发展

近年来，随着文物流通市场的快速发展和国际经济文化交流的日益活跃，文物艺术品市场面临着新的问题与挑战。从文物艺术品拍卖行业管理来说，市场的监管法规有待健全。

2018年度，国内文物盗掘、盗窃、走私案件频发，安全形势严峻，典型的有辽宁"红山大案"、四川"江口沉银大案"、广州美院馆藏书画被盗并拍卖案等。随着文物艺术品拍卖市场不断发展，行业加速整合，受造假成本低、利益高昂等诱惑，市场中赝品不断、鱼龙混杂。贵州的书画造假大案对文物艺术品拍卖市场造成了破坏性的影响，令人们对于拍场信誉产生了强烈的质疑。制假贩假的链条一旦浮现，动摇的是整个拍行的根基。因为中国近现代中国书画的收藏一直以来是大陆收藏家的热点，一些拍卖公司卷入利益分成，对整个拍行的信誉造成极其恶劣的影响。

为了杜绝此类现象的再次发生，7月，中央全面深化改革委员审议通过了《关于加强文物保护利用改革的若干意见》，制定关于引导民间收藏文物保护利用促进文物市场健康发展的意见，开展文物流通领域登记交易制度试点。建立全国文物购销拍卖信息与信用管理系统，接入全国信用信息共享平台，开展守信联合奖励和失信联合惩戒。规范文物鉴定机构发展，多层次开展文物鉴定服务。适时扩大享受文物进口免税政策的文物收藏单位名单，促进海外文物回流。此意见的出台针对国内文物保护、国内外博物馆管理等问题，以及社会各界对于文物流通、收藏、鉴定、税收等方面的强烈反映，是协调政府各部门监管文物保护与文物流通的新举措；为完善文物艺术品市场的交易与文物艺术品交易机构的运营，提供有力规范依据。然而仅有法规还是不够的，还需要严格的执行与对违规、违法现象的有力惩处，这需要在市场中慢慢解决。

中国流失文物在海外被拍卖事件时有发生，每一起都会引起业界乃至全国的广泛关注。中国文物流失海外的原因，大致有战争抢劫、代理征集、非法走私、移民携带、合法贸易、赏赐赠送等。目前，文物回流主要有四种方式：商业回购、依法追索、政府间谈判和捐赠。由于种种原因，商业回购成了文物回流的主要方式。商业回购，多数为在海外通过商业拍卖，使拍得文物回流。

2018年度圆明园失踪文物青铜"虎蓥"由公开拍卖到最终回归中国国家博物馆的艰辛过程，表明了追索中国文物是一件艰难的事情。2018年3月，国家文物局建设完成了"外国被盗文物数据库"，为文物进出境审核过程中开展被盗文物查验提供了信息支撑。4月，中国最高人民法院与中国国家文物局在北京签订《关于加强

中国收藏
拍卖年鉴
2019

CHINESE FINE ART &
ANT QUES AUCTION
YEA RBOOK 2019

司法文物保护利用、强化文物司法保护合作框架协议》，明确"依法妥善审理各类涉文物案件，严惩盗窃、盗掘、损毁、倒卖、走私文物犯罪。积极开展国际司法合作，大力追缴流失国外的文物"，推动健全预防惩治文物违法犯罪的长效机制，相信国家的重视与法律法规的进一步健全会促使更多海外流失文物通过外交、法律渠道完成追索。

2018 线上市场
The Online Market In 2018

在互联网生态下，文物艺术品线上交易超越了时空、地域以及人群限定等因素对传统交易所产生的限制应运而生。艺术品电商即文物艺术品线上交易平台，是传统文物艺术品交易活动在信息网络技术的作用下所形成的电子化、网络化和信息化的交易市场。相关数据显示：2018 年全球线上艺术和古董市场的销售额达到预期的 60 亿美元，年增长率达 11%，占全球文物艺术品销售额的 9%。另有国际机构英国保险公司 Hiscox 与艺术研究机构 Art Tactic 联合发布的《2019 年线上艺术市场报告》(Online Art Trade Report 2019) 中称：2018 年有 79% 的藏家网购文物艺术品，年均消费超过 10 万美元的藏家中有过网购经历的占 47%，文物艺术品在线消费用户同比增长了 17%，可见其发展迅速程度。文物艺术品线上交易已在艺术品交易市场中扮演了重要角色，为文物艺术品交易带来了极大的便利性。此外，也应注意到文物艺术品线上交易市场发展过程中存在诸多问题有待解决，需要市场各方参与者合力，将文物艺术品在线交易的优越性发挥到最大程度，从而激发艺术市场的活力，促进艺术市场的繁荣与发展。

一　发展与现状

1. 线上中国文物艺术品市场的历史回溯

自 1995 年美国成立了第一家艺术品电子商务平台"art.com"至今，全球艺术品电子商务已经发展了 23 年。2000 年，嘉德在线（artde.com）和赵涌在线（zhaoonline.com）分别在北京和上海上线，标志着中国文物艺术品电子商务时代的来临。结合互联网的发展特征，中国文物艺术品电商紧跟互联网的发展步伐，经历

中国收藏
拍卖年鉴
2019

CHINESE FINE ART &
ANTIQUES AUCTION
YEARBOOK 2019

了 Web1.0（门户信息展示）、Web2.0（UGC 用户生产内容）及 Web3.0（"互联网 +"）
三个阶段。第一阶段，门户时代。以雅昌艺术网为代表的艺术媒体企业，以嘉德在
线、赵涌在线等为代表的艺术品电商企业在信息展示的同时，兼顾艺术品在线交易，
它们基本具有 Web1.0 门户时代的特点，以信息展示为主，互动性不强；第二阶段，
搜索社交时代。Web2.0 典型特点是 UGC 用户生产内容，实现了人与人之间的双向
互动，以搜索和社交功能最为明显。其中，搜索方面以各门户艺术网的搜索引擎，
增设艺术品在线交易板块为业态典型；社交方面以盛世收藏等为代表的艺术品电商，
通过在线论坛、社区贴吧等在线社交板块的增设丰富了艺术品在线交易的沟通性与
趣味性。在 Web2.0 时代，各艺术电商虽从不同程度进行尝试，但尚未形成一家独
占鳌头的局面；第三阶段，"互联网 +"时代。Web3.0 典型特点是多对多交互，不
仅包括人与人，还包括人机交互及多个终端交互。该阶段基于物联网、大数据和云
计算等技术形成的"互联网 +"业态，从单纯的艺术品电商平台逐步向产业物联网、
发展跨终端平台和深掘艺术品产业大数据等方向发展。其中以易拍全球文物艺术品
在线交易平台为代表，以创新科技模式引导传统拍卖行业向电子商务升级转型。

　　从近年来中国文物艺术品电商的经营模式来看，已经发展出四种相对稳定的模
式：第一种是由传统文物艺术品行业发展而来的垂直业务类艺术品电子商务平台。
以雅昌艺术网、赵涌在线为代表，这类平台经营时间久，积累的客户较多，通过多
年的口碑吸引了相对稳定的客户群体从而达成交易；第二种是由综合电子商务平台
分支出来的艺术品线上交易板块。以京东网（拍卖频道、京东艺术频道）、淘宝网（阿
里珍品拍卖）、苏宁易购（艺术频道）为代表，这类平台遵循传统电商的模式，涉猎
全面；第三种是传统艺术品经营机构自建的在线销售平台，比如国际的佳士得在线、
苏富比在线，国内的荣宝斋、西泠印社以及各画廊或艺博会的线上交易平台等；第
四种是在资本与技术的联合推动下创立起来的全球艺术品交易与服务平台。以易拍
全球为代表，这类平台往往专业度高，对于艺术品行业的特点和买家的喜好把握较
准确，通过与传统拍卖行合作实现双赢。

　　2. 线上中国文物艺术品市场的现状

　　（1）大众文物艺术品消费成主流

　　2019 年 2 月 28 日,国家统计局发布了《2018 年国民经济和社会发展统计公报》,
其中全国固定资产投资、居民收入和消费支出情况的相关统计数据显示,2018 年,
文化、体育和娱乐业固定资产投资稳步增长,同比增长 21.2%,人均教育文化娱乐
消费支出达到 2226 元,占人均消费支出的比重为 11.2%,同比增长 6.7%,超过全

国居民人均消费支出实际增幅。由此可见，大众精神需求的增加给文物艺术品市场的发展带来了新机遇。根据《2019年线上艺术市场报告》显示：一般零售电子商务销售量在2018年增长了18%，在买售双方均有在线消费经历的影响之下，也使在线文物艺术品交易受益，73%的文物艺术品购买者表示他们在线购买过同等价位的其他物品。相较于传统艺术品拍卖与画廊等线下交易的高门槛，艺术品电商对普通消费者来说，其交易的便利性、选择的丰富性以及价格的相对亲民性显然更具吸引力。

近年来，文物艺术品市场开始呈现出由投资转向消费的趋势。无论拍场还是艺博会，购买力的结构开始发生改变，"千禧一代"正在成为文物艺术品市场的重要购买力。《2019年线上艺术市场报告》显示：2018年有更多的千禧一代通过网络购买文物艺术品，当中有79%的人表示购买了不止一次，同比增长了15个百分点。同样有79%的"千禧一代"将在线购买的目光放在了印刷品和限量版画之上。就2018年在线交易的文物艺术品平均价格而言，有78%的艺术品消费者表示他们的平均购买价格在5000美元及以下，而在这些消费者中也包含了81%的"千禧一代"。由此可以看出艺术品在线交易中低价位的文物艺术品更被购买者青睐。

目前，艺术品电商的经营者，走大众艺术品消费路线的占据多数。诸如2018年刚上线的京东艺术，凭借京东商城几亿客户的优势，将目标客户定位在"新中产"（主要指"80后"，接受过高等教育，主要生活在一、二线城市，年净值收入在10万至50万元，有着新审美、新消费观念、新连接的交易工具的群体）。相较于传统中产阶级，"新中产"喜欢接受新鲜事物，强调差异性与个性，走在潮流前沿。这样的特征与现当代艺术品的气质相符。同样，近年来以艺术社交与展示的新兴艺术品电商平台也将目光转向大众消费市场，并选择线上线下同时经营的方式来扩收。此类平台中大多数的用户为消费级用户。从消费者在线购买文物艺术品的目的而言，大多数用于家居环境的装饰改善。新兴艺术品电商与家居行业合作，尝试把艺术与家居跨界双赢的可能性付诸实践成为业内新现象。

（2）瓷杂版画板块受众多，艺术衍生品成网红

随着艺术品消费时代的到来，文物艺术品线上交易市场也有了新机遇，从而借势发力。根据易拍全球研究院（筹）调研结果发现，2018年中国文物艺术线上交易市场因经营方的所属性质不同，其经营品类而有所差异，由此造成了线上购买者的分流。由综合类电商平台开辟的文物艺术品线上交易频道，虽然销售者尽可能将商品品类涉及文物艺术品的各个方面比如书画、油画、瓷杂、珠宝等各品类，但从购买者的实际消费记录来看，他们将目光放在了价格相对较低的瓷玉杂项和限量版画

以及装饰意味浓厚艺术印刷品上；而作为二级市场的线上拍卖专场，则是延续了线下购买者的消费喜好，收藏门槛相对较低的瓷玉杂项依旧在线上引得购买者的青睐。

具体来看，作为综合类电商旗下的艺术频道经营，淘宝网的阿里珍品拍卖、苏宁易购的艺术频道以及京东艺术，他们的线上文物艺术品经营品类方向大致已形成两种趋势：一类是以阿里珍品拍卖和苏宁易购艺术频道为代表，主营瓷玉杂项，具体包括瓷器、玉器工艺品、紫砂壶、邮币钱卡乃至名酒与珠宝腕表等。但他们两者的销售方式又有所不同，一个以拍卖的形式，一个以直接明码标价出售的形式；另一类的京东艺术则是平台主营水墨、油画、版画、雕塑四大品类，其中版画及印刷品板块成交量最多，占总成交量的 64.1%。以上可以看出侧重于艺术品消费的综合电商平台，通过经营具有广泛购买群体的艺术品类，定价相对亲民，尤其是版画及印刷品，其价格一般在千元左右，极少数会超过万元。从而进一步活跃了线上文物艺术品交易的业态氛围。

再观察二级市场的线上拍卖。这里不包含拍卖行线下拍卖同时开通的线上同步竞拍的成交额，而将其归为线下成交额，且不包含第三方平台的同步在线竞拍平台产生的成交额，而是将关注点放在拍卖行专辟的线上中国文物艺术品拍卖专场。以国际和国内的拍卖行的在线交易的区域来看，全球三大区域均有中国文物艺术品的线上交易，但整个线上交易额所占年度成交额比例较低，不足 1%；品类集中在中国书画及当代艺术、瓷玉杂项。如近些年能够始终保持线上拍卖，并开辟中国文物艺术品专场的国际拍行佳士得的线上拍卖；国内则以中国嘉德 2018 年新开辟的网络拍卖专场为典型。通过易拍全球研究院（筹）的调研发现，2018 年佳士得共举办了 12 场中国文物艺术品线上拍卖专场，共成交 840 件（套），成交额为 3654.1 万元，占该年佳士得拍卖成交总额（70 亿美元）的 0.8%。2018 年 9 月，中国嘉德首次开设网络拍卖专场，也是该年度唯一的一场网络拍卖专场，设置了"瓷器、玉器、工艺品""中国书画""20 世纪及当代艺术""茅台酒"四个板块，成交 188 件（套），成交率高达 98.4%，此专场四个板块的成交额为 509.8 万元，仅占中国嘉德 2018 年度成交总额的 0.1%。值得关注的是，在线上交易的中国文物艺术品的品类中，以中国书画和瓷玉杂项为主。具体的状况为：中国大陆以中国书画和瓷玉杂项为主，亚太其他地区则以中国香港为阵地，该地区以中国书画及当代艺术为主要交易品类，海外地区的线上中国文物艺术品拍卖专场设置，主要以中国瓷器及工艺精品为主。从整体成交品类来看，仍以瓷玉杂项成交最多，占据市场份额最大。从易拍全球研究院（筹）的调研数据来看，线上中国文物艺术品交易的拍品单价普遍偏低。如佳士得线上中国文物艺术品的平均成交价为 4.4 万元 / 件（套），中国嘉德线上中国文物艺术品的平均成交价为 2.7 万元 / 件（套），收藏门槛相对较低，趋向于大众收藏的经济水平，成交品类又以瓷玉杂项和版画为主。这也反映出文物艺术品线上平台的艺术品消费的特点。

另外，作为构成大众艺术品消费重要组成部分的艺术衍生品，其近年来的发展在艺术 IP 的内在驱动下日渐兴盛，并通过网络迅速走红。根据中国玩具和婴童用品协会品牌授权专业委员会发布的《2019 中国品牌授权行业发展白皮书》显示：2018 年我国年度被授权商品零售额达 856 亿元人民币，同比增长 14.6%。其中艺术 IP 授权所占份额为 16%，位居第二，但与位于榜首的娱乐 IP 授权相比相差 43 个百分点，说明未来市场仍具潜力。结合艺术品电商中的艺术 IP 授权和与之相关艺术衍生品经营现状来看，艺术衍生品的开发大致依赖于博物馆类机构艺术 IP、个人艺术 IP 以及艺术 IP 服务平台三种。博物馆类机构艺术 IP 的授权与艺术衍生品的经营以故宫和颐和园的皇家艺术 IP 为代表。2018 年故宫的艺术 IP 授权涉及了食品饮料、医药保健、文具办公、数码家电、服装鞋帽等多个领域，其中以故宫文创为中心的产研机构，通过依托故宫自身 IP 开发，在天猫故宫博物院文创旗舰店进行展销，并积累了 333 万粉丝，使故宫跻身"网红"之列。根据调查显示，2018 年故宫文创产品收入达 15 亿元，超过了 1500 家上市公司单家在 2018 年的营收水平。故宫文创旗舰店在"双 11""双 12"活动均为文创类店铺销量之冠。纵观近年来国内艺术衍生品的重要来源—— 艺术 IP 的发展可以发现：艺术 IP 作为大 IP 市场下的后起之秀，文物艺术品线上市场在以艺术 IP 为重要驱动力之时，保证需求先行，借助曝光频次和粉丝建立深度联系，只有持续和活跃的粉丝对话，才能将粉丝转换为实际购买力，将流量转换为销量。

（3）融资热潮退去，资本看好长远盈利模式

线上文物艺术品市场异军突起的原因很大程度上取决于网络科技创新的热潮，技术创新带来的市场驱动触发了资本对于这一商机的追逐。但是随着近年总体经济形势的下行，以往出现的文物艺术品电商动辄估值过亿，融资数千万元炙手可热的盛况已难再现。辉煌一时的线上艺术品拍卖独角兽 Auctionata Paddle8 AG 曾经获得 9579 万美元的融资，但 2017 年最终还是因快速扩张导致的财政压力等多重因素而申请破产。对于国内的艺术品电商平台而言，这种融资压力依然存在。艺术品电商的融资热潮不再，从投资方的角度而言，早期因看好艺术品电商平台的前景，众多投资机构均希望提早布局，资本注入之后发现要实现盈利的周期远超预期，更有

中国收藏
拍卖年鉴
2019

CHINESE FINE ART &
ANTIQUES AUCTION
YEARBOOK 2019

专业人士直言"很难通过烧钱实现跑马圈地"。基于投入与回报的不成正比，造成资本在后期的缺位。同时也应注意到，由于市场环境的不确定性，使得资本更多处于观望状态，变得更加谨慎。

从短期来看，市场的下行调整态势还将延续，投向艺术品电商领域的热钱还将会继续缩量。从一些市场动向来看，资本似乎对艺术美育或艺术普及类平台更感兴趣。资本正在对垂直和精准的艺术品电商平台伸出橄榄枝，据相关媒体报道，匠人手工艺品交易平台——东家在 2018 年获得 SIG 海纳亚洲创投基金、复星集团的 B 轮 1.1 亿元融资。2018 年，主打原创和商业模式创新的艺术小红花获得珞珈创投知卓资本千万级 Pre-A 轮融资，主打艺术消费和定制的墨斗鱼获得中科浩飞 1000 万元天使轮投资。从近两年的艺术品电商融资情况来看，资本的注入更加务实地看重平台的长远盈利模式，因此带有艺术美育或艺术普及功能的艺术品电商平台赢得了新一轮的资本青睐，以教育为切入口的长远盈利模式，将是未来资本关注的方向。

二 当下症结

1. 线上经营模式仍需探索

首先，从近年来垂直业务类文物艺术品线上交易平台的经营来看，其发展模式呈现出单一化的问题。这类平台大多延续了原有的传统拍卖形式，更像是拍卖交易的线上延伸。以单一的线上拍卖为主，对消费者的收藏兴趣不能及时调整，黏性不足，导致客户群体薄弱且流失严重。从商业模式上看，并没有充分利用数据资源与端口接入优势进行商业模式的创新。

其次，由综合电子商务平台分支出来的文物艺术品线上交易频道固守互联网电商思维，无法灵活应用到个性化特质较强的文物艺术品经营上，导致现状惨淡。诸如部分艺术品电商将"优质原创作品"的标准限定在具有行业协会身份或任职于艺术高校的艺术家之列，却忽略了这些作者的市场接受程度，对每件作品的艺术标准不加区分。再如简单地将"正品行货"和"正规机打发票"视为艺术品的"质量保证"。另外，在物流与售后服务商将艺术品等同于其他商品，物流上缺乏专业化包装，售后服务普遍存在不支持"7 天无理由退换货"的问题，加大了购买者下单的顾虑。以上均体现出了传统互联网电商对艺术品这种特殊商品和文物艺术品市场的自身特点认知不足。

同时，以资本及技术推动下创立的文物艺术品交易平台，在经营模式上大多采用 C2C（Customer to Customer）与 O2O（Online to Offline）这两种方式，但各自又存在其不得不面对的问题。诸如 C2C 模式中，买卖双方素未谋面，由一个具有一定知名度和可信度的艺术品电子商务平台将交易双方汇集到一起，单靠客户漫无目的地搜索，很难有效达成交易。同时此种模式下的电商还要担负监督和管理的职责，负责监督管理交易双方的诚信，最大限度地避免欺诈行为的发生，从而保障交易双方的权益，实现线上交易平台的可持续健康发展。此种模式大大增加了电商平台的运营成本。对于 O2O 平台来说，可以为买家提供线上点评和交流的机会，吸引具有高黏度的买家。但是，运营商假如没有线下资源的支撑，线上交易就是无本之木。如果没有充分的需求，足够的线上交易积累，线下资源也会各自散去。因此，虽然以上两种商业模式各有千秋，但运营成本与客户需求的不对称成为发展路上的绊脚石。

2. 品牌与定位亟待构建

在商品品牌与定位方面，文物艺术品线上交易平台应利用科技从用户的思维角度进行平台的运营与商品的开发。商品的定位不清，将直接造成流量与销量的双重下滑。以某综合性电商平台的艺术品频道为例，该平台的本意是专注于艺术消费领域。客户通过与艺术家本人合作的方式杜绝赝品，从而实现保真的郑重承诺，进而有底气宣称"不接受任何理由退换货申请"。问题在于，该平台销售的低知名度艺术家本来就几乎不存在赝品问题，保真承诺毫无意义。并且从价格上看，该平台完全丧失了艺术品电商同艺术品实体店相比本应该具有的低成本运营和价格竞争优势。文物艺术商品性价比太低的直接后果就是既满足不了以文物艺术品投资为主要诉求的收藏投资者的需求，也满足不了以文物艺术品消费为主要诉求的收藏爱好者和礼品购买者的需求。与此同时，其在"退换货政策"方面所执行的是"不接受任何理由退换货申请"的霸王条款，加重了消费者的购买心理负担。因此，定位的不精准必然导致销售的困境。做好文物艺术品线上交易平台需要懂互联网，但不是简单套用互联网思维，而是用互联网创意和技术来做支撑，更要遵循市场规律。互联网模式可以不停复制生产，但文物艺术品平台是长期培养出来的，需要多年的资源积累，以及良性的品牌沉淀和专业认可。

3. 交易双方诚信问题凸显

诚信是立商之本，2018 年 12 月 10 日，《中国电子商务诚信发展报告》正式发布。该报告总结近年来困扰互联网行业发展的典型失信问题，提出了应对建议和措施。文物艺术品线上交易作为中国电子商务的重要组成部分，其面临的诚信问题除了包含普通电商面临的共性问题，也面临具有该行业个性鲜明的诚信问题，应当引起足够重视并加以解决。

Chapter 2

Chinese Antique and Art Collection Market

第二章 中国文物艺术品收藏市场

2018 大众收藏
Ordinary People
Collection In 2018

2018 年是中国改革开放四十周年。四十年中，大众收藏也伴随着改革开放的进程得到了显著发展，并形成了具有中国特色的大众收藏市场，且每一个阶段的特点都不同。改革开放最初十年，因文物政策的限制及个人财力有限，大众收藏是私人收藏的主力。邮票及钱币这两大最为民众喜闻乐见的品类开始兴盛，其他类别的收藏也开始蔚然成风，除了传统的名人字画、瓷玉杂项、古典家具、珠串挂件等大类之外，烟标火花、藏书票唱片、请柬像章、筷子算盘等品类构成了包罗万象的私人收藏。与此同时，因私人收藏的兴盛而相继出现的收藏组织也在快速发展，诸如 1987 年上海收藏欣赏联谊会成立，成为我国第一个省市级收藏组织。改革开放进入第二个十年，20 世纪 90 年代的"国学热""中华文化复兴热"中多涉及对传统物质文化的研究，社会各界对收藏的文化意义有了新的认识，一部分已经完成财富和藏品初步积累的大众藏家开始有了自己明确的收藏方向、范围和品类。一些重要私人藏家关于古玩交易、收藏投资的文章在报刊上广泛传播，大众对收藏品的投资价值得到进一步认识。随着收藏群体的不断扩大，1996 年由全国收藏家、收藏组织、收藏爱好者自愿组成的非营利社会团体—— 中国收藏家协会应运成立。当进入改革开放的第三个十年，拍卖行业的快速发展对大众收藏产生了影响，一方面在入藏渠道上不再囿限于古玩市场和文物商店，而是参与到国际化的拍卖市场中；另一方面拍卖市场的相对公开化和专业化很大程度上提升了大众藏家的眼力与购藏素质，他们开始在拍卖市场上崭露头角，关注中低价位的普品，交易量巨大。自 2008 年后，中国改革开放进入第四个十年，这一阶段可谓是"全民收藏"的时代。根据中国收藏家协会公布的数据显示，截止到 2018 年中国的民间收藏爱好者有 7500 万人，总的藏品可能高达 10 亿件。2017 年 2 月发布的《国家文物事业发展"十三五"规划》中明确提出，建立健全鼓励民间合法收藏文物的政策措施，在制度上进一步保障了民间收藏的合法化，推动了大众收藏的热情。

易拍全球研究院（筹）大数据统计显示：2018 年中国大陆地区成交价在 10 万元

中国收藏
拍卖年鉴
2019

CHINESE FINE ART &
ANTIQUES AUCTION
YEARBOOK 2019

以下的拍品成交量为 6.4 万件（套），同比增长 19.0%，占该年总成交量的 68.7%；该年成交价在 10 万元以下的拍品成交额为 22.2 亿元，同比增长 13.3%，占该年总成交额的 6.4%。二级市场的数据从一个侧面表明了大众收藏的体量日益增长，收藏热情不断提高，在文物艺术品收藏市场中的影响力不容小觑。

一　新中产引领大众收藏，群体年轻化

据胡润研究院《2018 中国新中产圈层白皮书》对于中国新中产阶层的定义：他们是在除去家庭衣食住行等基本生活消费支出后，仍具有高消费能力及投资能力的社会群体（新中产家庭基本消费支出占家庭年均可支配收入低于 50%）。具体设定，在北上广深一线城市家庭年收入 30 万以上，其他城市在 20 万以上。据该白皮书统计，中国新中产人群平均年龄 35 岁，80 后是新中产的主力军，其次是 70 后和 90 后。他们普遍受过良好的教育，大部分人拥有本科及以上学历。从新中产的消费观来看，他们愿意在感知体验生活和自我提升层面投入更多。日常消费对于他们来说不再是基础的功能性和价格标签，而是彰显自己品质与品位的生活方式。近年来，文物艺术品收藏与消费正逐渐成为新中产提升生活品位和自身修养的众多途径之一。根据《2018 年新中产精神消费升级报告》来看，艺术已融入新中产的日常消费。

具体而言，从近年来不断涌出的艺术博览会来看，新中产正在成为主要购买力。从目前新中产的购藏群体来看，主要分为新生代藏家和大众艺术消费者。新生代藏家大多有着海外留学背景，其中不乏藏二代，他们或者因留学开始接触艺术，或者由于上一辈的关系开始接触艺术；有些从事着与艺术相关的工作，更多的则是与时尚、金融、投资行业挂钩，使他们能够轻松地进入艺术领域。对大众艺术消费者而言，他们普遍热衷于物美价廉且具有装饰性的作品，他们关注家居生活、未来艺术教育和自身审美的提升。据各艺术博览会主办方统计，近年来参加艺术博览会的受众趋于年轻化，主要为 70 后、80 后和 90 后等群体，他们正逐渐成为艺术博览会的主要购买力，诸如 ART021 的藏家年龄大多在 35 至 49 岁之间，呈年轻化趋势。另外，从近年来拍卖市场的藏家群体来看，新中产人群的广泛竞拍蔚然成风。与早些年的拍卖市场不同，竞拍者不再是中老年人的专利，新兴一代的年轻中产群体在拍卖会上，在收藏展览现场，频现身影。新中产在收藏市场寻找钱币、徽章和票券的现象屡见不鲜。

二 藏品来源多渠道，在线交易成新宠

大众收藏的收藏渠道近年来呈现出多元化的态势。从基本的入藏途径来看，大众收藏的藏品来源主要为购买、继承、馈赠、互换等多种方式，其中以购买的形式入藏最为普遍。大众收藏的购藏渠道线下主要集中在文物商店、古玩集市、典当行、鉴宝活动现场、画廊、艺术博览会及拍卖会上。近年来随着互联网的快速发展，大众收藏的购买渠道新增了线上各类交易平台，并逐渐为新生代的大众藏家所青睐。

线下入藏渠道的多样化、成熟化和可实际接触的便利条件，吸引了绝大多数的大众藏家。以文物商店和古玩集市为例，改革开放后社会管制放松，各地逐渐出现了自发形成的邮票市场、旧货市场以及具有官方经营性质的文物商店，诸如由潘家园、劲松的旧货市场转型而成的北京古玩城，是普通古玩经营者和"淘货客"的集散地，由于种类繁杂、价格相对较低以及一部分大众藏家抱有"捡漏"的心态入藏，吸引了大量民间收藏者前往购藏。诸如此类的大众收藏集散地，还有积聚在上海城隍庙福佑路上的古玩摊贩和华宝楼等。大众对美术作品类的收藏则集中在以主营书画、油画为主的画廊，比如以书画经营为主的北京琉璃厂，以油画销售为主的深圳大芬村等特色鲜明的画廊聚集地。另外，随着艺术博览会的兴起，据统计每年各地举办博览会的总数已过半百，几乎遍及国内每个省市，艺术博览会的大量出现吸引了新生代的大众藏家购藏。拍卖会同样也是聚集大众收藏者的重要场所，能够出入拍卖会的大众藏家一方面大部分已在古玩市场接受过历练，眼力有所见长，另一方面也有一少部分出于投资的心态，以便藏品能够有价格依据可循，其中也不乏抱有"捡漏"心态者，受以上诸因素影响，拍场上价格较低的拍品深受大众藏家喜爱。

大众收藏的线上渠道，则是依托中国互联网的发展而兴起。进入新千年后，以网络拍卖形式经营中低端书画艺术作品的嘉德在线，拉开了中国文物艺术品线上交易的序幕。但囿于彼时的藏家对于互联网的接受程度较低，文物艺术品的在线交易并未就此蓬勃发展。2010年后，随着互联网的高度普及和技术的更新迭代，文物艺术品线上交易才真正开始引起藏家的普遍认知和关注，以拥有先进技术、先进模式，汇聚全球资源的文物艺术品在线交易平台易拍全球为引领，中国的文物艺术品在线交易开启了多元化发展，并逐渐成为大众藏家的主流交易渠道。2014年后，移动电商成为投资热点，移动艺术品电商以APP形态上线，此外借助微信平台的"微拍"也进入大众藏家的视线。根据中国互联网络信息中心发布的统计数据显示：2014年中国手机网民规模首次超越传统PC网民规模。2018年我国网民规模达8.02亿，普

中国收藏
拍卖年鉴
2019

CHINESE FINE ART &
ANTIQUES AUCTION
YEARBOOK 2019

及率为 57.7%。其中，手机网民规模已达 7.88 亿，网民通过手机接入互联网的比例高达 98.3%。在互联网业态不断更新的潮流下，众多商家机构开发移动端电商，诸如 APP 形态、微信小程序等形式的移动电商平台通过线上拍卖、销售的文物艺术品集中在 5 万元以下的普品，成为大众藏家线上购藏的主流。

三　中低价位受追捧，瓷玉杂项受众多

与花费重金购藏的机构收藏不同，大众收藏群体的经济实力与机构的经济实力有着云泥之别，在大众藏家可支配资金的合理范围内，市场上中低价位的文物艺术品因所需经济投入门槛相对较低，更容易使得大众藏家购藏。不同品类的文物艺术品本身经济价值有区别，一般而言，书画及油画的入藏资金投入较高，尤其是近现代以前的作品，而其他类别的文玩、邮票、钱币和部分中低端瓷器等入藏资金投入较低，如此客观现实也造成了大众收藏更愿意入藏资金投入较少的藏品，这与机构收藏有着明显的不同。

从一级市场的画廊及艺术博览会的销售情况来看，大众藏家的购藏目标也放在了中低价位的艺术品上。以近两年艺术北京的销售情况为例，2017 年艺术北京的观展达 10 万人次，门票收入为 150 万元，成交逾 2000 件作品，比 2016 年增长了一倍之多。虽然在成交量上翻了一番，但以百万价位售出的作品仍屈指可数，参展画廊销售的作品均价维持在 10 万至 20 万之间。2018 年艺术北京大部分的展售作品平均价格在 10 万至 30 万元，更多的展售作品的均价在 2 万元至 5 万元之内，影像作品和青年艺术家的作品价格普遍在几千元到 3 万元之内。艺术博览会展售作品相对较低的均价，反映了国内目前艺术品市场大众藏家购买力的真实水平。

另外，从二级市场的拍卖情况来看，价位在几万元以下的文物艺术品，通常是一些初学者、大众收藏者的竞拍对象。热火朝天的拍卖市场和高端文物艺术品不断创出拍卖价格新高的新闻，客观上起到了向大众普及文物艺术品收藏知识，引导大众走进收藏市场的作用，有越来越多的人鼓起勇气，迈进了这一文物艺术品收藏领域。根据易拍全球研究院（筹）大数据统计显示：2018 年全球中国文物艺术品拍卖成交总量为 14.7 万件（套），其中 10 万元以下的拍品成交量为 10.4 万件（套），同比增长 12.8%，占该年总成交量的 70.7%。以上数据表明 10 万元以下的拍品以相对亲民的价格引发民间大众收藏热情高涨，也反映出大众收藏的体量对全球中国文物艺术品拍卖市场的发展有着不可小觑的重要作用。从 2018 年全球中国文物艺术品各品类的

成交情况来看，成交价在 10 万元以下的各品类拍品成交量分布，其中瓷玉杂项成交 4.9 万件（套）、中国书画成交 3.9 万件（套）、收藏品成交 1.1 万件（套）、珠宝尚品成交 2877 件（套）、油画及中国当代艺术成交 2300 件（套），以瓷玉杂项所占的成交量比例最大，占该价位各品类总成交量的 47.1%。可见在拍卖市场中瓷玉杂项成为大众收藏的热门品类。再观瓷玉杂项大类中的各细分品类，以中国大陆地区为例，2018 年成交价在 10 万元以下的陶瓷器与文房雅玩的成交量均比 2017 年有所增加，其中陶瓷器的成交量涨幅最为明显，同比增长了 43.1%。以上数据也表明 2018 年大众藏家更多的将收藏目光放在了具有中国特色的陶瓷器上，该品类的受众基础在不断扩大。

四　怡情养性为主流，投资只属少数派

"盛世兴收藏"，改革开放以后，人们的生活水平得到进一步提高，政府放松了对文物市场的管制，中国文物艺术品的店铺交易、市场交易、拍卖会交易等渐次恢复、发展，文物艺术品市场快速扩张增长。拍场上动辄数千万、数亿的拍卖纪录引起大众对文物艺术品市场的关注，也吸引了大众开始加入收藏的活动，大众的收藏意识在逐渐增强。从大众收藏的目的来看，大部分藏家出于个人爱好而加入收藏的行列，以陶冶性情为主要目的，其中也有部分投资的动机，但总体呈少数派。

就大众收藏的人员构成而言，他们是来自各行业的收藏爱好者，在经济实力允许的情况下，将收藏作为其精神消费的一部分。有的人从传统收藏品入手，当代字画、瓷器、当代玉雕、古玩杂项等；更多人收藏手串、文玩核桃、崖柏、沉香等各类工艺品；一些迈入中产阶层的 70 后、80 后则会从艺术消费的角度进入市场。他们多数是完全出于自己的喜好和实用的考虑，比如，在装修房屋时摆陈些许当代风格的油画，抑或是瓷器、雕塑，随身佩戴小玉件或彩宝钻石挂件首饰。近年来随着国家层面上倡导的文化自信，使得"新国潮"广泛流行，年轻一代的收藏爱好者更加注重对传统文化的深入了解，不少大众藏家表示，爱好收藏看似一种"怀旧"，却能在追寻历史的同时产生内心的安定与超脱感，这对于处在快节奏现代生活中的大众藏家来说，是一种十分珍贵和难得的体验。

近年来随着收藏热的兴起，大众收藏表现出知识化收藏的趋势。社会上各类收藏鉴定班频频出现，诸如名家书画作品鉴赏班、奇石鉴定班、红木家具速成班等越办越多，尽管收费不菲，却颇受收藏者青睐。根据市场调研发现，大部分古玩经营者表示，无论是瓷器书画，还是玉器古籍，这些中国传统收藏门类的收藏者中，热爱文化的多了、

中国收藏
拍卖年鉴
2019

CHINESE FINE ART &
ANTIQUES AUCTION
YEARBOOK 2019

懂行的多了，盲目追风赶潮、梦想一夜暴富的人少了，收藏者的知识和水准在不断提高。大众收藏观念的成熟，有助于文物艺术品收藏市场更加稳固和扎实。虽然大众收藏带来的交易单价比起高端市场的成交价要低很多，但其众多的参与人数，容易形成交易的规模，从而为文物艺术品市场带来广泛的大众基础和活力。

五　市场下沉，催生交易平台多元化

大众收藏的兴盛发展，为中国文物艺术品市场的运行注入了活力，成为影响整体市场行情不可忽视的力量。纵观近年来中国文物艺术品拍卖市场表现，以大众收藏为主力的中低端拍品市场始终保持着良好的发展态势，在高精端市场表现疲软之时，中低端拍品成交量和成交额皆涨。以 2018 年大众收藏的主要聚集地中国大陆地区的文物艺术品拍卖市场为例，根据易拍全球研究院（筹）大数据统计显示，该年大陆地区具有广泛大众收藏基础的瓷玉杂项和中国书画板块，其中成交价在 10 万下的拍品成交量均比 2017 年有所增加，分别上涨 12.7% 和 25.8%，成交额也分别上涨 7.5% 和 15.8%；而成交价在 10 万元以上的拍品，瓷玉杂项和中国书画板块的成交量分别同比下降 13.6% 和 6.4%，成交额分别同比下降 14.2% 和 26.5%。以上数据表明以大众收藏为主力的 10 万元以下拍品市场表现良好，活跃度明显高于高精端市场。之所以出现以上数据的变化和差异，则与各拍行的市场运营策略相关。各拍行为迎合大众收藏的高涨热情，除了春秋两季大拍之外，纷纷推出四季拍、周末小拍等多个拍场，以符合大众藏家购买实力的拍品频现，拉动了大众消费市场。诸如 2018 年中国嘉德"迎春拍"，突出大众收藏的"趣味性"和"文化性"，首日成交额近 5000 万元，有 3 个专场的成交率超过 80%，其中瓷器专场展示出旺盛的人气，最终成交率平均为 88.0%，总成交额为 1809.4 万元，拍品中的转变期瓷器、单色釉文玩小品，成为大众藏家的首选追逐目标。

大众收藏的持续升温也促使各文物艺术品交易平台为不同阶层和喜好的大众藏家提供了多元的入藏渠道。除了上述二级市场的小拍不断吸引大众藏家，一级市场的画廊与艺术博览会、艺术品电商等也纷纷各显神通，为大众藏家提供购藏。画廊对大众藏家引流则是在销售符合大众收藏价位的原作之外，还大多注重名家的艺术衍生品开发与售卖，实用性的艺术衍生品受到大众藏家的青睐。艺术博览会则是做出明显的市场分层，以销售中低价位的作品为主，兼顾少量高端艺术品。而不断更新迭代的艺术品电商，则直接瞄准大众消费市场，通过整合线上与线下资源，为交易双方贡献渠道。同时也应注意到，艺术品消费市场不同于大宗消费品市场，传统电商的运营模式还需与大众艺术品收藏消费市场进一步磨合。

2018 机构收藏

改革开放四十年以来，机构收藏随着市场经济的繁荣发展而日益规模化、专业化，机构收藏在中国文物艺术品市场中发挥的作用备受瞩目。以机构收藏的所属性质划分，可分为国有机构收藏和民间机构收藏。国有机构的收藏来源，大多来自政府行为的藏品划拨、民间捐赠、征购以及少部分通过文物艺术品市场的直接购藏；而民间机构收藏的藏品则是大多通过文物艺术品市场的直接购藏。出于本年鉴的编纂宗旨，我们将分析重点放在与中国文物艺术品市场产生持续性直接关系的民间机构收藏上，兼顾少部分与中国文物艺术品市场产生直接关系的国有机构收藏展开讨论。

国有机构收藏随着改革开放后市场经济活力的不断释放，也曾参与到中国文物艺术品交易的一级或二级市场之中，尤其是 2000 年后国内拍卖市场的快速发展，晚清民国时期流散国外的故宫、圆明园、清东陵、敦煌莫高窟等处的文物因国内价格与海外价格倒挂，而不断回流，拍场上一些馆藏级的重要回流文物引起了国有收藏机构的关注。诸如故宫博物院通过拍卖市场先后高价拍回北宋张先《十咏图》、清代石涛《竹石图》、明代沈周《仿黄公望富春山居图》、北宋米芾《研山铭》、隋代索靖《出师表》等重要作品，由此开创了公立博物馆从拍卖市场购买文物艺术品的先河。又如首都博物馆从拍场先后在国内外拍行购回明代吴纳《孔子与七十二贤图》、圆明园流失的清乾隆酱釉描金银粉彩青花六棱套瓶、唐代阎立本《孔子弟子像》、明嘉靖素三彩观音等；中国国家博物馆以很少经费从北京翰海购回圆明园清乾隆银合金寿面铺首、金代榆次窑玉壶春瓶、清乾隆官窑广彩开光人物碗、唐代苏敬《新修本草存十卷》等重要珍贵文物；上海博物馆高价回购安思远旧藏《淳化阁帖》四卷、宋高宗《真草二体书嵇康养生》手卷、清代高岑《江山无尽图卷》等回流文物。国有收藏机构在拍卖市场上的大显身手，促进了中国文物艺术品市场的热度。随着国家对流失文物管理的不断完善，2016 年 10 月 20 日，国家文物局印发了《文物拍卖管理办法》，其中指出，被盗窃、盗掘、走私的文物或者明确属于历史上被非法掠夺的中国文物等几类物品，不得作为拍卖标的。近两年来随着拍卖市场对流失文物的上拍收紧，鲜有国有收藏机构在拍卖市场出资回购。

民间机构收藏大部分建立在民间收藏家的个人收藏基础之上。回顾历史，随着2000年后中国社会财富的增长和阶层的分化，"收藏家"作为一种新的文化身份在中国的社会文化中登场，他们代表了一种新的生活方式，他们巨大的财富、藏品选择的理由和展示的规模都成为媒体关注和宣扬的对象。这一时期的"收藏家"与之前的"收藏家"有着巨大的差别，以前"收藏家"大多仅为文化界人士所知，而2000年以后大众媒体的广泛报道、富豪阶层的介入、公众对投资理财的关注都赋予了"收藏家"更多的象征意义："收藏家"扮演着横跨商业和文化多个界别的成功人士的社会角色，尤其是许多企业家、金融投资人开始强调自己的"收藏家"角色，强调"收藏"的文化意义，并雄心勃勃地尝试开设博物馆、美术馆等，这成了他们定义自我身份、进行社交和社会活动的新的身份符号。具有"收藏家"身份符号的民间博物馆、美术馆、金融投资机构的收藏，成为近年来拉动中国文物艺术品高端市场的主力。其在拍卖市场上频频出彩，进一步激发了中国文物艺术品市场的活力。

一　机构收藏角色多样，资本渠道多元

在国有收藏机构领域，文物艺术品收藏大多集中于博物馆、美术馆、高校、研究机构、协会组织、饭店及招待所等国有机构，其购藏资金来源于政府财政划拨、捐赠奖励、协商征购、组织创作活动、拍卖购买、寄存代管等多种征集手段与多渠道征集藏品，逐步形成了各自较为成熟的文物艺术品收藏体系。近年来，通过展览促进收藏，并延伸至展外征集购藏，也逐渐成为国有收藏机构收藏文物艺术品的主要形式，呈现出以展览促进收藏，以收藏带动研究，以研究影响展览的良性循环收藏生态。

再观由民间藏家组成的民间机构收藏，他们多数来自资源行业、房地产行业以及金融市场等行业，其对文物艺术品进行投资和收藏拥有着更为强劲的资金实力，成为民间收藏界的主力。金融和实业资本进入文物艺术品市场在国内已成为常态，购藏艺术品是企业及资产持有人进行资本配置、规避风险、满足个人艺术追求和树立个人及企业形象的方式之一。2018年，中国文物艺术品拍卖市场上，举牌促成高价成交的藏家，背靠自有企业，将企业资本介入到文物艺术品市场当中，诸如上文中提到的拥有地产与资源背景的龙美术馆、具有金融控股背景的知美术馆等在2018年二级市场上不断露面。民间机构收藏经历了由企业家个人收藏发展而为企业收藏，再由企业

收藏到建立民营美术馆的历程。

藏而多则展，2018 年新成立的民营美术馆延续了 2017 年民营美术馆开馆潮的热度，4 月 25 日由花样年控股集团投资成立的知美术馆在成都举行开馆仪式；9 月 20 日以房地产起家的天庆集团经营的甘肃天庆博物馆在兰州开馆向公众开放；由上海久事集团投资设立的上海久事美术馆（外滩馆）于 9 月 30 日开馆；10 月 13 日伴随着"后自然：UCCA 沙丘美术馆开幕展"，尤伦斯当代艺术中心的首座分馆尤伦斯阿那亚沙丘美术馆在北戴河开馆；11 月 30 日，具有地产基因的广东时代美术馆在德国柏林正式成立"时代艺术中心（柏林）"，成为中国民营美术馆第一家海外分馆。随着具有企业背景的民营美术馆的开馆潮的到来，出于丰富馆藏，完善收藏体系与企业投资的需要，以民营美术馆为代表的民间收藏机构将持续在中国文物艺术品一级或二级市场上发力，以此带动中国文物艺术品市场的进一步发展。

二 高价精品为主导，油画古籍受青睐

收藏是无止境的，藏品质的价值胜于量的价值，尤其是对于正在建立与完善收藏体系的民间机构收藏。随着大批民营美术馆或博物馆成立，丰富馆藏已成为收藏机构运营资金投入的重要一部分，藏品是立馆之本，如何建立具有特色的收藏体系，避免出现与其他收藏机构藏品"同质化"的问题，已成为近年来民营收藏机构展开收藏工作时所关注的重点之一。出于提升馆藏质量与体现馆藏特色的考虑，中国文物艺术品市场上那些流传有序的高价精品成为民间收藏机构争相购藏的对象。

以中国文物艺术品二级市场为例，由于拍卖的公开化与专业化，能够为机构入藏提供真实的记录保障，作为收藏机构固定资产的藏品提供购入溯源。由于拍卖使得作为收藏机构资产的藏品有据可查，使得大部分民间收藏机构纷纷在拍场上竞拍购藏。2018 年，拍卖市场上一如既往地频现民间收藏机构的身影。值得关注的是，2018 年度涌现出若干个崭新的收藏机构，为收藏行业注入了新鲜的血液。诸如在专业艺术品经纪人指导下，竞买八大山人《墨鸭》的新收藏机构，以 1564 万元高价投入，显示出新入场收藏机构的购藏心切。再如，以 1.33 亿元买下傅抱石《蝶恋花》和 2.87 亿元购得傅抱石《无限风光》的藏家，均是刚入场不久具有企业背景的新收藏机构。以上现象表明，高价精品吸引收藏机构入藏，大量资金以绝对优势流入高端文物艺术品市场。

对于机构收藏青睐的高端品类，公开的二级市场的数据可以作为一个相对有效

中国收藏
拍卖年鉴
2019

CHINESE FINE ART &
ANTIQUES AUCTION
YEARBOOK 2019

的参照。根据易拍全球研究院（筹）的大数据统计，2018 年全球中国文物艺术品拍卖市场成交价在 500 万元以上各板块的市场表现如下：中国书画板块成交量为 511 件（套）同比下降 31.5%，成交额为 93.6 亿元，同比下降 33.7%；瓷玉杂项板块成交量为 385 件（套）同比下降 17.4%，成交额为 57.2 亿元，同比下降 19.7%；珠宝尚品板块成交量为 142 件（套）同比下降 17.4，成交额为 21.5 亿元同比下降 35.2%；收藏品板块成交量为件 40 件（套）同比增长 53.8%，成交额为 9.7 亿元，同比增长 1.1 倍，其中以高价成交的古籍善本引人注目；油画和中国当代艺术板块成交量为 221 件（套）同比增长 49.3%，成交额为 44.7 亿元同比增长 55.2%。由此可以看出，油画及中国当代艺术这一板块同比成交量与成交额增幅明显，古籍善本量额翻倍增加，为民间收藏机构所青睐。这一点也在实践中得以证实。如龙美术馆的购藏刷新了三位艺术家个人拍卖纪录，分别以 2438 万元竞得艾轩的油画《有志者》、以 1782.5 万元购得庞薰琹的油画《文峰塔》以及 575 万元入藏倪贻德油画作品《暗香》；来自"泰康系"的机构分别以 1380 万元购藏曾梵志油画作品《面具系列第十七号》、379.5 万元竞得刘炜的油画《风景 4 号》以及 207 万元拍下的宋步云油画《月季花开》；来自广东的一家企业机构以 1840 万元购得靳尚谊油画《女人体》和 1472 万元的陈逸飞油画《预言者》；另外来自南京的企业分别以 862.5 万元和 529 万元购得毛焰油画《毛焰和捷尔任斯基之孙》和苏天赐油画《自有春晖满槐》。以 1.675 亿元购得安思远旧藏碑帖的机构，也一举创下了金石碑帖的拍卖纪录。以上数据与现象说明，二级市场中油画及中国当代艺术、古籍善本板块成为民间机构收藏的重镇。

三 购藏目的明确，投资是核心

当代诸多金融、科技、时尚产业的企业进入收藏领域，他们将收藏作为一种投资行为和塑造品牌形象的手段。德意志银行、三星集团、普拉达基金会等大多如此。在中国，20 世纪 90 年代以后出现了作为企业收藏的探索，强化了当代收藏文化中的投资倾向。

1. 推动企业完善资产配置

作为民间收藏机构的主力——企业，企业收藏与金融版图，尤其是财富管理有着密不可分的联系。近年来，受到国内外经济环境不稳定、人民币贬值、遗产税征收政策落地等因素的影响，文物艺术品作为资产的一部分，已逐渐成为企业的投资途径和完善资产配置的方式之一。2018 年随着股市入市条件、各大城市房地产限购政策进一步收紧，使得原有投资渠道相对变窄，在其他投资渠道减缩和风险加大的情况下，文物艺术品，尤其是高端文物艺术品的保值功能和增值空间，成为企业进行资产多种配置的优质选择之一。

具体来看，一部分银行持续加大文物艺术品投资领域的业务，推出文物艺术品相关的金融产品。2018 年由中国建设银行主管的建信信托以青年艺术家作品为受托标的，提供理财产品。再如，在企业艺术收藏品运营资金周转上，通过以艺术品作为质押品可以向部分开设艺术品质押业务的银行申请授信业务，以保障企业经营活动的正常运行，目前，国内开设艺术品质押借贷的银行有民生银行、建设银行、潍坊银行等。以潍坊银行为例，以现、当代书画艺术品作为质押品可以向该银行申请相关授信业务，比如艺术品专营企业、事业法人及个体工商户的艺术品经营性资金需求、非艺术品专营企业、事业法人及个体工商户的普通生产经营资金需求、居民个人的消费性需求。从根本上看，企业经营者的资产配置根据其风险承担能力和对收益的要求程度，需要将资金在不同资产类别之间进行合理分配。由于艺术品资产收益率与其他金融资产收益率的相关性较低，艺术品较为适合作为资产组合多样化的工具。即在传统的金融资产组合中配置一定比率的艺术品，在一定程度上可以降低资产包的风险，提高收益。

就目前我国企业资产配置中的文物艺术品而言，一部分作为企业固定资产；一部分则作为企业投资的标的，适时在市场上流通；而后者是现阶段企业购藏文物艺术品的主要目的。在企业财富管理中，文物艺术品作为一种重要的资产，其发挥的作用和所占的份额越来越大，投资回报率甚至高于企业主业。以湖南电广传媒为例，作为资产投资的艺术品，其经营年营业收入约 4.2 亿元，利润约 3.4 亿元，毛利率 79.61%，占公司主营收入比 10.38%。正是由于文物艺术品的高回报率，近年来吸引了大量企业纷纷加入到投资文物艺术品的大军之中，在拍场上频现身影。

2. 打造品牌文化内涵

企业收藏是文物艺术品收藏的重要组成力量。企业的艺术收藏不仅是企业资产配置、财务安排的得力手段，还是对企业品牌、企业文化、企业社会责任的一种战略性建设。企业收藏除了将文物艺术品用于企业资产配置之外，一般又多以树立自己的品牌形象为主要考量，通过艺术收藏拓展企业品牌的文化内涵，彰显企业的文化品位，并在与文物艺术品的频繁互动中打造自己的企业文化。当企业收藏在数量和质量上达到一定水平之后，企业收藏会与企业开展的主营业务方向产生某种关联，比如诸多知名企业都有关注自己的品牌历史和文化，更有许多与之相关的收藏。例如江苏凤凰

中国收藏
拍卖年鉴
2019

CHINESE FINE ART &
ANTIQUES AUCTION
YEARBOOK 2019

出版传媒集团以 2.16 亿元购得部分"过云楼藏书"。"过云楼藏书"中的四分之三已于 20 世纪转归于南京图书馆,余下的 170 余种、1292 册,是唯一还在私人手中保存的国宝级藏书。该集团是业内和文博界公认的古籍出版的重要机构,它的收藏选择是与其业务紧密相连的古籍善本,这一次购藏经历大大提升了该集团的社会知名度。

一部分企业经营者按照个人兴趣或一定规划收藏某些类别、主题的藏品,目的是建立企业的博物馆或美术馆。对于企业来说,这些藏品一方面装饰了企业的办公空间、支撑起了企业博物馆,另一方面也用于年度的公关推广,以显示企业的文化气质和公益服务。

近年来国内商业银行的美术馆品牌的推广运营,充分发挥了文物艺术品在企业品牌内涵打造的作用。诸如中国民生银行作为我国首个发起美术馆的银行,分别在上海与北京两地开设美术馆,从品牌建设上,美术馆所具有的社会公益性质能够帮助拓宽品牌影响力和知名度;同时美术馆和私人银行艺术金融业务之间的连接也能够让高净值客户享受到更多元、更高端的服务,从而更好地定位更广阔的目标客户群体,为企业带来实质性的收益。

3.作为美术馆或博物馆的馆藏

2017年,国家文物局印发《关于进一步推动非国有博物馆发展的意见》。其中显示,从 2013 年开始,非国有博物馆的增长速度超过国有博物馆,在我国博物馆体系中的比例呈现不断扩大的趋势。企业兴办美术馆或博物馆,不仅是企业藏品很好的归宿,也是艺术资源再分配和分享的方式,更是凸显企业社会责任重要的显性指标。通过兴办美术馆或博物馆、建立企业艺术基金会等方式,企业使得自己的收藏从一个机构收藏转变成为公共收藏,这样的发展过程会吸引社会公众广泛的关注与参与,使企业的事业变成公共性的事业。藏品的数量和质量体现了机构收藏的资产实力,但对于民营公益性的美术馆或博物馆来说,更重要的是藏品的艺术、文化和历史价值反映出的独特性。近年来由企业收藏转变而来的民营美术馆或博物馆为了避免与其他场馆出现"同质化"的问题,正在逐步建立特色收藏体系,提高收藏管理机制,不再以企业或个人好恶为价值标准,而是围绕美术馆或博物馆的文化战略和专业项目,形成各自的藏品特点和风格。诸如,作为国内最早创办的民营美术馆之一的今日美术馆,其收藏体系相对也较完善,主要以当代经典架上绘画为收藏重点,兼及其他各种当代艺术形态作品,品类达数十个。印尼华人企业家、收藏家余德耀自 2005 年开始收藏中国当代油画,至上海余德耀美术馆成立,馆藏 1300 余件当代艺术品,不乏名家经典之作。苏宁环球集团在艺术品上的花费高达上亿元,苏宁艺术馆整体馆藏已达

3000 多件。再如近年来频频在拍场上高价购藏的泰康人寿，正在酝酿由企业收藏转型至美术馆收藏，其收藏体系则是围绕现当代艺术展开。作为公益性美术馆或博物馆的馆藏，它们在不同企业机构被划分至各异的收藏体系，体现出不同美术馆或博物馆各自特有的文化与气质。

四 机构资本主导市场风向，藏品转化形式各异

机构资本的注入是创造中国文物艺术品市场份额的重要来源，尤其是对于高端文物艺术品市场的资本追逐，使得一二级文物艺术品市场中的画廊、拍卖行等机构不断调整经营策略，以满足大额资本的需求，投其所好，市场中供求关系的彼此互动，形成了如今中国文物艺术品市场的现有格局。机构资本一方面在选择何种文物艺术品入藏对市场运营主体产生一定导向作用，另一方面由机构资本转化而来的机构藏品，又根据不同机构的经营策略而有不同方式的转化，发挥其经济价值和社会文化价值。

首先从机构资本来源看，主要来源于高净值人群和房地产企业。观察 2018 年度的福布斯全球富豪榜可发现，中国共有 476 人上榜。其中 25 人财富超过 100 亿美元，15 人跻身全球亿万富豪榜前 100 位。上榜的中国富豪多从事房地产、医药、化工、电子商务等行业。就上榜的中国企业而言，诸如万达集团、碧桂园集团等大部分企业均涉及对文物艺术品的收藏与投资。由于高净值群体的财富增值需求更高，随着其可投资资产规模的不断上升，他们将更加偏爱拥有长期收益性和稳定性的投资品，而文物艺术品恰恰符合其投资取向。一方面，文物艺术品可以满足高净值客户群体分散风险的需求，另一方面，稀有的文物艺术珍品也会提升他们的身份和品位。

从机构资本注入中国文物艺术品市场的流向来看，主要集中于 500 万以上的高端拍品，根据易拍全球研究院（筹）大数据统计显示：2018 年 500 万以上高端拍品的总体状况是以仅占 0.9% 的成交量却达到总成交额的 46.4%，说明了受机构资本青睐的高端拍品以极少的量推动着整个二级市场的走向，对中国文物艺术品市场起到引领作用。

当然，除了集中在高端拍品之外，一些新兴企业构藏也量力而行，根据自身定位选择适合价位的经典之作作为藏品，表现出了投资的睿智和理性。如知美术馆在北京嘉德 2018 春拍中拍得一件 57.5 万元的方君璧《挥毫一瞬》与 92 万元的贺慕群《花木系列之十三》。即使企业资金雄厚的机构基金也会选择辨识度高的艺术家的代表作入藏，并非将全部巨资押在千万以上的高端精品，作为投资行为，合理搭配长中短

中国收藏
拍卖年鉴
2019

CHINESE FINE ART &
ANTIQUES AUCTION
YEARBOOK 2019

期的综合性方案不失为合理规避风险的举措。如在北京保利拍卖 2018 春拍中有几支新的基金入场，它们以 920 万元竞得一件吴冠中的《花卉》，及一件 92 万元刘溢的《我下飞机抽根烟》。

另外，企业收藏的藏品品类的选择和审美倾向也进一步影响了资本的注入方向，以企业资本热衷的中国写实油画市场为例，中国写实油画市场随总体市场同步波动，但其价值起点较高，2017 年之前总体价值走势未出现较大波动，2017 年之后市场高速增长，也反映出其抗跌性强。由于中国写实油画一方面符合企业收藏的视觉审美，另一方面在于其创作时间较长，工艺精细复杂，作伪相对困难，所以赝品数量较少，一定程度上减弱了企业入藏的顾虑，从而使得大量资本注入该画种。

其次，机构收藏中的藏品转化也因机构的发展定位不同而形式各异。一部分机构将藏品作为企业固定资产，着重发挥其在金融领域的保值作用，是企业在金融投资版图配置中的一环。一部分机构则是依托藏品而兴建美术馆或博物馆，由企业"私享"到公众"分享"，由企业"藏"的状态转化到社会领域的"公共"形态，由"藏品"转为"展品"。也有一部分机构则是发挥藏品的 IP 作用，以藏品为蓝本，在此基础上进行衍生品的开发与销售经营。

由此看来，机构藏品的转化过程其实时刻包含着机构收藏的目的，是机构收藏文物艺术品这一行为的两个方面。如果机构的收藏目的是为了完善资产配置与投资，那么，它的藏品转化必然向金融化的方向发展；如果机构的收藏目的是为了扩充美术馆或博物馆的藏品资源，那么其藏品的转化则向美术馆或博物馆的功能性质方向发展，或是展示，抑或是学术研究、公众教育等。以收藏机构中的民营美术馆为例，它的藏品转化体现了社会文化价值和经济价值两个方面。一部分民营美术馆以藏品为依托，通过社会赞助、场地出租、周边衍生品开发、门票收入等方式支持美术馆的运营，也有一部分企业完全将美术馆当作文化产业投资的商业项目对待，试图依托美术馆向艺术品投资、艺术品交易等方向发展。近年来由企业创办的美术馆渐趋专业化，基本告别了早期粗放式的发展模式，在学术和藏品标准上越来越向专业美术馆看齐。这些新兴民营美术馆在开馆之前大多会聘请专业人员对藏品进行学术脉络的建立与梳理，甚至从购藏开始就有专业意见指导，以完善藏品体系和明确美术馆的学术定位，使得现在活跃在大众视线中的私营美术馆逐渐各具特色。

Chapter 3

Global Market Report of Chinese Art & Antiques

第三章　中国文物艺术品全球拍卖市场报告

扫码解析艺术市场

数据来源

本报告所使用数据均来自易拍全球研究院（筹），拍品信息经过专家及编辑的人工专业筛选。作为一个中立的开放平台，易拍全球研究院（筹）与艺术类高等学府、相关政府机构、行业组织、金融机构展开多角度合作，通过研究各细分领域下艺术品在不同历史时期、不同交易市场、不同交易形式及不同法律法规下的交易表现及特性，揭示艺术品真实价值及文物艺术品行业的发展规律、趋势及方向。

地区划分

中国大陆：除香港、澳门、台湾三地以外，中国其他各省、自治区、直辖市；

亚太其他地区：包括中国香港、中国澳门、中国台湾、日本、韩国、新加坡等地区；

海外地区：包括北美洲、欧洲、大洋洲及除中国大陆和亚太地区外的其他地区。

统计范围

1. 时间范围：

2018 年数据：2018 年 1 月 1 日~2018 年 12 月 31 日

2. 拍卖企业范围：

报告所使用数据经过对数据库收录的全球上千家拍卖企业从规范性、服务水平、经营业绩、诚信度等四个维度进行考量，甄选来自全球的 410 家拍卖企业的拍品数据用于本报告。中国大陆地区入选的拍卖企业共 185 家，均符合《中华人民共和国拍卖法》《中华人民共和国公司法》等相关法律，具备国家文物局批准的文物拍卖企业资质，并着重参考了国家标准《拍卖企业的等级评估与等级划分》以及中国拍卖行业协会发布的行业标准；亚太其他地区及海外地区入选的拍卖企业共 225 家，入选资质参考各行业自律协会的评定。

3. 拍品范围：

(1) 中国文物艺术品：在中国境内及海外交易的中国艺术家创作的或原产地为中国的文物、艺术品、收藏品等；

(2) 最低估价不低于 5000 元人民币（包括以咨询价上拍）的中国文物艺术品；

无底价拍品不包含在本报告中；

撤回的拍品不包含在本报告中。

拍品分类

中国大陆、亚太其他地区和海外地区的拍品数据均采用统一的分类标准：

中国书画：中国画、中国书法；

油画及中国当代艺术：油画、雕塑／装置、版画、综合媒材、水粉／水彩、影像等；

瓷玉杂项：陶瓷器、玉石器、古典家具、佛像唐卡、文房雅玩、金属器等；

收藏品：古籍文献、手稿、碑帖、邮品钱币等；

珠宝尚品：钟表、珠宝翡翠等。

汇率

拍品信息涉及多国外币，统一使用拍品成交当年平均汇率，以换算后的人民币为最终统计样本。

其他

报告中所有百分比及"万"以上单位的绝对数值均保留小数点后一位。为与市场保持一致，报告中出现的拍品成交价，均保留小数点后两位。

成交价格包含佣金。

由于本报告是对公开拍卖市场的直接客观反映与解读，因此私人洽购以及结算进度未纳入数据考量范围。

2018 年，国际政治环境风云诡谲，变幻不定，全球经济增速放缓，作为文物艺术品的拍卖市场，如一面如实反映经济变化的镜子，也相应地受到影响和冲击，据易拍全球研究院（筹）大数据统计，全球中国文物艺术品拍卖整体销售额比上一年下滑了 86.0 亿元，但若以近五年的市场为观察单元，2018 年销售额仍然高出 2016 年销售额 14.7 亿元，高出 2015 年的销售额 74.2 亿，居于近五年销售额的中游。因此，2018 年的销售下滑并未引起业界大面积的惊慌与担忧。作为公开交易的全球拍卖市场，其发展与整个文物艺术品市场的总体趋势保持一致，只是局部发生变化。据瑞银巴塞尔《2019 年度艺术市场报告》分析，2018 年美术、装饰艺术和古董艺术品的公开拍卖（排除拍卖行私人销售）销售额达到 291 亿美元，年增速 3%。其中美、中、英三大拍卖市场贡献了 88% 的拍卖市场销售额，比 2017 年增长了 4%。美国依然是全球最大的拍卖市场，占比高达 40%；中国由上一年的第三名跃居第二，占比达 29%；英国占据了拍卖市场份额的 21%，排名第三。这与全球文物艺术品市场总体销售格局保持了高度一致。

具体到中国文物艺术品的全球拍卖状况，则呈现出另一种格局。

一　三大地区沿袭旧格局，局部微调

2018 年度全球公开拍卖的中国文物艺术品成交总额为 479.6 亿人民币；其中中国大陆成交额为 297.4 亿元，约占三大地区市场总额的 62.0%，比去年同期下滑了 14.5%，但仍然在三大地区市场份额中稳居第一，占据绝对优势；亚太其他地区（包含中国香港、中国澳门、中国台湾地区、日本、新加坡等地）成交额为 147.5 亿元人民币，约占据市场总额的 30.8%，与去年同期相比下滑了 13.2%，成交额在连续两年大幅上升后出现了下滑；海外地区（中国大陆及亚太其他地区以外）的中国文物艺术品拍卖成交额为 34.7 亿元人民币，约占市场份额的 7.2%，比去年同期下降了 26.5%，降幅居于三大区域之首。

数据表明，全球中国文物艺术品市场的三大地区市场份额在 2018 年度总体所占比例并未有大的变动，沿袭了多年来的旧格局，仍以大陆地区文物艺术市场为主，亚太其他地区市场次之，海外地区市场居末。三大地区的中国文物艺术品拍卖成交额与去年同期相比均有不同程度的下滑，其中大陆地区成交额下滑了 50.5 亿元，占总下滑额度的 58.8%，下滑幅度最大。亚太其他地区成交额下滑约 22.3 亿，占下滑总额度的 25.9%，海外地区成交额下滑了约 13.2 亿，占总下滑额度的 15.3%。大陆地区的下滑主要因为高端精品的紧缩，过亿拍品成交额减少过半，500 万以上的拍品减少 107.1 亿元，同比去年下降了 30.9%。市场下沉，大众收藏热情高涨，艺术消费市场攀升。这一点在成交量方面表现显著，除了亚太其他地区与去年类似之外，中国大陆地区和海外地区均有提升，分别为 9.9% 和 11.5%，市场基础规模扩增，收藏群体数量增加，文物艺术品的收藏基数进一步得到扩大，大众对于文物艺术品市场越来越关注。

三大地区的成交率排次也并未发生改变，沿袭了近五年来的一贯排序，从高到低依次为：海外地区市场为 63.0%，中国大陆地区市场为 56.5%，亚太其他地区市场为 41.6%。其中，只有亚太其他地区 2018 年度的成交率触底，成为近五年来的首低，其他两个地区相较于往年变化微小。根据数据可以看出：三大地区市场的平均估价中值只有亚太其他地区最高，达到为 106.1 万元，高于实际成交平均单价 36.1 万元，卖方对市场估值过高，盲目自信等原因，导致了低成交率。其他两个地区的市场平均估值中值则低于实际成交额，成交率保持正常水准。

亚太其他地区多年来一直是高端拍品的聚集地，但 2018 年度总体的成交率只有 41.6%，远远低于上一年度的 58.0%。这其中高端拍品的流拍率较高是主要原因，如拍前被业界看好的香港苏富比 2018 春拍中的"龙威天泽—私人典藏御瓷萃珍"专场，10 件皇家顶级官窑流拍了 3 件，"渊雅尚典"专场 31 件，保利香港的"琳琅满目"专场 37 件拍品流拍 19 件，"中国古董珍玩"专场 166 件流拍了 68 件。如此高的流拍率，对于国际化的拍卖主战场香港来说，尚属首次。说明了在市场进入深度调整时，对于以往几乎可以斩获"白手套"的名家珍藏的专场，藏家也变得越来越理性，对于稍有瑕疵或存疑的作品，持观望犹豫的态度。另一方面，委托方过高估计了拍品价格，没有精准地把握买方藏家的心理脉搏，也是造成市场的高流拍率的因素之一。

中国收藏
拍卖年鉴
2019

CHINESE FINE ART &
ANTIQUES AUCTION
YEARBOOK 2019

2018年中国文物艺术品全球平均成交价格
（单位：元）

700,211

317,016

107,950

中国大陆　　　亚太其他地区　　　海外

　　从 2018 年度全球三大地区的中国文物艺术品市场的平均单价上来看，也承袭了多年来的交易状态。亚太其他地区依然以 70.0 万元／件（套）的平均单价位居榜首，中国大陆地区的平均单价为 31.7 万元／件（套），不足亚太其他地区的一半；海外地区平均单价则位居末位，为 10.8 万元／件（套）。总体的趋势是三大地区的平均单价均比上一年有所下滑，其中亚太其他地区的单件拍品平均成交价格同比下降了 8.2 万元，跌幅为 10.6%，即便如此，亚太其他地区的单价仍然高于其他地区，且在近五年的平均成交单价中仍然处于中间位置，并未触底；大陆地区的单件拍品平均成交价格比去年同期降低 9.1 万元，同比下滑 22.2%；海外地区的拍品平均成交价格同比下滑 4.8 万元，降幅 30.9%，成为近五年来降幅最大的一年，究其原因主要是撑起成交额半边天的高端精品的减少，即使其他中低端拍品的大幅提升，也未平衡掉高端精品缺失带来的整体拍品单价的下滑。

　　纵观五年来的中国文物艺术品全球平均成交价格曲线，可以看出，三大地区市场整体走势基本趋同，只有海外地区市场在 2015～2016 年间的趋势下行，其他年份则与中国大陆地区和亚太其他地区变化相同：2014～2015 年间价格保持平稳，2016 年至 2017 年微微上扬，但是 2018 年，三大地区市场的平均单价均呈现下行趋势。这与整个经济环境的不确定所带来的不良影响有直接关系。

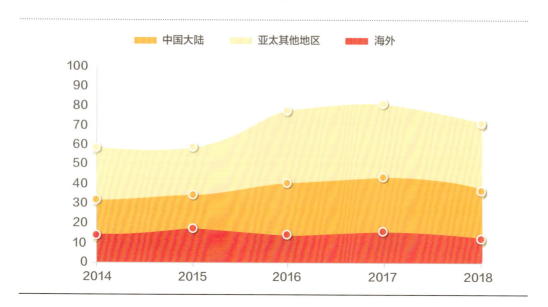

2014～2018年中国文物艺术品全球平均成交价格
（单位：万元）

中国大陆　亚太其他地区　海外

二　高端精品大幅缩减，市场整体下沉

2014～2018年中国文物艺术品全球成交额
（单位：十亿元）

中国大陆　亚太其他地区　海外

　　据易拍全球研究院（筹）大数据显示，2018年度全球中国文物艺术品的总成交额为479.6亿元人民币，较上一年减少86.0亿元人民币，同比上一年下滑了15.1%，结束了连续三年的攀升状态。纵观近五年（2014～2018）来的数据，并未触及成交

额的最低点，而且不同程度的高于2015、2016年的额度，说明了下滑幅度虽然偏高，但仍处于市场调整的正常范围之内。2018年度全球中国文物艺术品的上拍量为267876件（套），同比上一年提升了18.9%，为近五年来的次高；成交量达到147035件（套），同比增加6.8%，达到近五年来的次高；成交率为54.9%，比去年下滑了10.1%，但在近五年里仍然处于中游，尚在可接受的范围之内。

据易拍全球研究院（筹）大数据来看，2018年文物艺术品市场减少的成交额主要集中在500万以上的高端精品一档。其成交量为1299件（套），成交额为222.5亿元，比上一年的成交量少了259件（套），成交额低了62.2亿元，占降低总额度的72.5%。高端精品的大幅度减少，决定了整个市场成交额的下滑态势。纵观500万以上的拍品成交状况，我们发现，这些高端精品无一例外出现在春秋两大拍卖场中，且出于具有声望的重点拍行。在这1299件（套）成交拍品中，绝大多数来源清晰，传承有序。从地区分布状况来看，三大地区市场表现出不同的特质，该价格区间中大陆地区拍出792件（套），占据三大地区高端精品市场总量的61.0%；亚太其他地区成交量为422件（套），占据市场总量的32.5%；海外只有85件（套），占据高端精品市场总量的6.5%。由此看来，不同以往多年的现象是，2018年度高端精品集中出现在中国大陆地区而非亚太其他地区，亚太其他地区的高端精品的成交量下滑，该档价格区间的高流拍率显然严重影响了其市场交易量占比。具体看来，中国大陆和亚太其他地区仍然是消化高端精品之地，成交额达到185.5亿，占据该档位拍品成交额的83.4%，其中以北京、香港为重中之重。北京地区500万以上的中国文物艺术品的成交额为98.1亿，占据该档位拍品总额的44.1%；香港的则为87.4亿，达到39.3%。相比于这两地的高成交额，海外地区的伦敦作为欧洲地区重要的中国文物艺术品交易城市，500万以上的拍品成交额仅为1.1亿，占该档位的0.5%；美洲地区的中国文物艺术品最大交易城市——纽约则为4.5亿，占该档位市场额度的2.0%。

从藏家关注的高端精品的品类划分上，重点仍然在中国书画和瓷玉杂项板块，但各地区市场藏家偏重有所不同。中国大陆地区以中国书画为关注重点。以重点城市为例，北京的中国书画500万以上的成交量为270件（套），占该档位成交量的47.5%，瓷玉杂项为176件（套），占据30.9%，次于中国书画；香港的瓷玉杂项则成交量达到96件（套），占据该档位成交量的23.6%，中国书画成交量95件（套），占比23.3%，与瓷玉杂项平分秋色。伦敦500万以上成交的11件（套）精品全部集中在瓷玉杂项上；纽约则达到29件（套），占据该档位的78.4%。

我们再看成交价为500万以下的拍品板块，其出现的状况别有意味。该档位的拍品成交额比去年总体降低了23.7亿元。主要集中在100万至500万之间的高中端拍品的成交额下滑。而全球三大市场区域的低端拍品，即1万元以下的拍品成交额则提升了 2500 万，大陆地区 10 万以下的拍品成交额比上一年提升了 2.6 亿元，海外地区除了没有出现 5000 万以上的高端精品之外，其他各个价格区间的拍品成交额普遍提升，合计提高了 5.0 亿。这表明了虽然 2018 年度的全球文物艺术品拍卖市场的高端精品大幅减少，但低端价位的拍品大量涌入市场，使得市场容量加大，整体市场下沉，越来越多的藏家青睐于拍场普品，人们对文物艺术品的收藏热情大幅度提升，低端拍品买气飙升。

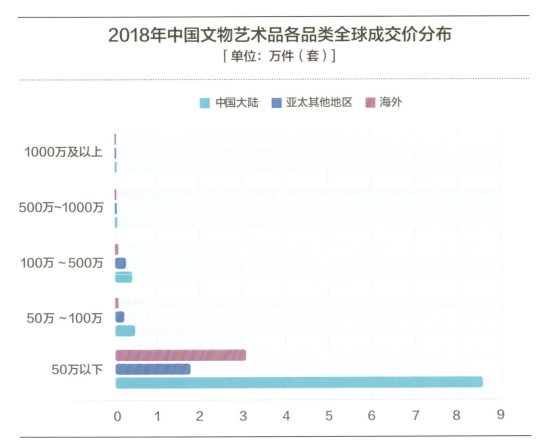

2018年中国文物艺术品各品类全球成交价分布
[单位：万件（套）]

■ 中国大陆　■ 亚太其他地区　■ 海外

中低端市场开始崛起的状况在 2018 年中国文物艺术品在三大地区的成交价分布图中也得以清晰地呈现。从上图我们可以看出，50 万以下的拍品在三大地区的交易量上占据主导地位，其中中国大陆地区，该价格区间的成交量达到 85298 件（套），占据其总成交量的 90.9%，成交额为 69.0 亿，占据其总成交额的 23.2%；亚太其他地区的成交量为 17912 件（套），占据其总成交量的 85.1%，成交额为 18.7 亿，占据其成交额的 12.7%；海外地区的该价格区间的成交量为 31185 件（套），占据其市场总量的 96.9%，居于主导地位，成交额为 12.5 亿，占据其市场总额的 35.9%，达到三分之一强，是三大地区市场中中低档拍品份额占据最多的市场地区，平均单价趋低，成为中国文物艺术品的投资价值洼地。

由此可见，价格在 50 万元以下的中国文物艺术品所占各大地区市场的 85.1% 以上的成交量的比重，市场下沉不言而喻，海外地区市场尤为明显。

三 板块轮动，中国书画依然主导

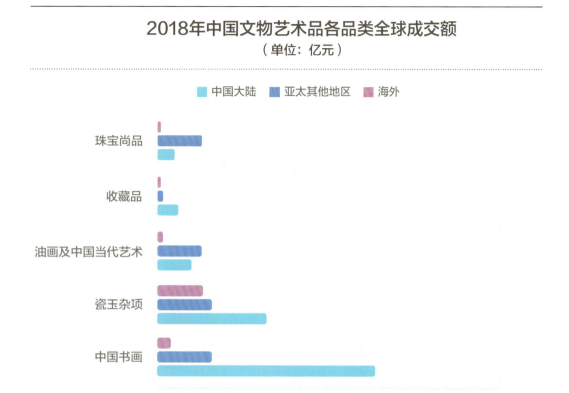

2018年中国文物艺术品各品类全球成交额
（单位：亿元）

中国大陆　亚太其他地区　海外

珠宝尚品
收藏品
油画及中国当代艺术
瓷玉杂项
中国书画

0　50　100　150　200　250

对于全球中国文物艺术品我们划分为五大品类，分别为：中国书画、油画及现当代艺术，瓷玉杂项，收藏品和珠宝尚品。观其 2018 年度的市场变化，可以清晰地得出各品类受到市场的关注程度的高低变化，人们兴趣点的转移或在同一领域的加深。

2018 年各品类市场格局变化较小，中国书画依然占据首位，但是相比于上一年，有减弱的趋势，而收藏品品类所占市场份额有所上升，人们对于古籍手稿的发掘发现表露出越来越强烈的市场兴趣。具体而言，中国书画 2018 年成交额为 206.2 亿元人民币，占据五大品类总体市场额度的 43.0%，虽然稳居市场总额的首位，但比去年同期下降了 68.2 亿元，降幅达到 24.9%。具体到地域而言，中国大陆地区中国书画品类成交额下滑了 52.5 亿，占下滑总额度的 77.0%；亚太其他地区中国书画成交额下滑了 7.6 亿，占下滑总额度的 11.0%；海外地区的中国书画成交额下滑 8.2 亿，占下滑总额度的 12.0%。中国书画的品类在中国大陆地区的收藏历史悠久，其精神性和艺术性以及经济价值更受到大陆收藏家的认可。故而当受到外部大环境不稳定因素的影响时，书画品类的市场首当其冲。然而，另一个有趣的变化是上拍量与成交量大幅攀升，平均成交价格下滑，说明了书画品类市场大众收藏基础在扩增，藏家数量提升。这与整个中国文物艺术品市场表现相一致。

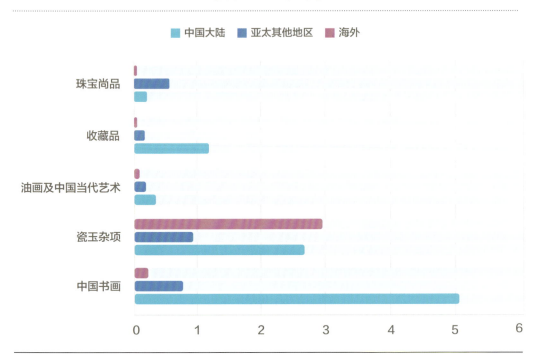

2018年中国文物艺术品各品类全球成交量
[单位：万件（套）]

■ 中国大陆 ■ 亚太其他地区 ■ 海外

珠宝尚品
收藏品
油画及中国当代艺术
瓷玉杂项
中国书画

0　　1　　2　　3　　4　　5　　6

　　瓷玉杂项的成交额为 144.9 亿元，占据整个市场份额的 30.2%，同比降低 33.8 亿元，降幅为 18.9%。同样的，瓷玉杂项与中国书画的整体市场表现类似，上拍量与成交量大幅攀升，平均成交价格降低，市场的容量扩增，但由于 500 万以上高端精品的成交率下滑明显，导致该板块整体成交率由 2017 年的 58.1% 降为 2018 年的 52.9%。从全球范围看，热爱瓷玉杂项的藏家群体相比于书画拥有更广泛的基础，尤其是海外地区，近五年的成交量一直远远高于中国书画，平均达到 10 倍之多。一方面是由于瓷玉杂项的平均单价较低，基层藏家规模逐年扩大；二是瓷玉杂项与生活多息息相关，更具物质性与实用性，无论是基于审美还是消费，都更受到藏家的青睐。不容忽视的是，亚太其他地区的瓷玉杂项品类比去年降低了 16.9 亿，占下滑部分的 49.9%。亚太其他地区是收藏瓷玉杂项的重要地域，这与南亚及周边地区的藏家喜爱瓷玉杂项的传统收藏文化相关，更与其信仰及风俗习惯密不可分。

　　油画及中国当代艺术不同于中国书画与瓷玉杂项，各项数值都比上一年有所攀升，市场呈现出良好的发展势头，藏家信心上扬，买气飙升。该板块成交额高达 61.9 亿元，比去年同期提升了 17.0 亿元，同比增长幅度达 38.0%，成交量也上浮了 14.7%。具体分布大陆地区和亚太其他地区的成交额分别为 47.5%、33.3%，增幅较高；海外市场增幅为 9.2%，相对增幅较低。在整体经济环境下行的影响之下，油画及当代艺术市场板块反倒逆势飙升，表现颇佳。

细看全球三大市场在油画及当代艺术的板块表现皆不同，从价格区间上来看，中国大陆地区从低于 1 万元至 500 万以上的拍品中，所有区间的成交额都呈上升之势；亚太其他地区的 5 万至 500 万之间的价格区间则比上一年成交量与成交额均有所下滑，处于价位两端的 5 万以下与 500 万以上的拍品则呈现上升态势；海外地区市场的表现与亚太其他地区的市场趋势一致，只是上升程度不同而已。由此可以看出，油画及当代艺术的主要增长区域在于大陆地区。不同于以往多年的市场状况，油画及中国当代艺术作为世界性购藏的品类，在大陆地区的藏家群体近年来也在悄然攀升，这与近几年国内美术馆、博物馆及私人画廊不断引进国外重要艺术展览，积极推进中国及海外当代艺术不无关系。

收藏品成交额达到 24.2 亿元，比去年同期提高了 7.2 亿元，增长达 42.2%。收藏品市场连续五年来一直处于攀升势头，从上拍量、成交量、成交额三个方面而言，每年都迈上一个新台阶，市场向好，逐年升温，整体收藏市场态势上扬，潜力深有可挖。细看数据，在 24.2 亿元的成交额中，有 16.7 亿元来自古籍文献及手稿，占据收藏品品类市场额度高达 68.8%。其中大陆地区为 13.4 亿，占据三大地区市场的 80.7%，占据绝对优势，决定着整个古籍文献及手稿的市场走向。亚太其他地区市场只占 15.7% 的比例，处于较弱地位。这与大陆地区藏品资源丰富，学术研究型藏家逐渐增多关系密切。古籍文献及手稿近年来逐渐成为收藏的热门，其潜力不断被发掘。从其存世量上而言，因其不易保存，传世较少，本身所具有的稀缺性逐渐被藏家所认识；其历史价值与社会价值，使其具备学术研究价值，虽然进入门槛较高，但是研究型的藏家越来越多，对其中所蕴含的文化价值由衷热爱。从拍卖行而言，为其策划举办的专场的数量近五年来也不断增加，拍卖行针对藏家的口味，更加精耕细作，进行专业梳理，呈现出完整的收藏体系以及其学术研究的重要地位，专业化程度越来越高，拍品的潜在价值得以深挖，展示形式的新颖，也吸引着藏家的眼光。收藏品类中的邮币钱卡以 3.4 亿，占据第二位，而收藏品涵盖的其他品类所占比例甚微，如照片、古茶、名酒……可见，收藏品板块的主导地位由古籍文献及手稿市场担当。

珠宝尚品板块 2018 年度成交额为 42.4 亿元，同比下滑了 8.2 亿元，下滑幅度为 16.1%。珠宝尚品品类分为两大板块，一为珠宝翡翠，二为钟表。其中珠宝翡翠市场主导着珠宝尚品板块的发展态势，全球三大地区市场中亚太其他地区占比高达 73.8%，成为该板块最大发力区域。中国大陆地区市场次之，占比只有 26.2%。具体的状况是中国大陆地区该板块的上拍量、成交量以及成交额，都呈现上升的态势，其中成交额比去年同期提升了 1.8 亿，上涨幅度达到 26.1%；呈现出稳升向好的市场状态；亚太其他地区则无论是上拍量、成交量、成交额以及成交率都呈现下滑状态，其中成交额下跌了 13.6 亿，同比降低了 35.7%，决定了该板块的总体走势，市场呈现萎缩状态。随着矿产资源的减少，高端彩宝与质地优良的翡翠开采发掘越发困难，而珠宝款式的设计也是影响其价格的重要因素之一。其天然存在的稀缺性和后天著名设计师的稀有性，都决定了其高端精品越来越少进入拍场，藏家惜售，流入拍场的生货较少，综合多种因素致使其市场下滑。

四　全球拍卖企业中国文物艺术品成交额排行榜

2018年 TOP 20

排名	企业名称	成交额（元）
Top1	北京保利国际拍卖有限公司	5,355,209,484
Top2	中国嘉德国际拍卖有限公司	5,101,469,704
Top3	苏富比香港有限公司	5,008,606,919
Top4	佳士得香港有限公司	4,095,644,837
Top5	北京匡时国际拍卖有限公司	2,398,937,759
Top6	西泠印社拍卖有限公司	1,880,316,125
Top7	保利香港拍卖有限公司	1,649,970,071
Top8	北京荣宝拍卖有限公司	1,504,125,825
Top9	中贸圣佳国际拍卖有限公司	1,185,725,320
Top10	广州华艺国际拍卖有限公司	1,169,556,420
Top11	上海匡时拍卖有限公司	899,404,075
Top12	广东崇正拍卖有限公司	828,741,175
Top13	中鸿信国际拍卖有限公司	732,225,000
Top14	北京翰海拍卖有限公司	708,249,810
Top15	苏富比纽约有限公司	704,747,270
Top16	上海嘉禾拍卖有限公司	586,030,225
Top17	保利（厦门）国际拍卖有限公司	544,086,735
Top18	佳士得纽约有限公司	498,310,880
Top19	意大利坎比·卡斯塔拍卖行	477,942,801
Top20	敬华（上海）拍卖股份有限公司	379,019,070

2018 年全球中国文物艺术品的拍卖总成交额约为 479.6 亿元，其中位列前五名的拍卖行的成交额为 219.6 亿元，占据总成交额的 45.8%，比 2017 年占比提升了 1.0%，基本持平；位列前二十名的拍行成交额为 357.1 亿元，占据总成交额的 74.5%，与上

一年的 74.6% 相比下滑了 0.1%，变化微乎其微。

由此看来，2018 年度无论是前五还是前二十的拍卖企业的成交额均与上一年极其类似，没有大的变动。实力强大的拍卖行占据整个市场份额的比例已趋稳定，决定着投资文物艺术品的资金流向。

2017年 TOP 20

排名	企业名称	成交额（元）
Top1	北京保利国际拍卖有限公司	6,769,844,200
Top2	中国嘉德国际拍卖有限公司	5,940,966,010
Top3	香港苏富比有限公司	5,259,042,894
Top4	佳士得香港有限公司	4,497,868,911
Top5	北京匡时国际拍卖有限公司	2,872,129,243
Top6	保利香港拍卖有限公司	2,549,234,484
Top7	佳士得纽约有限公司	2,351,626,464
Top8	西泠印社拍卖有限公司	2,342,956,870
Top9	北京荣宝拍卖有限公司	1,767,767,370
Top10	广州华艺国际拍卖有限公司	1,123,662,820
Top11	中贸圣佳国际拍卖有限公司	1,092,792,230
Top12	上海匡时拍卖有限公司	816,273,597
Top13	中国嘉德（香港）国际拍卖有限公司	807,147,011
Top14	广东崇正拍卖有限公司	674,987,065
Top15	北京翰海拍卖有限公司	651,531,650
Top16	上海嘉禾拍卖有限公司	586,643,691
Top17	北京东正拍卖有限公司	519,507,900
Top18	纽约苏富比有限公司	509,078,637
Top19	北京诚轩拍卖有限公司	500,253,000
Top20	北京景星麟凤国际拍卖有限公司	494,551,470

对比 2017 年全球中国文物艺术品拍卖企业成交额排行榜，不难发现位列前五名的拍卖行依然是与上一年相同，且排列顺序完全一致，依次为：北京保利、中国嘉德、苏富比香港、佳士得香港、北京匡时国际。虽然看起来毫无新意，资金依然青睐于实力雄厚的老牌拍行，汇集于高端拍品，这一点大的趋势并未改变。不同于以往各年的状况是，市场容量增大，中低端拍品开始贡献越来越多的市场份额。仔细观察，2018 年度前五大拍行内部依然有细微的变化与调整。

中国收藏
拍卖年鉴
2019

CHINESE FINE ART &
ANTIQUES AUCTION
YEARBOOK 2019

北京保利 2018 年度的中国文物艺术品的成交额为 53.6 亿元人民币，占据前五大拍行成交额的 24.4%。虽然该比例比去年同期下降了 2.3%，但变动幅度较小，并未影响其排名。保利拍卖系［北京保利、保利香港、保利华谊（上海）、保利（厦门）、保利广州等］2018 全年的成交额达 80 亿人民币，其中 5 件过亿拍品，147 件过千万。保持着亚洲艺术品拍卖行业成交榜首，领跑全球中国文物艺术品市场。

在市场整体冷淡的情况下，北京保利 2018 年坚持"减量增质"的策略，精简务实，稳中前行，走精品路线，凭借着对于中国文物艺术市场的深度掌握，对于艺术品的专业知识和服务意识，精确的选件策略与拍卖专题满足了市场更多元化的需求，学术深度与市场广度的结合，为新老藏家提供了更为丰富的选择。保利 2018 年斩获 12 个专场"白手套"，重点板块集中在中国近现代艺术、古董珍玩等品类。其春秋两季大拍中近现代书画共取得约 9.7 亿的总成交额，其中"震古烁今——从宋到近现代的中国书画"夜场中，近现代书画部分取得了 3.04 亿元的成绩。"中国近现代书画之夜"中"斯文——名家法书""秀仪之馨——郭秀仪珍藏""中国近现代书画夜场"三个专场共斩获 5.3 亿元总成交。

古董珍玩在北京保利的拍卖板块中占据重要位置，仅春秋两大拍卖季中的古董珍玩之夜的成交额就高达 12.58 亿元，其中"什袭之藏 II——马钱特暨东瀛甄选明瓷萃珍"以及"逍遥座——十面灵璧山居甄藏重要明清家具"两个专场斩获"白手套"；"禹贡"作为北京保利多年来古董之夜的最大吸金专场，30 件拍品全部成交，总成交额逾 3.2 亿元。

另一家中国拍卖企业中国嘉德，多年来以稳扎稳打的步伐不断坚实迈进。2018 年的拍卖总成交额为 51.0 亿元，占据全球中国文物艺术品拍卖成交前五名总额的 23.2%，仅次于北京保利。

2018 年度作为中国嘉德成立的 25 周年，取得的成绩令人瞩目。仅春秋两季大拍的成交额即达到 45.3 亿元人民币。中国嘉德专注于专场的拓展开发，两季大拍推出了 82 个专场，斩获 16 场白手套。5 件拍品加入"亿元俱乐部"、67 件拍品过千万。中国嘉德在缩量的同时注重挖掘拍品的丰富内涵，顺应藏家收藏理念和趣味的调整。

中国嘉德的优势在拍品品类中主要集中在中国书画板块上，2018 年度春秋两季大拍的中国书画成交额高达 22.85 亿元，在嘉德的拳头产品"大观"夜场中，李可染的盛年巨制《千岩竞秀万壑争流》收获了中国近代史书画的全球最高价，潘天寿最大指画《无限风光》以 2.87 亿再一次创造潘天寿的成交纪录。古代部分经石渠宝笈著录的钱维城《花卉册》、八大山人的《墨梅图》等经多轮激烈争夺高价成交，小型专场《玲珑室——马氏珍藏》以其具有人文景观的文献特质备受追捧，《落脱身心——井上有一的墨道笔痕》成为全球第一个井上有一个人作品拍卖专场。

近年来嘉德在古籍善本及手稿板块也做足了功夫，宋刻孤本珍品《石壁精舍音注唐书详节》以 1.10 亿人民币的成交价，创造了古籍善本的世界纪录，也为中国古籍收藏市场打开了一扇想象的窗户。《安思远藏善本碑帖十一种》以 1.92 亿元成交，大资金的进入，将会使古籍市场的收藏结构和格局发生新的变化。让中国嘉德也鼓足了信心迎接将来。

苏富比香港经过 2018 年艰苦卓绝的奋斗，中国文物艺术品的拍卖额达到 50.1 亿元，占据五大拍行总额的 22.8%，虽然销售额比去年降低了 2.5 亿元，仍稳居全球第三位，保持了平稳精进的发展势头。高端精品主导其主营业务，拍出了 6 件过亿拍品，集中在瓷玉和书画板块。其中三件为清三代帝王瓷，一件现代大师级油画，一件清代古画，一件十卷明代经卷。分别为一枚为清康熙粉红地珐琅彩开光花卉碗，以 2.08 亿元人民币成交，清乾隆御制珐琅彩虞美人题诗碗，以 1.47 亿人民币易主；另一件乾隆洋彩透雕夹层玲珑尊以 1.30 亿人民币成交；赵无极《1985 年 6 月至 10 月》的油画以 4.45 亿元人民币成交，古代书画中清代钱维城手卷《台山瑞景》经过 100 多口竞价，历时 40 分钟争夺，最终以 1.28 亿人民币成交。明宣德御制《大般若波罗蜜多经》十卷在拍卖前便被寄予厚望，最终以 2.08 亿元成交，创下世界佛经文献拍卖的最高纪录。

佳士得香港地区 2018 年表现不俗，中国文物艺术品的成交额为 41.0 亿元人民币，占据全球拍卖公司前五成交额的 18.7%，相比于去年下降了 4 亿人民币，下滑了 8.9%。

高端拍品引领 2018 年的佳士得在香港的拍卖业绩，也出现了 6 件过亿拍品，主要集中在中国古代书画、油画及当代艺术，珠宝尚品板块。一件北宋苏轼的《木石图》以成交价 4.04 亿人民币的天价冠压群芳，夺得头筹；赵无极两件作品过亿，一件《14.12.59》以 1.43 亿人民币成交，《22.07.64》以 1.01 亿人民币成交；珠宝尚品板块中，8.01 克拉梨形鲜彩蓝色钻石吊坠项链以 1.29 亿人民币成交，1.01 亿人民币成交的克什米尔天然皇家蓝蓝宝石项链，创造了克什米尔蓝宝石项链的世界拍卖纪录。另外一件为瓷器，清乾隆斗彩加粉彩暗八仙天球瓶以 1.06 亿人民币成交。

北京匡时国际作为后起者，近几年的蓬勃发展，使其跻身于全球中国文物艺术品拍卖前五名，其实力不容小觑。2018 年度，经过结构改组之后的匡时拍卖"北上港"战略全面出击，匡时在线积极布局"互联网 +"，匡时国际以新格局新视野，走向专业化、国际化之路，在行业竞争日趋激烈的情况下，主打"量少而精"的策略，拍卖成交额为 24.0 亿元人民币，占据五大拍卖巨头的 10.9% 的份额，虽然同比下滑了 4.7 亿人民币，但其扎实推进的作风，令此年度的成绩亦可圈可点。

在北京匡时国际举办的两季大拍中，中国书画和瓷玉杂项仍是重头戏，反映了传统中国拍行的典型特点。

北京匡时国际 2018 年度仅两季大拍的中国书画成交额即达 11.65 亿元，几乎占据了其全年成交额的半壁江山，在市场进入深度调整期时，匡时步步为营，深挖潜力，针对藏家多样化的需求，推出了拳头品牌"澄道"为题的几大书画夜场，包括"澄道——近现代书画夜场"、"澄道——古代书画夜场"，秋拍打出一套组合拳，除了继续保留这两大品牌夜场之外，增加了"南吴北齐书画夜场""畅怀——近代碑学流派"专场两个夜场，集石涛、浙江、姚允在、傅山、郑燮、齐白石、徐悲鸿、张大千等大师力作。其中古代书画中石涛《程京莘对题八开山水册》以 3507.5 万元成交；浙江的《秋山双瀑图》，最终以 3335 万元的成交价远超估价，姚允在的《桐江萧寺图》以 2840.5 万成交，创其个人作品的最高拍卖纪录，傅山书法作品中极精之品《开我慧者并太原三先生传》以 2518.5 万元成交，郑燮的《峭壁芝兰》以 2012.5 万元成交。近现代书画中徐悲鸿赠民国政要张群的《四喜图》以 1725 万元成交，香港集古斋旧藏傅抱石《幽谷话旧》以 1380 万元成交等。另北京匡时国际开辟了溥儒书画专场、明清扇面书画专场、金石家书画专场、印石篆刻专场、20 世纪名家书法专场等一批特色专场，业绩颇佳。

北京匡时国际的另一品牌夜场以"天工开物"为名推出的重要瓷器专场，其中"重要私人珍藏瓷器夜场"以 8000 万元创白手套佳绩；秋拍中瓷器杂项板块 8 个专场成交 2.05 亿元。

相比往年，北京匡时国际在拍品数量上有所精简，且没有出现高端过亿拍品，说明其征集难度进一步加大，但在市场深度调节的高深莫测的环境中，北京匡时国际坚持走专业化路线，深耕细作，吸引来更多中高端藏家的青睐。

中国大陆地区市场
Mainland China Art & Antiques Market

一　适度调整结构，市场下沉明显

随着宏观经济的继续下调和金融市场去杠杆化、资金流动性紧缩进一步加强等外部环境的影响，市场信心受挫，2018 年的大陆文物艺术品拍卖市场结束了连续两年的攀升态势，进入保护性下跌回调阶段。纵观近五年大陆文物艺术品市场可发现，在健康的市场供求关系下，大陆文物艺术品市场的自我调节能力愈来愈强：2014 年大陆文物艺术品拍卖市场延续了上一年的回调势头再攀市场高峰，但旋即在 2015 年出现了快速回落。2016 年企稳回暖信号再次释放，由此止跌回升，成交量与成交额也出现了增加，并在 2017 年达到了峰值，之后开始新一轮的调整，2018 年市场再次出现下行态势。通过回顾上述大陆文物艺术品拍卖市场的五年发展走势，可以发现其已形成了较为明显的短循环周期，即一次下调后会迎来短期的回暖增长，继而又进入下一个调整周期。这种较短的周期波长，反映出文物艺术品市场与国家政治、宏观经济环境的强关联性，另一方面也显示出在经历了非理性膨胀泡沫破裂的洗礼后，中国大陆文物艺术品市场的理性回归。

如图所示：中国大陆文物艺术品市场在 2016 年、2017 年连续两年在市场下行之后逐步回暖，但此态势未能持久，伴随着 2018 国际经济大环境的巨大变化，全球经济增速放缓，其“蝴蝶效应 ”影响到中国宏观经济的发展，中国大陆文物艺术品拍卖市场受其影响，呈现出下行调整的态势。但细观此次下调，可发现与历次下调出现的量额双降的情况有所不同，在成交额上虽出现了大幅下降，但在成交量上呈现出攀升的态势。具体而言，2018 年中国大陆中国文物艺术品拍卖成交总额为 297.4 亿元，同比下降了14.5%，成交量为9.4万件（套），比2017年提高了9.9%。从成交价格区间来看，2018年中国大陆中国文物艺术品成交量同比增长的部分主要来自成交额在10万元以下的低端拍品。根据易拍全球研究院（筹）大数据统计显示，2018年中国大陆地区成交价在10万元以下的中国文物艺术品成交量为64436件（套），同比增长了18.5%。以上数据表明，该年大陆地区的拍卖企业在拍品选择上为适应市场新需求，采取了"增量保质"的策略，积极应对市场反应，市场向低档的大众拍品下沉，此档拍品成交数量的增多，也反映出随着高端拍品资源受限收缩，推动拍卖收藏进入消费市场已是渐显新势。

2014～2018年大陆地区中国文物艺术品成交额
（单位：亿元）

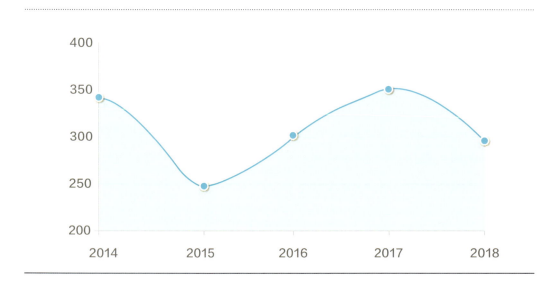

2014～2018年大陆地区中国文物艺术品成交量
［单位：万件（套）］

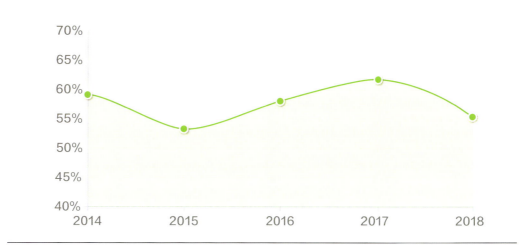

2014～2018年大陆地区中国文物艺术品成交率

观察 2014 年至 2018 年中国大陆文物艺术品拍卖市场的成交率起伏走势可以看出：成交率与成交额呈正相关关系。在 2015 年跌至谷底后，成交率企稳回升，该阶段拍卖行进行了经营策略的局部调整，"增质减量"的策略被进一步实施，以高端市场为主导，市场精品趋于集中化，从而加速了 2017 年成交率的一路上扬。2018 年受整体经济增长下行压力加大的影响，市场信心减弱，拍品的过高估价与藏家心理预期不符而造成流拍较多，成交率回落。

纵观这几年大陆地区中国文物艺术品拍卖行情，我们可以观察到文物艺术品市场的起起伏伏，2018 年市场从 2017 年的高位回落，高端藏品卖家惜售明显，从而导致该价格区间的作品成交量锐减。根据易拍全球研究院（筹）大数据统计，2018 年大陆地区成交价在 500 万元以上的高端拍品成交量为 792 件（套），同比 2017 年减少了 152 件（套）。一些私人和企业的收藏品在 2018 年也有批量重回市场的情况，这些高价藏品经过一段时间的购藏持有，有一些顺利成交，甚至大有增值。比如 2018 年春季以 7417.5 万元成交的吴冠中《漓江新篁》曾于 2011 年以 2166.4 万成交；以 897 万元成交的清雍正珐琅彩万花锦绣纹碗曾于 2012 年以 352.8 万元成交；2018 年秋季以 7820 万元成交的黄宾虹《山水四绝》曾于 2009 年以 1232 万元成交；以 575 万元成交的大清乾隆甲辰年八棱铜镜曾在 2005 年以 19 万元成交等。但也有相当比例的部分不能满足藏品寄售方对投资增值年度回报率的期望值，而惨遭流拍。这说明，在市场下行的趋势中，文物艺术品市场价格的期望值也应予以下调，否则会造成拍卖行成交和寄售人回款的双重尴尬困境。

中国收藏
拍卖年鉴
2019

CHINESE FINE ART &
ANTIQUES AUCTION
YEARBOOK 2019

二　亿元精品市场紧缩，高端拍品市场活跃

2018 年中国文物艺术品拍卖市场在大陆地区的表现，在成交价位分布上呈现出：亿元精品市场紧缩，千万元区间的高端拍品市场活跃的局面。2018 年中国文物艺术品拍卖中，大陆地区上拍成交 93799 件（套），其中有 10 件过亿拍品，同比去年减少了 7 件（套），成交额为 14.1 亿，占据大陆地区中国文物艺术品总成交额的 4.7%，同比去年下降了 6 个百分点。其中"状元"拍品为潘天寿于 1963 年创作的《无限风光》，该拍品以 2.87 亿元在中国嘉德易主。该年亿元拍品区间的成交略显失色，这一方面受整体经济环境的不景气影响，市场流动资金呈紧缩状态；另一方面随着此前精品市场的大肆开发，其资源接近枯竭的状况在 2018 年已初步显现，加之该年经济发展的不确定性因素明显加大，藏家的可支配资金用于文物艺术品的投资资本与信心受到进一步影响，导致"掐尖"交易热情不高，也是藏家在市场经济中进行审时度势的理性回归。

再观 2018 年大陆地区千万元级别的高端拍品市场，该价格区间的成交量为 320 件（套），同比去年稍降 3.9%，但其成交额为 77.1 亿元，占据大陆地区中国文物艺术品市场总成交额的 25.9%，同比去年增加 1064 万元。来自易拍全球的大数据统计显示：2018 年大陆地区千万元价格区间的文物艺术品虽同比去年总体减少了 13 件（套），但细看其各品类成交量则有部分相比去年有不同程度的微增，比如当代书画部分同比增加 1 件（套）、佛像唐卡部分同比增加 2 件（套）、珠宝翡翠部分同比增加 11 件（套）。

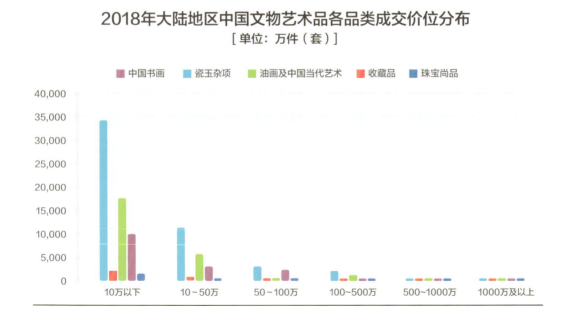

2018年大陆地区中国文物艺术品各品类成交价位分布
[单位：万件（套）]

■ 中国书画　■ 瓷玉杂项　■ 油画及中国当代艺术　■ 收藏品　■ 珠宝尚品

在经济调整下行时期，藏家对亿元精品市场的追逐稍事放缓，而对千万元高端市场的资本注入热情依旧不减，一方面体现了优质拍品的市场号召力与市场拉动力较强，另一方面也为重振市场信心起到了关键作用。

另外，根据易拍全球研究院（筹）大数据统计的 2018 年大陆地区中国文物艺术品成交价位分布可知：成交价在 500 万元（含）以上的高端拍品为 792 件（套），占据总成交量的 0.8%，成交额为 107.1 亿元，同比去年下降了 30.9%，占据大陆地区总成交额的 36.1%；而成交价在 500 万以下的中低端拍品成交量为 93007 件（套），成交额为 174.3 亿元，占据大陆地区总成交额的 58.6%，已然为该年大陆地区的成交额贡献了半壁江山之多。尤其是 10 万元以下的普品，其成交量高达 64436 件（套），数量同比去年大增了 10308 件（套），占据总成交量的 68.5%，说明大众收藏热度高。以上数据表明，在经济下行的调整阶段，拍卖市场敏锐地作出反应，通过拍品与购藏者的结构性调整，市场向中端及普品倾斜下沉趋势明显。

三 书画仍占主导，油画及中国当代艺术增势明显

2018 年，中国大陆地区中国文物艺术品市场的品类分布上，虽然分布格局上出现了一些细微调整，但总体而言，依然延续了近年来在成交量与成交额占比上的基本格局。该年中国书画以 162.0 亿元的成交额与 50098 件（套）的成交量，持续占据中国大陆地区文物艺术品拍卖市场的半壁江山，分别占该地区总成交额的 54.5% 与总成交量的 53.4%。瓷玉杂项在市场份额占比上则紧跟中国书画之后，成交额为 80.6 亿元，占据市场总额的 27.1%；成交量为 26325 件（套），占据市场总额的 26.7%。在成交额占比上，油画及中国当代艺术与收藏品紧随瓷玉杂项之后，分别占比 8.8% 与 6.5%，珠宝尚品占比最小，占总成交额的 3.1%。根据易拍全球研究院（筹）的大数据统计显示，2018 年中国大陆地区中国书画的平均价格为 32.3 万元 / 件（套），与瓷玉杂项的平均价格 30.6 万元 / 件（套），相差 1.7 万元 / 件（套），2017 年中国书画与瓷玉杂项的平均价格相差 12.3 万元 / 件（套），可见二者的差距在明显缩小。同时也应注意到，2018 年中国书画与瓷玉杂项的平均成交价同比去年分别下降了 24.3% 与 14.7%，说明往年门槛较高的书画品类开始出现市场下沉趋势，天价拍品缺位严重，中低端拍品受到大众的青睐。相对于中国书画来看，瓷玉杂项的均价较往年也有所下降，说明聚集在中低端藏品市场的大众玩家占据多数。成交价格在 50 万元以下的拍品较为集中，其中 1 万元到 5 万元区间成交的中国书画和瓷玉杂项最受市场欢迎，成交量分别占该品类市场份额的 40.1% 与 41.9%。

2018年中国大陆地区细分品类成交量占比

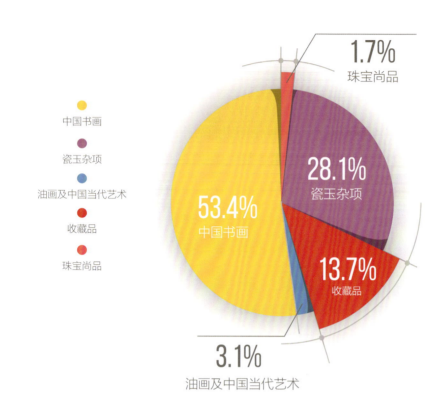

中国书画
瓷玉杂项
油画及中国当代艺术
收藏品
珠宝尚品

1.7%
珠宝尚品

28.1%
瓷玉杂项

53.4%
中国书画

13.7%
收藏品

3.1%
油画及中国当代艺术

2018年中国大陆地区细分品类成交额占比

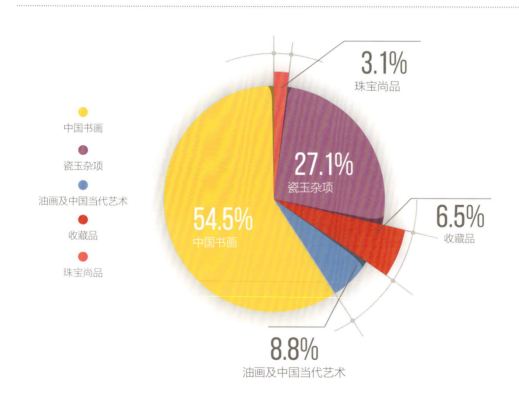

中国书画
瓷玉杂项
油画及中国当代艺术
收藏品
珠宝尚品

3.1%
珠宝尚品

27.1%
瓷玉杂项

54.5%
中国书画

6.5%
收藏品

8.8%
油画及中国当代艺术

另外，从 2018 年大陆地区总体成交量来看，各品类的成交量较 2017 年皆有所上升，总成交量同比增长 9.9%。但各品类的成价额并非同步增长，而是有涨有跌。尽管中国书画与瓷玉杂项的成交额占比领先其他品类，但该年这两个品类的成交额同比去年皆有所下降，下跌幅度分别为 24.2% 和 13.0%。而油画及中国当代艺术、收藏品和珠宝尚品的成交额同比去年皆有所上升，涨幅分别是去年的 47.5%、23.9% 和 20.8%，其中又以油画及中国当代艺术的增势最为明显。大陆地区油画及中国当代油画板块的成交量与成交额增势明显，具体到数据上则是各价格区间大部分同比 2017 年有所增加。根据易拍全球研究院（筹）大数据统计显示：大陆地区油画及当代艺术板块 500 万以上的高端精品成交量与成交额同比分别增长 61.3% 和 83.1%；100 万～500 万的高端拍品成交量与成交额同比分别增长 25.8% 和 28.1%；50 万～100 万的中端拍品成交量同比微跌 5.7%，成交额稍涨 0.4%；50 万以下的低端拍品成交量与成交额同比分别增长 19.4% 和 12.4%；10 万元以下普品成交量与成交额同比分别增长 44.5% 和 39.2%。

1. 中国书画

在细分二级品类中，2018 年的中国书画市场中的古代书画、近现代书画及现当代书画各板块的成交量均比 2017 年有所上升，但成交额在古代书画与近现代书画板块同比去年紧缩，分别下降 17.3% 和 31.7%；当代书画该年成交额同比微涨 4.0%。

2017~2018年中国书画品类细分成交额
（单位：亿元）

■ 2017年　■ 2018年

古代：52.3 / 43.5　近现代：142.2 / 97.8　当代：20.0 / 20.7

　　具体来看，近现代书画板块成交额高达 97.8 亿元，占据整个书画市场的 60.4%，古代书画的成交额为 43.5 亿元，占据书画市场总体份额的 26.9%，当代书画占据了书画市场的 12.8%，比 2017 年的占比有所增加。

2017~2018年中国书画品类细分成交量
[单位：件（套）]

- 2017年
- 2018年

品类	2017年	2018年
古代	10,163	11,252
近现代	26,561	27,968
当代	7,617	10,871

　　古代书画的收藏向来"以皇为贵"，皇家收藏无论是市场价值还是学术价值都是拍品中的重中之重，受到藏家的青睐和追捧。在北京保利春拍"震古烁今——从宋到近现代的中国书画"中，宋代佚名作品《汉宫秋图》以 1.24 亿元成交，这件作品曾收录于《石渠宝笈续编》，引首有乾隆皇帝所书"萧景澄华"，并赋诗四首，帝王的题跋和赋诗，为这件拍品增加了学术价值与市场价值。随着国内书画市场的日益发展和藏家的不断成熟，古代书画所蕴含的艺术价值和市场价值也逐步被认同。古代书画市场架构也日趋完善，受市场环境的影响相对较小。由于其资源稀缺及藏家惜售，所以一旦有鲜少露面的古代精品，更容易引发藏家的竞争，而拍出高价。

　　近现代书画作为整个书画市场的主力，即便在市场环境不佳时也依然可以创造天价。在 2018 年的近现代书画拍卖中，书画作品成交额前 10 名，主要集中在潘天寿、傅抱石、李可染、齐白石、徐悲鸿等在中国美术史中颇有成就的大家之列。这些大家具有深厚的艺术积淀和文化积淀，在创作中不断探索，留下了一批经典名作。因此，他们的作品一直是市场追捧的对象，创造出高价拍卖纪录并不罕见。其中 2018 年中国嘉德秋拍中潘天寿的《无限风光》拍得 2.87 亿元，刷新了潘天寿个人的拍卖纪录。而在成交额达到 1000 万以上的作品中，更是汇集了这一时期的书画精品，比如黄宾虹、张大千、黄胄等对中国艺术史影响深刻的大家，他们的作品在市场上数量较多，进一步吸引了藏家的购买力。近现代书画作为相对容易入门的板块，又因其存世量大、有着成熟的收藏群体，对于资金雄厚的新买家而言，无论是其文化价值或经济价值，都是入市的首选。

当代书画是该年中国大陆地区中国书画版块唯一在成交额与成交量同比去年均有提升的部分。其所占细分品类的市场份额比重微增，成交额同比增长了0.7亿元，成交量增长了3254件（套），同比提高了42.7%，在中国书画市场总额度占比提升了8.5个百分点。从大陆地区当代书画的平均成交价来看，该年为19.1万元/件（套），成交的作品大多集中在1～5万元的价格区间，成交量为4493件（套），占大陆地区该品类总成交量的41.3%。由于当代书画的价格相对古代及近现代书画较低，且在作品鉴定上相对容易，深受藏家青睐。也应注意到，由于当代书画作品在艺术创作风格上存在着不确定性以及部分当红艺术家的市场存在严重炒作的行为，这在一定程度上影响了部分艺术作品价格的合理性。但随着艺术市场对当代艺术家及其作品的淘洗与重新审视，以及新老藏家不断变化的审美标准，当代书画作品也将会达到艺术价值与市场价格的统一。

中国古代书画TOP10（大陆地区）							
序号	地区	拍卖行	拍卖会及专场	作者	作品名称	拍卖时间	人民币成交价(含佣金)
1	北京	北京保利	北京保利2018春季拍卖会 震古烁今——从宋到近现代的中国书画	宋代佚名	《汉宫秋图》	2018.06.17	124,200,000
2	北京	北京保利	北京保利2018秋季拍卖会 仰之弥高——中国古代书画夜场	文徵明	《溪堂谶别图》	2018.12.08	87,975,000
2	北京	北京保利	北京保利2018秋季拍卖会 仰之弥高——中国古代书画夜场	张宗苍	《云栖山寺》	2018.06.17	80,500,000
2	北京	中国嘉德	中国嘉德2018春季拍卖会 大观——中国书画珍品之夜·古代	钱维城	《富春秋色图》	2018.11.20	67,850,000
2	北京	中国嘉德	中国嘉德2018秋季拍卖会 大观——中国书画珍品之夜·古代	钱维城	《花卉册》	2018.06.18	66,700,000
2	北京	中鸿信	中鸿信2018春季拍卖会 饕餮——中国古代重要书画专场	八大山人	《花鸟四屏》	2018.07.13	65,550,000
2	北京	东方大观	北京东方大观2018秋季艺术品拍卖会 翰墨承绪——重要中国书画专场	吴镇	《竹石图》	2018.12.03	63,825,000
2	南京	荣宝斋	荣宝斋（南京)2018秋季文物艺术品拍卖会 中国古代书画暨佛教书画专场	缪佚	《云山烟霭图》	2018.12.30	46,000,000
2	广州	华艺国际	广州华艺国际2018春季拍卖会 中国古代书画	祝允明	《行草诗词卷》	2018.05.23	41,975,000
2	北京	北京保利	北京保利2018春季拍卖会 仰之弥高——中国古代书画夜场	赵左	《溪山无尽图卷》	2018.06.17	40,250,000

序号	地区	拍卖行	拍卖会及专场	作者	作品名称	拍卖时间	人民币成交价（含佣金）
				中国近现代书画TOP10（大陆地区）			
1	北京	中国嘉德	中国嘉德2018秋季拍卖会 大观——中国书画珍品之夜·近现代	潘天寿	《无限风光》	2018.11.20	287,500,000
2	北京	中国嘉德	中国嘉德2018秋季拍卖会 大观——中国书画珍品之夜·近现代	傅抱石	《蝶恋花》	2018.11.20	133,400,000
2	北京	中国嘉德	中国嘉德2018秋季拍卖会 大观——中国书画珍品之夜·近现代	李可染	《千岩竞秀万壑争流图》	2018.06.18	126,500,000
2	北京	北京保利	中国近现代书画夜场	傅抱石	《琵琶行诗意》	2018.06.17	103,500,000
2	北京	中国嘉德	中国嘉德2018秋季拍卖会 大观——中国书画珍品之夜·近现代	齐白石	《福祚繁华》	2018.11.20	92,000,000
2	北京	北京保利	北京保利2018春季拍卖会 震古烁今——从宋到近现代的中国书画	徐悲鸿	《天马六骏》	2018.06.17	89,700,000
2	北京	北京保利	北京保利2018春季拍卖会 震古烁今——从宋到近现代的中国书画	张大千	《天女散花》	2018.06.18	84,525,000
2	北京	中国嘉德	中国嘉德2018秋季拍卖会 大观——中国书画珍品之夜·近现代	黄宾虹	《山水四绝》	2018.11.20	78,200,000
2	广州	华艺国际	广州华艺国际2018春季拍卖会 中国近现代书画	张大千	《溪桥晚色》	2018.05.23	59,340,000
2	北京	北京保利	北京保利2018春季拍卖会 震古烁今——从宋到近现代的中国书画	齐白石	《山水》	2018.06.17	56,350,000

2. 油画及中国当代艺术

油画及中国当代艺术的成交总额与中国书画和瓷器杂项板块比较仍存在一定差距，但其调整速度较快，在短期内完成市场梳理，以活跃的姿态快速前行，其可持续增长的趋势被业内多数藏家看好。油画及中国当代艺术板块中，2018年大陆地区的成

2014～2018年大陆地区油画及中国当代艺术成交额
（单位：亿元）

交额为 26.2 亿元，占中国大陆地区文物艺术品拍卖总成交额的 8.5%。比去年同期上涨了 3.4%，基本保持稳定；成交量同比增加了 31.2%，平均每件（套）价格 90.8 万元，比 2017 年上升了 12.4%，其中油画的平均价格为 133.2 万元，价格较 2017 年趋高，说明拍卖行在油画及中国当代艺术板块实行"增质增量"的策略，大批优质拍品涌入市场，吸引了众多藏家。

这一板块以油画品类为主导，主要集中在赵无极、吴冠中等一批早期留法艺术家的作品上。这些作品不仅艺术造诣高，而且在世界艺术史上也具有重要的地位。由于年代较近，市场存量大，流通性强，在藏家中的认可度高。其中，吴冠中的《双燕》在北京保利秋拍"现当代艺术夜场"以 1.1 亿元成交，成为该板块在大陆地区唯一的过亿作品。从 20 世纪美术史的角度来看，除了赵无极、朱德群、吴冠中、林风眠等一些价值体系构建相对完整的艺术家，20 世纪油画其实还留下了很大的价格和价值空间有待进一步发掘。

中国当代艺术方面，根据易拍全球研究院（筹）大数据显示的全球"油画及中国当代艺术成交价 TOP50"中，大陆地区中国当代艺术上榜件 7 件，集中在周春芽、曾梵志、张晓刚、艾轩这四位艺术家作品之列。领衔该年大陆地区当代艺术的是周春芽 1993 年作《中国风景》以 4255 万元成交。通过上述该年上榜的艺术家来看，一方面在学术价值上他们已被写入中国当代艺术史，得到了业界学术上与艺术成就上的认可；另一方面在其艺术市场的推广中，他们的艺术作品经过一级市场的多年培育与考验已至成熟，如此当步入二级市场时作品已经具备了学术价值的认可与一级市场的价格认同，才使得在拍卖市场上出色发挥，引人注意。

3. 收藏品及珠宝尚品

2014～2018年大陆地区收藏品成交额
（单位：亿元）

收藏品板块在 2014 年和 2015 年的期间，保持在 7.4~8.4 亿之间的成交额，所占市场份额仅为 2% 左右。2016 年成交额实现突破增至 13.0 亿，同比 2015 年增长 54.8%，成交量同比提升了 14.0%，增至 9557 件（套）。其中 50 万元以上的成交拍品，涨幅提高了 55.1%，收藏品的门槛开始提高。2018 年的收藏品市场持续看涨，成交额达到 19.3 亿元，同比 2017 年增加了 27.0%；成交量达到 12872 件（套），在 2017 年的基础上提高了 11.5%。其中，邮品钱币增长缓慢，较 2017 年增长了 0.1 亿元，古籍文献及手稿增长较明显,较 2017 年增长了 2.2 亿元。由于文献及手稿的存世量少，学术性价值较强，收藏群体相对小众，其市场表现与精品释出的数量有关。2018 年共有 2 件亿元拍品出自古籍文献及手稿版块，一件为《石壁精舍音注唐书详节》以 1.1 亿元成交；另一件《安思远藏善本碑帖十一种》以 1.9 亿元高价成交。过亿元精品的上拍，直接拉动了该年度收藏品版块的增势。

2018 年中国大陆地区珠宝尚品成交量为 1623 件（套），同比微增 1.6%，其成交额为 9.3 亿，同比增长 20.8%，其平均成交价为 57.5 万元／件（套），同比增长 19.1%。以上数据表明，该年大陆地区珠宝尚品在增量的同时也在增质，向高端市场深耕。之所以珠宝尚品能够在经济逆境中依然保持整体向上发展的态势，因为该品类为"全球通"，受地区货币通货膨胀影响小，绝大多数拍品价格跟随国际市场变动，很少会出现大规模的炒作以及随之而来的暴涨和暴跌；同时它具有价格相对较高、变现容易的特点，加上有国际权威机构出具的珠宝证书，藏家可以比较放心地进行个人资产的储值和增值。

四　京津地区随市调整，珠三角地区发展快速

2018年中国大陆细分地区中国文物艺术品成交量占比

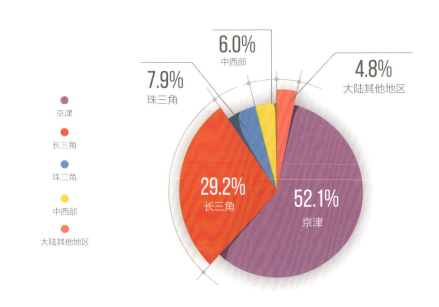

京津
长三角
珠三角
中西部
大陆其他地区

6.0% 中西部
7.9% 珠三角
4.8% 大陆其他地区
29.2% 长三角
52.1% 京津

2018年中国大陆细分地区中国文物艺术品成交额占比

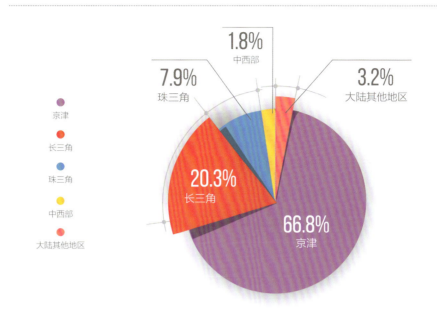

京津

长三角

珠三角

中西部

大陆其他地区

从中国大陆地区各区域市场发展的维度来看，2018年京津地区仍然延续多年来的主导地位，成交额为198.6亿元，占大陆地区市场份额的66.8%；成交量为4.9万件（套），占大陆地区市场总份额的52.1%，虽成交额、成交量比去年同期分别下滑了19.1%和7.3%，仍然具有压倒性优势。该区域市场的拍品平均成交价为40.6万元，居其他区域市场拍品平均成交价之首，中高端文物艺术精品多集中在该区域。根据易拍全球研究院（筹）大数据统计结果可发现，造成京津地区市场紧缩的直接原因在于该区域中国书画板块市场的大幅缩水。数据显示2018年京津地区中国书画的成交额为102.1亿，同比去年下降了31.4%，而其他品类诸如瓷玉杂项、油画及中国当代艺术等均比去年成交额有所微增，但增不抵跌。

2018年中国大陆地区细分与品类成交量
[单位：件（套）]

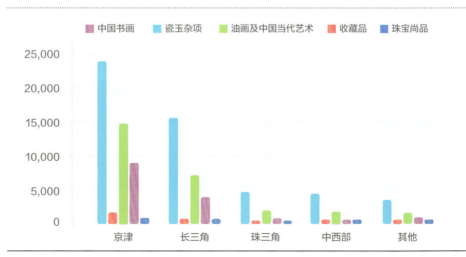

由北向南，长三角地区 2018 年拍卖成交额为 60.2 亿元，占据大陆地区市场份额的 20.2%，处于第二位，比去年提高了 1.3%，涨幅微弱。其成交量 2.7 万件（套），占整个市场份额的 29.2%，比去年提高了 2.4%，拍品的平均成交价普遍低于京津地区。与 2017 年相比，变化较小，市场保持稳定。

南方珠三角地区主要拍卖交易集中在广州，其周边的厦门、福州等城市零星举办了一些小规模的拍卖，成交量较少。因此，广州的拍卖状况基本可以代表珠三角地区。广州 2018 年的中国文物艺术品拍卖成交额为 23.3 亿元，比 2017 年同期提升了 9.9%；成交量相比去年提升了 10.2%。这与近两年珠三角地区经济发展有着密切的关系。《2018 胡润财富报告》显示：广东地区千万资产高净值家庭数量仅次于北京地区，比上年增加 2.3 万，达到 29.1 万，增幅 8.6%，其中拥有千万可投资资产的高净值家庭数量有 14.8 万。在高净值的社会群体的资产配置中，文物艺术品作为一种蓝筹投资产品，近年来在中国逐渐被列入个人资产配置中，且比例逐年上升。广东地区市场的向好上行，也离不开当地拍行在拍品征集与专场设置的努力，以"白手套"专场为例，根据易拍全球研究院（筹）大数据统计显示，该年广东地区的白手套专场有 12 场，成交拍品达 439 件（套），集中出现在广东崇正、广州华艺国际、广东保利等当地知名拍行。在市场不景气之时，对于京津地区以外的拍卖企业而言，通过重新调整运营模式、细化业务、明确定位、形成差异化、主打特色牌，并在地区内深耕细作，才能助其立于不败之地。

亚太其他地区市场（含中国香港、中国澳门、中国台湾地区）

Asia-Pacific Art & Antiques Market (Including HongKong,Macao and Taiwan)

从中国文物艺术品在全球拍卖状况的地域分布来看，亚太其他地区市场（包括中国香港、中国台湾、日本、新加坡等地）的成交额一直仅次于中国大陆地区，平均所占市场份额维持在30％左右，并以此为中心，上下微调。2018年，亚太其他地区的中国文物艺术品拍卖市场成交额为147.4亿元人民币，同比去年下降了14.0％，占据当年中国文物艺术品全球市场总成交额的31.0％，成交量为21059件（套），同比去年下降了3.0％。以上数据表明，随着中国2018年经济增速放缓，中国文物艺术品拍卖在亚太其他地区市场热度也随势降温，出现了成交额近五年的首次下行。

2018年亚太地区的市场止涨从跌，对世界经济形势的变动做出了灵敏反应。同时，近两年来亚太其他地区市场的拍品构成在规模上也有所调整：2017年，以往占据拍卖市场半壁江山的中国书画在成交额与成交量占比上稍显式微，暂退第二，瓷玉杂项则在成交额与成交量上超过中国书画，跃居第一；2018年中国书画在成交额上以微弱优势占据第一，瓷玉杂项厚积薄发则在成交量上位居首位，油画及中国当代艺术板块在成交额占比方面同比上升，造成板块轮动，呈现出新的趋势。

一　中国香港地区继续引领亚太其他地区市场

纵观中国香港的文物艺术品市场演变可以发现：经一个多世纪的发展，中国香港从"文化沙漠"变成以高度繁荣闻名于世界的亚洲经济、金融、艺术中心，这与其优越的地理位置、经济政策等条件密不可分。香港借用背靠内陆，面向南亚的优质地缘优势，以及文物艺术品诸多优惠政策，成为全球经济自由度指数最高的城市之

2018年亚太其他地区各细分市场成交量及占比

[单位：件（套）]

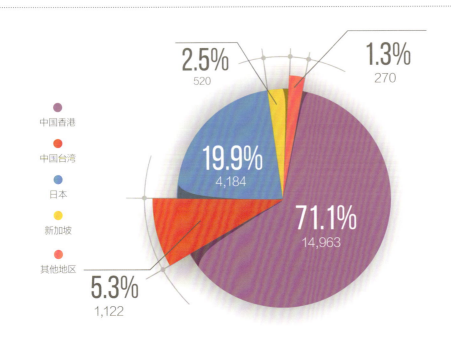

中国香港
中国台湾
日本
新加坡
其他地区

2.5%
520

1.3%
270

19.9%
4,184

71.1%
14,963

5.3%
1,122

2018年亚太其他地区各细分市场成交额及占比

（单位：亿元）

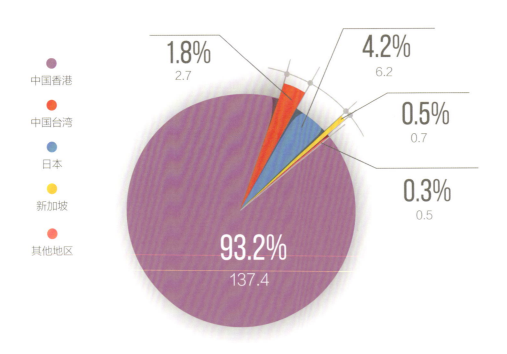

中国香港
中国台湾
日本
新加坡
其他地区

1.8%
2.7

4.2%
6.2

0.5%
0.7

0.3%
0.5

93.2%
137.4

一,同时也是亚洲重要的文物艺术品交易集散地。特殊的历史发展背景赋予香港开放、包容、多元的文化基因,中西方文化在这里交流激荡,经过多年的发展、沉淀,确立了亚洲艺术中心的地位。来自于易拍全球研究院(筹)大数据表明,2018年,中国香港的中国文物艺术品拍卖成交额为137.4亿元,美国纽约的成交额为31.2亿元,英国伦敦的成交额为6.8亿元。从数据上看,中国香港在国际大都市的艺术进程中,已经跻身于包括美国纽约、英国伦敦在内的国际首屈一指的文物艺术品拍卖市场之列,与英国伦敦、美国纽约并列为全球三大艺术品交易中心。

从2018年的亚太其他地区的各细分市场来看,中国香港的成交额高达137.4亿元,占据整个亚太其他地区93.2%的市场份额,无疑占据着绝对优势,处于整个地区的主导地位。从各细分市场的成交量来看,中国香港占据了71.1%,仍然位居亚太其他地区榜首。日本则紧随中国香港之后,2018年日本的拍卖市场成交额为6.2亿元,虽位居亚太其他地区总成交额的次位,但只占市场份额4.2%,较2017年有大幅调整,下降了25.3;成交量为2542件(套),占据亚太其他地区总成交量的19.9%,位居第二。排列在亚太其他地区第三与第四的则是中国台湾与新加坡:中国台湾该年的中国文物艺术品成交额为2.7亿元,同比下降64.9%,成交量为1122件(套)同比下降36.3%;新加坡该年的中国文物艺术品成交额为7043万元,同比下降16.2%,成交量为1755件(套),同比上涨20.6%,新加坡在成交额与成交量上赶超了除中国香港、日本、中国台湾之外的亚太其他地区的市场占有量。

二级市场中拍品的平均成交价体现了拍品的质量,中国香港则以平均成交价格为91.8万元/件(套),傲视亚太其他各地区的平均价格。平均成交价排列第二的为中国台湾,其平均成交价为24.2万元/件(套),尽管其市场占有量排名亚太其他地区第四。而市场占有量排名第二的日本,其平均成交价格为14.9万元/件(套),比中国台湾的平均成交价格低38.4%,说明该年日本的拍卖市场上成交的中国文物艺术品总体质量较低,缺乏精品来壮市。在2018年成交的24件(套)过亿中国文物艺术品中,亚太其他地区拍出了13件(套),均集中在中国香港,5000万以上的拍品共32件(套),也同样在香港拍出,占亚太其他地区总成交额的25.4%。在香港成交500万以上的高端拍品占亚太其他地区总成交额的59.4%。由此看出,中国香港是高端拍品的集散地,巨额资本的青睐之所。另外,从2018年全球拍行中国文物艺术品成交额排名来看,成交总额位列前五的拍行里,其中有两家拍行来自香港,它们是香港苏富比与香港佳士得,分别位列第三与第四,香港保利则排名第七。

2014～2018年中国香港中国文物艺术品成交额

【单位：亿元】

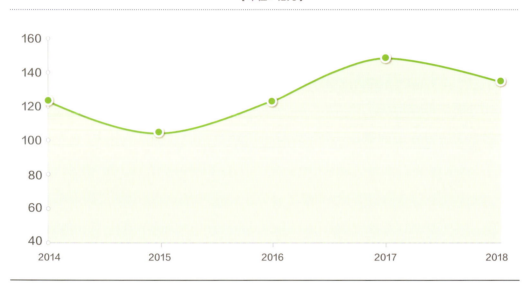

2014～2018年中国香港中国文物艺术品成交量

【单位：万件（套）】

　　纵观中国香港近五年的中国文物艺术品市场发展，来自易拍全球研究院（筹）的大数据统计显示：中国香港的成交额由 2014 年的 122.5 亿元下跌至 2015 年的 107.6 亿元之后，随着世界经济活力的短期释放，在 2016 年和 2017 年实现了连续两年的上

涨攀登，并于 2017 年到达峰值为 149.7 亿元，2018 年随着世界经济不稳定因素增多的影响，在该年有了较小幅度的回落，为 137.4 亿元，较 2017 年下降 8.6%，但仍比近五年的平均成交额高出 9.3 亿元。再观其近五年的成交量，自 2014 年的 1.7 万件（套）之后开始高位下跌，于 2016 年跌至近五年谷底为 1.3 万件（套），跌幅达 22.9%。随即于 2017 年开始呈上涨趋势，2018 年为 1.5 万件（套），较 2016 年增幅达 17.2%，市场的买气开始继续回升。2018 年中国香港在成交额上同比微跌，在成交量上同比上涨，且均高于近五年的平均成交额与平均成交价，说明中国香港的中国文物艺术品市场发展较为平稳，能够在瞬息万变的经济环境中不断做出适应性调整，并在亚太其他地区起到主导性作用。

同时也应注意的是，相比中国大陆地区的进出口 1.0%~3.0% 的关税、艺术品 17.0% 增值税而言，中国香港地区的进出口零关税、艺术品零增值税，彰显了贸易自由港的价格优越性，吸引了众多藏家将中国香港作为联通中国大陆与辐射亚太及海外的重要交易场所，催生了中国香港拍卖市场的繁荣。市场的繁荣也促进了中国香港当地艺术生态链的健康发展，近年来中国香港仓储服务业向专业化和多样化发展，在深耕传统仓储服务的同时也拓展了文物艺术品的保护与修复配套服务，使得大量拍品成交后在当地进行仓储以备再次上拍投资，节省了上拍投资成本，为文物艺术品的下一步流转提供了保障。

二 成交额止涨从跌，成交率随势骤降

2014～2018年亚太其他地区中国文物艺术品成交额
（单位：亿元）

中国收藏
拍卖年鉴
2019

CHINESE FINE ART &
ANTIQUES AUCTION
YEARBOOK 2019

2014～2018年亚太其他地区中国文物艺术品成交率

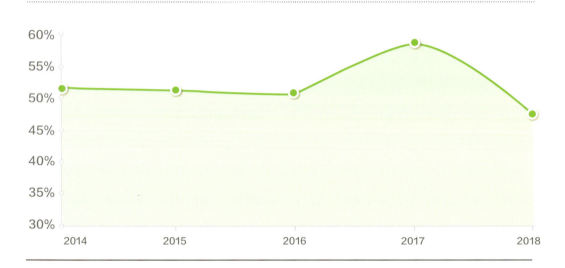

　　纵观 2014 年至 2018 年亚太其他地区的中国文物艺术品成交额与成交率的整体走势：近五年来，亚太其他地区的中国文物艺术品的成交额不断攀升，并于 2017 年达到峰值 169.7 亿元人民币，旋即于 2018 年转势下跌至 147.5 亿元人民币，同比 2017 年成交额下跌 14.0%；同时该地区的成交率也陡转下滑：2018 年的成交率为 46.5%，同比去年成交率猛跌 20.0%。从数据上看，2018 年该地区的上拍量为 45299 件（套），同比去年增长了 7946 件（套），涨幅达 21.3%；其成交量为 21059 件（套），同比去年反下降了 3.0%，成交量并未因为上拍量的增多而随之大幅提升。具体到该地区的中国文物艺术品品类而言，数据显示，构成瓷玉杂项和收藏品这两大品类的上拍数量达 28131 件（套），占据该地区中国文物艺术品总上拍量的 56.0%，因此，该两品类的成交率对该地区的总体成交率形成主要影响。瓷玉杂项和收藏品的成交率分别是 37.4% 和 43.7%，远远低于其他品类的数值。由此可知瓷玉杂项和收藏品是影响该年低成交率的重要因素。

　　从该年上拍的高价精品来看，造成其高流拍率的原因在于香港凭借其地缘、关税与仓储服务等优势吸引了来自大陆和海外其他地区的高端拍品，但这些拍品估价大多较中国大陆有大幅飙升。由于委托方未能准确评估该年的经济形势，把握藏家的投资心理，从而自视过高、对市场盲于乐观，导致大量高价精品流拍。以香港佳士得和香港苏富比秋拍为例，2018 年 11 月香港佳士得推出"繁花似锦——乾隆彩瓷三绝"专场，该专场仅设有三件乾隆时期彩瓷，且估价均在千万元以上，但拍卖结果不如人意，三件拍品仅成交一件，另外两件纷纷流拍，其中"清乾隆洋彩皮球锦纹罐"估价8000万元至1.2亿元，最后以叫价7500万元遗憾流拍。同样的情形也发生在该年香港苏富比秋拍推出的"中国艺术珍品"专场中，该专场共上拍97件拍品，成交率为41.4%，仅成交40件，其中成交的瓷玉类拍品均未过千万，而估价在千万元以上的诸如"清乾隆青花托八吉祥纹铺首壶""清乾隆洋彩蓝地番莲纹如意耳瓶""清乾隆白玉蝴蝶活环耳盖盉"以及"清雍正 冬青釉包袱瓶"等精品均纷纷流拍。在大量精品已于市场露面却无人接盘之时，未来这部分遭遇流拍的精品势必会重整旗鼓待合适时机以上市。

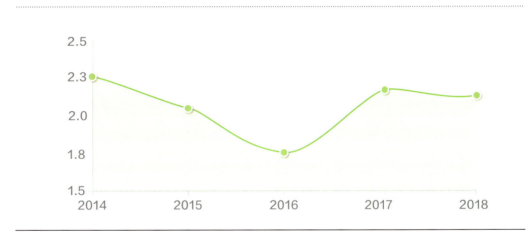

2014～2018年亚太其他地区中国文物艺术品成交量
[单位：万件（套）]

2018年亚太其他地区的中国文物艺术品市场其拍品成交额在不同价位区间的分布与2017年保持一致，继续呈现"倒金字塔"形，即价格高端的拍品占据着金字塔的塔尖，量却是最少的。而成交量的价格区间分布呈现"正金字塔"形，即中低价位的拍品比如低于50万的成交量为17912件（套），占据总成交量的85.0%，但随着拍品价位的提高，成交量随之减少，500万以上的拍品成交量为422件（套），只占总成交量的2.0%，5000万以上的精品，成交量只有32件（套），占市场总量的0.1%，价格越低的拍品成交量越大。这种现象一方面反映了资金的集中，另一方面显示出大众收藏具备坚实的基础。

2014～2018年亚太其他地区中国文物艺术品平均成交价格
（单位：万元）

纵观近五年的亚太其他地区中国文物艺术品的平均成交价格，在 2014、2015 年金融危机的影响下出现下滑，2016 年震荡调整一年后，至 2017 年达到高峰，为 79.4 万元/件（套），2018 年该地区中国文物艺术品的平均成交价格为 70.0 万元/件（套），同比 2017 年下跌了 12.0%。造成平均价格下跌有众多因素，其中主要因素在于普品的大量成交拉低了总体成交价，50 万元以下的占比达 85.0%；同时高价领衔力相比上一年式微，1000 万以上的高端拍品成交量为 215 件（套），同比去年下降了 14.0%。这两种情形直接导致该年平均成交价格下降。

三　瓷杂与书画平分秋色，油画及中国当代艺术再创新高

从 2018 年亚太其他地区中国文物艺术品细分品类的成交量占比情况来看，瓷玉杂项板块继续延续 2017 年的高市场份额占比，再次超越中国书画的市场地位。但从成交额来看，中国书画占成交额鳌头，以领先于瓷玉杂项成交额 2.0% 的微弱优势，险居第一。具体而言，2018 年瓷玉杂项其成交量为 8026 件（套），占据市场的 38.1%，同比去年下降了 6.0%；其成交额为 36.7 亿元，占据市场的 24.9%，同比去年下降了 23.0%。中国书画在该年的成交量为 6450 件（套），占据市场的 30.6%，同比去年下降了 9.0%；其成交额为 39.6 亿元，占据市场的 26.9%。

2018年亚太其他地区细分品类成交量占比

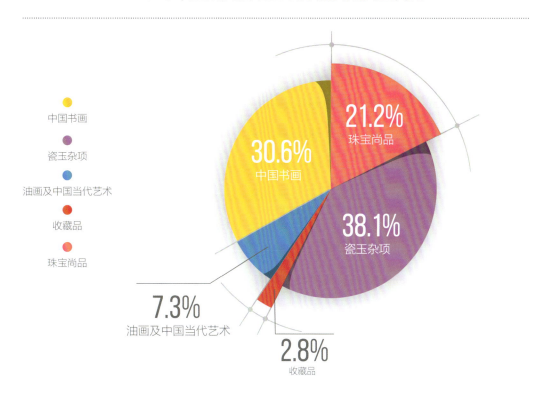

2018年亚太其他地区细分品类成交额占比

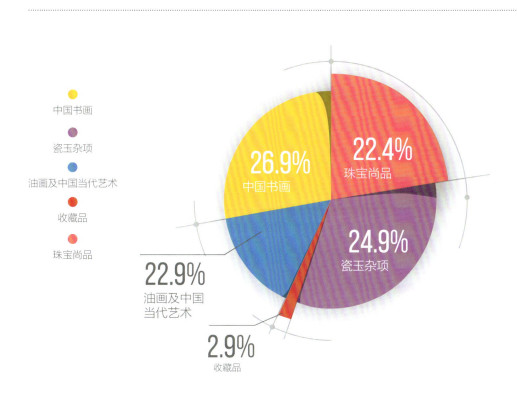

瓷玉杂项之所以在亚太其他地区显示出后起优势，在于作为供给方的拍卖行实行在高端精品上"减量增质"，在普品上"以量取胜"的策略。国际拍卖巨头与众多著名拍行，针对不同藏家需求，策划制作了瓷玉专场，以确保高成交额与成交率。比如香港苏富比 2018 春拍的"嫣绯金炼——奈特典藏珐琅彩盌"专场，延续去年春拍专场设置的高规格，该专场只设一件拍品，苏富比将此碗做了系统的学术梳理和研究，从展览、出版到著录，以及对它的文化价值与审美艺术价值的专业解读和别具一格的展示，令藏家信服。一经推出，便受到众多藏家的激烈角逐，获得落槌价 2.04 亿元人民币的高价，创造了珐琅彩瓷最贵世界纪录。在"以量取胜"的策略下，50 万元以下的瓷玉杂项拍品的成交量仍远远高于其他品类，说明针对大众收藏的普品在成交额贡献上也发挥着重要的作用。普品以量取胜和精品以质争彩是近年来瓷玉杂项兼顾市场两端所呈现的新象。

在该地区的瓷玉杂项市场中，呈现以下两个特点：高古瓷尤其是宋瓷的回归与玉器市场的繁荣，尤其以中国香港最为明显。以中国香港为例，首先，宋瓷在本季秋拍中表现优异，引领拍卖热点。在春拍无缘榜单之后，2018 年秋拍在瓷玉杂项板块成交 2000 万元以上的拍品中就有 6 件宋瓷。其次，2018 年的玉器市场随着明清玉与高古两方"新老"板块精品释出再次得到瞩目，玉器的价值体现和藏家群体的积极响应，使得本年度的玉器市场呈现出一次小高潮。当前来看，古代玉器在拍卖市场中仍以"基数"较大的明清玉作为主要支撑。香港苏富比 2018 年春拍中，清乾隆和阗青玉兽首衔环凫鱼壶以 2172 万港币的成交价位居年度玉器成交首位。高古玉因其极高的历史研究价值逐步被业内看作潜力板块。2018 年佳士得香港秋拍再次将"养德堂"的 83件珍贵高古玉推向市场，83 件拍品成交 82 件，总成交 6662.25 万港元，19 件超过百万，再次助推高古玉市场。虽然有一定的市场支撑，但明清玉与高古玉之间的价格差仍是巨大的，高古玉收藏仍是"小众"。

从地区看，古玉拍卖集中在中国香港，大陆则在古玉拍卖中持相对谨慎的态度。另外，再观除中国香港之外的亚太其他地区，在中国台湾、日本、新加坡的瓷玉杂项板块，成交量上，只有新加坡的成交量同比 2017 年增长 12.3%，而其他地区皆有不同程度的下跌，平均下跌值达 25.4%；在成交额上，以上地区皆呈现出纷纷下跌的态势，平均下跌幅度为 28.8%。由此可以看出，中国香港对亚洲其他地区的瓷玉杂项板块同样起着关键的引领作用。

中国收藏
拍卖年鉴
2019

CHINESE FINE ART &
ANTIQUES AUCTION
YEARBOOK 2019

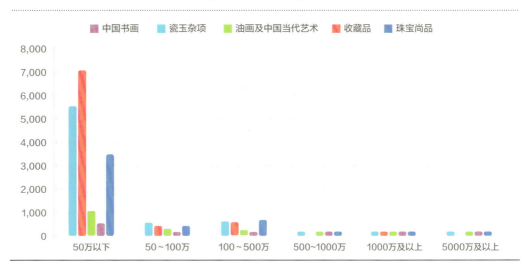

2018年亚太其他地区细分价位与品类成交量
[单位：件（套）]

图例：中国书画　瓷玉杂项　油画及中国当代艺术　收藏品　珠宝尚品

值得关注的是，2018年亚太及其他地区的油画及中国当代艺术的市场成交量占比仅为7.3%，但其市场成交额的占比却达22.9%，说明该年油画及当代艺术市场继续走高端市场路线。从2018年全球中国油画及中国当代艺术成交额排名前二十中，有15件成交于中国香港，而这15件作品的创作者集中在赵无极、朱德群、常玉和朱沅芷这四位具有海外从艺背景艺术家之中，可见具有国际性语言的油画作品深受藏家追捧。引人注目的是，该年赵无极平生创作尺幅最大油画《1985年6月至10月》以4.5亿人民币成交，刷新3项拍卖纪录：赵无极作品的世界拍卖纪录、亚洲油画世界拍卖纪录、香港拍卖史上最高成交画作。由此再观中国大陆地区，虽然赵无极的市场热度持续走高，藏家也越来越多，但其作品成交量和成交额占比一直保持低位运行。文物艺术品进口关税高昂是大部分作品依旧流通在大陆以外地区的重要原因之一。2018年亚太地区油画及中国当代艺术板块成交额的同比显著增长主要来自于500万元以上的高端拍品的大量上拍与成交。数据显示，2018年亚太地区油画及当代艺术板块500万元以上拍品的成交量为111件（套），同比增长40.5%，成交额为26.9亿元，同比增长33.3%，直接拉动了该地区油画及中国当代艺术的市场繁荣。从500万元以上的艺术家分布来看，除了上述赵无极、朱德群、常玉和朱沅芷这四位现代艺术家之外，中国大陆的当代艺术家周春芽、曾梵志是该地区高成交额的常客，近年来青年艺术家郝量、刘野也在该地区崭露头角。

2018 年亚太其他地区收藏品板块成交量市场份额总占比与去年基本趋同，仅提高 0.7 个百分点，其成交额的市场份额总占比比去年增长了 2.2 个百分点，基本趋稳。具体来看，该年亚太其他区收藏品的成交量总占比为 2.8%，市场规模较小；其成交额为 4.3 亿人民币，同比去年增长了 2.6 倍，总占比为 2.9%，成交额增长的主要原因来自于罕见精品的现市。2018 年春拍，香港苏富比举行了"佛慧昭明——宣德御制大般若经"的单品专场拍卖会，明宣德御制《大般若波罗蜜多经》十卷以 2.39 亿港元成交，刷新了佛教文献世界拍卖纪录，也由此抬高了亚太其他地区成交额的市场占比。

珠宝尚品在亚太其他地区一直以来是不可忽视的一大品类，占据市场份额的第三大板块。2018 年的成交量达到 4465 件（套），占据市场总量的 21.2%，比上一年提升了 16.0%；成交额达到 33.0 亿，占据市场总额的 22.4%，比去年下降了 22.0%；平均成交价格为 73.9 万元 / 件（套），比去年下降幅度达 29.8%。该年度亚太地区珠宝尚品成交量不断上涨，但成交额却同比下滑，其主要原因在于 2018 年亚太地区的珠宝翡翠及奢侈艺术消费品的上拍成交以中端拍品居多，价格倾向于具有一定经济实力的高净值藏家的消费水平。从近几年该地区珠宝尚品的拍卖市场来看，呈现出由大众藏家消费路线向中端以上市场靠拢的倾向，珠宝尚品作为资产配置的稳定投资与收藏理念正在被广大藏家所认可与推崇。

中国收藏
拍卖年鉴
2019

CHINESE FINE ART &
ANTIQUES AUCTION
YEARBOOK 2019

海外地区市场

一 量增质减，中低端拍品主导海外市场

2018 年全球经济发展增速明显放缓，形势风云诡谲，较为动荡的外部环境对全球文物艺术品交易造成了一定的影响。纵观 2018 年中国文物艺术品海外交易市场则是"高峰与低洼"共存。

2014～2018年海外地区中国文物艺术品成交量
［单位：万件（套）］

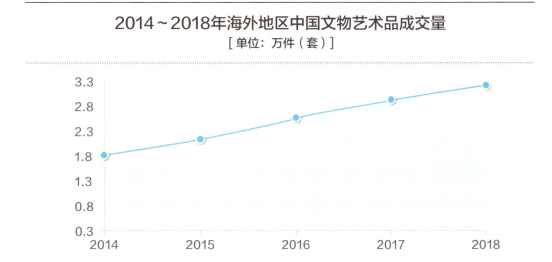

2014～2018年海外地区中国文物艺术品成交额
（单位：亿元）

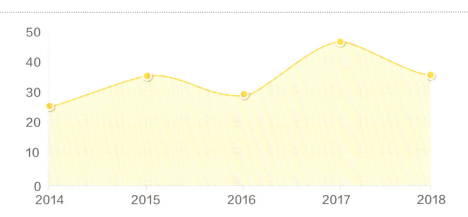

113

一方面，自 2014 年起，海外地区中国文物艺术品成交量呈现逐年上升的趋势，并于 2018 年达到近五年成交量的高峰。2014 年的成交量为 17571 件（套），至 2018 年增长了近乎一倍，为 32177 件（套），创近五年成交量新高。另一方面，虽然 2018 年的成交量较 2017 年的 30657 件（套）涨幅显著，但值得注意的是，该年的成交额却比 2017 年有所紧缩，由 2017 年的 47.9 亿元下跌至 2018 年的 34.7 亿元，同比下降 27.6%。同时，从近五年的海外地区中国文物艺术品平均成交价总体走势来看，自 2014 年以来，海外地区中国艺术品平均成交价格创历史新低，为 10.8 万元，同比去年下降 34.1%，与峰值 2015 年相差约 6.2 万元。说明 2018 年海外地区的中国文物艺术品继续以中低端艺术品作为该地区市场主打，平均成交价呈下降趋势。

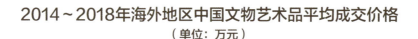

2014～2018年海外地区中国文物艺术品平均成交价格
（单位：万元）

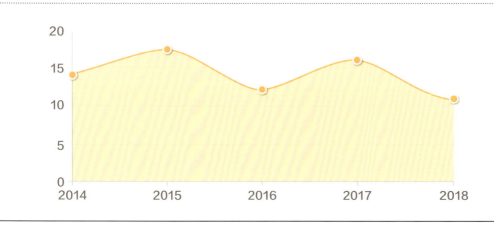

另外，从近五年的成交率来看，以 2014 年 65.0% 的峰值到 2016 年下滑至 59.6% 的最低点后，2017、2018 年连续两年稳步攀升，达到 63.0% 的高成交率，相比该年的大陆地区及亚太其他地区的成交率，分别高出 21.4 个百分点和 6.5 个百分点。海外地区的高成交率离不开上拍方的合理估价与竞拍方在中低端拍品的关注度与购买力的持续性增大，大众收藏趋势明显。根据易拍全球研究院（筹）大数据统计显示：海外地区的中国文物艺术品平均估价中值为 9.5 万元，与平均成交价 10.8 万元相差 1.3 万元，而大陆地区和亚太其他地区的相差绝对值为 13.7 万元和 3.6 万元，海外地区相对其他两个地区的平均估价中值和平均成交价的相差绝对值明显较小，说明该地区对上拍品的估值较为合理。

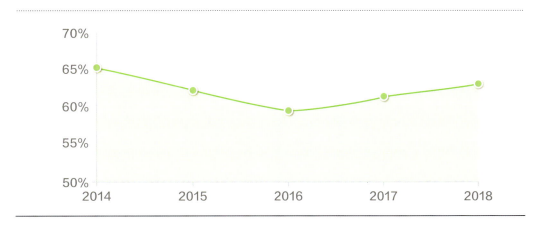

2014～2018年海外地区中国文物艺术品成交率

　　2018 年中国文物艺术品的成交价格分布状况，5 万元以下的拍品总成交量达到 25202 件（套），占据该地区成交总量的占比高达 78.3%。其中，拍品成交量多集中在 1～5 万元之间，为 15178 件（套），低于 1 万元的拍品成交量，为 10024 件（套）。5～10 万元成交量骤减到 3011 件，随着成交价格的增高，成交量递减，5000 万元以上拍品的成交量为零，这也是造成 2018 年虽然成交量有所上升，但成交额却下降的原因之一。2018 年成交价格整体分布状况与 2017 年接近，但值得注意的是 2017 年有 20 件 5000 万元以上的拍品成交，成交额高达 28.9 亿元，占据 2017 年总成交额的 60.3%，促成了 2017 年整体成交额到达了近五年的峰值。高端拍品的离场，是造成 2018 年海外中国文物艺术品市场较去年下滑的主要原因。

　　也应注意到，2018 年即便是没有 5000 万元以上拍品成交的情况下，也不乏亮点。如纽约苏富比 2018 春季纽约亚洲艺术周"邱氏家族珍藏中国书画"专场中，共上呈 72 件拍品，总成交额约为人民币 9381.7 万元。张大千的 12 件作品全部成交，其中巨幅泼彩《卷去青霭望水天》更以折合人民币 4139.8 万元的高价成交领衔全场。另外在巴黎苏富比"当代艺术晚拍"中，赵无极的《21.03.69》以约合人民币 3082.7 万元易手，成为该场成交第二高价，该场赵无极共有 4 件作品上拍，全部成交，延续了中国文物艺术品在海外市场的良好势头。

中国收藏
拍卖年鉴
2019

CHINESE FINE ART &
ANTIQUES AUCTION
YEARBOOK 2019

二 欧洲市场直追北美，中低端提质发力

中国文物艺术品海外市场一直以北美和欧洲两大板块为主导，就 2018 年成交量来看，北美地区由 2017 年的占比 56.4% 上升到 63.2%，欧洲地区则由 40.2% 降至 35.9%，海外其他地区仅占比 0.9%，北美和欧洲几乎占据了整个海外市场。

2018年海外地区各细分市场成交量占比

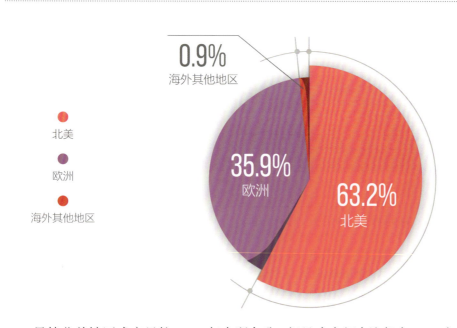

虽然北美地区成交量较 2018 年有所上升，但是成交额占比却由 2017 年的 70.5% 陡降到 49.5%，欧洲地区从 2017 年占比 28.7% 上升至 49.5%。2018 年北美地区成交量为 19922 件（套），比 2017 年同比上涨 22.4%，但是从成交额上看，2018 年北美地区为 17.1 亿元，比 2017 年同比下降 48.7%，平均成交价格由 2017 年的 20.5 万降至 8.6 万元，同比下降 58.0%。以上数据表明：高端文物艺术品出现由北美市场流向欧洲地区的趋势，高成交额不再是北美市场的优势。再纵观 2018 年北美市场各品类的成交额可以发现，该年各品类的成交总额同比去年皆有下降，其中又以珠宝尚品这一品类的成交额下跌最甚，同比去年下降了 74.8%。造成这一品类低成交额的重要原因在于该年北美地区珠宝尚品仅上拍 51 件（套），成交 32 件（套），成交量同比下跌了 81.4%，而 2017 年的上拍量为 586 件（套），成交量为 172 件（套），2018 年如此大幅度下降的成交量明显拉低了该品类的成交总额。北美虽然没有固守 2017 年成交额的霸主地位，但是成交率由 2017 年的 57.0% 上升至 65.3%，成交量比 2017 年同比上涨 22.4%。诸如该年油画及中国当代艺术的成交量同比增长 24.1%，瓷玉杂项的成交量同比增长 27.2%，收藏品的成交量同比增长 0.3%，这些品类的大量成交拉高了北美市场的成交总量。

2018年海外地区各细分市场成交额占比

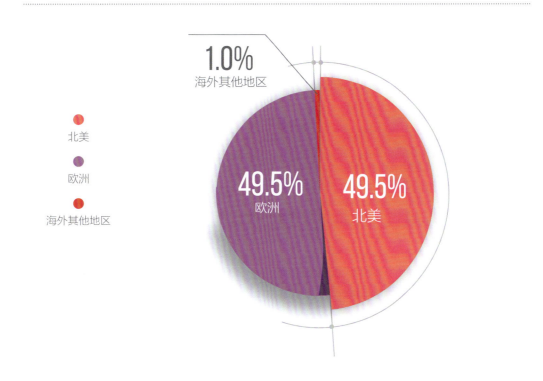

2014～2018年北美及欧洲中国文物艺术品成交量
[单位：万件（套）]

从成交额与成交数量上来看，美国地区几乎包揽了北美地区所有的中国文物艺术品交易份额，而美国的主要交易城市集中在纽约。2018 年美国艺术品市场完成成交额 17.1 亿元，纽约为 15.2 亿元，占比 88.9%，美国地区成交数量为 19832 件（套），纽约为 14699 件（套），占比 74.1%，纽约的中国文物艺术品平均成交价为 10.3 万元，而美国的艺术品平均成交价格为 8.6 万元，纽约的中国文物艺术品购买力显然要高于

2014～2018年北美及欧洲中国文物艺术品成交额
（单位：亿元）

美国其他地区。从宏观上看，次贷危机以后，全球范围内宽松的货币政策，致使货币流动性进一步提高，加之货币一直在追逐高利润的资产，纽约作为美国的文化和经济中心，完善的金融制度与金融服务吸引着高净值人群在此聚集，同时也一如既往地吸引着来自全球的收藏者汇集于此。具体而言，中国文物艺术品交易的集中亮相则大多出现在纽约亚洲艺术周。纽约亚洲艺术周源自纽约画廊开放日活动，最早由16家画廊组成的画廊协会在每年3月推出，后各大拍卖行的春季拍卖也选择在此时拉开序幕。诸如老牌国际拍卖行佳士得与苏富比在2018年春秋两季推出多个中国艺术专场，与此同时邦瀚斯、Lyon & Turnbull、Freeman's 、Doyle、Skinner与美国加州等诸多老牌拍卖公司也推出精彩纷呈的中国文物艺术品拍卖，促成了高购买力在纽约的集中。

2018年，欧洲地区成交量11335件（套），比2017年同比下降2.3%，成交额17.1亿元，比2017年同比增长了26.3%，总成交额直追北美市场，平均成交价格由2017年的11.7万元上涨到15.1万元，同比上涨29.1%，欧洲市场行市看好，但拍品成交价格依旧处于中低端价位，消费人群趋于大众，中国高端文物艺术品的海外市场有待进一步开发。

欧洲地区的中国文物艺术品交易以英国、法国、德国为主要市场。从成交额上看，英国5.5亿元，法国4.9亿元，德国3396.1万元，三个地区占整个欧洲中国文物艺术品市场的62.0%，其中英国依旧延续去年的势态，成交额赶超法国，成交量英国为4053件（套），法国为1874件（套），从这两项数据来看，英国处于欧洲市场中的领先位置，是中国文物艺术品的重要交易地区，但平均成交价格却与法国相差甚大，英国平均成交价格为13.7万元/件（套），法国为26.3万元/件（套），法国几乎为英国的两倍，可见欧洲市场的购买力主要集中在法国地区，英国地区对于中国文物艺术品的接受程度更加普遍、大众。抬高法国平均价格的重要因素则来源于老牌拍行对法国市场中赵无极的深入挖掘，比如苏富比巴黎在巴黎亚洲艺术周上推出的"当代艺术晚拍"专场，其 1969 年作品《21.03.69》以 410.3 万欧元易手，延续了中国文物艺术品在法国市场火热的势头。该场赵无极共有 4 件作品上拍，且全部成交。其中创作于 1953 年"克利时期"的《雨》以 150.9 万欧元成交，1969 年的《16.9.69》以 126.9 万欧元成交，1997 年的《29.7.97》以 42.9 万欧元成交。又如佳士得巴黎拍出的赵无极《新年快乐》以 398.2 万欧元高价成交，其他法国拍行如布里斯特普兰塔让拍卖行等也有赵无极作品拍出。可见，赵无极作品已成为拉动法国的中国文物艺术品拍卖成交额的主力。

由于欧洲文物艺术品市场体系完整而成熟，并且有大量的博物馆与文化机构为其提供支持，所以在 2018 年全球文物艺术品交易市场在复杂环境中前行之时，中国文物艺术品在欧洲市场的发展较为稳健，但稳健的同时仍有不确定因素存在。以英国市场为例，2018 年，英国依旧以 5.5 亿元的成交额在欧洲市场领先，成为欧洲中国文物艺术品市场成交量与成交额的主要阵地。但同时也应注意到，虽然英国继续引领欧洲市场，但是从 2018 年的成交量与成交额的变化来看同比 2017 年分别下降了 13.7% 和 23.1%，但是法国市场同比 2017 年分别增长了 5.6% 和 7.9%，德国市场同比 2017 年分别增长了 46.4% 和 124.1%。总体上，欧洲成交量下滑，但成交额上升。

综上，通过对比北美市场与欧洲市场可以发现，总体上呈现出北美市场"量增质减"而欧洲市场"质增量减"的格局。具体到数据，从成交量看，北美地区的成交量为 19922 件（套），同比增长 22.4%，欧洲地区为 11335 件（套），同比下降 2.3%，两者相差 8587 件（套）；再观两者的成交额，北美地区的成交额为 17.09 亿元，欧洲地区的成交额为 17.12 亿元，它们的成交额基本持本，但其成交额同比 2017 年则有降有升，北美地区下跌 48.7%，欧洲地区上涨 26.3%；另外，作为反映拍品质量重要数据之一的平均成交价，两者在 2018 年则各有特色，北美地区平均成交价同比下降 58.0%，为 8.6 万元 / 件（套），一定程度上反映出拍品质量下降，而欧洲地区，平均成交价同比上涨 29.1%，为 15.1 万元 / 件（套），比北美地区高出 75.6%，一定程度上反映出拍品质量提升。北美市场与欧洲市场在成交量与拍品质量上的互为各异，有别于 2017 年"平分秋色，各打精品牌"的市场态势，如此变化，也反映出在全球经济发展不稳定因素增多影响下，中国文物艺术品在海外市场做出的区域适应性调整。

三 瓷杂继续引领市场，各品类成交率趋稳有进

2018年海外地区细分品类成交量占比

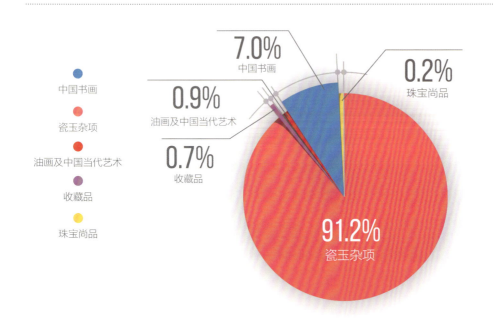

2018 年，中国文物艺术品海外市场品类占比，从成交量看仍然以瓷玉杂项为主导，占比 91.2%，成交 28750 件（套），比去年增长了 2080 件（套），涨幅 8.1%，依旧以绝对优势引领海外中国文物艺术品市场。中国书画紧随其后，占比 7.0%，成交 2254 件（套），比去年的 2484 件（套）有所下降。其他艺术品类占比均不足 1.0%，份额微小。

2018年海外地区细分品类成交额占比

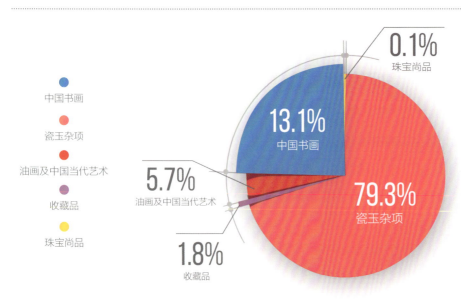

从成交额来看，2018 年瓷玉杂项为 27.6 亿元，占据 79.3% 的份额，平均成交价格为 9.4 万元，以亲民的价位为主打，以数量取胜，高价额的玉瓷杂项在海外市场尚需进一步开发；而在国内主导文物艺术品拍卖市场的中国书画，在海外却是另一番景象，可谓冰火两重天。2018 年中国书画的成交额 4.5 亿元，占该年欧洲市场总额的 13.1%，成交额同比去年下降了 64.3%，平均价格为 20.1 万元，同比去年下降了 60.3%。同时，中国书画在海外市场的份额一直走低，2018 年中国书画大于 500 万元以上的拍品只有 10 件（套），仅占比 0.04%。中国书画在海外低成交额的原因在于一方面中国高端书画作品多数流入博物馆及艺术机构，私人藏家手中此类画种较少，鲜有出众拍品进入拍卖市场；另一方面，收藏中国书画的藏家构成大多为中国藏家或海外华人群体，海外藏家或去海外进行回购的中国藏家毕竟占少数。藏品与藏家的区域局限是造成中国书画海外市场成交额低的历史原因；现实原因则是宏观上 2018 年世界经济下行压力大，热钱对艺术行业的追逐放缓甚至转向其他行业，微观上则是海外市场根据世界经济大势做出的适应性调整，精力转移到高价"寡头"精品之外，向符合大多数购买力的中高端市场扩张，以保总体成交额不致下降过多。2018 年油画及中国当代艺术在海外市场的成交额虽然占比很小，只有 5.7%，成交额为 1.98 亿元，但是平均成交额为 71.7 万元，成为海外中国文物艺术品市场门类中平均价格最高的版块。以上数据表明，油画及中国当代艺术在海外市场的藏家接受程度相比瓷玉杂项和中国书画相去甚远，海外市场有待进一步培育。从该年的成交作品来看，成交价在 500 万元人民币以上的仅 10 件（套），其中成交价在 1000 万以上的占 4 件（套），且均是赵无极的油画作品，可见赵无极仍然是中国油画在海外市场的风向标，鲜有其他中国油画艺术家能在海外市场与赵无极比肩。由此也可以预见中国油画及当代艺术在海外市场赵无极一枝独秀的现象将持续，亟须其他中国艺术家精品走出国门接受海外市场的考验。

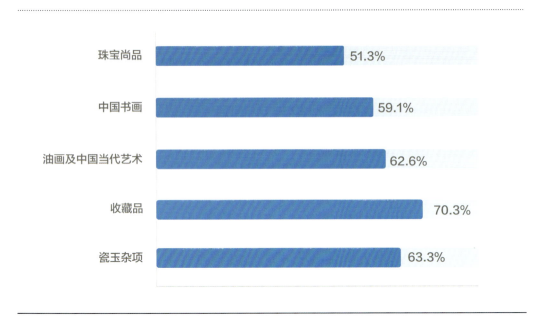

2018年海外地区细分品类成交率

- 珠宝尚品 51.3%
- 中国书画 59.1%
- 油画及中国当代艺术 62.6%
- 收藏品 70.3%
- 瓷玉杂项 63.3%

从成交率上看，一向在三大区域保持高成交率的海外地区，2018年依然以63.0%的高成交率位居三大区域之首，虽然距离2013年的71.9%的成交率上有一些差距，但是并不妨碍其一直处于三大区域的领先地位。该年收藏品一跃成为几大品类中的最高板块，成交率为70.3%，比2017年增加了6.8个百分点，说明买气不断上涨。成交率提高最为明显的是油画及中国当代艺术，由2017年的34.2%提高到62.6%，增加了28.4个百分点，油画及中国当代艺术的海外市场值得期待。同样增长明显的还有珠宝尚品版块，2018年成交率为51.3%，比2017年的32.0%提高了19.3个百分点。玉瓷杂项成交率为63.3%，与去年基本持平，市场稳定；中国书画的成交率为59.1%，较去年略有降低。成交率一定程度上反映了市场的购买力与活跃度，从决定成交率的上拍量与成交量分析来看，2018年海外地区上拍量同比增加了4.83%，成交量同比增加了4.96%，从而拉高了整体成交率。造成海外地区成交率明显高于其他地区的原因在于：一方面在拍品估值中趋于合理，以满足广大藏家的心理价位，表现在数据上则是该年海外地区的拍品平均估值较去年下调了11.45%，刺激了藏家的购买欲；另一方面则是充分发掘高成交率价位的拍品，从数量上取胜。

中国书画／油画全球指数

Fine Chinese Paintings & Calligraphy /Oil Paintings: Global Index

中国书画作为中国文物艺术品的重要门类之一，在全球范围内的中国文物艺术品拍卖市场中始终保持着举足轻重的地位。即使是在中国文物艺术品拍卖市场的波动调整期，中国书画的成交额也占据着该市场整体份额的半壁江山，而在中国文物艺术品拍卖市场的蓬勃时期，中国书画这一板块的成交额能够超过市场总成交额的三分之二。由此可见，中国书画对中国文物艺术品拍卖市场走势的影响巨大，透过中国书画这一板块市场行情的分析可以对整个中国文物艺术品拍卖市场有一定程度的把握。通过对文物艺术品的成交额、成交量、成交率、平均成交价格等常见指标进行的统计描述能够反映一部分市场表现，然而由于这些指标较为单一，且文物艺术品市场本身受内外部多重因素的影响，仅凭以上数据指标的统计分析难以深入理解文物艺术品市场，因此，艺拍全球文物艺术品指数应运而生，通过多维度深掘捕捉文物艺术品市场大数据，结合前沿统计学原理，构建起能够更为全面体现文物艺术市场的指数模型。

中国近现代油画的发展历史不过百余年，但油画作为通行世界的画种，在中国文物艺术品拍卖市场上已经被广大藏家接受。尽管目前中国油画成交额只占到中国文物艺术品年总成交额的 11.9%，但最近五年的数据显示中国油画在拍卖市场的专场数量和平均成交价大幅度上升，屡屡出现超高价拍品，逐渐在中国拍卖市场上崭露锋芒占据一席之地，并贡献了当代艺术品类中绝大部分成交额，可以被看作中国当代艺术市场的风向标。

文物艺术品区别于其他商品的一大特性就是其异质性，即每件文物艺术品均独一无二，不同文物艺术品之间没有直接可比性，无法通过简单的算数方法来计算多件艺术品的平均价格水平。为了解决这一问题，近年来，构建标准化的文物艺术品指数的研究蓬勃发展。文物艺术品理论和实践表明：构建文物艺术品指数最大的挑战在于控制文物艺术作品的异质性。目前，国际上广泛研究与应用的文物艺术品价格指数建模方式有两种：重复销售回归和特征回归。重复销售回归（Repeat Sales Regression），采用同一件文物艺术品在两个时间点的销售价格变化（又称为一对重

中国收藏
拍卖年鉴
2019

CHINESE FINE ART &
ANTIQUES AUCTION
YEARBOOK 2019

复销售数据）构建文物艺术品指数。此方法认为文物艺术品的基本特征（如材质、尺寸等）不随时间而变化，从而解决文物艺术品的异质性问题。由于文物艺术品拍卖成交的频率普遍较低，因此重复销售数据只占全部交易数据的很小一部分，采用该方法构建艺术品指数时存在样本选择偏差的问题。但当重复销售的数据对数很大或样本期数超过 20 年时，推荐使用此方法构建文物艺术品指数。特征回归（Hedonic Regression)，基于文物艺术品的基本特征构建文物艺术品指数。该方法将文物艺术品价格变动中的特征因素进行分解，以显现出各项特征的隐含价格，并从价格的总变动中剔除特征变动的影响，达到反映纯价格变动的目的，在此基础上构建文物艺术品指数。通常所选取的特征包括：艺术家、尺寸、材质、题材等。采用此方法构建指数时可以选用所有的文物艺术品交易数据。在已有研究文献中，特征回归方法已经被普遍地应用于文物艺术品指数的研究，特征回归模型也已经被广泛地应用于各类文物艺术品指数的编制。

由于目前国内已有的文物艺术品指数存在一定局限：或为简单的平均数计算模型，较为简单，无法反映文物艺术品市场真实趋势；或指数体系较为笼统单一；或数据范围仅局限于中国地区，缺少海外地区的数据。本报告基于国内外已有的指数模型，结合专业的艺术史研究，推出中国书画、中国油画全球指数，意在通过科学的模型编制以及全球范围的拍卖数据对中国书画、中国油画等具有代表性的文物艺术品门类在全球文物艺术品市场的走势做出解析。

一　中国书画／油画全球指数说明

中国书画／油画全球指数来自于艺拍全球文物艺术品指数，其体系下设综合指数、地区指数、分类指数以及艺术家个人指数。艺拍全球文物艺术品指数基于数据库的海量数据，对拍卖行以及拍品进行严格筛选，并对纳入指数计算的每一件拍品进行多维度特征分类，将其标准化，再以多元线性回归法拟合出作品的价格水平，从统计学角度分析市场整体价格水平随时间的变化走势。

每类指数均分为价格指数与溢价指数两种，分别从价格水平与市场热度对目标市场进行解析。所有指数均以 2007 年为基期，对近十二年的文物艺术品市场进行分析，基期指数值为 100，指数每一年更新一次。

艺拍全球文物艺术品指数模型介绍：

（1）价格指数

价格指数包含中国书画价格指数和中国油画价格指数两大类，其各自又下设各种子类价格指数，用于反映一定时期内中国书画／油画，拍卖市场的价格水平变动趋势和程度的相对数指标。该指数模型采用国际上广泛采用的特征回归模型（Hedonic Regression)，为了确保模型的有效性，不同分类的指数编制会选取不同的具体特征变量。中国书画模型考虑的特征因素包括但不限于作品尺寸、幅式、题材、技法、创作年代、成交时间；中国油画模型考虑的特征因素包括但不限于画面材料、绘画风格、内容、创作年代、尺寸、成交时间等等。该指数消除了作品本身的特征因素变动对价格的影响，可以真实、准确地反映中国书画／油画作品标准化后的纯价格变动。此外，中国书画／油画价格指数都能够与上证指数 SSEC、香港恒生指数 HSI、标准普尔指数 SPX 等金融指数，以及狭义货币供应量 M1、居民消费价格指数 CPI、国民生产总值 GDP 等宏观经济指标进行标准化比较分析，为市场分析与投资决策提供科学可靠的依据。

（2）溢价指数

溢价指数包含中国书画溢价指数和中国油画溢价指数两大类，其各自又下设各种子类溢价指数，表示一定时期内中国书画或中国油画拍品的实际成交价格超过估价水平的相对数指标。指数值越高，则表明该板块的拍卖市场整体热度越高、景气度越高。该指数的编制参考了香港恒生 AH 股溢价指数模型。

需要说明的是，溢价指数是对成交价格相对估价水平的考察，因此以咨询价上拍的文物艺术品没有纳入模型考虑范围。同时，由于咨询价上拍的拍品一般为难以估价的罕见精品，数量极少，因此对溢价指数整体的走势不会有明显影响。

二 中国书画全球指数结果分析

数据说明

（1）时间：2007 年 1 月 1 日～2018 年 12 月 31 日。

（2）数据量：14.5 万条全球范围内公开拍卖的成交记录。

（3）样本拍卖行：从中国大陆、亚太其他地区、海外地区共选取了 50 家经营规范、成交结果透明度高、规模级别不同的具有代表性的拍卖企业。

（4）样本艺术家：综合考虑时期、作品风格、艺术造诣、美术史地位与成就、拍卖市场活跃度等因素后选取了 100 位具有代表性的中国书画艺术家。为了保证年鉴内容的完整性，指数样本艺术家对古代、近现代、当代的书画艺术家均有收录。

（5）时期划分：

在中国书画的历史时期划分上，目前最通用和约定俗成的划分方法是将 1911 年辛亥革命发起、清朝覆亡作为重要参考点，辛亥革命之前的时间段称为"古代时期"；辛亥革命至新中国成立的时间段称为"近代"；"现代"时期指新中国成立至改革开放；"当代"则是在改革开放后至今。而对于艺术家的时期划分来说，难以严格采用中国书画这种历史事件的时间划分，因为有些艺术家跨越了两至三个时期，如果按其生卒年来说，很难定义艺术家属于哪一个时期。

基于此，《中国收藏拍卖年鉴》对于中国书画艺术家年代的划分，以中国书画历史划分为基础，结合其创作活跃时间及艺术影响两大参考依据，将书画家分为三个时期：古代、近现代、当代。1911年爆发的辛亥革命结束了中国封建社会的历史，各种西方美术思潮及流派不断影响着中国艺术家，这是近代美术的开始。因此，作品集中在辛亥革命之前的书画家称为古代书画家。近现代中国画是在引入西方美术思潮的文化环境中，中国画家继承中国传统艺术思想和艺术表现形式，经过创新与尝试，最终发展起来的有鲜明时代特色的中国画。所以，书画作品创作年代及其活跃期集中于清末至20世纪下半叶、经过创新形成时代与自身风格的书画家称为近现代书画家。当代书画家则是活跃在当今书画市场中，不断产生新作品、新影响的艺术家。此划分方法也许仍然存在不足之处，但我们力求做到客观，给广大读者和专业人士一个相对完整、清晰的书画脉络。

1. 书画市场理性回落趋稳发展

放眼2018年中国整体经济发展形势，我国发展面临多年少有的国内外复杂严峻形势，经济出现新的下行压力。新老矛盾交织，周期性、结构性问题叠加，经济运行稳中有变、变中有忧。由此反观中国书画在全球范围内公开拍卖的市场表现，受中国整体经济发展态势的主要影响，相比2017年，中国书画全球市场呈现出理性回落，趋稳发展的局面，虽然总体成交量有所上升，但从成交额与成交量来看，较2017年都有较大幅度的下降。具体而言，将2018年与2017年全球拍卖市场上中国书画作品超过亿元成交量进行比较可知，2017年全球拍卖市场中共有23件（套）中国书画作品超过亿元成交，在2018年仅8件（套），这是中国书画市场转向理性放缓调整的直观表现。根据中国书画全球价格指数的总体走势来看，中国书画的全球价格指数经历了2016年至2017年市场短暂回暖上升之后的首次大幅度下行回落，并在2018年以指数为230的态势低位发展，2018年中国书画全球价格指数比中国书画全球价格指数的平均值233低出3个点。就2018年中国书画全球价格指数而言，这是自2010年以来，首次出现单年中国书画全球价格指数比中国书画全球价格指数平均值数低的情形，如此表明了中国书画全球价格在整体经济下行压力态势下的适应性调整回落，也反映出藏家的总体收藏投资方向更加趋于谨慎稳健。

中国书画全球价格指数

近十二年来，中国书画全球价格指数走势整体波动较大，呈现波动上升的趋势，最高点（2013 年的 325 点）与最低点（2007 年基期的 100 点）相差达 225 点。指数均值为 233 点，远高于基期 2007 年的 100 点，表明近十二年中国书画的价格水平涨幅显著。

通过价格指数走势图可以看出，自 2007 年至 2018 年的十二年间，中国书画在全球文物艺术品市场经历了四个阶段：

(1) 低位发展期（2007 年至 2009 年），2007 年，由美国次贷危机引发的世界金融危机致使全球文物艺术品拍卖市场连续剧烈下跌，但从中国书画全球指数走势来看，其价格水平并未受到明显影响，指数值较为稳定地保持在 100 点到 122 点之间。中国书画首件过亿拍品——宋徽宗赵佶的书法珍品《临唐怀素圣母帖》在这一时期诞生，但少量高价位的精品并不能代表整体市场，中国书画价格水平仍处于低位。

(2) 爆发增长期（2010 年至 2011 年），全球文物艺术品市场正在经历金融危机之后的回升期，同期中国文物艺术品市场中金融资本的大量涌入和雅贿需求的不断膨胀，致使中国书画价格水平大幅快速上涨，从 2009 年的 122 点连续攀升至 2011 年的 298 点，涨幅达 2.3 倍。在这一阶段，北宋诗人黄庭坚的书法《砥柱铭》于 2010 年北京保利春拍以 4.36 亿人民币成交，成为中国古代书画拍卖第一高价。这一时期，中国书画频现天价亿元拍品，诸如齐白石《松柏高丽图·篆书四言联》以 4.26 亿元成交，"元四家"之一王蒙《稚川移居图》以 4.02 亿元成交等，市场真正进入"亿元时代"。

(3) 徘徊震荡期（2012 年至 2016 年），中国书画在文物艺术品市场经历了短暂的爆发式增长之后也开始了漫长的调整期。受到经济环境和资金不稳定情况的影响，此时期全球文物艺术品拍卖市场的成交量与成交额呈现出显著波动，书画指数值波动起伏明显，最高点（2013 年的 325 点）与最低点（2016 年的 263 点）相差 62 点。

(4) 下探调整期（2017 年至 2018 年），经历了前一阶段徘徊震荡的调整之后的文物艺术品市场从 2017 年释放出回暖信号，书画指数开始回升，通过一年短暂的回升后，2018 年急转直下为 230 点，下降幅度为 2007 年十二年以来最大，同比上年下跌了 75 点。表明中国书画市场在遭遇经济发展不稳定因素增多的情况下，正迅速挤掉泡沫，积极地向更为理性的市场靠拢。纵观这一时期，从 2017 年重新反弹至高点，到 2018 年迅速回落略低于价格平均值，中国书画艺术市场正在继续深化变革，实际成交趋向于重质求精。外在经济问题导致买家更为谨慎入藏。自 2018 年起迎来新一轮的调整，从其发展态势来看，中国书画板块的下行趋势在未来可能仍将继续。

中国书画全球溢价指数

自 2007 年至 2018 年的十二年间，中国书画溢价指数的平均值为 165 点，高于基期的 100 点，说明市场整体热度较高。对比中国书画溢价指数与价格指数走势图可以发现，溢价指数的走势相对大幅度起伏较小，反映出金融危机对文物艺术品市场热度的影响高于价格水平的影响。

中国书画在全球文物艺术品市场共出现了三次热度较高的波峰，分别为 2010 年至 2011 年、2013 年、2016 年。三次溢价波峰与中国书画全球价格指数的三次上升走势基本相符。值得注意的是，中国书画溢价指数与价格指数在最近两年的走势稍显不同，中国书画价格指数在 2016 年至 2017 年秋出现了大幅攀升，而溢价指数却是呈现出持续低走的态势。还应注意到 2018 年中国书画全球溢价指数为 183 点，与中国书画全球溢价指数平均值 165 点相差为 18 点，这也是自 2011 年以来首次出现当年中国书画全球溢价指数与中国书画全球溢价指数平均值最为接近的情形。2018 年价格水平下行，市场热度也同步下降趋稳并直逼溢价平均值，是藏家审时度势、谨慎入藏的结果，在全球经济发展不稳定因素增多的环境之下，中国书画市场正在经历全新的调整期。

2.中国大陆市场保持主导，海外市场遇十年新低

中国书画各区域指数比较

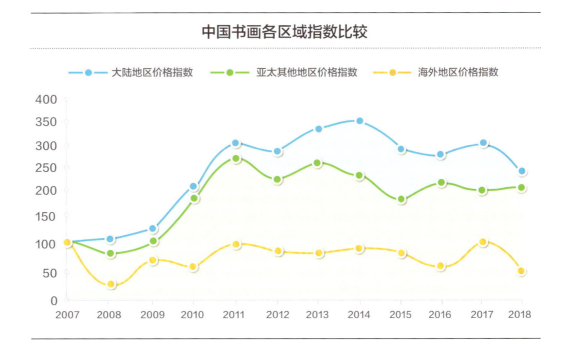

中国书画作为全球文物艺术品拍卖市场中的主要门类，始终占据着拍卖市场的半壁江山，同时，其在不同的区域市场也有不同的市场表现。从中国书画区域指数走势来看，中国大陆地区、亚太其他地区和海外地区三大区域市场，表现各有其特点。

大陆地区中国书画价格指数

大陆地区的中国书画价格水平与中国书画全球价格指数走势基本相同，在 2008 年开始出现持续上升，2011 年秋达到波峰 305 点，之后出现小幅震荡，并于 2014 年

亚太其他地区中国书画价格指数

亚太其他地区中国书画价格指数　　　平均值

达到自 2007 年基点统计以来的最高值 350 点，比 2011 年首次波峰高出 45 个点。自 2016 年开始，在亚太其他地区与海外地区指数都出现小幅回落的同时，中国大陆地区却呈平稳上升态势。同时自 2007 年基点统计以来，大陆地区的中国书画价格水平始终高于亚太其他地区和海外地区，表明书画市场仍以大陆市场为主导。2018 年在亚太其他地区和海外地区中国书画价格水平均呈现出下行回落趋势之时，中国大陆地区的中国书画价格水平却是稳中有升，这也说明了中国大陆市场实力依然坚挺雄厚。2018 年大陆地区中国书画的过亿拍品共 6 件（套），其中又以成交价为人民币 2.87 亿元的潘天寿巨幅指墨作品《无限风光》为中国大陆市场年度该板块最高价拍品，同时也刷新了潘天寿个人拍卖最高价纪录。

亚太其他地区的中国书画价格水平在 2011 年达到历史高点，之后呈现连续的小幅震荡趋势，渐趋平稳。2012 年是全球文物艺术品市场进入调整期的开始，拍卖市场遇冷。另外，易拍全球研究院（筹）的亚太其他地区市场半年指数统计表明，亚太其他地区市场在 2011 年下半年出现小幅下降，进入震荡期，比大陆市场提前半年，说明亚太其他地区市场的价格水平对市场变化更为敏感，更易受到经济波动与外部环境的影响。2018 年亚太其他地区在经历了短暂的回温之后转势低走，与中国大陆地区的中国书画价格水平趋势出现相悖的情形，释放出新的市场信号。值得注意的是，2018 年中国书画拍卖市场成交价排名前十之中，亚太其他地区包揽了第一与第五，分别是 4.04 亿人民币成交的（传）宋代苏轼《木石图》与 1.28 亿人民币成交的清代钱维城《台山瑞景》，引人注目。

海外地区中国书画价格指数

　　海外地区市场的中国书画价格水平在 2007 年至 2011 年之间发展极不稳定，出现了大幅震荡。十二年间海外市场的价格指数出现了三次波峰：2007 年、2011 年与 2017 年，波峰基本维持在基期 100 点上下浮动，其他年份则是围绕在该地区平均值附近上下摆动。其中 2008 年引人注目，该年世界金融危机全面爆发，席卷美国、欧盟和日本等世界主要金融市场，海外地区市场的中国书画指数剧烈下挫，出现了历史性断点 25 点，为统计以来最低值。2018 年海外地区市场持续遇冷，遭遇了自 2008 年出现断点之后的再次低位，且自 2015 年起已连续三年低于海外地区市场平均值，同比 2017 年下降 50 点。由此可见，中国书画海外市场正在持续性收缩，无论从上拍精品数量上还是藏家竞拍率上均逊色于中国大陆市场和亚太其他地区市场。

　　3.书法市场随势放缓，价格指数再超国画

　　书法和国画是中国书画的两大分类，2018 年，书法和国画的拍卖市场相比 2017 年均呈现出回落下行的趋势。以书法市场价格指数为例，2017 年的 322 点降至 2018 年 222 点，呈现出大幅下跌的基本态势，该年书法市场指数经历了自 2010 年以来的历史新低。2018 年的书法价格指数再超该年国画价格指数 52 个点，保持自 2013 年以来的超越态势。但从近十二年的书法与国画的价格指数基本走势对比来看，两者的走势基本趋同，书法的平均价格指数比国画的平均价格指数高出 17 个点，以相对高的市场优势与国画市场齐头并进。

国画与书法价格指数对比

国画价格指数 ● **书法价格指数** ●

（图中数据点：

国画价格指数：2007年100，2008年101，2009年128，2010年217，2011年309，2012年290，2013年334，2014年362，2015年299，2016年285，2017年322，2018年274

书法价格指数：2007年100，2008年100，2009年123，2010年198，2011年304，2012年275，2013年333，2014年325，2015年266，2016年263，2017年306，2018年222）

十二年来，书法与国画市场的价格指数走势与中国书画整体大致相同，都经历了快速增长、震荡波动与深度调整的阶段。2011年秋至2015年秋，书法和国画市场都经历震荡阶段，波动明显，这与文物艺术品市场在经历深度持续性调整有直接关系。在这期间，书法与国画市场都经历了结构性的初步调整，以适应整体市场与藏家需求。自2017年开始，书法与国画市场开始同步持续短暂回升，尤其国画市场在2017年涨幅明显，说明市场经过初步调整之后，升温迹象明显。2018年，受整体书画市场回落大势的影响，书法和国画均随势同步调整，但在各自的调整过程中呈现出各异的势态。书法的市场价格指数从2017年322点跌至2018年的274点，跌幅为48个点，且高于书法价格指数平均值22个点；国画的市场价格指数从2017年306点跌至2018年的222点，跌幅为84个点，且低于国画价格指数平均值13个点，跌幅相对明显。由此可见，在市场下行态势下，书法市场相对国画市场具有一定的抗跌性。细观今年书法市场，2018年春，被誉为"吴中四才子"之一、明代书法名家祝允明的书法以拍出4200万元的高价领跑该年书法市场。2018年秋，祝允明又一书法再次拍出2700万的高价，接力2018年春的强劲势头，位居该年书法市场成交价第二。明清之际书法家傅山的草书《开我慧者并太原三先生传》以2500万的成交价位居该板块第三，可见古代名家精品书法在中国书画市场中的备受青睐。

国画与书法溢价指数对比

从书法与国画的溢价指数的对比来看，2007 年至 2018 年，两者溢价指数的走势出现较大波动，但总体趋势保持了与中国书画溢价指数走势的一致性。自 2007 年基期统计以后，从 2008 年开始，国画的溢价指数一直高于书法溢价指数，平均每年相差值约为 33 点，由此可以看出国画的市场热度相对高于书法的市场热度。2018 年书法市场溢价指数为 138 点，低于其市场溢价指数平均值 1 个点，而该年国画溢价指数为 199 点，高于其市场溢价指数平均值 27 点，书法相比国画溢价指数跌幅明显，说明该年藏家对书法的收藏热度相比国画要锐减，呈现出相对国画市场更为谨慎入市、理性入藏的特点。

4. 不同时期市场表现各异，特点显著

中国书画从创作时期的维度可划分为古代、近现代、当代三个时期。2018 年，在整体文物艺术市场环境进行下行调整之时，中国古代书画、中国近现代书画及中国当代书画这三大市场板块均随整体文物艺术市场大势做出相应的调整，2018 年三个板块的价格指数较 2017 年均出现不同程度的回落。尽管这三大市场板块均随市场大势价格指数出现一致性降温，但这三者各自的市场表现却是同中存异，特点显著。占据中国书画拍卖市场成交额半壁江山之多的近现代书画市场，2018 年随势理性回落；古代书画市场近年来爆冷大幅下探，下滑至几乎与 2009 年持平；当代书画市场短暂升温后持续走低，继续深度结构性调整，并未跌破其平均价格指数。

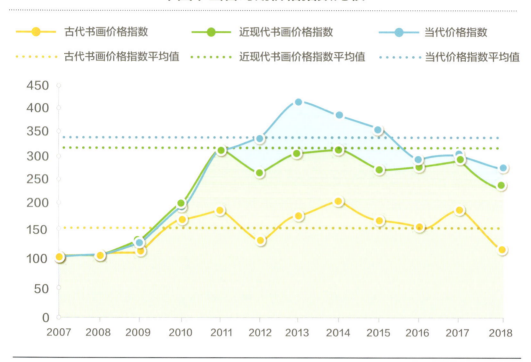

中国书画各时期价格指数比较

图例：古代书画价格指数　近现代书画价格指数　当代价格指数　古代书画价格指数平均值　近现代书画价格指数平均值　当代价格指数平均值

总体来看，中国书画市场处于自2017年以来的下行调整期，经历了2016至2017年的小波峰回暖，2018年受国际及国内整体经济形势的影响，从该年的市场价格指数与平均市场价格指数的吻合度来看，近现代书画与当代书画的市场价格指数向各自的平均价格指数趋近，古代书画市场价格指数则大幅跌破其价格指数平均值。这说明拍卖行与藏家在针对全球整体经济形势考量后做出的冷静市场行为，双方遵循市场规律，将市场焦点对准精品与名家，这也是整个市场稳步发展的根基。从整个投资领域来看，书画成为越来越多投资者关注的重点，层次分明的藏家与藏品是未来市场发展的基石。随着市场与拍卖行的调整深入，藏家也越来越专业与成熟，不再盲目跟风、制造泡沫。对于中国书画来说，藏家看重画作质量与未来潜力，重点关注古代珍品和近现代名家精品，以及创作实力突出的年轻书画家画作。

（1）古代书画市场遇冷大幅下跌

将2018年中国古代书画的价格指数放置在自2007年起为统计基点的中国古代书画价格指数可以发现：2007年至2018年，古代书画价格指数平均值为149点，比基期高出49点，相比十二年来各年指数，处于中等水平的发展情势。从指数走势来看，古代书画出现了三次较为明显的波峰：第一次波峰为2011年的179点；第二次波峰为2014年的202点；第三次为2017年的191点，平均每三年迎来一个波峰，每个波峰之间则是连续两年的低位调整期，这与中国文物艺术品拍卖在全球的指数走势表现基本一致。2017年至2018年，古代书画指数表现出由波峰转入低位调整期的走势，在世界经济环境影响下，此次调整期的跌幅较为明显。总体来看，较近现代及当代书画，古代书画因其无比珍贵的史料价值、艺术价值以及资源几近匮乏的稀缺性，保持着相对稳定的市场发展态势。很多藏家对市场持观望态度，暂时不愿将精品再次投入市场中，加之博物馆和美术馆藏有大量精品无法释出，市场中的精品越来越少，名家精品更是少之又少。货源的紧缺正是造成中国书画古代高端拍品市场紧缩的重要原因。

中国古代书画所蕴含的艺术价值以及升值潜力一直是收藏者和投资人关注的焦点。但是，2018 年古代书画市场经历了自 2012 年以来的首次价格指数触底，低于古代书画的平均价格指数 33 个点，市场遇冷，下行明显。具体而言，2018 年中国古代书画同比 2017 年虽然成交量有所上升，但是成交额和平均成交价均未超越去年的数值，说明该年的中国古代书画市场高端级别拍品同比上年有所减少，更为直观地反映在价格上就是 500 万元以上高端古代书画作品成交数量骤降。来自易拍全球研究院（筹）大数据统计显示：2018 年 500 万元以上的古代高端书画作品其成交量为 149 件（套），同比 2017 年减少 25 件（套）；其成交额为 30.9 亿元，同比 2017 年锐减 12.0 亿元，缩减幅度达 28.6%。占据市场主要份额的高端拍品的成交量与成交额双重紧缩则直接拉低了该年古代书画价格的总体走势。

古代书画的溢价指数在近十年的平均值为 120 点，比基期略高出 20 点，市场热度相对平稳。溢价指数的高低可以反映市场的热度增减，从 2018 年统计的古代书画溢价均值及该年的溢价数值来看，古代书画的市场热度明显低于近现代和当代市场书画市场，这与古代书画的收藏与投资门槛较高有很大关系。从古代书画溢价指数整体走势可以看出，古代书画市场前期热度不高，从 2009 年春开始连续走高，在 2011

古代书画溢价指数

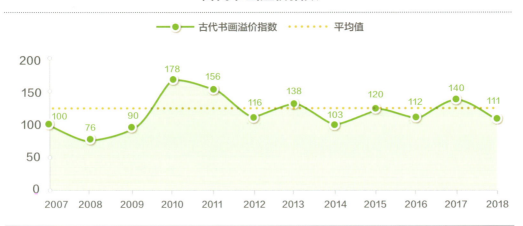

年出现大幅下跌，之后持续震荡，至今仍然处于较为规律的波动状态。结合古代书画价格指数来看，古代书画价格水平正在进入成熟稳定的发展阶段，市场热度与信心仍然高低起伏，可以预见的是未来古代书画不会出现大起大落，将保持理性回归的态势。

（2）近现代书画市场随势回落

长期以来，近现代书画一直占据文物艺术品拍卖市场的重要地位，纵观中国书画在拍卖市场的一贯表现，以"近现代书画为主"的格局已然形成。2018年，不论在成交数量、成交价格、市场影响还是单幅作品成交价方面，近现代书画作品仍是中国书画市场主力。潘天寿、傅抱石、齐白石、李可染等名家作品均以高价成交。约2.87亿元成交的潘天寿巨幅指墨画《无限风光》、分别以1.33亿元与1.03亿元成交的傅抱石《蝶恋花》和《琵琶行诗意》、9200万元成交的齐白石《福祚繁华》、约1.26亿元成交的李可染《千岩竞秀万壑争流图 》均以绝对的学术地位、艺术价值和价格优势，巩固着近现代书画不可撼动的市场地位。

近现代书画价格指数

纵观近十二年近现代书画的市场走势，其价格平均值是 234 点，总体呈现出前期快速增长、中期高位小幅波动、近期随势回落调整的趋势。2010 年至 2017 年，近现代书画的指数值都高于平均水平，2012 年，中国文物艺术品拍卖市场出现大幅下滑，之后一直处于深度调整状态，但从当年中国近现代书画价格指数来看，并未受到经济大环境变化过多的影响。自 2012 年至 2017 年一直在平均值以上温和震荡，经历了 2013 与 2014 年的连续高峰，随即于 2016 年降至 268 点后，马上于 2017 年再高升至 306 点的波峰，以上震荡表明市场转型仍在持续，藏家出手谨慎，但他们对中国近现代书画保持着较高的认可。2018 年近现代书画价格的整体走势与中国书画价格走势基本一致，显示出降中有调的态势。值得注意的是，2018 年近现代书画价格指数自 2012 年以来首次出现单年价格指数与平均价格指数最为接近的情况，仅相差 3 个点，此次价格指数的下降幅度明显高于 2012 年的价格幅度，具体幅度相差为 75 个点。由此可见经历了 2012 年市场下行深度调节之后的中国近现代书画市场，其价格走势更易受总体经济环境与中国文物艺术品拍卖市场的宏观因素影响，成为中国文物艺术品拍卖市场的一个风向标。同时，来自易拍全球的中国近现代书画价格指数半年度统计指出，2018 年秋较 2018 年春，近现代书画作品的价格指数有小幅度的上升，具有了市场回暖的迹象，说明在未来近现代书画市场将迎来新一轮的价格走势，随着名家精品的深度挖掘与相关学术研究的不断跟进，中国近现代书画的市场潜力仍然巨大。

结合近现代书画溢价指数近期的表现来看，其经历了 2012 年与 2015 年的两次市场降温调节，溢价指数在 2016 年激增 89 点，达到 234 点，之后两年出现持续性小幅回落，整体仍处于较高水平发展，市场热度与信心仍然处于高位。2018 年随着

整体市场的内部调节，近现代书画的溢价指数呈现出同步调的变化，溢价值为195点，同比下调13点，说明此时的藏家能根据市场环境量力而为，谨慎理性地面对新的市场动态。

（3）当代书画市场持续深化结构调整

当代书画市场作为中国书画市场的重要组成部分，它的市场表现力已成为把握当代艺术发展脉搏的关键性依据。一方面，随着当代书画艺术家创作呈现出形式与内容的多样化格局，投入市场的当代书画作品较为全面地呈现出与中国古代与近现代书画作品相迥异的风貌；另一方面，由于当代书画创作群体年龄跨度较大，因此在老中青三代的当代书画创作与市场活力呈现出明显的差异，从市场活跃度与表现力来看，整体呈现出老一代高位领跑、中年砥柱中流、青年后来居上的特点。当代书画正以其可持续发掘的潜力不断地为中国整体书画市场注入新的活力，同时在为规范中国书画艺术品价格，画作真实价值回归，做着深度结构性调整。

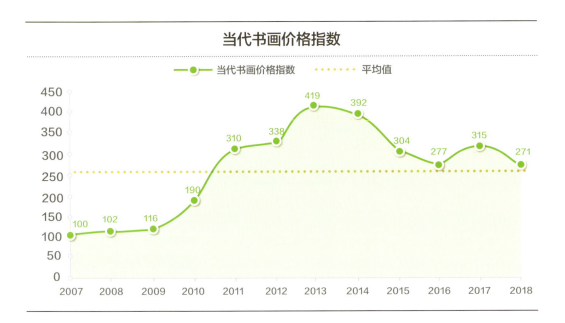

当代书画价格指数

首先，纵观自2007年以来的中国当代书画市场的价格指数走势，总体呈现出由"谷底"稳攀"高峰"，由"高峰"迈入"高原"的趋势。从2007年开始，各大拍卖公司对中国书画市场进行了品类细化，当代书画作为独立类别专场活跃于拍卖场。从价格指数走势来看，中国当代书画的整体趋势是前期快速增长、中期高位起伏、近期理性调整。各时期指数走势波动较大，最高点（2013年的419点）与最低点（2007年的100点）相差达319点。当代书画指数在2007年至2009年保持了平稳的增长，从2009年开始，指数值持续走高，很大程度上因为市场需求量突增，艺术家仅迎合市场进行作品的创作，经过"包装"与"炒作"的艺术品直接导致了当代书画市场价格水平虚高，藏家盲目跟风现象屡见不鲜；加之当时中国文物艺术品市场整体价格偏高，泡沫化严重，当代书画市场在2013年达到顶峰。随着"礼品市场"的终结，当代书画市场受到直接冲击，2013 年到 2016 年，指数值下降幅度达到 142 点，投资变现困难导致市场信心持续下降。以上三年，拍卖整体成交量、成交价跌落明显，一些书画家价格跌幅较大，名家作品价格坚挺，但销量缩减。经过起伏的当代书画市场由投资变现转向理性收藏，收藏价值和市场潜力成为藏家关注重点。2016 年至 2017 年，指数值出现缓慢上升，由"高峰"过渡到"高原"，其涨幅为 38 点，增长态势相对平缓，2018 年由增转降，再次出现回落趋势。

其次，再细看 2018 年当代书画市场价格指数的走势可以发现：同比 2017 年，2018 年当代书画价格指数进一步向平均价格指数 261 点咄咄逼近，与平均价格指数相差 10 点。当代书画市场价格指数之所以出现以上不断向平均价格指数靠拢的情形，可能有几个原因：其一，当代书画市场受整体文物艺术品交易市场与中国经济形势的总体影响，随势下行不可避免；其二，由于过去几年当代书画市场的价格泡沫随着整体经济投资环境趋稳和藏家投机运作心理的现实回归，正在逐步被击破，愈加接近当代书画本身应有的价值；其三，从当代书画的创作水平而言，重虚名轻画作的艺术家个人炒作或联合藏家炒作的不合理现象得到进一步遏制和管控，当代书画价格逐步回归健康状态。尽管 2018 年当代书画市场接受了重重挑战，但名家精作仍是受市场追逐青睐的宠儿。吴冠中、黄永玉等老一辈画家的佳作在该年的当代书画市场高位领衔，王明明、薛亮、徐乐乐等中年画家成为贡献当代书画市场价格的主力军，郝量、孙浩等青年画家作为后起之秀，为当代书画市场注入新的价格活力。在藏家投资理性企稳，艺术家作品重视质量的趋势之下，未来当代书画市场在对中国书画市场的贡献力量不容小觑。

中国书画各时期溢价指数比较

还应注意的是，与中国古代书画及近现代书画的溢价指数相比，当代书画溢价指数曲线波峰集中且周期较长，整体波动幅度趋缓，近十二年的指数平均值为 192 点，高于基期的 100 点，也高于中国古代书画和近现代书画的溢价均值，表明当代书画市场热度相对较高。从 2007 年到 2011 年，当代书画溢价指数经历了由连续平稳上升到小幅下降的阶段，与中国文物艺术品市场总体趋势表现相符。2012 年，溢价指数下挫 77 点，在价格指数还保持在较高水平的时候，呈现出大幅下跌的态势，这是因为相当一部分当代书画作品，由于前期的非理性炒作，价格与艺术价值严重背离，过高的估价引起拍卖市场的热度降低。2016 年溢价指数终止下滑趋势，至 2017 年，溢价指数大幅上涨，与价格指数走势相符，说明此时市场热情的短暂回归。2018 年当代书画溢价指数随着价格指数同步下行，并非市场信心不足，而是市场退去泡沫与非理性炒作，回归到作品价值本身之后的新常态发展。

三 中国油画全球指数结果分析

数据说明

（1）时间：2007 年 1 月 1 日~ 2018 年 12 月 31 日。

（2）数据量：1.3 万条全球范围内公开拍卖的成交记录。

（3）样本拍行：从中国大陆、亚太其他地区、海外地区共选取了 50 家经营规范、成交结果透明度高、规模级别不同的具有代表性的拍卖企业。

（4）样本艺术家：综合考虑艺术家所处时期、美术史地位与成就、作品在专业书刊出版、重要拍卖机构图录、样本数据计算条件等因素选取了 75 位具有代表性的中国油画艺术家。

（5）时期划分：

从明代西方传教士带来油画作品至 19 世纪末土山湾画馆本土画师的创作，进入 20 世纪之前，油画已经在中国存在四百余年。但中国油画真正接轨西方近现代油画，始于 19 世纪末至 20 世纪初走出国门求学海外的艺术学子。在中国近现代油画的一百余年发展历程中，由于时代背景的复杂性，经历了五四前后、抗战时期、新中国时期、新时期等若干发展高峰。油画艺术家的时期划分，因其各自的经历与艺术生涯的长短，无法严格依据历史事件做严格的界定。

因此，在综合考虑中国近现代油画发展历程、各时期总体风格、艺术家个人创作高峰期及艺术家个人风格的基础上，《中国收藏拍卖年鉴》以 1949 年新中国成立为时间点，将中国油画艺术家划分为"20 世纪早期"和"当代"两个时期。20 世纪早期的油画艺术家或留学海外或间接受教于留学归来的艺术家，西方绘画功底深厚，不论研习欧洲学院传统或取当时流行的后印象派、野兽派、抽象主义等为发展方向，作品都具有较为浓厚的西方韵味。新中国成立后，由于历史背景的转变，我国油画具有了更多的民族特色和时代特色，逐渐走上新的发展道路。当代油画艺术家中的绝大多数，依然在不断进行新的创作，使中国当代油画艺术与西方当代油画艺术形成呼应、并行且独立的关系。

此种两段时期划分法可能会存在不能详尽表达中国近现代油画和中国当代油画各细分时期特点的不足，但我们希望给读者呈现出一个相对宏观、清晰且客观的中国近现代油画百年发展历程及中国当代油画的发展脉络，为此我们还加入了"留法艺术家"和"70/80 后艺术家"两个专题作为补充，更为精细地反映中国油画市场状况。

1. 油画市场阶段性特征明显

2007 年至 2018 年的中国油画全球价格指数的均值为 123 点，高出基期值 23 点，表明近十二年来中国油画价格水平总体呈上升趋势。最高值为 2018 年的 148 点，最低值为 2009 年的 72 点，相差 76 点，指数值相差较大，说明中国油画市场近十二年来经历多变，市场表现呈现出阶段性特征。

油画全球价格指数

从价格指数走势图可以看出，近十二年中国油画在全球文物艺术品市场中经历了三个阶段：

（1）低位骤降期（2007 年至 2009 年）：自 2007 年基期统计之时，经历了海外资本连续几年对中国当代艺术的炒作，其价值泡沫不断膨胀，市场开始显现出脆弱状态。2008 年开始的全球性金融危机使得海外资金骤然紧缩，由于此时中国当代艺术市场主要以西方买家为主，因此对中国油画市场冲击较大，使指数值在 2008 年开始明显下跌，并于 2009 年跌至历史最低点 72 点。

（2）艰难回升期（2010年秋至2012年）：跌至谷底的中国油画艺术市场开始在2010年出现反弹，价格指数艰难回升与基期100点持平。经过2010年一整年的市场培育，2011年，指数从2010年的100点攀升到127点，增长幅度与2010年基本持平。2012年则维持了2011年的市场平稳发展态势。在当时全球经济形势处于低迷状态下，此高点的出现传递出海外资本急于撤出中国油画艺术市场的信号。

（3）波动上升期（2013年至2018年）：在此期间，指数整体呈现出平缓上升的趋势，虽然在2015年经历了一次中等幅度下跌，从2014年较高值146点跌至138点，但此下跌态势并未持续，而继续缓慢增长，2016年至2018年中国油画市场呈现逐渐平稳并小幅度上升状态，并于2018年出现自2007年基点统计以来的价格指数最高值148点，表明中国油画市场状况趋向稳中见涨的良好态势。

油画全球溢价指数

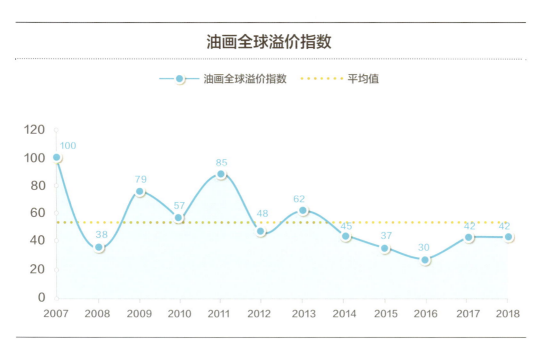

中国油画溢价指数近十二年的平均值为55点，低于基期水平45%。前期（2007年至2011年）指数曲线起伏剧烈，反映出海外过多投机性热钱的参与让中国油画市场对外部经济环境十分敏感。中国文物艺术品市场自2012年开始进入调整期，这一轮调整对中国油画品类的影响尤其明显，市场热度持续处于低位。但自2012年开始，溢价指数起伏明显缓和，说明市场调整显现效果，前期热钱涌入造成的泡沫经过挤压，市场逐渐回归到理性平稳的发展轨道上。2013年之后至2016年溢价指数连续小幅度下滑，但基本处于正常状态。2017年溢价指数回升至42点，同期油画价格指数也出现小幅度上扬，此番市场热度的回升与精品集中出现及企业大手笔购藏相关，这种现象在2017年与2018年尤其明显。2018年油画溢价指数维持了与2017年相同的发展态势，并未出现上涨，如此过程说明了2018年油画市场受到了全球经济环境不确定性因素的影响，市场热情受到影响，增势放缓。

2. 不同时期艺术家作品价格走势各异

近现代油画在中国存在时间较短，从时间上可划分为"20 世纪早期"和"当代"两个时期。通过观察从 2007 年起这十二年的价格指数及溢价指数走势，可以发现两个不同时期作品对应的油画市场各有特点。

（1）20 世纪早期艺术家作品价格稳步上升

20 世纪早期油画价格指数走势和中国油画价格指数总趋势大体一致，但在 2007 年至 2008 年之间指数走势与中国油画指数相反，可见在中国油画整体处在价格上升的 2007 年至 2008 年，20 世纪早期油画并未受到藏家的太多关注。20 世纪早期油画市场同样受经济危机影响，2008 年至 2009 年一直处于低谷，2010 年价格指数回到经济危机前水平。自 2010 年始到 2017 年处于波动上升趋势，并于 2013 年达到一次高峰，在 2015 年价格指数微降之后持续攀升，于 2018 年达到最高 180 点。该板块价格指数平均值为 135 点，比基期值高出 35 点，说明该板块市场发展较为平稳合理。自 2012 年开始，20 世纪早期艺术家价格指数上升幅度大于中国油画上升幅度，这种幅度一直保持在一个相对平稳的状态，反映了 20 世纪早期油画市场表现稳步上升并且行情向好的趋势。20 世纪早期油画市场溢价指数曲线起伏较大，溢价指数平均值为 96 点，高于中国油画平均溢价 41 个点，说明该板块的市场热度与整体中国油画市场热度相比要高，同时也说明了 20 世纪早期油画已备受藏家关注。

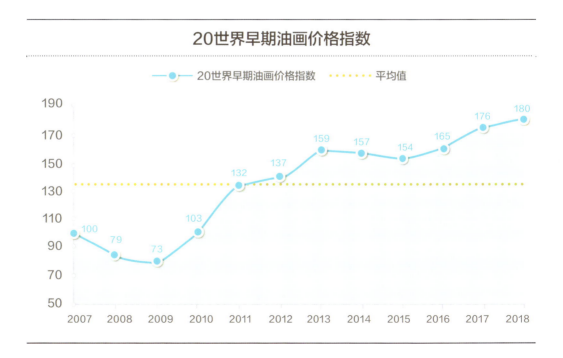

20世界早期油画价格指数

之所以 20 世纪早期艺术家的油画作品近年来能够被市场热衷推崇，并在近年来的拍卖市场中脱颖而出，呈现出与中国书画市场截然不同的市场态势，其原因有三：第一，由于 20 世纪早期油画艺术家所处社会环境的动荡局势与油画本身材质在当时的相对稀缺性，导致 20 世纪早期艺术家的油画作品尤其是馆藏级别的精品无论在创作数量上还是存世量上远比中国近代书画少。20 世纪早期艺术家所处的创作年代恰逢近代中国的百年变动时期，其间战争与政治运动不断，能够留存下来的作品已实属不易，加之精品佳作大部分被国家级收藏机构收藏，物以稀为贵，这些能够在市场上流通的精品就更为珍贵，这是 20 世纪早期艺术家油画作品市场走俏的客观现实；第二，随着国家美术机关与美术高校近年来对 20 世纪美术相关学术研究的不断深入与拓展，20 世纪早期艺术家的学术价值与艺术价值的相关研究水平得到前所未有的提升，学术成果显著，这为其市场价值的持续升温提供了源源不断的内在价值驱动力；第三，近年来随着国家对文化产业与机构的大力政策性支持，公立美术馆和私立美术馆如雨后春笋般纷纷建立起来，藏品是美术馆的立馆之本，因 20 世纪早期艺术家的油画作品的历史特殊性，使之成为美术馆完善收藏体系的重要目标。同时部分企业出于战略布局的需要，也纷纷加入到构建企业艺术品收藏领域中。因此，近年来各美术馆与企业频频活跃在拍卖市场，推动了 20 世纪早期油画市场稳定向好发展。

（2）当代板块平稳中经历调整

当代油画主要由活跃在新中国成立之后的艺术家作品构成，其中又以"文革"之后的作品占大多数，这些作品在新世纪开始后，因国内外投机性热钱的涌入而经历了一次行情上涨。2008 年国际性经济危机、礼品市场整治等一系列事件引发了中国文物艺术品市场的结构性调整，行情的大起大落使得藏家对待当代油画，尤其是创作年代较近的作品越发谨慎。当代油画板块中，老中青三代的市场表现迥然不同，老一代以靳尚谊、王怀庆等为代表的艺术作品市场表现持续高价位稳健发展，中年一代以周春芽、曾梵志、方力均等已被写入当代艺术史的中坚力量为代表，市场表现以精品高价位走俏，而中等价位的作品流拍率极高，这也说明了市场对精品的追逐与精益求精。当代油画板块里青年艺术家整体市场呈中低价位的拍品居多，由于创作质量与风格的多变与部分存在盲目炒作的嫌疑，其市场发展态势起伏不定，艺术品消费的趋势明显多于长期收藏的趋势。

中国收藏
拍卖年鉴
2019

CHINESE FINE ART &
ANTIQUES AUCTION
YEARBOOK 2019

当代油画价格指数

当代油画价格指数走势基本符合中国油画价格指数的走势。在经历 2008 至 2009 年度低潮期后，价格指数于 2011 年达到 128 点的高位，随后由于外资热钱撤离再次小幅度回落，但此后，国内资本接盘，并于 2014 年达到 145 点的峰值。2015 年以后价格指数在小范围内向下波动明显，2018 年朝着更高点发展而去，证明中国当代油画拍卖市场正在经历一个市场调整期，但相比于 20 世纪早期油画价格稳中有升的趋势，不确定性相对较大。2018 年当代油画市场较过去两年的起伏不定，短时间内呈现出稳定上升的趋势，说明该年藏家对当代油画市场的热衷与推崇处于逐步升温的状态，这也许与该年度集中式出现当代油画精品有关。诸如赵无极平生创作尺幅最大油画《1985 年 6 月至 10 月》以 4.5 亿人民币在香港苏富比成交，刷新了 3 项拍卖纪录：赵无极作品的世界拍卖纪录、亚洲油画世界拍卖纪录、香港拍卖史上最高成交额画作；吴冠中作品《双燕》在北京保利 2018 秋季拍卖会现当代艺术夜场以 1.12 亿易主；陈逸飞的《丽人行》在香港佳士得拍出 6778 万的高价。当代油画价格指数两年的上升态势，是对拍卖市场"增质减量"策略性调整的直接回应。

当代油画溢价指数

当代油画溢价指数近十二年的总体趋势呈前期起伏剧烈，后期小幅度波动的趋势，这与 2012 年之前热钱涌入，市场泡沫化现象相对严重有关。后期溢价指数虽然处于低位，但价格指数均高于前期的曲线走势也表明该板块市场泡沫正在逐渐退去。2016 年到 2017 年秋，溢价指数呈现短暂上升趋势。2018 年当代油画溢价指数出现明显回落，与 2014 年的溢价值基本持平，近年来当代油画的溢价指数始终低于平均溢价指数，说明当代油画市场一方面卖方市场存在价格虚高的情况，另一方面表明多数藏家谨慎投资，买卖双方仍处于不断磨合的状态。

3. 留法艺术家油画市场表现突出

留学（包括游学）是 19 世纪末 20 世纪上半叶兴起的中国历史，尤其是文化史中最富时代特征的现象之一。具体到美术领域，留法艺术家吴法鼎、颜文樑、徐悲鸿、刘海粟、方君璧、林风眠、司徒乔、吴大羽、刘开渠、庞薰琹等人大多选择在法国的美术学院游学，以油画、雕塑为主要研究科目。在这里，他们既接受了西方学院派古典主义、现实主义、写实主义美术，也带回了西方现代主义诸流派，为 20 世纪中国美术带来了传统书画体系之外的油画（西画、西洋画）、雕塑、色粉、水彩等新的美术类别、新的美术观念，甚至与之相关的新的生活方式，从而成为活跃在中国 20 世纪上半叶的重要群体之一，奠基、开拓、改变、丰富了 20 世纪上半叶中国美术的发展。近年来随着中国油画艺术品市场的崛起，这些当时留学海外的艺术家的作品价值重新被市场发掘，他们之中以赵无极、吴冠中、常玉、吴大羽等最具代表性，一些重要作品纷纷回流至国内，价格与市场认可度迅速推高。

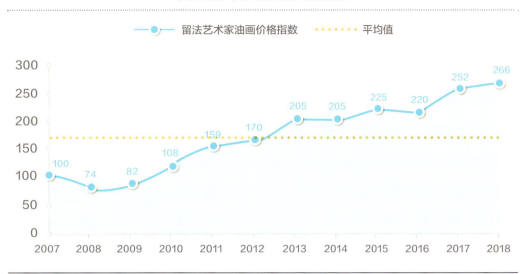

留法艺术家油画价格指数

留法艺术家油画价格指数在经历了 2008 年国际金融危机造成的低谷期之后，价格指数总体呈上升趋势，至 2018 年达到最高 266 点，高出 2008 最低值 192 点，近 12 年的平均价格指数为 172 点，市场表现不断向好。2018 年，若干留法油画艺术家的重要作品集中出现并以高价成交，对拉高价格指数起到主要作用。2018 年中国油画成交价 TOP10 之中，赵无极继续高位领跑，7 件油画作品成交价跻身前十，成为该年油画成交价的坚实顶梁柱。吴冠中的《双燕》和《漓江新篁》占据中国油画成交价 TOP10 两个份额。由此可见，留法艺术家的油画作品在市场中以绝对优势保持着高价位。

4. 70/80 后艺术家作品市场低速趋稳发展

70/80 后艺术家作品市场近十二年来的价格指数总体走势与当代油画价格指数的走势基本同步，大致可分为三个时期：

（1）急速骤降期（2007 年至 2009 年）：自 2007 年基期统计以来，70/80 后艺术家作品市场在 2008 年世界经济危机席卷之下，导致该板块的投资热钱退去，价格指数出现急速骤降，下跌至 2009 年的 59 点，与基期相差 41 点，为统计以来历史最低点。

（2）低位震荡期（2010 年至 2013 年）：金融危机过后，市场经济向好发展，遭遇重创的 70/80 后艺术家作品市场开始出现好转倾向，但由于热钱大多转向市场相对较为稳定的中国书画等板块，对 70/80 后艺术家作品市场的关注度与信心相对不足，导致该市场在这一时段内处于低位震荡发展状态，各年指数值均低于价格指数平均值。

（3）趋稳上升期（2014 年至 2018 年）：经历了上一阶段的适应性调整，2014 年

70/80后艺术家作品市场随着经济快速发展的大势，恢复至金融危机之前的水平，与基期100点持平。2016年随着整体艺术市场回暖信号的释放，达到统计以来价格指数最高点105点。此后，在基期100点之上波动发展，总体呈上升趋势。

70/80后艺术家油画价格指数

应当注意到，尽管自2014年70/80后艺术家作品市场呈上升趋势，但是与油画全球市场指数和当代油画市场指数相比，仍然处于低水平发展状态，具有较大差距。体现在数据上则是：70/80后艺术家作品市场的平均价格指数为91点，而油画全球市场的平均价格指数为123点，当代油画的平均价格指数为118点，70/80后艺术家作品市场的平均价格指数与前两者的差距显而易见。具体而言，由于70/80后艺术家在二级拍卖市场中作品上拍量不稳定，市场认可度正在形成过程中，导致这一板块的市场对经济状况的反应更为敏感，价格指数走势曲折，反映了该板块市场明显的不稳定性，这也是该批艺术家的作品过早进入二级市场导致价格透支的结果。之所以出现上述情况，其实这与70/80后艺术家的油画创作内容与风格有着直接关系。在70/80后新世代艺术家作品中，集体意识逐渐消失，呐喊、苦恼等上一代艺术家常用的符号元素随之减少，个人意识得到增强。但是过于喃喃自语与高傲孤冷，或刻意炫技，抑或过于随意的弃技，使得一时间流于外在形式的"精致工艺品"和"坏画"横行，广受追捧。因此，一段时间内风格类似的众多70/80后艺术家油画作品井喷式投入市场，在流行之风短暂过后稍纵即逝，这也就出现了70/80后艺术家油画价格跌宕起伏、摇摆不定的市场局面，为藏家带来诸多困扰。

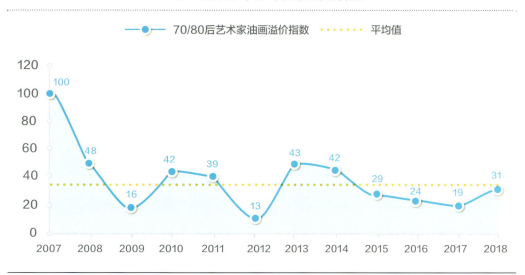

70/80后艺术家油画溢价指数总体走势曲折，前期起伏剧烈，后期逐渐变稳。热钱的快速流进流出打击了藏家信心，使得该板块热度难以持续，造成溢价指数前期大幅度起落并出现自统计以来的两次数值低谷。自2013年起溢价指数总体呈现下滑趋势，但和前期相比变化幅度逐渐平稳，符合中国油画溢价指数的走势，表明市场调整的作用已经初步显现，拍行的减量增质策略和买家的理性回归让市场逐渐回稳。2014年之后全球经济增速放缓，不确定性因素增多，市场热钱的大规模褪去直接影响了70/80后艺术家油画溢价指数的走势，连续四年处于平均溢价指数之下，直到2018年秋溢价指数小幅度回升，但仍低于溢价指数的平均值，说明在整体经济环境影响之下，70/80后艺术家油画市场仍随市而行，该群体的市场价格和运作模式有待进一步规整完善。

四 重点艺术家分析：徐悲鸿

徐悲鸿是20世纪中国美术史上开创一代新风的先驱者和奠基人，杰出的画家、美术教育家，他一生致力于"复兴中国艺术"，力倡写实主义艺术，改良中国画，将油画引进、传播到中国，开创现代意义的大型历史画创作先河，在国际舞台传播中国艺术，始终矗立在20世纪中国美术由传统走向现代的历史转折节点上。徐悲鸿在艺术思想、艺术创作、艺术教育、艺术活动等各方面都取得了划时代的历史成就，至今仍然是中国美术界的一座宝库，有待我们持续而深入地挖掘和研究。本文以徐悲鸿相关学术研究为重要参考，以近十二年来的拍卖市场大数据为依据，从艺术市场的角度全面分析徐悲鸿艺术作品的市场价值。

之所以选取徐悲鸿为2018年度的重点分析艺术家，一方面是由于徐悲鸿是中国现代美术发展中的先驱者之一，在中国美术界具有举足轻重的学术地位。当下对徐悲鸿的相关学术研究日益深入扎实，但大多主要集中在其艺术价值与美术教育层面的阐释，针对徐悲鸿艺术作品的市场价值研究还未有较为全面的探讨。另一方面，随着近年来徐悲鸿的作品屡屡在艺术拍卖市场中拍出较高的价格，已具有了较为广泛的收藏群体，随之也催生了与之相匹配的市场运作机构，在市场活跃度不断增高的同时也面临了诸多问题，有待进一步提升完善，促使市场良性运转。加之，2018年度，是徐悲鸿艺术重点推广年，全国大致举办了六、七场大型艺术展，以专业的视角向大众传播徐悲鸿的思想与艺术。2018年1月由中国美术馆主办的"民族与时代——徐悲鸿主题大展"共汇集徐悲鸿118件(套)作品，作为新年首展开启了该年徐悲鸿展览热的序幕；2月，由徐悲鸿纪念馆与北京画院美术馆主办的"白石妙墨·倾胆徐君——徐悲鸿眼中的齐白石"专题展从独特视角发掘了徐悲鸿与齐白石的交艺之好；3月由中央美术学院主办的"悲鸿生命——徐悲鸿艺术大展"得到国家艺术基金的资助，共展出徐悲鸿各个时期的作品与收藏200余件(套)，也呈现了丰富的文献、实物资料。该展于中央美术学院美术馆首站展出后，随即在上海、南京、深圳、武汉、成都、呼和浩特六个城市进行巡展，在全国掀起"徐悲鸿热"的浪潮。同时保利艺术博物馆汇集民间收藏的徐悲鸿艺术珍品，于4月25日在北京举办"百年教育 百年悲鸿——徐悲鸿作品珍藏大展"，随后5月15日移师上海宝龙美术馆为延续，接续6月中旬开槌的中国内地春季大拍。2018年春徐悲鸿的市场价格指数较上一年也出现明显的向好趋势。因此，此时跟进对徐悲鸿艺术市场的价值研究正逢其时。

1.徐悲鸿书画国际市场指数分析

徐悲鸿书画价格指数近十二年的均值为266点，与中国书画全球价格指数均值233点相比高出33点；与中国近现代书画全球价格指数均值234点相比高出32点；与2007年基期对比，徐悲鸿书画价格指数涨幅明显。徐悲鸿书画价格指数的走势曲线总体呈波动上升趋势，阶段性特征明显，近期呈现出回落企稳态势。近十二年来，徐悲鸿书画价格指数于2014年达到最高点，比最低值(2008年99点)高出276点，与基期值相差275点，说明徐悲鸿书画作品市场近十二年来潜力得到逐步深掘，行情在调整中趋稳向好。2018年随着全球经济发展不确定因素增加的影响，徐悲鸿书画价格指数随市作出反应，于2018年跌至263点，为自2010年以来的最低值。

中国收藏
拍卖年鉴
2019

CHINESE FINE ART &
ANTIQUES AUCTION
YEARBOOK 2019

徐悲鸿书画价格指数

徐悲鸿书画价格指数与中国书画价格指数走势和中国近现代书画价格指数走势总体较为一致。十二年以来，徐悲鸿书画价格指数总体经历了三次指数峰值，分别是 2011 年、2014 年、2017 年，以上三年也与中国文物艺术品市场发展的三个发力点时间大致吻合。纵观徐悲鸿书画价格指数发展经历大致分为三个阶段：

（1）蓄力增长期（2007 年至 2011 年），2007 年，受国际金融危机影响，全球文物艺术品拍卖市场连续剧烈下跌，反观中国书画全球价格指数和中国近现代书画全球价格指数的走势，其价格水平并未受到明显干扰，徐悲鸿书画价格指数亦表现出类似特征。在经历了 2007 至 2008 年两年的平稳蓄力后，于 2010 年开始，徐悲鸿书画价格指数出现了跳跃式增长发展。此阶段内诞生了徐悲鸿拍卖市场的首次过亿作品《巴人汲水图》，该作于 2010 年 12 月在北京翰海拍卖有限公司拍出 1.7 亿元的高价，刷新了以往徐悲鸿书画的拍卖纪录，成就了徐悲鸿作品价格由千万到亿元的飞跃。同时在此阶段，涌现出数件上千万级别的精品，分别是 2010 年 6 月 7280 万成交的《十二生肖》册页、6720 万成交的《春山驴背图》手卷、6496 万成交《落花人独立》挂轴等。该阶段徐悲鸿书画价格指数的猛增与这一时段内精品的集中出现有关，在投资群体经历了全球经济危机之后将投资目光逐渐转移到溢价空间大、回报率高的书画市场。

（2）高位发展期（2012 年至 2014 年），上一阶段精品的不断出现为徐悲鸿书画市场的高价位发展奠定了坚实的基础，2012 年经历了短暂的市场冷却后，连续两年以较高幅度上升，并在 2014 年出现了第二个价格指数峰值。2012 年至 2014 年徐悲鸿书画价格指数平均高出其价格平均指数 69 个点，表明该时期内市场表现平稳见好。这一时期内，也诞生了两件成交价过亿的徐悲鸿书画作品，分别是 2012 年 12 月在北京保利国际拍卖有限公司拍出的《九州无事乐耕耘》（2.66亿人民币）和2012年7月的《春山十骏图》（1.05亿人民币）。

（3）波动调整期（2015年至2018年），伴随着中国文物艺术品市场进入深度调整期，受到经济环境和资金不稳定情况的影响，此时徐悲鸿书画市场的成交量和成交额出现较大幅度的调整，尤其是近两年其价格指数波动幅度较为明显，最高点（2017年的371点）与最低点（2018年的263点）相差108点。2018年的价格指数，低于价格指数平均值3点，为自2011年的最低值，预示在未来极有可能在价格指数平均值附近徘徊，趋向理性平稳发展。根据徐悲鸿书画价格指数的半年度统计显示，2018年上半年徐悲鸿书画价格指数处于自统计以来的最高值，这与2018年伊始，借徐悲鸿逝世65周年的契机，国家大力推行徐悲鸿的艺术及思想，学界再度深掘研究，直接影响到市场的关注度有关。这一时期，《天马六骏》于2018年6月在北京保利以8970万元的价格落槌，占据徐悲鸿书画千万元级别作品榜首。但与近一年齐白石的《山水十二条屏》9.31亿元成交、黄宾虹的《黄山汤口》3.45亿元成交、潘天寿的《无限风光》2.87亿元成交、傅抱石的《云中君和大司命》2.30亿元成交相比，仍显得逊色不少。徐悲鸿书画价格指数在经历了自2015年以来由高走低的波动。在未来，徐悲鸿书画的价格将迎来持续性调整，逐渐向符合市场规律的平稳态势发展。

徐悲鸿书画溢价指数

徐悲鸿书画作品价格近十二年来溢价指数均值为130点，高于基期30点，低于中国书画全球溢价指数平均值35点，低于中国近现代书画全球溢价指数平均值44点。从徐悲鸿书画溢价指数的曲线走势上看，基本符合中国近现代书画溢价指数的走势，但局部波动较为明显，2016年最高点与2018年最低点相差118点。徐悲鸿书画溢价指数近十二年来的走势经历了三个阶段，分别是：2007 年至 2011 年，世界经济历经 2008 年金融危机之后开始出现好转，徐悲鸿书画溢价指数从 2008 年的谷底持续向上攀升，并于 2011 年春到达第一个峰值，此为第一阶段。该阶段中国文物艺术品市场中金融资本的大量涌入和雅贿需求的不断膨胀，致使中国书画价格水平大幅快速上涨，徐悲鸿书画作品也随之"水涨船高"，进入亿元时代。2012 年至 2015 年是徐悲鸿书画溢价指数发展的第二阶段，该阶段受经济不稳定因素的影响，大量市场热钱的逐步收紧，造成其溢价走势低于溢价均值的态势，与价格指数走势相比无太多规律可循，这与不同年份上拍的作品存在较大差异有关。2016 年至 2018 年，徐悲鸿书画溢价指数出现由高走低的起伏形势，与徐悲鸿书画价格指数呈现出正相关性。在大幅精品集中上拍并成交的年份，溢价指数会相应上升，作品成交量少的年份会出现溢价指数迅速下降的情况。当前徐悲鸿书画作品的市场价格走势与溢价指数走势起伏不定，价格相对低迷，究其原因宏观上受全球经济下行压力增大的影响；具体细节上，一方面可能与精品力作的鲜有露面有直接关系，另一方面也是因为当前造假之作泛滥拍场让藏家望而却步，这对其市场行情造成不可避免的冲击。

2. 徐悲鸿作品国际市场统计分析

2007 年至 2018 年，根据市场上拍徐悲鸿作品的门类分布来看，主要集中在中国书画与油画这两大品类，以及少量其他品类，诸如素描、手稿等。因此，下文对徐悲鸿作品的国际市场统计分析的数据来源为易拍全球研究院（筹），十二年来全球拍卖市场上公开拍卖的徐悲鸿中国书画与油画及其他品类的数据。

总体来看，近十二年来徐悲鸿作品在全球成交总量为 2594 件（套），其中中国书画成交 2532 件（套），油画成交 8 件（套），其他品类成交 54 件（套），实际成交率为 80.9%，处于较高水平。其中中国书画成交率为 81.3%，油画成交率为 33.3%，其他品类成交率为 80.6%，徐悲鸿油画作品在市场上流通甚少，在入藏度上明显低于其他中国书画，主要在于徐悲鸿油画作品尤其是精品总体创作量上明显少于中国书画，这是实际的历史原因；而且拍卖市场上流通的油画创作质量存在良莠不齐的情况，使得藏家入藏态度更为谨慎。另外，精品油画作品基本被徐悲鸿纪念馆、中国美术馆等博物馆性质的机构入藏，流通在拍卖市场上的精品少之又少。

在这十二年中，每年约有 216 件（套）作品在全球各地拍行上拍。在成交作品的品类分布中，以中国书画数量最多，占全部拍品的 97.6%，其中绘画作品成交量占 90.9%，书法作品成交量占 9.1%；油画成交量仅占总体成交量的 0.3%。拍卖市场上书画部分几乎构成了徐悲鸿作品的全部，因此，以下各专题的研究数据均以徐悲鸿书画作品为重点，展开深入研究。

中国收藏
拍卖年鉴
2019

CHINESE FINE ART &
ANTIQUES AUCTION
YEARBOOK 2019

（1）成交量、成交额地理分布

基于近十二年的数据统计，成交的 2532 件（套）徐悲鸿书画作品总成交额为
71.3 亿元，其中 1956 件（套）成交于中国大陆，成交额为 59.9 亿元，占总成交额的
77.3%；470 件（套）成交于亚太地区，成交额为 10.8 亿元，占总成交额的 15.1%；
106 件（套）成交于海外地区，成交额为 0.6 亿元，占总成交额的 0.8%。从徐悲鸿书
画的成交量与成交额的地理分布来看，中国大陆仍然是徐悲鸿书画最大的市场，这与
徐悲鸿的从艺创作经历与宣传推广有直接关系。

徐悲鸿作品全球成交量占比

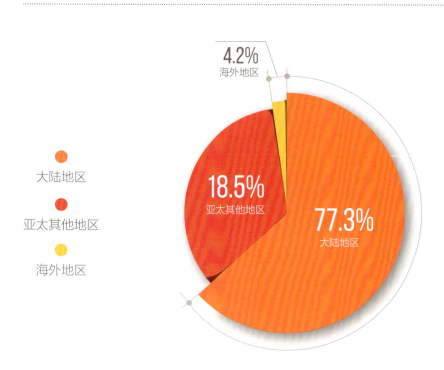

从徐悲鸿的从艺创作经历来看，徐悲鸿一生创作了数千件（套）中国书画、油画
和素描作品。北京徐悲鸿纪念馆收藏着他各个时期的作品 1000 余件（套），其他作品
散见于台湾、香港、东南亚及世界各地的私人收藏，另有数十件（套）油画精品毁于
第二次世界大战。学界将徐悲鸿的创作活动大致分四个时期：旅欧时期（1919～1927
年），盛期（1928～1936 年），抗战时期（1937～1945 年），后期（1946～1953 年）。
从目前拍卖市场上流通的徐悲鸿书画作品来看，它们主要创作于抗战时期，这是徐悲
鸿艺术创作的鼎盛时期，也是画家在思想上和艺术风格上高度成熟的时期。该时期
的创作内容又以跃起的雄狮、长征的奔马、威武的灵鹫等为主，表达了对中华民族奋

徐悲鸿作品全球成交额占比

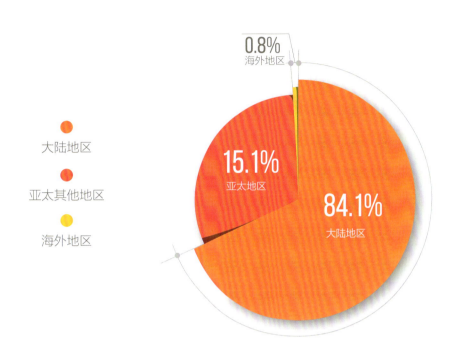

起觉醒的热切期望。此类的创作内容更易引起中国大陆藏家的情感共鸣，徐悲鸿的奔马类题材成为市场一度追逐的对象。从宣传推广上来讲，与齐白石相比，徐悲鸿的国际影响力不及前者。根据徐悲鸿的学生杨先让回忆："作为国内美术教育中非常重要的人物，徐悲鸿在法国、苏联或许有些名气；但对美国而言，徐悲鸿是陌生的，尤其是受意识形态的影响，他的作品极少被邀请到美国做展览，国际影响力并不如齐白石等人。"值得注意的是，亚太其他地区是继中国大陆之外徐悲鸿作品上拍最多的地区，但与中国大陆地区不同的是，该地区上拍的徐悲鸿作品主要以油画为主，比如在苏富比香港拍出的《放下你的鞭子》《梦中的维纳斯》以及最初在佳士得香港拍出的《珍妮小姐画像》，这也说明了亚太其他地区的收藏风向更与海外市场的投好所同，油画作为通行世界画种，较中国书画更易在国际市场上传播。

　　从成交量和成交额在三大区域的不同占比可以看出，徐悲鸿的作品在中国大陆地区价格水平较高，而在亚太其他地区较低。这种状况反映了中国大陆市场对徐悲鸿作品的追捧，使得高价精品主要集中于中国大陆市场，而亚太其他市场和海外市场则相对冷静。从城市分布上来看，北京作为全国的政治文化中心也是徐悲鸿创作盛期的所在地，其成交量保持着较其他地区不可撼动的地位。浙江杭州则作为徐悲鸿作品在南方市场的交易重镇，也因靠近徐悲鸿在南京与上海创作的缘故，成交量与成交额位居国内前列。广州在近年来随着市场的不断深掘，具有后起之秀的发展态势。香港则成为徐悲鸿油画作品的上拍地，在亚太其他地区首屈一指。

（2）成交作品价格区间分布

在徐悲鸿作品的成交价格区间统计中，按照成交作品的数量降序来看，成交数量最高的集中于100万至500万元区间，占总成交量的38.4%；其次50万元区间的占成交总量的32.0%；50万至100万元区间占总成交量的16.7%；500万至5000万元区间占总成交量的12.6%；5000万元以上的成交量最少，占总成交量的0.3%。将各区间成交量与成交额对比来看，成交价在100万至500万、500万至1000万及5000万以上的这三个区间，其成交量与成交额的总体走势基本一致，说明处于以上三个区间的徐悲鸿作品价格合理平稳，符合市场规律。而50万至100万和50万以下的区间作品，成交量与成交额走势出现负相关的趋势，说明在此区间的作品存在一定数量与市场规律相悖的情况，与该区间部分作品的质量与真伪有直接关系。

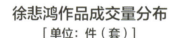

徐悲鸿作品成交量分布
[单位：件（套）]

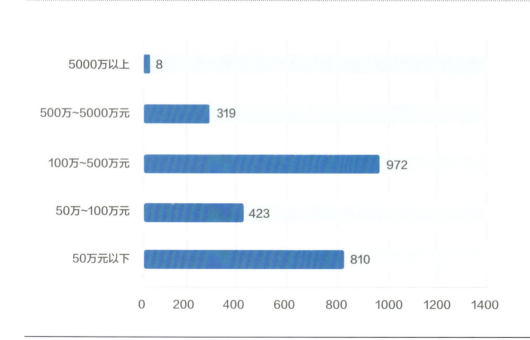

从成交额的价格区间分布来看，100万至500万和500万至5000万区间的作品占据了徐悲鸿作品总成交额的三分之二，同时在成交量上也领先于其他区间，说明成交额在100万至5000万之间的作品是构成徐悲鸿书画市场的主力，其中数量上又以100万至500万价格区间的作品为主。也反映出以徐悲鸿的学术地位来看，市场

行情表明目前仍有价格低洼地存在，近十二年来流通于徐悲鸿书画市场的作品仍有发掘精品的潜力。另外，也应注意到，成交价在50万（含）元以下的拍品占徐悲鸿作品成交量的32.0%，但该价格区间的成交额却只占总成交额的2.0%，说明该价位的拍品带动了大众进入书画收藏领域的积极性，但其市场价值因大部分"伪作"上拍成交，从而拉低了该价位的成交额。

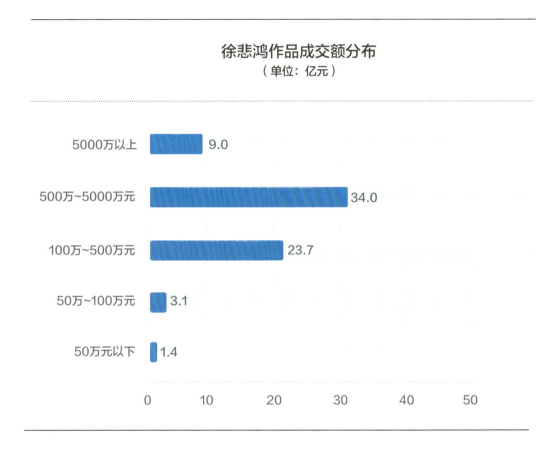

徐悲鸿作品成交额分布
（单位：亿元）

具体分析成交额在5000万以上的徐悲鸿书画作品可以发现，位于此价格区间的有8件（套）书画作品，分别是《九州无事乐耕耘》（2.66亿元成交）、《巴人汲水图》（1.71亿元成交）、《春山十骏图》（1.05亿元成交）、《天马六骏》（8970万元成交）、《十二生肖册页》（7280万元成交）、《春山驴背图》（6720万元成交）、《奔马图》（6624万元成交）、《落花人独立》（6496万元），成交价上亿元的拍品有3件，横跨了徐悲鸿创作历程的两个重要时期，说明了徐悲鸿所作人物题材与奔马类题材深受市场青睐，在未来徐悲鸿大尺幅及主题性创作倾向明显的作品将是高价的领头军。

（3）成交作品拍行分布

2007年至2018年统计数据显示，徐悲鸿作品主要集中出现在北京保利、中国嘉德、佳士得香港、北京匡时、北京翰海等十家拍行。其中北京保利和中国嘉德两家拍行成交量分别占到16.3%及13.5%，成交额分别为21.2亿元和10.5亿元，以上两家拍卖行的总成交额几乎占据了徐悲鸿书画拍卖总额的半壁江山，是徐悲鸿作品在中国大陆地区拍卖的主要阵地。值得注意的是，近年来上述两家拍行作为二级市场上拍徐悲鸿作品之时，部分承担了一级市场应该承担的服务，比如艺术知识普及、艺术家推广与藏家长期服务的相关工作。此类现象的发生说明我国一级市场对徐悲鸿及作品的关注度与推广力度尚存在一定程度的欠缺；同时也说明我国拍卖企业在市场的竞争中不断跨界，扩大服务范围，在争取高额度成交价的同时也承担了更多的运营成本，这也构成了中国文物艺术品拍卖市场的显著特色。

拍行名称	成交额 (元)	成交额占比	成交量（件/套）	成交量占比
北京保利	2,127,925,260	29.9%	412	16.3%
中国嘉德	1,055,349,376	14.8%	341	13.5%
佳士得香港	603,116,371	8.5%	217	8.6%
北京匡时	553,707,920	7.8%	172	6.8%
北京翰海	469,702,680	6.6%	130	5.1%
北京荣宝	247,485,400	3.5%	134	5.3%
苏富比香港	222,078,776	3.1%	82	3.2%
北京传是	180,650,000	2.5%	7	0.3%
华艺国际	178,974,500	2.5%	59	2.3%
西泠拍卖	144,365,700	2.0%	79	3.1%
其他	1,343,257,571	18.8%	899	35.5%

中国大陆之外的亚太其他地区是近十二年来徐悲鸿作品成交的主要聚集地，其中佳士得香港与苏富比香港是徐悲鸿作品的主力拍行，成交量分别占 8.6% 与 3.2%，相应的成交额分别占到 8.5% 与 3.1%，总体成交量虽少，但每年都有高价作品成交。该地区的拍行将目光侧重于徐悲鸿的油画作品，这与油画是国际艺术拍卖品类的主流有一定关系。

值得注意的是，近年来新成立的拍行，例如保利华谊（上海）拍卖有限公司、香港贞观国际拍卖集团有限公司等，也为徐悲鸿书画市场的成交额贡献了力量，拍出不少高价的徐悲鸿精品。

（4）拍品品类分析

徐悲鸿的一生虽然短暂，但其艺术创作占据了他一生最长的时间。他是中国现代美术教育的先驱者，是学院派的创始人，其创作形式涉猎了绘画的多个领域，其中尤以中国书画和油画见长。在历年上拍的作品中，以中国画和书法居多，偶见油画、素描与手稿。因此在下文的分析中根据徐悲鸿作品实际市场占有量的比例情况，择要就中国画与书法展开论述。

2007 年至 2018 年徐悲鸿作品各品类统计中，中国书画成交量是 2532 件（套）。其中中国画成交量为 2301 件（套），书法成交量为 231 件（套），各占成交总拍量的 90.9% 与 9.1%。从成交额上看，中国书画的成交额占比 98.6，成交额是 71.2 亿元。从以上数据的分布显示，可明显看出徐悲鸿中国书画在市场上的主导性地位稳固。同时也应注意到，近年来，徐悲鸿的书法作品屡有上拍，行情也在步步高升。如 2016 年中国嘉德春拍中，徐悲鸿《楷书廿一言联》曾拍出 414 万元的高价；2016 年北京保利将徐悲鸿的《行书四言联》拍出 184 万元；2017 年北京匡时春拍中，徐悲鸿的《行书五言联》以 253 万元成交。2018 年北京匡时春拍上拍了《致周扬信札一通》，估价 200 万元，最终以 350.75 万元成交。可见，拍卖市场近年来逐渐发掘了徐悲鸿书法的价值，其书法的学术价值体现在徐悲鸿青年时期遍临历代名迹，尤以魏碑与隶书功夫至深，这两种书体在他后来的大写意画马发挥了很大的功效，他画马的轮廓用线遒劲肯定，表现马的颈鬃和后尾飘逸灵动，一气呵成，这都得益于其书法功力的深厚。

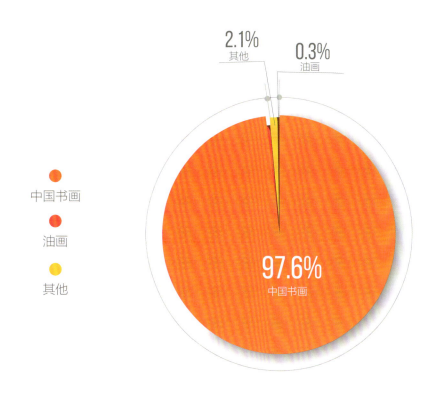

徐悲鸿书画作品成交额占比

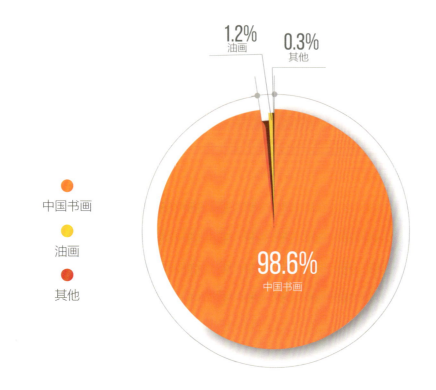

1.2%
油画

0.3%
其他

中国书画

油画

其他

98.6%
中国书画

徐悲鸿作品品类成交量占比

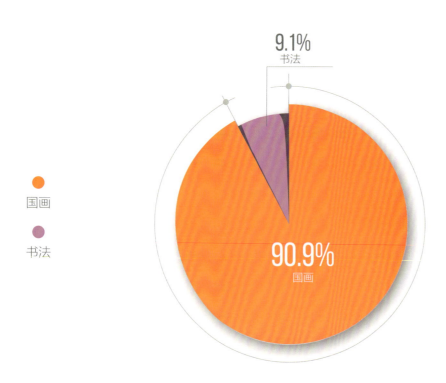

9.1%
书法

国画

书法

90.9%
国画

徐悲鸿作品品类成交额占比

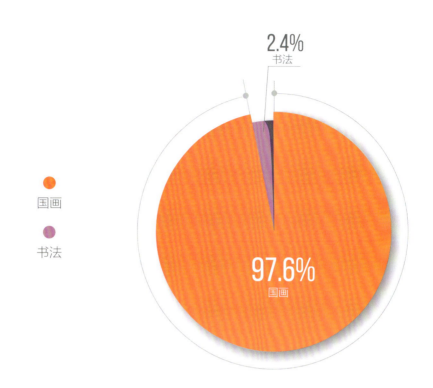

　　2007 年至 2018 年的徐悲鸿中国书画和油画各品类成交价格统计中：国画成交量的 53.7% 价格在 100 万至 5000 万元之间，超过 5000 万元的仅占 0.3%，说明徐悲鸿国画市场构成基本处于稳定状态，有待发掘更多精品来冲刺高价位成交；书法品类中 35.1% 的作品成交价格位于 50 万元以上，成交价超过 500 万元的书法作品仅 1 件（套）；油画品类的成交价因其数量稀少，其价格水平较为稳定，成交价在 100 万元至 500 万元之间及 500 万元以上的各有 3 件（套），成交价在 50 万元以下的有 2 件（套），从以上油画成交量的个位数呈现，说明未来徐悲鸿油画拍卖市场有待更为深度的发掘。以上数据显示徐悲鸿作品的价格区间分布具有多样化的特点，不同品类及价位的组合可以满足各类藏家的收藏及投资需求。

品类	价格区间	成交额 (元)	成交额占比	成交量（件/套）	成交量占比
国画	50万以下	114,512,139	1.6%	660	28.7%
国画	50万～100万	291,528,916	4.2%	396	17.3%
国画	100万～500万	2,261,714,556	32.5%	919	39.9%
国画	500万～5000万	3,387,084,128	48.7%	318	13.8%
国画	5000万以上	904,060,000	13.0%	8	0.3%
书法	50万以下	29,264,055	17.4%	150	64.9%
书法	50万～100万	19,346,598	11.5%	27	11.8%
书法	100万～500万	109,328,163	65.3%	53	22.9%
书法	500万～5000万	9,775,000	5.8%	1	0.4%
油画	50万以下	15,525	0.1%	2	25.0%
油画	100万～500万	6,900,000	7.9%	3	37.5%
油画	500万～5000万	79,184,520	92.0%	3	37.5%

（5）拍品题材分析

近十二年来，徐悲鸿书画的上拍作品中，中国画的上拍量始终占据着重要的市场份额，因此本小节着重分析徐悲鸿中国画作品中各类题材的拍卖市场表现。

2007 至 2018 年拍卖成交的 2301 件（套）徐悲鸿中国画作品中，花鸟题材成交 2100 件（套），成交量占比 91.3%，成交额占比 78.2%；人物题材成交 100 件（套），成交量占比 4.3%，成交额占比 16.4%；山水题材成交 47 件（套），成交量占比 2.0%，成交额占比 2.5%；其他题材成交 54 件（套），成交量占比 2.3%，成交额占比 2.9%。通过对比以上数据可以发现，花鸟题材作品以最高成交额与成交量的优势主导徐悲鸿书画市场的整体走向，人物题材近十二年来虽然在成交量上只占总成交量的 4.7%，但是成交额却占总成交额的 16.4%。由此可见，拍卖市场上徐悲鸿人物题材较花鸟题材而言，更容易拍出高价，深受藏家追逐。徐悲鸿人物题材更易拍出高价的原因是多方面的：从创作数量上讲人物题材相对其他题材创作少，物以稀为贵；从艺术价值上来说，徐悲鸿所提倡的中国画改良美学思想，主要体现在其创作的中国人物画上，

徐悲鸿作品题材细分市场成交量占比

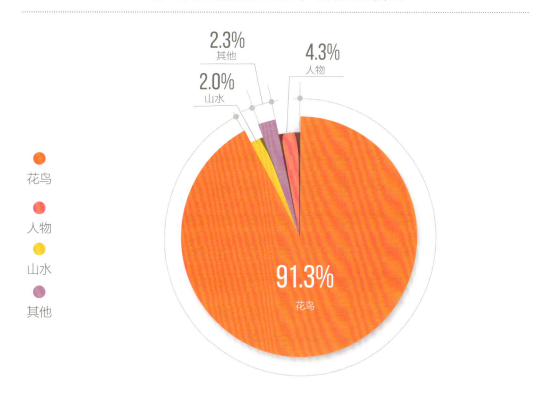

花鸟

人物

山水

其他

2.3% 其他

2.0% 山水

4.3% 人物

91.3% 花鸟

徐悲鸿作品题材细分市场成交额占比

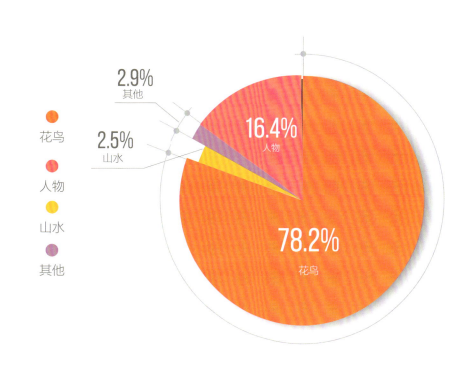

花鸟

人物

山水

其他

2.9% 其他

2.5% 山水

16.4% 人物

78.2% 花鸟

写实主义之风在人物画创作上得以彰显，是徐悲鸿艺术思想显现的代表性题材；基于以上两点，在大多数人物题材画作已被博物馆入藏的情形之下，流传于民间的人物题材一旦出现，便引得众藏家争相竞价，由此促高了徐悲鸿人物画题材的成交价。比如在徐悲鸿作品最高成交价前三甲中，人物题材的作品成交价稳居前二且价格过亿，分别是 2.668 亿元成交的《九州无事乐耕耘》与 1.7 亿元成交的《巴人汲水图》。纵观徐悲鸿的中国画创作，他涉及的山水画题材创作较为鲜见，因此能够流通于拍卖市场的此类题材画作则更为稀少，截止到 2018 年秋，徐悲鸿山水画题材的拍品最高成交价为 6720 万元《春山驴背图》。

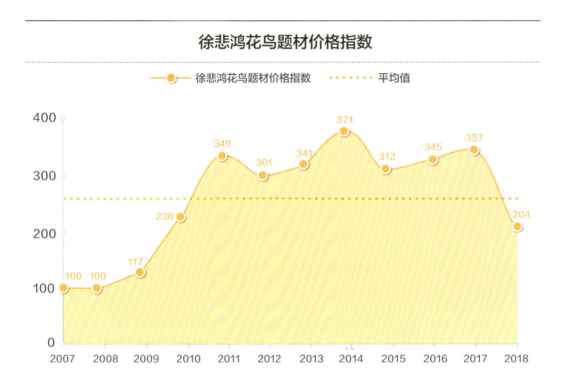

徐悲鸿花鸟题材价格指数

从徐悲鸿花鸟题材近十二年的价格总体走势来看，与徐悲鸿书画指数相一致。十二年以来，徐悲鸿花鸟题材价格指数总体经历了三次指数峰值，分别是 2011 年、2014 年、2017 年，发展经历大致分为三个阶段：蓄力爆发期（2007 年至 2011 年）、高位发展期（2012 年至 2017 年）和全新调整期（2018 年）。价格指数最高点（371 点）与最低点（100 点）相差 271 点，说明近十二年来徐悲鸿花鸟题材作品市场不断调整起伏，值得注意的是，徐悲鸿花鸟题材价格指数从 2011 年至 2017 年，七年间都在300 点以上高位运行，而且波动幅度相对第一阶段波动不大，说明其市场非常坚挺。但 2018 年突然降到 204 点，回到八年前的水平，进入了全新的调整期。新调整期内，在上拍作品良莠不齐的情况下，精品力作足以冲刺千万占领高峰，而低价位拍品也大量横行成交，究其原因是与该题材更易仿制造假有一定关系。2018 年，徐悲鸿花鸟题材作品的价格指数出现自 2014 年以来再次断崖式下跌，下跌至平均价格指数 261 点之下，2018 年价格指数为 204 点，创九年来新低。这说明了一方面徐悲鸿花鸟题材市场受总体经济环境下行的影响，反应灵敏；另一方面也说明该年度内徐悲鸿花鸟题材作品无论在数量上还是质量上均较上一年有明显的滑落，造成市场低洼。从徐悲鸿花鸟题材作品的市场价格指数趋势来看，2018 年进入全新的发展期，未来将继续围绕其价格均值作出调整性的波动，有可能随着精品的重新返市上拍或新的精品力作被重新发掘上拍引起价格指数的短暂峰值。但从长远来看，徐悲鸿花鸟市场的走势将逐渐企稳，在调整中填低洼，再补涨。

徐悲鸿花鸟题材溢价指数

从徐悲鸿花鸟题材的溢价指数发展趋势来看，自 2007 年基期统计以来，其溢价指数只有四年出现过高于平均溢价指数（119 点）的情况，其他八年均处于平均溢价指数之下，因而徐悲鸿花鸟题材市场热度有待精品佳作的进一步引导，以保持市场的持续热度。

（6）马类题材拍卖市场研究

在徐悲鸿的花鸟画题材中尤以马最为出色，符号性最强，广为市场接受，在徐悲鸿花鸟题材作品的市场中，马类题材的作品占据了花鸟题材的半壁江山有余，同时稳居徐悲鸿作品拍卖市场高成交价的前列，值得进行较为深入的研究。

纵观徐悲鸿马类题材近十二年的市场价格指数走势，在经历了 2007 年至 2008 年整两年短暂的低位发展后，于 2009 年开始总体呈现出有规律性的波动上升趋势，并于 2014 年达到最高值 327 点，与最低点（87 点）相差 240 点，比马类题材价格平均指数（230点）高出97点。从年度价格指数无限接近于平均价格指数的出现年份来看，自2011年超过平均值以来共出现过四次，分别是2012年、2015年、2017年和2018年，出现此类情况的时间间隔正在逐步缩短，说明近年来市场调整的频率在不断加快，单年价格指数向下拉近平均价格指数，反映出理性入藏已成为收藏徐悲鸿马类题材的新常态。

徐悲鸿马类题材价格指数

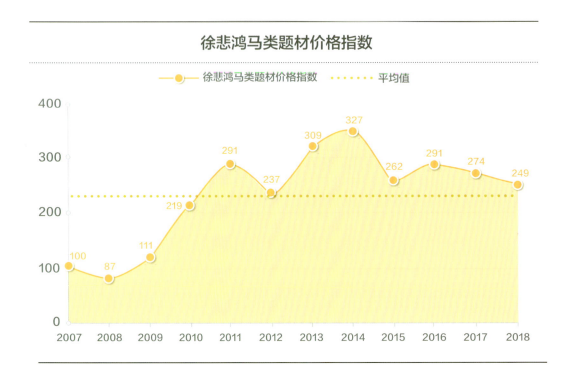

徐悲鸿马类题材溢价指数

从徐悲鸿马类题材的溢价指数来看，自 2007 年以来的十二年里，单年溢价指数高于平均溢价指数的仅有四个年度，仅占统计年份总量的三分之一，其他三分之二的年度溢价指数均低于平均溢价指数。2015 年溢价指数为 58 点，比平均溢价指数（125 点）低 67 点，为历史最低值。从以上数据的数值表现可以发现，徐悲鸿马类题材虽然是其花鸟题材大类中的成交额主力军，但从其溢价来看，呈现出市场热度仍然欠佳的状态，很少出现较高倍数的溢价情况。2007 年至 2008 年，徐悲鸿马类题材溢价平稳发展在平均值之下，2009 年之后随着世界经济从危机中走出，其逐渐释放出高涨的活力，此阶段徐悲鸿马类题材成为市场热钱的追捧对象，溢价值实现高涨，并于 2010 年溢价值攀升至最高值。但随着市场热钱的逐步退去，2012 年后徐悲鸿马类题材的市场热度随势不断降温，也是对之前市场泡沫的祛除过程，反映出藏家的理性入藏正成为常态。

通过以上徐悲鸿马类题材价格指数与溢价指数的总体走势来看，未来徐悲鸿马类题材仍然是其花鸟题材大类中的主力军，并在很大程度上影响徐悲鸿书画价格的总体走向。从艺术家的历史地位来讲，徐悲鸿是中国现代美术史中不可绕过的一个重要人物，他所创立的写实教育体系是美术教育技术上的入门，是写实流派的支柱，是中国现实主义美术的基础；从艺术价值上来讲，徐悲鸿以前，中国画历史上画马均以工笔为主，如唐代韩幹、北宋李公麟、元代赵孟頫等，基本以白描为表现手法，自徐悲鸿则创以大写意手法画马，其中的书法功力与笔墨技巧是徐悲鸿马类题材创作的重要构成；从马的文化意义来看，马在中国的文化里是一种人才的象征，从时代性而言，徐悲鸿所绘的马也是一种民族振奋的象征，民族自强的符号；从市场价值来看，由于大多数马类题材精品均藏于美术馆等公共收藏机构，流传于民间收藏市场的精品佳作随着近几年的挖掘已不断减少，加之仿制造假之作杂行于市，这也就造成了徐悲鸿马类题材市场进一步深入调整的现状。目前徐悲鸿马类题材市场仍有低洼，在未来，有待流传有序的精品佳作来促涨。

综上所述，通过对徐悲鸿书画国际指数与国际市场统计分析，可以发现：对于徐悲鸿这样在近现代美术史上举足轻重的书画大家，他的艺术成就、学术地位与市场行情，经过几十年的研究和市场考验，基本已有定论，大多数流传于民间收藏的作品均已亮相。一方面，在学术上通过系统化的研究、推广和展示，不仅能够产生更广范围、更深层次、更加明确的认知效应，更能影响当下的美术教育；另一方面，在市场流通上徐悲鸿的主题性创作倾向的作品仍是市场追捧的对象，这其中包含了人物和花鸟两大题材，其中又以马类题材最为常见。因此，徐悲鸿书画市场呈现出波动性企稳调整的时期现状，不仅急需精品佳作的再度上市开拍，而且应当尽最大力度排除造假之作、去伪存真，以保证市场向更为健康的状态发展。

中国收藏
拍卖年鉴
2019

CHINESE FINE ART &
ANTIQUES AUCTION
YEARBOOK 2019

　　中国瓷器的精密制造技术和悠久的历史传统举世瞩目，构成了中国文化的重要部分，也是人类物质文化史上的重要研究对象。中国瓷器精美的外形，蕴含的历史文化底蕴，一直受到世界各地人们的喜爱，并在历史的发展长河中，成为中国的一张文化名片。中国瓷器作为中国文物艺术品的重要门类之一，在全球范围内的拍卖市场中与中国书画一样，始终保持着重要的地位，甚至在某些区域超越了中国书画的市场份额。其市场容量与藏家数量甚为可观，是众多藏家关注的焦点文物艺术品类。

　　近十年来，中国瓷器成交额平均已占到中国文物艺术品总成交额 10.3%，即使是在中国文物艺术品拍卖市场的波动调整期，中国瓷器的成交量也未有削减之势，其对中国文物艺术品拍卖市场走势的影响作用不容小觑，透过对中国瓷器这一板块市场行情的分析，可以清晰地把握中国瓷器市场的发展规律与未来发展方向。通常情况下，通过对中国瓷器的成交额、成交量、成交率、平均成交价格等常见指标进行统计描述能够反映一部分市场表现，然而由于这些指标较为单一，且中国瓷器市场本身受内外部多重因素的影响，仅凭以上数据指标的统计分析难以深入理解中国瓷器市场的发展特征。因此，艺拍全球中国瓷器指数应运而生，通过多维度深掘捕捉文物艺术品市场大数据，结合前沿统计学原理，构建起能够更为全面体现中国瓷器市场的指数模型。

　　文物艺术品区别于其他商品的一大特性就是其异质性，即每件文物艺术品均独一无二，不同文物艺术品之间没有直接可比性，无法通过简单的算数方法来计算多件艺术品的平均价格水平。为了解决这一问题，近年来，构建标准化的文物艺术品指数的研究蓬勃发展。文物艺术品理论和实践表明：构建文物艺术品指数最大的挑战在于控制文物艺术作品的异质性。目前，国际上广泛研究与应用的文物艺术品价格指数建模方式有两种：重复销售回归和特征回归。重复销售回归（Repeat Sales Regression），采用同一件文物艺术品在两个时间点的销售价格变化（又称为一对重复销售数据）构建文物艺术品指数。此方法认为文物艺术品的基本特征（如材质、尺

中国收藏
拍卖年鉴
2019

CHINESE FINE ART &
ANTIQUES AUCTION
YEARBOOK 2019

寸等）不随时间而变化，从而解决文物艺术品的异质性问题。由于文物艺术品拍卖成交的频率普遍较低，因此重复销售数据只占全部交易数据的很小一部分，采用该方法构建艺术品指数时存在样本选择偏差的问题。但当重复销售的数据对数很大或样本期数超过 20 年时，推荐使用此方法构建文物艺术品指数。特征回归（Hedonic Regression)，基于文物艺术品的基本特征构建文物艺术品指数。该方法将文物艺术品价格变动中的特征因素进行分解，以显现出各项特征的隐含价格，并从价格的总变动中剔除特征变动的影响，达到反映纯价格变动的目的，在此基础上构建文物艺术品指数。通常所选取的特征包括：年代、尺寸、材质、题材等。采用此方法构建指数时可以选用所有的文物艺术品交易数据。在已有研究文献中，特征回归方法已经被普遍地应用于文物艺术品指数的研究，特征回归模型也已经被广泛地应用于各类文物艺术品指数的编制。

由于目前国内已有的文物艺术品指数存在一定局限：或为简单的平均数计算，模型较为简单，无法反映文物艺术品市场真实趋势；或指数体系较为笼统单一；或数据范围仅局限于中国地区,缺少海外地区的数据。本报告基于国内外已有的指数模型，结合专业的陶瓷史研究与艺术史研究，推出中国瓷器指数，意在通过科学的模型编制以及全球范围的拍卖数据对中国瓷器这一具有代表性的文物艺术品门类在全球文物艺术品市场的走势做出解析。

一 中国瓷器全球指数说明

中国瓷器全球指数来自于艺拍全球文物艺术品指数，其体系下设综合指数、地区指数、各时期指数。艺拍全球文物艺术品指数基于数据库的海量数据，对拍卖行以及拍品进行严格筛选，并对纳入指数计算的每一件拍品进行多维度特征分类，将其标准化，再以多元线性回归法拟合出作品的价格水平，从统计学角度分析市场整体价格水平随时间的变化走势。

每类指数均分为价格指数与溢价指数两种，分别从价格水平与市场热度对目标市场进行解析。所有指数均以 2009 年为基期，对近十年的文物艺术品市场进行分析，基期指数值为 100，指数每一年更新一次。

艺拍全球中国瓷器指数模型介绍：

（1）价格指数

价格指数包含中国瓷器全球价格指数、中国瓷器各地区价格指数和中国瓷器各时期价格指数三大类，其各自又下设各种子类价格指数，用于反映一定时期内中国瓷器拍卖市场的价格水平变动趋势和程度的相对数指标。该指数模型采用国际上广泛采用的特征回归模型（Hedonic Regression），为了确保模型的有效性，不同分类的指数编制会选取不同的具体特征变量。中国瓷器指数模型考虑的特征因素包括但不限于釉色、器形、年代、尺寸、款识等。该指数消除了作品本身的特征因素变动对价格的影响，可以真实、准确地反映中国瓷器标准化后的纯价格变动。此外，中国瓷器价格指数均能够与上证指数 SSEC、香港恒生指数 HSI、标准普尔指数 SPX 等金融指数，以及狭义货币供应量 M1、居民消费价格指数 CPI、国民生产总值 GDP 等宏观经济指标进行标准化比较分析，为市场分析与投资决策提供科学可靠的依据。

（2）溢价指数

溢价指数包含中国瓷器全球溢价指数、中国瓷器各地区溢价指数和中国瓷器各时期溢价指数三大类，其各自又下设各种子类溢价指数，表示一定时期内中国瓷器拍品的实际成交价格超过估价水平的相对数指标。指数值越高，则表明该板块的拍卖市场整体热度越高、景气度越高。该指数的编制参考了香港恒生 AH 股溢价指数模型。

需要说明的是，溢价指数是对成交价格相对估价水平的考察，因此以咨询价上拍的文物艺术品没有纳入模型考虑范围。同时，由于咨询价上拍的拍品一般为难以估价的罕见精品，数量极少，因此对溢价指数整体的走势不会有明显影响。

二　中国瓷器全球指数结果分析

数据说明

（1）时间：2009 年 1 月 1 日～ 2018 年 12 月 31 日。

（2）数据量：8.1 万条全球范围内公开拍卖的成交记录。

（3）样本拍卖行：从中国大陆、亚太其他地区、海外地区共选取了 78 家经营规范、成交结果透明度高、规模级别不同的具有代表性的拍卖企业。

（4）时期划分：

纵观中国陶瓷发展史，东汉时期（公元 25 ～ 220 年）青釉瓷器烧制成功（含铁量在 2% 以下，烧成温度可达 1200℃～ 1270℃），其胎质缜密，釉色青润，正式揭开了中国瓷器的第一篇章。三国两晋时期是青瓷普及与发展的阶段，唐代瓷器名窑中的河北邢窑与定窑的"影透白瓷"烧制成功，更是符合当今国际通用的"瓷器"标准——"透影性"，成为中国陶瓷史上的一次质的飞跃。北方白瓷与浙江越窑等地的青瓷在地理上交相辉映，形成了"南青北白"的制瓷格局。宋代是我国陶瓷空前发展的时期，该时期与制瓷业相关科技的发展，为制瓷业提供了有利条件，此时的瓷器无论从质量还是数量上均超过了此前历史上任何时期。例如举世闻名的"五大名窑"——定、汝、

中国收藏
拍卖年鉴
2019

CHINESE FINE ART &
ANTIQUES AUCTION
YEARBOOK 2019

官、哥、钧窑，以及驰誉古今的磁州窑、耀州窑、龙泉窑、建阳窑、景德镇窑等都是其中最高的典范。元代的制瓷业则是在继承宋代的基础上仍然有所创新，其中以景德镇窑的青花和釉里红瓷器最为出色。中国古代制瓷业发展到明代，瓷器的生产进入了一个崭新的历史阶段，通过设置御器厂（官窑）专为宫廷供应瓷器的景德镇窑瓷器争奇斗艳，发展突出，晚明景德镇的民窑青花瓷与五彩瓷的制造也独树一帜，此时中国瓷器的对外贸易和制瓷技术的对外传播变得更为频繁。清代初期的康熙、雍正、乾隆三朝景德镇制瓷工艺盛况空前，除以景德镇的官窑为中心外，各地民窑也极为昌盛兴隆，并取得很大的成就，尤其随着西风渐进，瓷器外销，西洋原料及技术的传入，使中国制瓷业更为丰富多元。如果说清初阶段我国瓷器的制造发展达到了历史的又一高峰，则以后由于社会经济、政治的日渐衰落，加之科学技术的保守落后与制瓷工艺的粗制滥造，导致了晚清与民国初期的瓷器质量开始下降，此种局面直到20世纪50年代以后才得到逐渐改变。

基于中国瓷器的历史发展脉络，《中国收藏拍卖年鉴》同时结合中国文物艺术品市场对中国瓷器时期划分的普遍习惯，将中国瓷器按照时期划分为：高古瓷、明清瓷、民国及以后瓷器三大门类。高古瓷是相对于明清瓷的概念，泛指包括东汉在内的魏晋南北朝、隋唐五代、宋元各朝代所制作烧成的各类瓷器，尤以宋代的"五大名窑"瓷器与元代的青花瓷为典型。明清瓷则是指明代及清代这五百余年间烧造的各类官窑与民窑瓷器。民国及以后的瓷器包括1912年至1949年之间的民国瓷器与1949年新中国成立之后的现当代瓷器。

1. 中国瓷器市场逆市而行，稳步攀升

2018年中国瓷器市场在全球经济发展放缓、不确定因素增多的市场环境下，延续了2017年以来的增长态势，2018年继续稳步攀升，与中国文物艺术品市场其他版块相比，尤其是与占据市场份额半壁江山的中国书画相比，呈现出迥然不同的上涨趋势，涨幅虽小，但无疑为整个中国文物艺术市场注入了一剂强心剂。近十年来，中国瓷器全球价格指数整体走势未出现巨大波动，在不同经济环境下理性调整，变化幅度相对较为缓和。中国瓷器全球价格指数最高点（2012年的144点）与最低点（2016年的90点）相差54点，与其他版块诸如中国书画、油画等动辄上百点的指数差值相比，则显得更为平稳。中国瓷器全球价格指数的均值为113点，略高于基期2009年的100点，说明该板块的市场发展稳扎稳打，基础坚实，未来发展仍具潜力。

通过价格指数走势图可以看出，2009年至2018年这十年期间，中国瓷器在全球文物艺术品市场经历了三个阶段：

（1）高速增长期（2009年至2012年），中国瓷器市场经历了2007年与2008年全球经济危机波及影响之后，于2009年出现高速增长的态势，截止到2012年连续

中国瓷器全球价格指数

——● 中国瓷器全球价格指数 ⋯⋯⋯ 平均值

四年上涨，涨至 144 点，为自统计以来的最高值，与基期 100 点相比，高出 44 点。这一时期内中国瓷器市场亿元级别拍品不断涌现，2010 年，一件清乾隆粉彩镂空"吉庆有余"转心瓶在伦敦以 5.54 亿元人民币改写了中国瓷器拍卖纪录，也创下了当时全球范围内中国文物艺术品交易的最高价格，中国瓷器市场的"亿元时代"发展正酣。

（2）理性回落期（2013 年至 2016 年），受全球经济环境遇冷和资金供给不稳定情况再次出现的影响，全球文物艺术品市场受到波及，中国瓷器市场也在此调整期内不断做出理性回落的动作给予回应，自 2013 年起由此前的 144 点，逐步下降至 2016 年的 90 点，该年为自统计以来的指数值最低值。与中国书画市场全球指数此时期内的指数发展趋势不同，中国书画市场全球价格指数在这一下行调整期内，分别于 2013 年与 2014 年保持了两年的小幅度上升，而中国瓷器市场全球价格指数则是不断完成下探性动作，只是在 2014 年下探动作的幅度有所放缓。

（3）企稳回暖期（2017 年至 2018 年），经历此前四年的理性回落调整之后，中国瓷器市场于 2017 年释放出回暖信号，上升到 91 点，尽管此时指数的发展水平仍处于指数平均值之下，但在全球经济发展放缓的 2018 年，其他版块的中国文物艺术品市场大部分处于下行态势之时，中国瓷器全球价格指数在 2018 年呈现出逆市攀升之举，同比 2017 年再增 5 个点，这一举动为全球中国文物艺术品市场的未来发展增强了信心。

自 2009 年至 2018 年的十年之间，中国瓷器全球溢价指数的平均值为 166 点，高于基期 2009 年的 100 点，说明该板块市场整体热度尚好，藏家信心并未受经济的几次下行而受较大影响。从易拍全球研究院（筹）统计的中国瓷器全球溢价指数走势来看，2017 年是市场热度的分水岭，虽然在经济相对较好的年份，出现了三次小高峰，分别是 2010 年的 144 点，2014 年的 149 点和 2016 年的 154 点，但增长幅度并不大，

中国瓷器全球溢价指数

●—— 中国瓷器全球溢价指数　········ 平均值

且一直处于平均值之下。市场热情的集中爆发则是出现在 2017 年与 2018 年，尤其是在 2018 年达到统计以来最高峰 362 点，比平均值高出 196 点，更比基期 100 点高出 262 个点，令人赞叹。在全球经济发展不稳定因素增多的未来几年，中国瓷器全球溢价指数能否保持一路高歌猛进的高亢态势，直接取决于卖方市场能否保持清醒的头脑，给出合理的估价范围，以及处于买方市场的藏家群体能否审时度势，是阔绰掷金还是量力而行的态度。

2. 大陆市场厚积薄发，海外市场直追亚太其他地区市场

中国瓷器有着广泛的收藏群体，遍布世界各地，从易拍全球研究院（筹）对中国瓷器市场统计区域划分来看，其在大陆地区、亚太其他地区以及海外地区的市场表现各有千秋，发展特征明显。

中国大陆地区的中国瓷器价格指数与中国瓷器全球价格指数的走势基本一致，保持着相对稳定、变化幅度较小的发展态势。中国大陆地区中国瓷器指数的平均值为 110 点，仅比基期高出 10 个点，说明市场发展相对缓慢平稳。2011 年，中国大陆地区的中国瓷器价格指数与中国瓷器全球价格指数的走势基本一致，保持着相对稳定、变化幅度较小的发展态势。中国大陆地区中国瓷器指数的平均值为 110 点，仅比基期高出 10 个点，说明市场发展相对缓慢平稳。2011 年，中国大陆地区中国瓷器指数达到了近十年统计的最高值 137 点。之所以出现上述现象，一方面大陆拍行基于中国瓷器已在 2010 年市场的大好形势，藏家群体的数量可观与兴致正盛的现实，在拍卖专场设置上重推中国瓷器来赓续上一年的市场活力；另一方面在于该年随着中国大陆地区房地产等产业再受调整，大陆拍行明显察觉到社会上部分资金开始转向文物艺术品市场中入行门槛相对较低的瓷器板块，新藏家面孔频现，热钱的大量集中涌

中国瓷器各区域价格指数比较

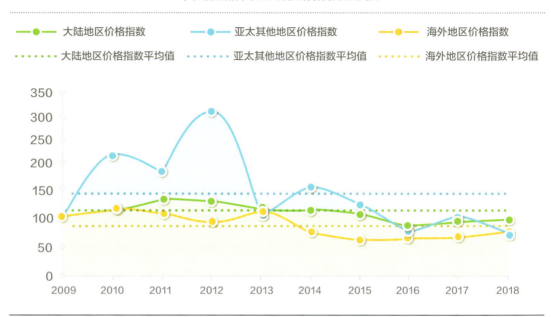

入促高了大陆地区中国瓷器的市场走势。经历了 2011 年的短暂激增之后，此后大陆地区中国瓷器市场不断下调，并于 2016 年开始，其价格指数值连续低于基期的 100 点，该年也为中国大陆地区中国瓷器指数的最低点 96 点。值得注意的是，尽管 2016 年的中国大陆地区中国瓷器指数为 96 点，但仍高于另外两个统计区域的指数值，并自 2016 年始，逐年以微小升幅努力回归至基期价格水平。亚太其他地区是中国瓷器市场中的佼佼者，在 2016 年之前一直领衔其他地区，高位发展。其价格指数最高值在 2012 年出现，高达 308 点，远远高于该区域平均值 164 点，此后市场急剧下滑，并在平均值以下低位前行。2018 年亚太其他地区的中国瓷器价格指数为 76 点，为自十年统计以来的历史新低。说明亚太其他地区对全球经济环境的反应更为强烈。

　　海外地区的中国瓷器收藏群体的市场容量与参与度的作用一直不可小觑。近十年来，海外地区中国瓷器的价格指数与全球中国瓷器价格指数发展趋势大致相同，并向大陆地区看齐，几乎保持着同样的发展步调。其价格指数平均值为 85 点，低于基期的 100 点，一直以来处于低位发展的状态，这与中国瓷器的大量精品与收藏群体主要集中于大陆地区和亚太其他地区有关。2018 年，海外地区的中国瓷器价格指数为 76 点，同比 2017 年增长 10 个点，直追亚太其他地区，与其价格指数趋平。如此现象离不开海外拍行在中国瓷器板块作出的努力耕耘与持续发力，通过不断增加中国瓷器的专场数量，保持与藏家的频繁互动与联系，才取得如此成绩。从易拍全球研究院（筹）的大数据统计来看：2018 年海外地区的中国瓷器成交额为 10.4 亿元，同比上涨 16.0%，其中各价位档次的中国瓷器额的成交量与成价额均比 2017 年有不

中国瓷器各区域溢价指数比较

图例：
- 大陆地区溢价指数
- 亚太其他地区溢价指数
- 海外地区溢价指数
- 大陆地区溢价指数平均值
- 亚太其他地区溢价数平均值
- 海外地区溢价指数平均值

同程度的增长。由此可见，海外地区中国瓷器市场的贡献力量正气势蔚然。

　　通过对比大陆地区、亚太其他地区与海外地区的中国瓷器溢价指数来看，三大区域的市场热度表现各异。总体来说，大陆地区和亚太其他地区的市场热度明显高于海外地区。具体而言，2009 年至 2016 年之间，大陆地区与亚太其他地区的溢价指数不相上下、你争我赶。2016 年后，大陆地区的溢价指数实现了进一步飞跃，市场热度大涨，一度大幅超越亚太其他地区，到达 2018 年的 524 点，比其溢价平均值高出 306 点，比亚太其他地区该年的溢价值高出 109 点，更比该年的海外地区溢价值高出 454 点。如此数据表明中国大陆地区藏家买气高涨，对中国瓷器板块信心十足。具体来看，促高 2018 年中国大陆地区中国瓷器高溢价值的原因在于，大陆个别重要拍行为活跃藏家入藏气氛，推出的 3 场常规性四季拍瓷器专场，统一将拍品估价设置在 2000 元以内，超过 3000 余件瓷器以极低估价集中涌现拍场，但实际价值远远超过统一估价，其中又不乏价格上百万元的拍品成交。以上现象表明，在 2018 年整体文物艺术品市场出现下行之际，拍行此番的估价策略，不失为维护市场信心而做出的一种有效探索。再观海外地区中国瓷器溢价指数，近十年来其保持在基期 100 点之下稳步低位前行，其平均溢价值为 77 点。2018 年，在其他两个区域买气高涨之时，海外地区保持了惯有的冷静与谨慎，该年溢价指数仅为 70 点，只比历史最低值高出 2 个点，说明海外地区的藏家能够根据经济环境的变化量力而行，冷静克制。

3. 不同时期的中国瓷器，市场表现差异明显

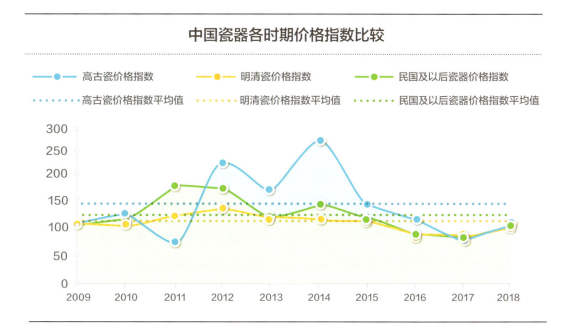

中国瓷器各时期价格指数比较

- 高古瓷价格指数
- 明清瓷价格指数
- 民国及以后瓷器价格指数
- 高古瓷价格指数平均值
- 明清瓷价格指数平均值
- 民国及以后瓷器价格指数平均值

本年鉴根据中国陶瓷史发展和中国文物艺术品市场对中国瓷器时期划分的普遍习惯，将中国瓷器按照时期分为：高古瓷、明清瓷、民国以及后瓷器三大门类。近十年来，这三大时期的中国瓷器市场发展特点显著，形式各异，共同构成了中国瓷器市场的丰富业态。总体来看，近十年来，这三大时期的中国瓷器市场发展愈加理性，能够在不同经济时期做出相应的调整，不断向价格指数平均值靠近，尤其是在经济发展复杂的环境中，2018 年，它们不约而同地出现了同比 2017 年有所上涨的市场发展态势，与其他板块的中国文物艺术品市场不同程度的遇冷情形相比，该年中国瓷器市场则显示出些许回暖之意。

（1）高古瓷市场高位发展，回暖明显

高古瓷是中国瓷器市场的重要组成部分，由于其年代久远，作品存世量普遍较少，尤其是精品，其存世量与上拍量则凤毛麟角，由于其浓重的历史价值与古朴大方的工艺价值深得海内外藏家喜爱。加之中国对高古瓷的上拍一直处于严格审查的监管状态，仅许流传有序、记录在案的高古瓷进入市场流通，因此高古瓷市场在中国大陆地区市场表现较为紧俏，而在亚太其他地区和海外地区市场更为宽裕。

十年来，高古瓷器价格指数较明清瓷和民国及以后瓷器的市场走势相比基本处于高位发展状态，尤其是 2012 年至 2014 年，其各年份指数值均高于其他两个时期中国瓷器指数值。2014 年高古瓷价格指数的高歌猛进则得益于亚太其他区和海外地区的国际大拍行在高古瓷拍场上的集中式发力，该年诞生了首件过亿元的高

高古瓷价格指数

古瓷，"北宋定窑划花八棱大碗"以 1.16 亿元的天价成交，使得高古瓷市场备受鼓舞。高古瓷器价格指数的均值为 138 点，比基期高出 38 点，分别比明清瓷价格指数平均值高出 28 点，比民国及以后瓷器价格指数平均值高出 18 点，可见其市场的"硬核"实力。2018 年，高古瓷器价格指数由 2017 年的 83 点飞速增长至 102 点，涨幅达 22.9%，其增长速度也同样赶超另外两个时期的中国瓷器，并向其价格指数平均值逐渐靠近。2018 年中国瓷器成交价 TOP10 中，仅一件元青花缠枝"福禄万代"大葫芦瓶以 5681 万元位居前十，可见其市场仍有进一步深挖的潜力。也应注意到，近十年来，高古瓷价格指数的最高值与最低值相差近 200 点，说明其市场波动较大，这与各年份高古瓷的成交量与拍品质量，以及政策的宽紧程度有着较为紧密的关系。

高古瓷溢价指数

另外，在高古瓷高位发展的同时，也存在市场的低位发展的价值洼地。以价格指数的均值作为高古瓷市场价格水平的判断指标来看，十年间，仅有 2012 年、2013 年、2014 年及 2015 年四个年份的年度指数高于均值，其中 2015 年仅以 4 个点的微弱幅度勉强站在均值线之上，其他年份则以 20 多点至近 60 点的幅度处于均值线之下。2011 年和 2017 年这两个年份的价格指数甚至不及基期水平，说明了高古瓷市场仍存在投资收藏的价值空间。随着我国对文物艺术品交易制度和相关法律法规的不断完善，以及拍行与藏家对高古瓷市场的不断深入开拓，高古瓷的未来市场将更为健康。

结合高古瓷的溢价指数来看，其平均值为 171 点，十年来，有五年的溢价值在平均值之上，尤以 2012 年和 2018 年溢价最为明显；与基期 100 点相比，仅有一个年份低于 100 点，其他年份均高于基期值。从近三年的发展态势来看，市场热度有了显著的提升，并于 2018 年达到了自统计以来的历史最高值 280 点，比溢价平均值高出 109 点，反映出藏家的入藏热情高涨，市场信心处于高位。

（2）明清瓷市场理性发展，稳中攀升

明清瓷作为中国瓷器市场的重要板块，因其收藏群体众多，对市场成交额贡献最大，故而其价格走势可看作是中国瓷器市场的晴雨表。从 2018 年的中国瓷器板块成交额 TOP10 的排名来看，明清瓷包揽 9 位，又以清代康熙、雍正、乾隆"清三代瓷"为主将，其中清康熙粉红地珐琅彩开光花卉碗以 2.08 亿的天价在香港苏富比"嫣绯金炼——奈特典藏珐琅彩盌"专场中拍出，拔得该年中国瓷器成交额的头筹。也应注意到，在 2018 年的中国瓷器板块成交额 TOP10 中，清乾隆时期的瓷器竟有 7 件入围，其釉色工艺精良又以珐琅彩和粉彩出众，反映出乾隆瓷独具的市场优势。

明清瓷十年来的价格指数走势与中国瓷器全球指数的发展形势与涨跌幅度基本趋同，同样经历了高速增长、理性回落和企稳回暖的三个历史时期。自 2012 年始，明清瓷市场出现下探性发展趋势，并于 2016 年年底完成探底动作，此后市场开始出现回暖迹象，连续两年稳步增长，于 2018 年达到 96 点，向其价格指数平均值上扬靠近。明清瓷市场十年的平均价格指数为 110 点，略高于基期 2009 的 100 点，最高值（2012 年的 137 点）与最低值（2016 年的 87 点）相差 50 点，此差值明显低于高古瓷与民国及以后瓷器的指数差值，说明其市场发展较为稳定扎实。根据易拍全球研究院（筹）的市场调研显示，明清瓷市场之所以在 2018 年经济环境相对疲弱的环境下能够逆市上涨，一方面在于经历了 2012 年以后的市场去泡沫化行动以及投机热钱的逐渐退去，交易双方已逐渐回归理性的现实，市场秩序与交易环境不断良化，显示了明清瓷市场逆市上扬的历史基础；另一方面，藏家的更新换代已

明清瓷价格指数

- ●— 明清瓷价格指数 ⋯⋯ 平均值

（图表纵轴：160, 140, 120, 100, 80, 60, 40, 20, 0）

100 119 134 137 130 108 104 87 90 96

2009 2010 2011 2012 2013 2014 2015 2016 2017 2018

是近两年市场变化不争的事实新象，随着"千禧一代"藏家群体不断增加，其入藏的"开门之器"则是选择在上手较为容易的明清瓷器上，由此也促高了明清瓷乃至整个中国瓷器板块的价格指数走势，营造出该市场的一片融融暖意。

从明清瓷十年来的溢价指数来看，其溢价指数平均值为163点，2016年之前各年份的溢价指数值均在平均值之下低位发展，波动起伏较小。2016年之后，明清瓷市场的热度不断大幅攀升，并于2018年达到历史峰值365点，藏家信心空前高涨。根据易拍全球研究院（筹）的大数据统计显示，造成明清瓷溢价指数近两年空前高涨的原因在于市场全面下沉，以大众收藏为主打的各拍行四季小拍推出价格亲民的明清瓷器，估价往往在一万元左右，而实际成交价则是在十万元左右，其溢价值近十倍，又因该价位的成交量所占市场容量巨大，由此促高了该年总体溢价值的提升。而细观各拍行的春秋两季大拍的溢价值，其平均溢价率基本维持在1倍左右，藏家入藏心态相对理性。故而近两年明清瓷溢价主要来自于四季小拍的高溢价率。

（3）民国及以后瓷器市场持续调整，涨中有忧

民国及以后的瓷器是中国瓷器市场领域中的新生力量，由于其存世时间相比高古瓷与明清瓷显著较短，以及制瓷工艺良莠共存等诸因素影响，其收藏群体相对其他两大时期的瓷器基数较小，更易受到整体经济环境的左右而出现价格波动。

明清瓷溢价指数

—●— 明清瓷溢价指数　⋯⋯⋯ 平均值

民国及以后瓷器的价格指数自 2009 年基期 100 点以来，在十年内经历了由稳步增长到高速攀升再到逐年下跌，小幅回升的市场发展态势。具体来看，民国及以后瓷器的价格指数 2011 年达到统计期内的历史最高值 179 点。2012 年，受全球经济发展放缓的普遍影响，其价格指数随中国文物艺术品市场出现同步下跌，此番下跌动作一直延续到 2017 年的 85 点，为自统计以来的最低值。以 2012 年为例，横向比较高古瓷、明清瓷和民国及以后瓷器的价格指数趋势可以发现：在 2012 年，除了民国及以后瓷器价格指数下跌之外，其他两大时期的瓷器价格指数均出现了不同程度的上涨，且都在该年达到了价格指数最高值。如此数据表明，民国及以后瓷器由于其本身的特质与藏家群体的小众化，难以在经济遇冷的年份抱团取暖，以抵御市场寒冬。2018 年，民国及以后瓷器的价格指数经历了多年市场沉淀之后出现了小幅回升，向好发展，该年其指数值为 99 点，比 2017 年提升了 14 点，但仍比其价格指数平均值 120 点低出21 个点，在未来仍具看涨潜力。

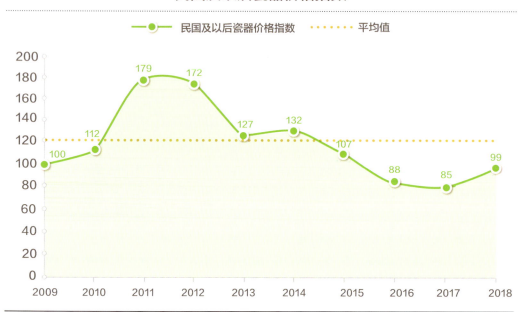

民国及以后瓷器价格指数

民国及以后瓷器价格指数 ----- 平均值

纵观民国及以后瓷器溢价指数，其溢价平均值为 235 点，出现比平均溢价值高的年份在 2014 年、2015 年、2017 年与 2018 年。2014 年其溢价指数一路飞升，高于此前各统计年份的指数值。究其原因则在于民国时期一批精美的仿明清瓷以千元的超低估价上拍，但实际成交价高达上百万元，由此抬高了该年的溢价值。2018 年，民国及以后瓷器溢价指数为 398 点创历史新高，拉高其溢价指数的主要原因在于在日本拍场集中出现中国当代艺术家的瓷器大量上拍，其估价普遍不及万元，但成交价

民国及以后瓷器溢价指数

民国及以后瓷器溢价指数 ----- 平均值

中国收藏
拍卖年鉴
2019

CHINESE FINE ART &
ANTIQUES AUCTION
YEARBOOK 2019

却超越估价百倍，以几十万元的价格成交，价格存在严重虚高的现象。再观这一时期的民国瓷器，其成交价平均只比估价高出 2.2 倍，市场热度涨幅较为合理。通过民国瓷与现当代瓷的溢价比较，可以发现，该板块民国瓷的市场发展日趋良性，而现当代瓷则发展过速，人为操控因素明显，其市场价值有待进一步重估与审视。

中国瓷器各时期溢价指数比较

与高古瓷和明清瓷的溢价指数相比，民国及以后瓷器溢价指数曲线变化起伏明显，涨跌间隔周期较短。十年来，其溢价指数平均值为 235 点，明显高于高古瓷与明清瓷的溢价指数平均值，说明其市场热度整体较高，但也应注意到其中不乏部分投机炒作的因素，亟待市场规范。

Chapter 4
High Value Lots in 2018

第四章 年度重要拍品图录

扫码解析艺术市场

中国书画
Fine Chinese
Paintings &
Calligraphy

中国收藏
拍卖年鉴
2019

CHINESE FINE ART &
ANTIQUES AUCTION
YEARBOOK 2019

中国书画

　　2018 年度对于全球中国书画品类而言是深度调整的一年。在经历了 2017 年的回升后进入调整期，总成交量为 5.9 万件（套），总成交额为 206.2 亿元人民币，其市场份额在继 2017 年下滑至 48.5% 之后，持续走低，下降至 43.0%，主导地位持续弱化。

　　从全球区域市场观察，中国书画的关注度主要集中在中国大陆地区，其中国书画成交额占全球总成交额的 78.6%，同时也是该品类高价拍品的集中地区，由于中国嘉德、北京保利、北京匡时、西泠印社等实力较强的大牌拍卖企业集中在中国大陆地区，品牌效应带来的市场吸引力较高。而且大陆地区的藏家对中国书画的青睐与收藏由来已久，具有悠久的历史收藏传统，这是其他区域市场所无法企及的。亚太其他地区略有收缩，成交率有所下降，从 2017 年的 60.5% 下降至 52.8%，其成交额也有所下降，由 2017 年的 47.2 亿元人民币下降至 39.7 亿元人民币，由于受到经济放缓影响，亚太其他地区中国书画品类市场出现下调。海外地区市场表现相对低迷，成交额由 2017 年的 12.7 亿元人民币急降至 4.5 亿元人民币，结束 2017 年攀升的态势。

　　中国书画品类市场是中国文物艺术品拍卖市场的重要板块。具体来看，古代书画和近现代书画板块市场回落幅度较大，但仍然是中国书画品类的主要力量。其中，中国古代书画的成交额为 56.6 亿元，比 2017 年下降了 23.4 个百分点，成交量为 1.4 万件（套），比 2017 年微升 5.5 个百分点。由于古代书画数量有限，精品的释出数量对于古代书画的总成交额影响较大，成交额在 500 万以上的拍品为 165 件（套），比 2017 年下降了 18.3%，2018 年古代书画高端拍品较少，仅出现了 3 件过亿拍品，比 2017 年减少了 6 件，成交额减少了 8.7 亿元。佳士得香港推出的苏轼的《木石图》以 4.04 亿元人民币夺得了年度最贵中国书画头衔，成为佳士得在亚洲举行拍卖以来成交价最高的拍品。在近现代书画板块中，2018 年成交额为 120.2 亿元人民币，同比 2017 年下降 30.3 个百分点。仅有 4 件过亿拍品，比 2017 年减少了 6 件。其中，中国嘉德推出的潘天寿《无限风光》，以约 2.87 亿元人民币成交，刷新了该艺术家个人拍卖纪录。当代书画成交额同比 2017 年增长 5.2%，达 29.4 亿元，成交量达到 11917 件（套），同比 2017 年增长了 39.5%。当代书画呈现出稳定攀升的市场态势。由于当代书画数量大，收藏群体稳定，加上展览和媒体宣传的积极影响，在整体下滑的中国书画市场中异军突起，表现不凡。

　　观察 2018 年全球中国书画市场的变化，作为主要收藏品类的中国书画，受经济增速放缓影响，买家竞价谨慎保守，导致其在全球中国文物艺术品中的影响力弱化。仅当代艺术板块表现突出，认可度提高。市场信心稳中调整，趋于理性。

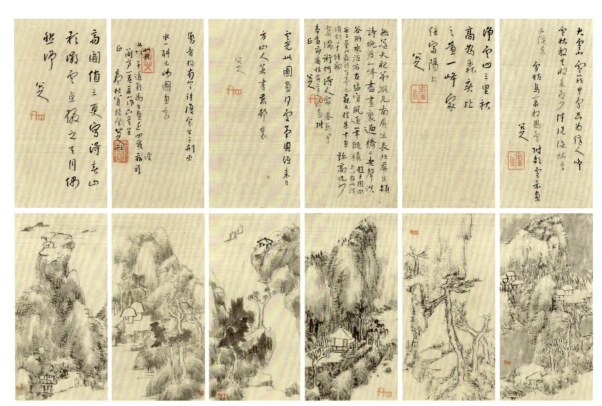

八大山人 兰亭诗书册
佳士得香港　2018/11/26　LOT 8003
水墨纸本　24×13.5cm×12
成交价　RMB 21,015,968

八大山人　松石
苏富比香港　2018/10/1　LOT 2558
立轴 水墨纸本　116.1×45.7cm
成交价　RMB 11,615,465

八大山人　双鹰图
际华春秋　2018/12/22　LOT 3076
立轴 设色纸本　8 平尺
成交价　RMB 5,750,000

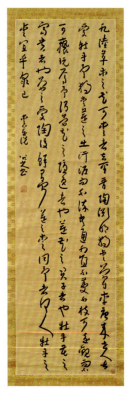

八大山人　草书《爱莲说》
上海匡时　2018/4/30　LOT 638
立轴 纸本　177×50cm
成交价　RMB 9,200,000

中国书画 ┈┈ 古代 ┈┈ 八大山人

中国收藏
拍卖年鉴
2019

CHINESE FINE ART &
ANTIQUES AUCTION
YEARBOOK 2019

八大山人　墨荷图
北京匡时　2018/6/16　LOT 1721
手卷 纸本　23.5×258cm
成交价　RMB 35,075,000

八大山人　山水轴
苏富比巴黎　2018/6/12　LOT 35
立轴 水墨绢本　157 x 48cm
成交价　RMB 6,542,310

八大山人　墨梅图
中国嘉德　2018/6/18　LOT 409
立轴 水墨纸本　125×34cm
成交价　RMB 34,500,000

八大山人　鱼雀图
中鸿信　2018/10/6　LOT 147
立轴 水墨绫本　85×40cm
成交价　RMB 13,800,000

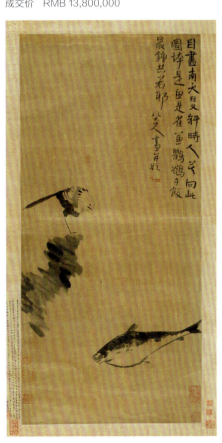

中国收藏
拍卖年鉴
2019

CHINESE FINE ART &
ANTIQUES AUCTION
YEARBOOK 2019

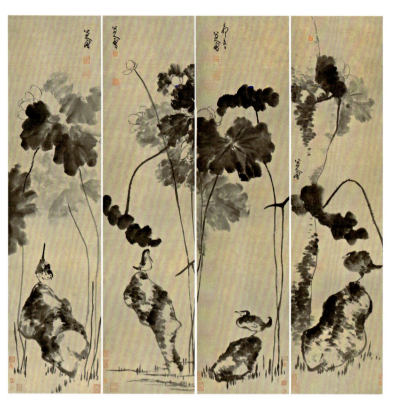

八大山人　花鸟四屏
中鸿信　2018/7/13　LOT 767
镜心　150×40cm×4
成交价　RMB 65,550,000

八大山人　墨荷图
北京荣宝　2018/12/3　LOT 75
立轴 水墨纸本　139×36cm
题跋 28×8cm，24×248cm
成交价　RMB 9,430,000

八大山人　水墨花鸟册
北京保利　2018/12/8　LOT 3586
册页 水墨纸本　31×23cm×8
成交价　RMB 10,925,000

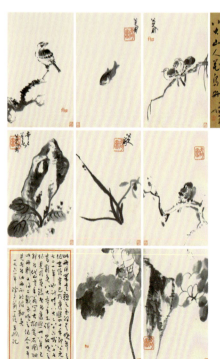

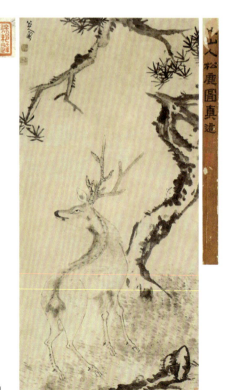

八大山人　古松瑞鹿
北京匡时　2018/6/16
LOT 1723
立轴 纸本　175×84cm
成交价　RMB 6,900,000

八大山人　枝上鹦鸲图
北京保利　2018/6/17　LOT 1706
立轴 水墨纸本　32.5×26cm
成交价　RMB 18,400,000

八大山人　墨鸭图
中国嘉德　2018/11/20　LOT 403
镜心 水墨纸本　32.5×26cm
成交价　RMB 15,640,000

八大山人　行草书李攀龙《送耿蠡县之官》诗
北京保利　2018/12/8　LOT 3585A
立轴 水墨纸本　187.5×91cm
成交价　RMB 15,295,000

八大山人　葡萄双鸟图
北京匡时　2018/6/16　LOT 1722
立轴 纸本　105×39cm
成交价　RMB 5,405,000

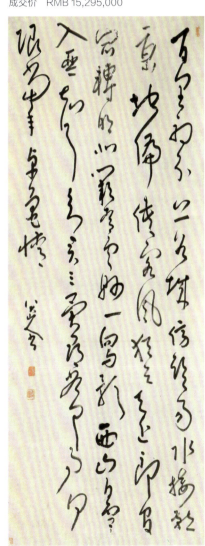

191

中国收藏
拍卖年鉴
2019

CHINESE FINE ART &
ANTIQUES AUCTION
YEARBOOK 2019

陈洪绶　文姬归汉图
北京保利　2018/12/8　LOT 3570
立轴 设色绢本　121×48cm
成交价　RMB 9,200,000

蔡含 密钥 冒襄　春色先来十二红
中贸圣佳　2018/11/24　LOT 3047
立轴 设色纸本　147×37.5cm
成交价　RMB 7,590,000

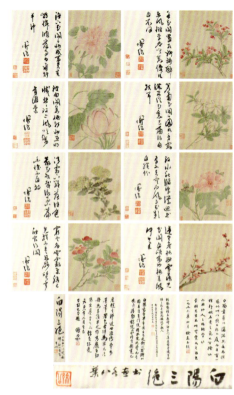

陈淳　诗书画三绝册
北京保利　2018/6/17　LOT 3037
册页（十六开）设色纸本　21×16cm×16
成交价　RMB 9,200,000

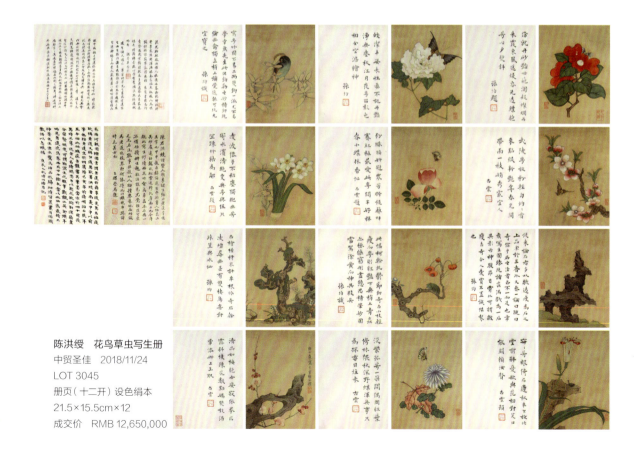

陈洪绶　花鸟草虫写生册
中贸圣佳　2018/11/24
LOT 3045
册页（十二开）设色绢本
21.5×15.5cm×12
成交价　RMB 12,650,000

邓石如 篆书朱韩山座右铭
中国嘉德 2018/11/20 LOT 391
立轴 水墨纸本 104×37cm
成交价 RMB 8,280,000

丁野夫 幽溪听泉图
北京保利 2018/12/8 LOT 3588
立轴 水墨绢本 22×24cm
成交价 RMB 19,320,000

董其昌 仿米芾《烟江叠嶂图书画卷》
苏富比香港 2018/4/1 LOT 2273 手卷 设色绢本
画 23.5 x 138.7 cm 书 23.5 x 119.5cm
成交价 RMB 7,026,161

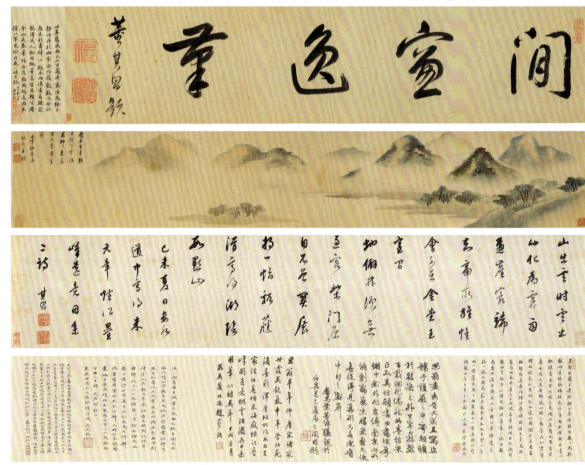

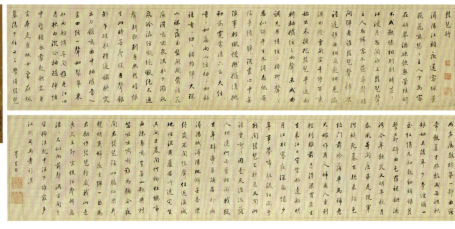

董其昌　行书《琵琶行》
北京匡时　2018/6/16
LOT 1749 手卷 纸本
本幅 22×196cm
题跋 22×20cm
成交价　RMB 9,775,000

方琮　扁舟载鹤图
西泠印社　2018/12/15　LOT 539
立轴 设色纸本　202×112cm
成交价　RMB 18,400,000

傅山　草书李商隐诗
北京匡时　2018/12/6　LOT 1327
立轴 绫本　176×51cm
成交价　RMB 7,360,000

傅山　1654 年作 草书《开我慧者并太原三先生传》
北京匡时　2018/6/16　LOT 1753
手卷 绫本　24×185cm，24×179cm
成交价　RMB 25,185,000

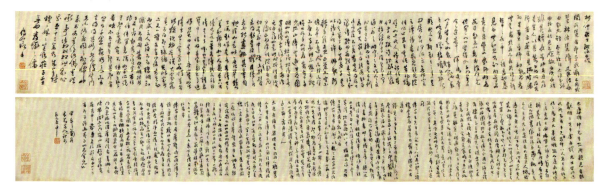

傅山　草书七言诗
北京保利　2018/6/17　LOT 3041
立轴　水墨绫本　201×49.7cm
成交价　RMB 8,855,000

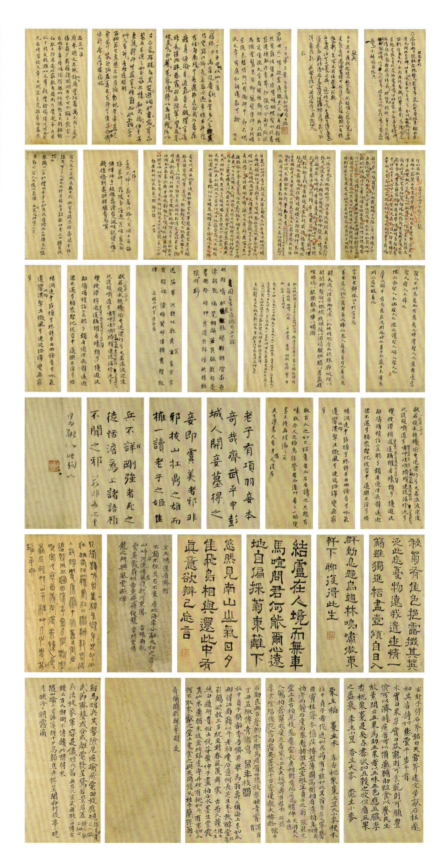

傅山　诗文书翰册（三十六页）
西泠印社　2018/7/7　LOT 477
册页纸本　尺寸不一（册页尺寸 33×19cm）
成交价　RMB 5,520,000

龚贤 山水（十二帧）
荣宝斋（上海） 2018/12/23
LOT 429 镜心 水墨纸本
成交价 RMB 5,520,000

龚贤 培芝图
荣宝斋（上海） 2018/12/23
LOT 430 立轴 水墨绢本
成交价 RMB 7,130,000

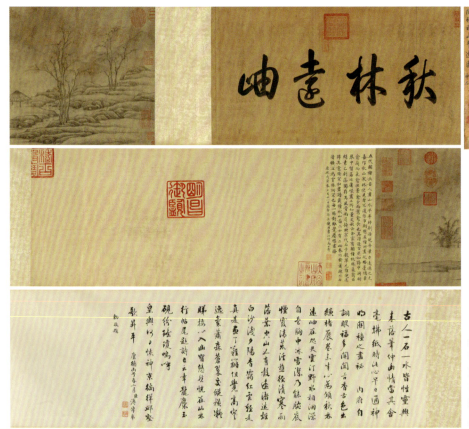

关仝 秋山平远图
中国嘉德 2018/11/20
LOT 411 手卷 水墨纸本
引首 30×55cm，画 30×49.7cm，
跋 30×160cm
成交价 RMB 12,075,000

中国书画 ── 古代 ── 弘仁 黄公望 黄庭坚

弘仁 1659 年作 墨笔山水卷
北京保利 2018/6/17 LOT 3027
手卷 水墨纸本 24×171cm
成交价 RMB 5,750,000

黄公望 至元四年（1338）年作 听泉图
东京中央 2018/9/2 LOT 313
立轴 设色纸本 73.5×29.4cm
成交价 RMB 5,179,196

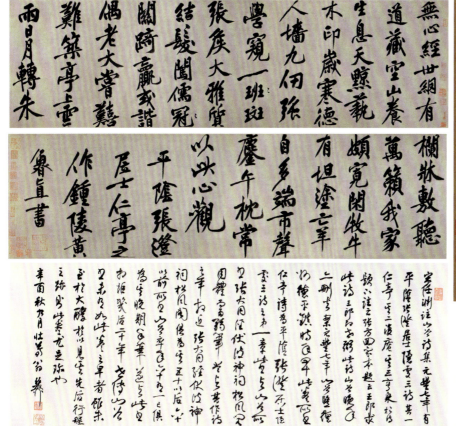

黄庭坚 仁亭诗卷
上海朵云轩 2018/6/24 LOT 848
手卷 纸本 33×235cm
成交价 RMB 20,125,000

197

浙江　秋山双瀑图
北京匡时　2018/12/6　LOT 1317
立轴 纸本　112×53.5cm
成交价　RMB 33,350,000

金农　隶书徐伯珍事迹
中国嘉德　2018/6/18　LOT 401
立轴 水墨纸本　130.5×61cm
成交价　RMB 5,060,000

金农　壬申（1752）年作 墨竹图
上海敬华　2018/6/26　LOT 839
立轴 水墨纸本　172×35.5cm
成交价　RMB 8,510,000

金农　梅林觅句图
佳士得香港　2018/6/26　LOT 8015
手卷 设色纸本　32.5×131.5cm
成交价　RMB 14,737,339

柯九思　墨竹卷
苏富比巴黎　2018/6/12　LOT 23
手卷 水墨纸本　27.5×168.5cm
成交价　RMB 5,617,602

中国书画 ── 古代 ── 康熙帝 李含渼

康熙帝
1713 年作 御书《药师瑠璃光如来本愿功德经》(150 页)
北京保利 2018/12/8
LOT 3560 册页 水墨绢本
30.5×12.5cm×150
成交价 RMB 36,800,000

李含渼
康熙己巳(1689)年作 水村图
中国嘉德 2018/11/20
LOT 397 手卷 设色纸本
引首 21×93cm,
画 21.3×145.3cm,
跋 21.3×683cm
成交价 RMB 5,405,000

中国收藏
拍卖年鉴
2019

CHINESE FINE ART &
ANTIQUES AUCTION
YEARBOOK 2019

中国书画 —— 古代 —— 刘钰　林椿　陆复

林椿　小桃白禽
佳士得香港　2018/11/27　LOT 935
镜心 设色绢本　25cm
成交价　RMB 15,783,777

刘钰　为"抑之"作山水
北京保利　2018/6/17　LOT 3039
镜心 设色纸本　118×45cm
成交价　RMB 5,405,000

陆复　顾禄　书画合璧 手卷 水墨纸本
北京保利　2018/6/17　LOT 1708A
手卷 水墨纸本　21.9×91.4cm
成交价　RMB 5,750,000

中国书画 —— 古代 —— 倪元璐 钱维城

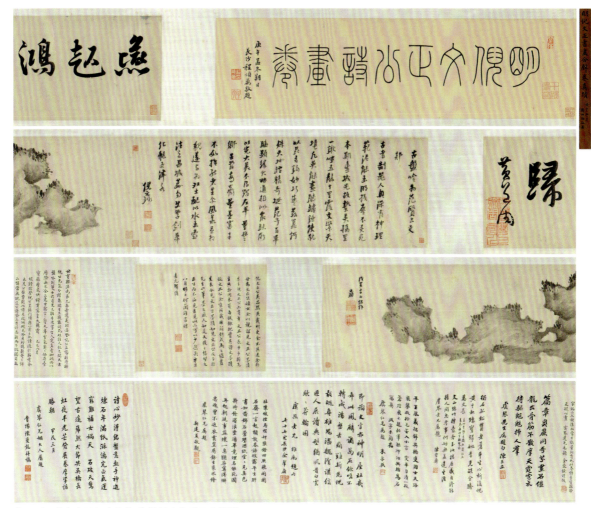

倪元璐 戊寅（1638）年作 为范景文作书画合璧卷
中国嘉德 2018/11/20 LOT 406
手卷 水墨纸本 引首（1）27×100.5cm，引首（2）28×64cm，
书画 28×175.5cm，跋（1）27.7×34.4cm，跋（2）30×165cm
成交价 RMB 28,750,000

钱维城 富春秋色图
中国嘉德 2018/11/20 LOT 0413
手卷 设色纸本 36.5×564cm
成交价 RMB 67,850,000

中国收藏
拍卖年鉴
2019

CHINESE FINE ART &
ANTIQUES AUCTION
YEARBOOK 2019

钱维城 花卉册
中国嘉德 2018/6/18 LOT 404
册页（十二开）设色纸本 27.5×37cm×12
成交价 RMB 66,700,000

乾隆帝 1778 年作 楷书《志谢碑》
北京翰海 2018/12/7 LOT 649
立轴 纸本 215.5×87cm
成交价 RMB 9,660,000

乾隆帝 1776 年作 荷菊清供图
北京保利 2018/12/8 LOT 3559
立轴 水墨纸本 62.5×35cm
成交价 RMB 12,880,000

沈周 林隐图卷
北京荣宝 2018/12/3 LOT 86
手卷 设色纸本 31×447cm
成交价 RMB 7,820,000

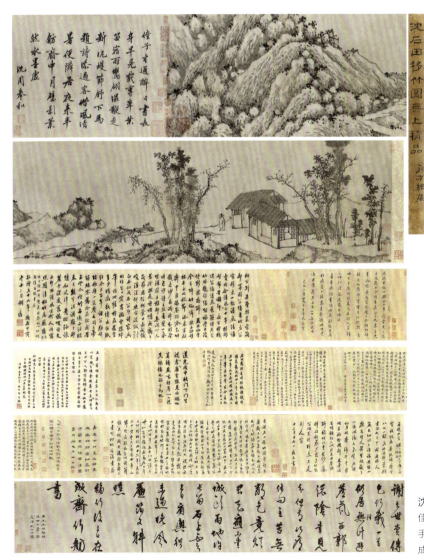

沈周 移竹图
佳士得香港 2018/5/28 LOT 942
手卷 水墨纸本 24.5×98cm
成交价 RMB 13,743,301

沈周　吴江图
佳士得香港　2018/11/27　LOT 964
手卷 水墨纸本　画心 30.7×170cm，题跋 30.7×108cm
成交价　RMB 9,505,148

石涛　1687 年作 品茶图
北京保利　2018/6/17　LOT 3042
镜心 水墨纸本　122×55cm
成交价　RMB 11,500,000

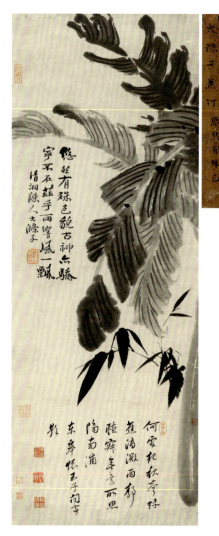

石涛　蕉竹图
北京保利　2018/6/17　LOT 1707
立轴 水墨纸本　103×38cm
成交价　RMB 11,500,000

石涛

1681 年作 程京萼对题八开山水册

北京匡时 2018/12/6 LOT 1315

册页 纸本

绘画 17.5×12.5cm×8

书法 17.5×12.5cm×8

成交价 RMB 35,075,000

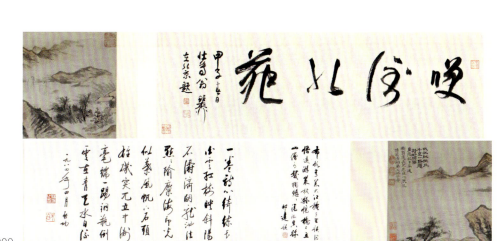

石涛 大江红树

上海敬华 2018/12/21

LOT 861 手卷 纸本

引首 32×98cm

画心 31.5×59cm

题跋 32×98cm

成交价 RMB 14,260,000

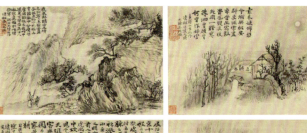

石涛 溪上茆亭
北京匡时　2018/6/16　LOT 1719
立轴 绢本　87×51cm
成交价　RMB 5,520,000

石涛 宋人诗意图
北京匡时　2018/6/16　LOT 1718
册页（四帧）纸本　画 18×28cm×4，题跋 22×30cm×2
成交价　RMB 5,980,000

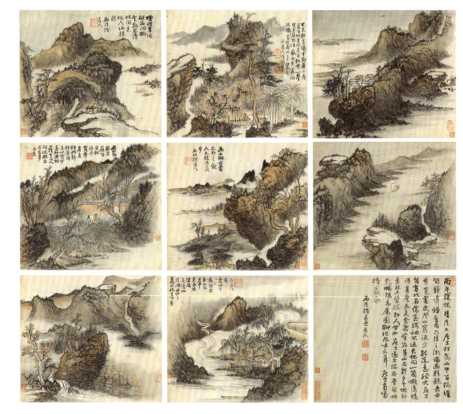

石溪　1666 年作 山水画册（九页）
西泠印社　2018/12/15　LOT 543
册页 设色纸本　33×29.5cm×9
成交价　RMB 5,175,000

苏轼 木石图

佳士得香港 2018/11/26 LOT 8008

手卷 水墨纸本 画长 26.3×50cm，画连题跋长 26.3×185.5cm，全卷连裱共长 27.2× 543cm

成交价 RMB 404,273,981

苏轼 行书陶渊明诗卷

东京中央 2018/9/3 LOT 1033

手卷 水墨纸本 水墨绢本

成交价 RMB 6,565,178

207

中国收藏
拍卖年鉴
2019

CHINESE FINE ART &
ANTIQUES AUCTION
YEARBOOK 2019

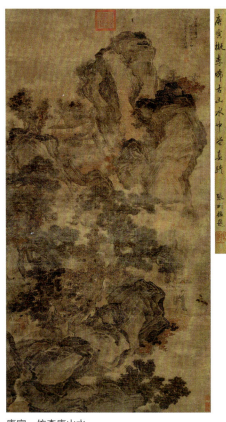

唐寅　仿李唐山水
中鸿信　2018/7/13　LOT 961
立轴 设色绢本　172×89cm
成交价　RMB 9,085,000

唐寅　临流试琴图
西泠印社　2018/7/7　LOT 465
立轴 水墨纸本　50×27cm
成交价　RMB 10,580,000

唐寅　行书落花诗卷 花香引蝶来
荣宝斋（上海）　2018/12/23　LOT 394
手卷 水墨纸本 设色纸本　30.5×273.5cm（不包括题跋）
成交价　RMB 7,187,500

中国书画 ——— 古代 ——— 唐寅 王铎

唐寅 1520 年作 妒花觅句图
西泠印社 2018/12/15 LOT 531
立轴 水墨纸本 62×29.5cm
成交价 RMB 7,475,000

王铎 草书五言诗
北京保利 2018/6/17 LOT 1703
立轴 水墨绫本 275×50cm
成交价 RMB 11,500,000

王铎 1650 年作草书鲁斋歌卷
西泠印社 2018/7/7 LOT 446
手卷 绫本 画心 312×26cm，题跋 133×26.5cm
成交价 RMB 12,650,000

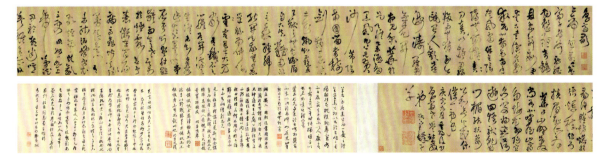

中国书画 —— 古代 —— 王铎　王绂

中国收藏
拍卖年鉴 2019

CHINESE FINE ART &
ANTIQUES AUCTION
YEARBOOK 2019

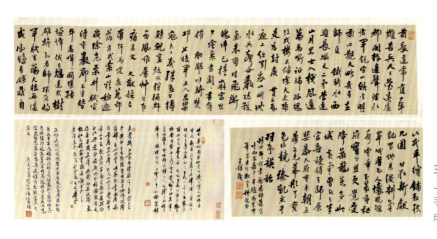

王铎　行书
上海敬华　2018/12/21　LOT 860
手卷 绫本　35×245cm
成交价　RMB 5,060,000

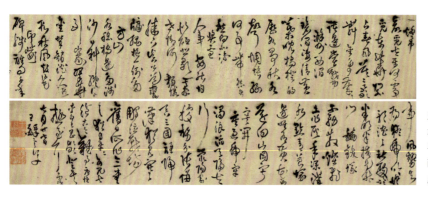

王铎　1646 年作 草书七绝七首
北京保利　2018/12/8　LOT 3597
手卷 水墨绫本　引首：26.5×103.5cm，
画心：26.5×272cm，题跋：30.5×95cm
成交价　RMB 9,315,000

王绂　1414 年作 笔舫图卷
北京保利　2018/6/17　LOT 3044
手卷 水墨纸本　画心 24×46cm，题跋 24×667cm
成交价　RMB 20,700,000

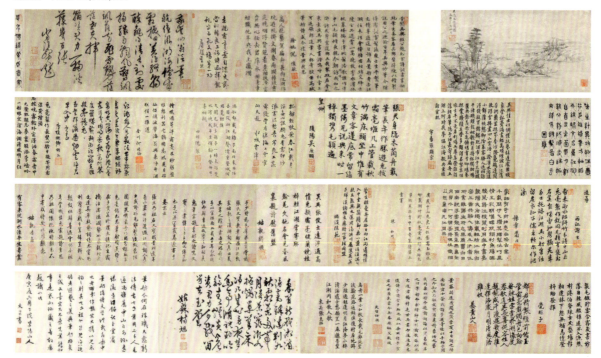

王穀祥 乾隆帝 花鸟书法对题十八开册
北京荣宝 2018/12/3 LOT 76
册页（三十六页）设色（水墨）纸本 28×32cm×36
成交价 RMB 29,555,000

王铎 草书
荣宝斋（上海） 2018/12/1
LOT 399
立轴 水墨绫本 201×55.5cm
成交价 RMB 17,307,500

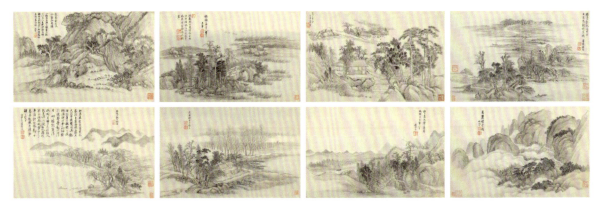

王翚 山水
苏富比纽约 2018/3/23 LOT 1260
8开镜框 设色纸本 26.3×41.3cm×8
成交价 RMB 8,508,516

211

中国收藏
拍卖年鉴
2019

CHINESE FINE ART &
ANTIQUES AUCTION
YEARBOOK 2019

王翚　康熙丙申（1716 年）作 仿惠崇水村图
中国嘉德　2018/6/18　LOT 413
立轴 设色纸本　101.5×62cm
成交价　RMB 9,200,000

王翚　春山积雪图
北京匡时　2018/6/16　LOT 1713
立轴 绢本　120×49cm
成交价　RMB 23,920,000

王翚　1710 年作 溪桥峻岭图
北京保利　2018/6/17　LOT 1705
立轴 设色纸本　214×116.5cm
成交价　RMB 32,200,000

王鉴　1667 年作 仿倪高士渔庄秋色
北京匡时　2018/6/16　LOT 1717
立轴 纸本　113×47.5cm
成交价　RMB 20,700,000

王时敏　1647 年作 山居论道图
北京保利　2018/6/17　LOT 3010
立轴 水墨纸本　154×74cm
成交价　RMB 5,750,000

王时敏　仿古山水册
北京保利　2018/6/17　LOT 3043
册页（八开）设色纸本　44×28cm×8
成交价　RMB 26,450,000

王荫昌 《慕槐仰梧书屋第二图》并诸家题咏
中国嘉德　2018/10/3　LOT 1737
手卷 水墨纸本　引首 39×186.9cm，
画 46.2×101cm，跋 46.2×1071cm
成交价　RMB 7,150,661

文嘉　1578 年作 洗竹山房图
北京保利　2018/12/8　LOT 3590
手卷 设色纸本　画 26×111cm，跋 26×92cm
成交价　RMB 12,420,000

中国收藏
拍卖年鉴
2019

CHINESE FINE ART &
ANTIQUES AUCTION
YEARBOOK 2019

王原祁 甲午(1714)年作 仿倪黄小景
上海嘉禾 2018/12/22 LOT 8005
立轴 设色纸本 64×35.5cm
成交价 RMB 5,750,000

王原祁 山水扇面(十二帧)
中国嘉德 2018/11/20 LOT 415
册页(十二开)设色、水墨纸本
约18×55.5cm×12
成交价 RMB 20,700,000

王原祁 虞山胜景
苏富比纽约 2018/9/13 LOT 681
手卷 水墨纸本 128.5×57cm
成交价 RMB 8,305,625

王原祁 万壑松风图
北京保利 2018/6/17 LOT 3009
立轴 水墨纸本 54×33cm
成交价 RMB 5,750,000

中国收藏
拍卖年鉴
2019

CHINESE FINE ART &
ANTIQUES AUCTION
YEARBOOK 2019

文徵明　溪堂谯别图
北京保利　2018/12/8　LOT 3591
手卷 设色纸本 引首 26×57cm,
画心 26×80cm, 题跋 26×435cm
成交价　RMB 87,975,000

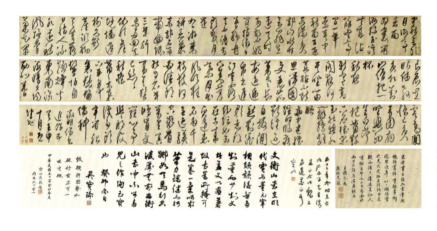

文徵明　草书
佳士得香港　2018/5/28　LOT 959
手卷 水墨纸本　30 x 912cm
成交价　RMB 6,424,383

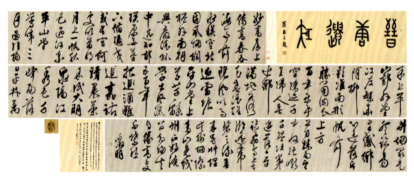

文徵明　行草书诗卷
东京中央（香港）　2018/11/25　LOT 634
手卷 纸本　33×622cm
成交价　RMB 7,521,275

文徵明　书画赤壁图赋
苏富比纽约　2018/3/23　LOT 1259
手卷 设色纸本 水墨纸本　画 30.6 x 150.4cm 书 30.6 x 435.1cm
成交价　RMB 6,978,895

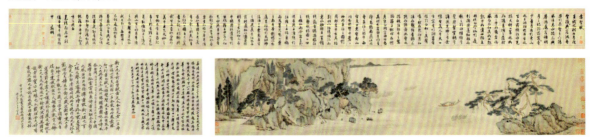

中国书画 —— 古代 —— 吴彬 徐渭

吴彬 高山流水图
佳士得香港 2018/11/27 LOT 932
手卷 水墨纸本 328×102cm
成交价 RMB 5,319,394

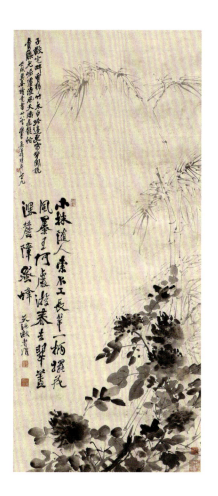

徐渭 墨王翠盖图
北京保利 2018/12/8 LOT 3587
立轴 水墨纸本 148×65cm
成交价 RMB 19,550,000

徐渭 牡丹竹石图
中国嘉德 2018/11/20 LOT 402
镜心 水墨纸本 122.5×30cm
成交价 RMB 11,500,000

徐渭 墨花千六种三绝卷
中鸿信 2018/1/6 LOT98
手卷 水墨纸本 29.5×870cm
成交价 RMB 5,175,000

217

姚允在　桐江萧寺图
北京匡时　2018/6/16　LOT1726
手卷 绢本　47×978cm
成交价　RMB 28,405,000

伊秉绶　隶书五言联
北京保利　2018/6/17　LOT 3017
对联 水墨洒金笺　178×33cm×2
成交价　RMB 5,750,000

伊秉绶　隶书"咏春轩"
北京匡时　2018/6/16
LOT 1745
镜心 纸本　37×130cm
成交价　RMB 7,935,000

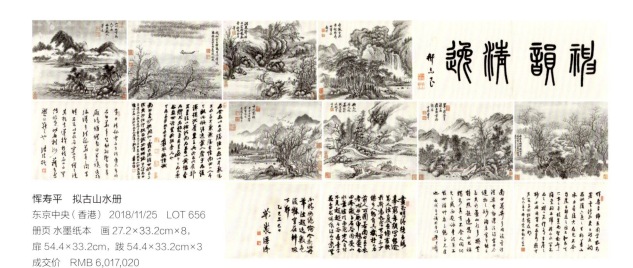

恽寿平　拟古山水册
东京中央（香港）2018/11/25　LOT 656
册页 水墨纸本　画27.2×33.2cm×8，
扉 54.4×33.2cm，跋 54.4×33.2cm×3
成交价　RMB 6,017,020

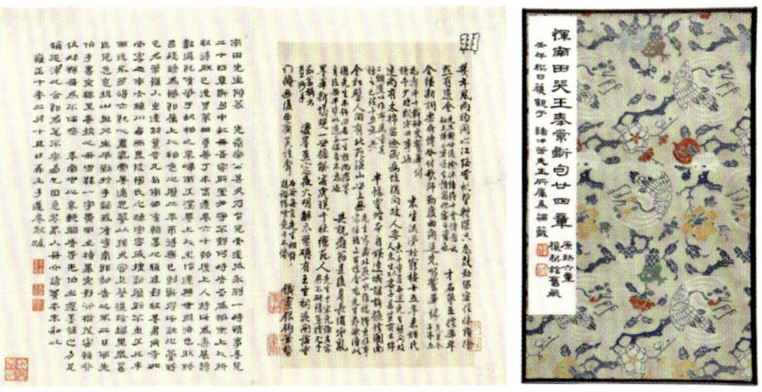

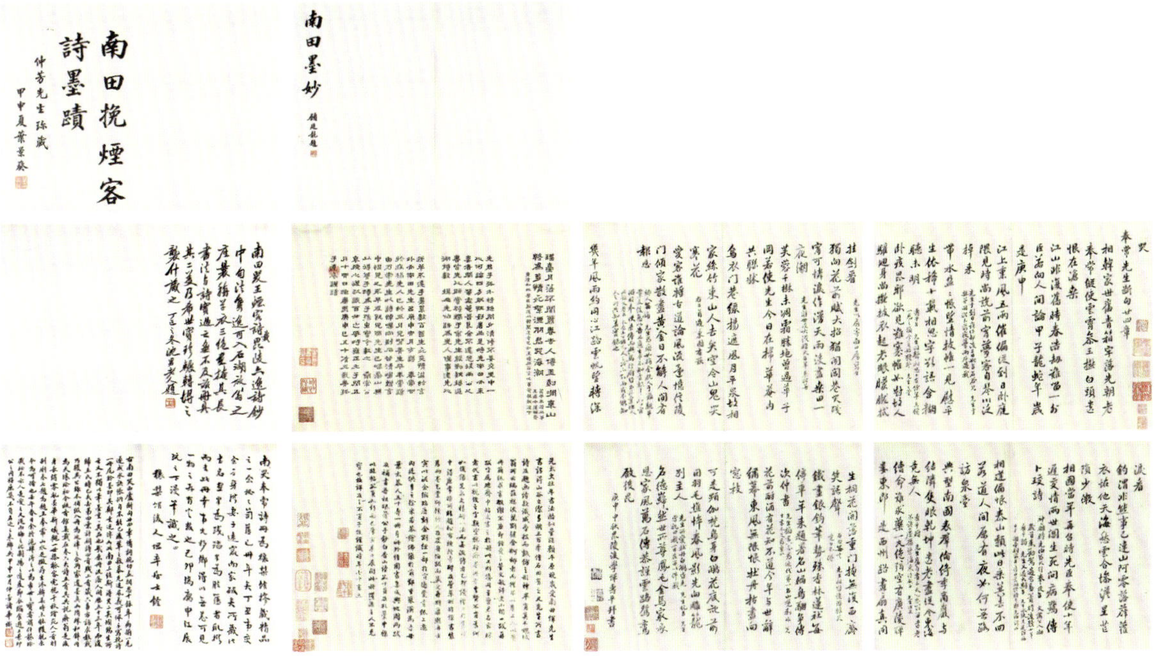

恽寿平 哭王奉常断句二十四章册

中贸圣佳 2018/6/20 LOT 389

册页 水墨纸本 26×35.5cm×9

成交价 RMB 10,810,000

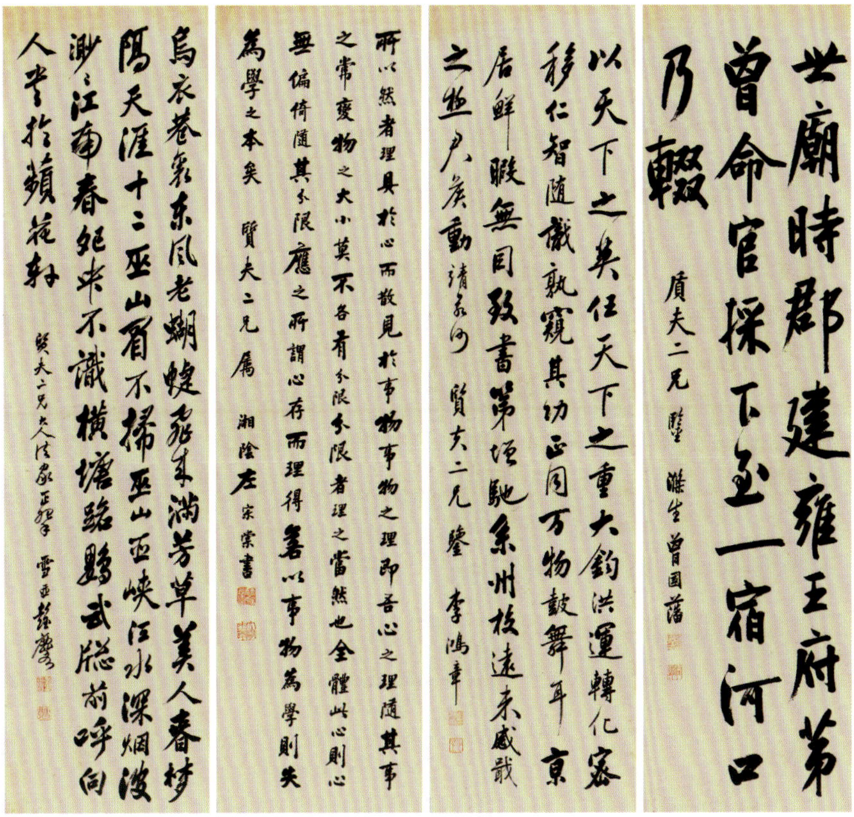

曾国藩 李鸿章 左宗棠 彭玉麟 行书

中国嘉德 2018/11/22 LOT 991

立轴 四条屏 水墨纸本

178.5×46.5cm×4

成交价 RMB 6,555,000

中国收藏
拍卖年鉴
2019

CHINESE FINE ART &
ANTIQUES AUCTION
YEARBOOK 2019

中国书画 —— 古代 —— 朱邦　朱伦瀚　查士标

朱邦　献寿图
北京保利　2018/6/17
LOT 3033
镜心 设色绢本　192×96cm
成交价　RMB 5,520,000

朱伦瀚　潇湘烟霭图
北京匡时　2018/6/16　LOT 1712
立轴 设色绢本　148×63cm
成交价　RMB 22,425,000

查士标　清溪水阁图
上海敬华　2018/6/26　LOT 840
立轴 水墨绫本　163×48cm
成交价　RMB 5,750,000

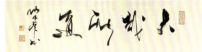

张弼 草书韩愈《进学解》
北京匡时 2018/6/16 LOT1751
手卷 纸本 引首 31.5×118cm，本幅 29×487cm，题跋 29×110cm
成交价 RMB 15,525,000

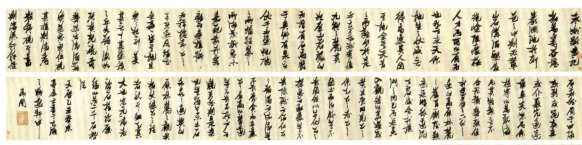

张瑞图 草书《永州新堂记》
北京匡时 2018/6/16 LOT 1752
手卷 纸本 本幅 30.5×621cm，题跋 30.5×68cm
成交价 RMB 6,325,000

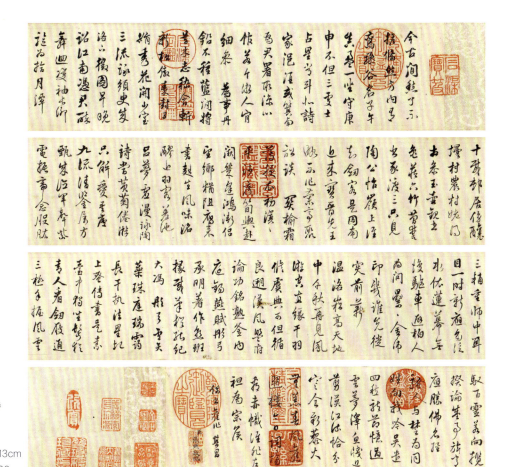

张照 临董其昌书杂诗
中国嘉德 2018/6/18
LOT 403
手卷 水墨纸本 7.5×113cm
成交价 RMB 7,820,000

中国收藏
拍卖年鉴
2019

CHINESE FINE ART &
ANTIQUES AUCTION
YEARBOOK 2019

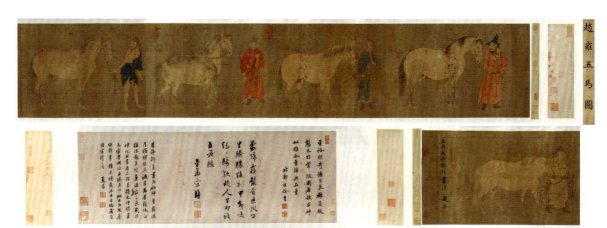

赵雍　仿韩幹五马图
中国嘉德　2018/10/3　LOT 1796
手卷 设色绢本　画 29×212cm，跋 29×82cm
成交价　RMB 5,395,697

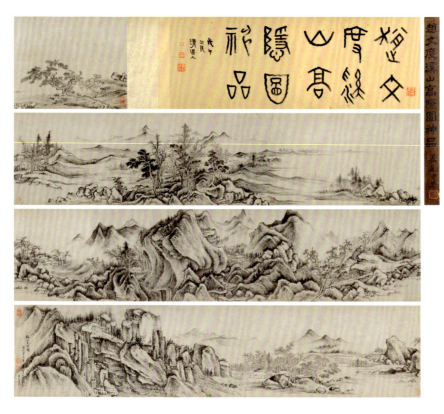

赵左　溪山高隐图
北京保利　2018/12/8　LOT 3589
手卷 水墨纸本　31.2×454.7cm
成交价　RMB 30,130,000

赵左　溪山无尽图卷
北京保利　2018/6/17　LOT 3040
手卷 设色纸本
画心 28×605cm，题跋 28×127cm
成交价　RMB 40,250,000

赵之谦　太华峰头玉井莲
北京匡时　2018/11/24　LOT 1746
立轴 纸本　175×45cm
成交价　RMB 5,290,000

周臣　闲步柳畔
苏富比纽约　2018/3/23　LOT 1256
镜框 设色绢本　140.5×73.4cm
成交价　RMB 12,179,606

赵之谦　篆书"德善信斋"
北京保利　2018/6/17　LOT 1702
横披 水墨纸本　46×166cm
成交价　RMB 6,900,000

周臣　山居访友图
北京匡时　2018/12/6　LOT 1306
立轴 绢本　175×95.5cm
成交价　RMB 7,590,000

223

中国收藏
拍卖年鉴
2019
CHINESE FINE ART &
ANTIQUES AUCTION
YEARBOOK 2019

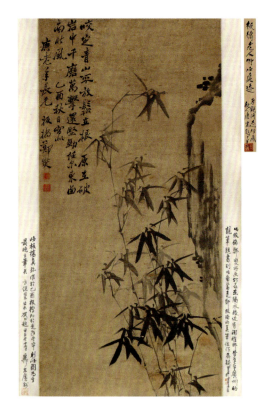

郑板桥　竹石图
北京荣宝　2018/12/3　LOT 78
立轴 设色纸本　131×52.5cm
成交价　RMB 5,750,000

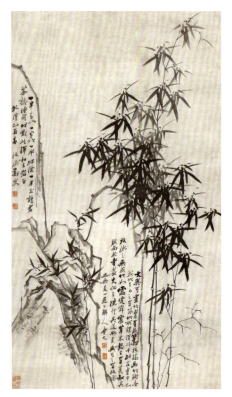

郑板桥　竹石图
荣宝斋（上海）　2018/1/21　LOT 398
立轴 水墨纸本　179.5×101cm
成交价　RMB 18,515,000

周鼎　左良玉出师图卷
中贸圣佳　2018/11/24　LOT 3046
手卷 设色绢本　40×622.5cm
成交价　RMB 6,555,000

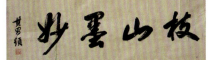

祝允明 书法
际华春秋 2018/12/22 LOT 3018
长卷 纸本水墨 长卷 32.5×384cm，题跋 93×32.5cm
成交价 RMB 5,175,000

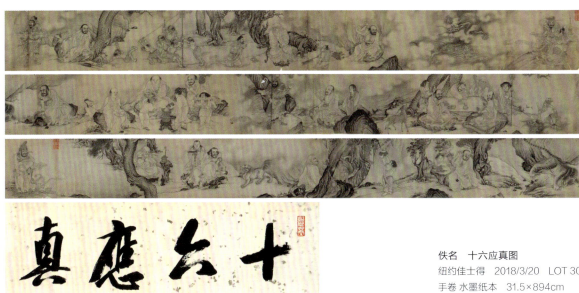

佚名 十六应真图
纽约佳士得 2018/3/20 LOT 30
手卷 水墨纸本 31.5×894cm
成交价 RMB 5,433,341

张宗仓 云栖山寺
北京保利 2018/6/17 LOT 3045
手卷 设色纸本 46×230cm
成交价 RMB 80,500,000

佚名 云龙图
佳士得香港 2018/11/27 LOT 936
水墨纸本 立轴两幅 每幅 26.5 x 66.5cm
成交价 RMB 17,876,654

陈少梅　二十四孝图卷
北京保利　2018/12/7　LOT 2517
手卷　设色绢本　30×2088cm
成交价　RMB 29,900,000

陈半丁　普天同庆
中鸿信　2018/1/7　LOT 682
立轴　设色纸本　195×125cm
成交价　RMB 9,085,000

傅抱石　柳荫美人
苏富比香港　2018/4/2　LOT 1271
立轴　设色纸本　105×30.5cm
成交价　RMB 7,904,431

傅抱石　千山云起
北京荣宝　2018/6/14　LOT 524
立轴　设色纸本　45.5×69cm
成交价　RMB 5,750,000

傅抱石 天池瀑布
上海匡时 2018/4/30 LOT 619
立轴 纸本 124×63.5cm
成交价 RMB 8,280,000

傅抱石 雪拥蓝关图
苏富比香港 2018/4/2 LOT 1432
立轴 设色纸本 88.5×56.3cm
成交价 RMB 30,776,455

傅抱石 柳荫仕女
中国嘉德 2018/6/18 LOT 332
镜心 设色纸本 105.5×42cm
成交价 RMB 17,825,000

傅抱石 游春
中国嘉德 2018/6/18 LOT 333
镜心 设色纸本 114×58cm
成交价 RMB 25,300,000

傅抱石　醉僧图
中国嘉德　2018/6/18　LOT 334
立轴 设色纸本　36.5×45.5cm
成交价　RMB 5,750,000

傅抱石　碧溪游舟图
北京保利　2018/6/17　LOT 1814
镜心 设色纸本　124×66cm
成交价　RMB 8,050,000

傅抱石　金刚坡秋色
北京保利　2018/12/7　LOT 2540
镜心 设色纸本　61×101cm
成交价　RMB 22,080,000

傅抱石　镜泊飞泉
北京保利　2018/12/7　LOT 2542
立轴 设色纸本　81.5×106cm
成交价　RMB 10,925,000

傅抱石　蝶恋花
中国嘉德　2018/11/20　LOT 333
立轴 设色纸本　167×84cm
成交价　RMB 133,400,000

傅抱石　东山丝竹
佳士得香港　2018/5/29
LOT 1291　设色纸本 103.3×29cm
成交价　RMB 25,453,569

傅抱石　今古输赢一笑间
北京保利　2018/12/7　LOT 2511
镜心 设色纸本　88×58cm
成交价　RMB 11,270,000

傅抱石　巴山烟雨
北京诚轩　2018/11/19　LOT 58
镜心 设色纸本　108×30cm
成交价　RMB 10,005,000

傅抱石　天削危峰万仞青
中国嘉德　2018/6/18　LOT 336
立轴 设色纸本　143×46cm
成交价　RMB 6,440,000

傅抱石　琵琶行诗意
北京保利　2018/6/17　LOT 1779
立轴 设色纸本　178×56cm
成交价　RMB 103,500,000

傅抱石　观瀑高仕
北京荣宝　2018/12/3　LOT 559
立轴 设色纸本　95×38cm
成交价　RMB 5,865,000

傅抱石 松下问童子
佳士得香港 2018/5/29 LOT 1431
设色纸本 108.5×31cm
成交价 RMB 33,931,315

傅抱石 西那亚风景
佳士得香港 2018/11/27 LOT 1283
设色纸本 48.5×56.5cm
成交价 RMB 8,458,709

傅抱石 徐悲鸿 洗马图
北京保利 2018/12/7 LOT 2510
立轴 设色纸本 175×57cm
成交价 RMB 14,375,000

傅抱石 湘君
北京保利 2018/12/7 LOT 2506
立轴 设色纸本 画 51×73cm，字 35×73cm
成交价 RMB 50,600,000

何海霞　天山南北
北京荣宝　2018/12/3　LOT 549
镜心 设色纸本　143×367cm
成交价　RMB 9,775,000

弘一　楷书"世间虚妄乐"
北京匡时　2018/12/6　LOT 1241
横披 纸本　30×136.5cm
成交价　RMB 5,750,000

弘一　行书十言联
北京匡时　2018/12/6　LOT 1242
立轴 纸本　141.5×19.5cm×2
成交价　RMB 5,060,000

中国书画 —— 近现代 —— 何海霞 弘一

弘一　佛说五大施经
佳士得香港　2018/11/27　LOT 1241
纸本　148×37.5cm
成交价　RMB 8,458,709

231

中国书画 —— 近现代 —— 黄宾虹

中国收藏
拍卖年鉴
2019

CHINESE FINE ART &
ANTIQUES AUCTION
YEARBOOK 2019

黄宾虹 青山晋寿图
苏富比香港 2018/4/2 LOT 1277
立轴 设色纸本 128.5×61cm
成交价 RMB 26,185,867

黄宾虹 挹翠阁落成志庆图
嘉德（香港）2018/4/3 LOT 1140
立轴 设色纸本 127×47.5cm
成交价 RMB 33,678,670

黄宾虹 北高峰一角
中国嘉德 2018/6/18 LOT 348
立轴 设色纸本 100.5×49cm
成交价 RMB 18,400,000

黄宾虹 峨嵋伏虎寺
中国嘉德 2018/10/3 LOT 1428
立轴 设色纸本 67×39.5cm
成交价 RMB 8,253,782

黄宾虹 秋江萧寺
中国嘉德 2018/6/18 LOT 347
立轴 设色纸本 128×42cm
成交价 RMB 9,890,000

黄宾虹 湖上山光
中国嘉德 2018/6/18 LOT 349
立轴 设色纸本 132×52cm
成交价 RMB 9,200,000

黄宾虹　挹翠阁
中国嘉德　2018/11/20　LOT 343
镜心 设色纸本　92.5×44.5cm
成交价　RMB 28,750,000

黄宾虹　蜀游峨眉山水十二图
西泠印社　2018/7/7　LOT 914
镜片 水墨纸本 设色纸本　画心 22×17cm×12，题跋 22×17cm×4
成交价　RMB 23,000,000

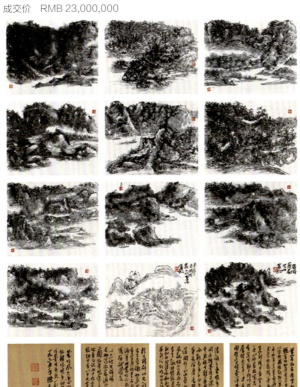

黄宾虹　花卉书法
中国嘉德　2018/11/20　LOT 345
立轴（十二开）水墨纸本 设色纸本　19.5×53cm×12
成交价　RMB 6,900,000

黄宾虹　松谷白龙潭
上海嘉禾　2018/6/25　LOT 8055
镜片 设色纸本　67.7×46cm
成交价　RMB 6,210,000

中国书画 —— 近现代 —— 黄宾虹

中国收藏
拍卖年鉴
2019

CHINESE FINE ART &
ANTIQUES AUCTION
YEARBOOK 2019

黄宾虹　山水四绝
中国嘉德　2018/11/20　LOT 344
镜心 设色纸本　143.5×47cm×4
成交价　RMB 78,200,000

黄宾虹　湖舍初晴
中国嘉德　2018/11/20　LOT 346
立轴 设色纸本　99.5×41cm
成交价　RMB 5,750,000

黄宾虹　新安江练溪图
北京保利　2018/12/7　LOT 2503A
立轴 设色纸本　100×34cm
成交价　RMB 12,880,000

黄宾虹　渐水纪游
北京保利　2018/12/7　LOT 2538
镜心 设色纸本　76×32cm
成交价　RMB 5,520,000

黄宾虹　张司丞诗意
广东崇正　2018/12/13　LOT 194
立轴 设色纸本　150×82cm
成交价　RMB 5,635,000

黄宾虹　芙蓉江色
广东崇正　2018/12/13　LOT 193
立轴 设色纸本　145.5×79cm
成交价　RMB 5,175,000

黄宾虹　西泠小景
际华春秋　2018/12/22　LOT 3046
立轴 设色纸本　128×52cm
成交价　RMB 5,750,000

中国书画 —— 近现代 —— 黄宾虹 黄胄

黄胄　上学图
北京荣宝　2018/12/3　LOT 533
镜心 设色纸本　67.5×136cm
成交价　RMB 7,015,000

黄胄　库尔班大叔
中国嘉德　2018/11/20　LOT322
立轴 设色纸本　153.5×95.5cm
成交价　RMB 8,740,000

黄胄　草原颂歌图
北京保利　2018/12/7　LOT 2550
镜心 设色纸本　123×69cm
成交价　RMB 40,825,000

235

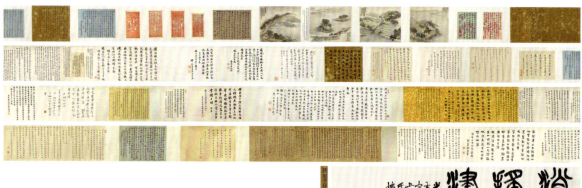

姜筠 吴昌硕 康有为　蘧庄图卷
北京匡时　2018/6/15　LOT 807
手卷 纸本　引首 18×103cm，本幅
30.5×35.5cm×4，题跋尺寸不一
成交价　RMB 7,130,000

李可染　江山胜境图
苏富比香港　2018/4/2　LOT 1336
镜框 设色纸本　91.1×51.8cm
成交价　RMB 9,368,214

李可染　千岩竞秀万壑争流图
中国嘉德　2018/6/18　LOT 376
立轴 设色纸本　180×97cm
成交价　RMB 126,500,000

李可染　雨后渔村图
中国嘉德　2018/6/18　LOT 374
立轴 设色纸本　86.5×52cm
成交价　RMB 8,280,000

李可染　兰亭图
苏富比香港　2018/4/2　LOT 1396
镜框 设色纸本　62.5×44cm
成交价　RMB 5,855,134

李可染　丹霞秋色
北京保利　2018/12/7　LOT 2546
镜心 设色纸本
画 67×46.5cm，诗堂 26×46.5cm
成交价　RMB 20,125,000

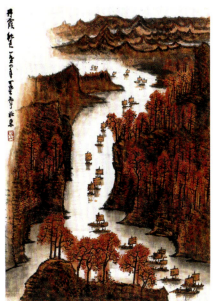

李可染　雨过泉声急
北京诚轩　2018/6/16
LOT 437
镜心 设色纸本　102×52.5cm
成交价　RMB 18,400,000

李可染　崇山烟岚图
北京保利　2018/12/7　LOT 2512
立轴 水墨纸本　画 111×67.5cm
书法 18×67.5cm
成交价　RMB 55,200,000

李可染　井冈山
广东崇正　2018/12/13
LOT 161
立轴 设色纸本　61×42.5cm
成交价　RMB 18,515,000

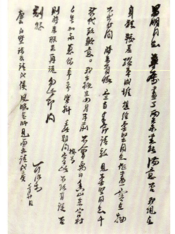

李可染　树杪百重泉
西泠印社　2018/12/15　LOT 89
立轴 设色纸本　60×58cm
成交价　RMB 9,200,000

梁启超　隶书 临张迁碑
中国嘉德　2018/11/21　LOT 1977
纸本　176.5×47cm
成交价　RMB 13,455,000

林风眠 人物风景花鸟册
上海嘉禾 2018/6/25 LOT 8076
册页 设色纸本 画 34×34cm×10，书法 35×35cm×11
成交价 RMB 19,550,000

林风眠 照镜仕女
嘉德（香港） 2018/4/2 LOT 18
彩墨 纸本 68.5×68.5cm
成交价 RMB 5,517,380

林风眠 戏剧人物
佳士得香港 2018/11/24 LOT 51
设色纸本 68×68cm
成交价 RMB 8,458,709

刘海粟　海天旭日
中鸿信　2018/1/7　LOT 748
镜心（片）纸本设色　158.5×570cm
成交价　RMB 31,050,000

陆俨少　峡江行旅图
苏富比香港　2018/4/2　LOT 1394
镜框 设色纸本　96.1×180cm
成交价　RMB 6,440,647

陆俨少　峡江胜概
上海嘉禾　2018/12/22　LOT 8076
镜片 设色纸本　30.3×202cm
成交价　RMB 10,465,000

陆俨少　雁荡山图
嘉德（香港）　2018/4/3　LOT 1138
镜心 设色纸本　42×152cm
成交价　RMB 6,447,730

陆俨少　岭南胜游册
西泠印社　2018/7/7　LOT 932
册页 设色纸本 水墨纸本　33.5×33cm×10
成交价　RMB 21,850,000

陆俨少　秋山独归图
北京荣宝　2018/6/14　LOT 506
立轴 设色纸本　138×69cm
成交价　RMB 6,440,000

陆俨少　雪 雨 雾 晨
北京保利　2018/12/7　LOT 2571
四屏镜心 设色纸本　68×34cm×4
成交价　RMB 9,200,000

陆俨少　雁荡雨霁
北京保利　2018/6/17　LOT 1810
镜心 设色纸本　140×141cm
成交价　RMB 8,050,000

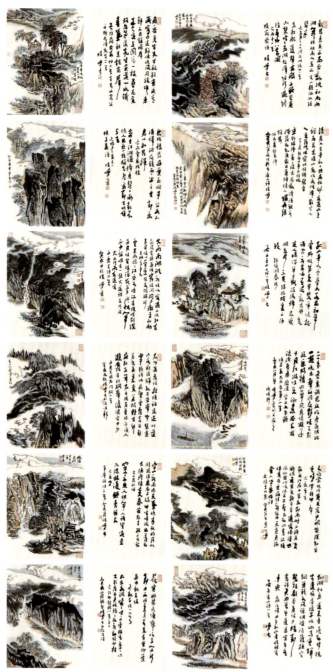

陆俨少　唐宋诗意书画册
北京诚轩　2018/6/16　LOT 188
册页（十二开、二十四帧）设色纸本　水墨纸本　45×34cm×24
成交价　RMB 5,577,500

陆俨少　唐宋诗意图
北京保利　2018/12/7　LOT 2573
册页 设色纸本　23×32cm×10
成交价　RMB 5,520,000

溥儒　蝶舞
佳士得香港　2018/5/29　LOT 1259
镜框 设色纸本　32×162.5cm
成交价　RMB 5,155,771

中国书画 ——— 近现代 ——— 溥儒

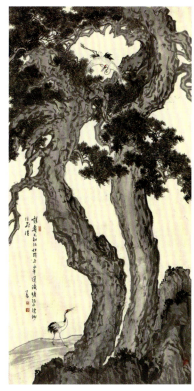

溥儒 鹤寿松龄
苏富比香港 2018/10/1 LOT 1254
镜框 设色纸本 181.8×91.2cm
成交价 RMB 12,138,684

溥儒 山水人物
上海敬华 2018/6/26 LOT 248
册页（十一开）设色纸本 27×17cm×21
成交价 RMB 5,520,000

溥儒 行书十二月令
中国嘉德 2018/11/20 LOT 367
册页（24开）水墨洒金笺 60×12.5cm×24
成交价 RMB 7,015,000

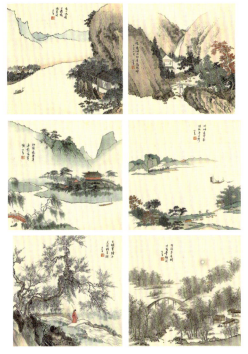

溥儒 山光水色
苏富比香港 2018/4/2
LOT 1445
十二开册页 镜框 设色绢本
21.3×22.3cm×6
成交价 RMB 5,464,792

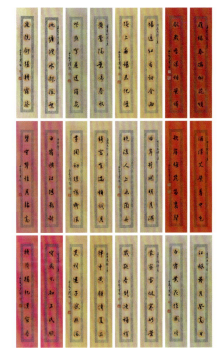

中国收藏
拍卖年鉴
2019

CHINESE FINE ART &
ANTIQUES AUCTION
YEARBOOK 2019

潘天寿　灵鹫盘石图
西泠印社　2018/12/15　LOT 890
立轴 设色纸本　74×40.5cm
成交价　RMB 6,325,000

潘天寿　翠羽明珰自不群
北京诚轩　2018/6/16　LOT 425
立轴 设色纸本　91×62.5cm
成交价　RMB 5,692,500

潘天寿　双雀危石图
上海匡时　2018/4/30　LOT 601
立轴 纸本　96.5×45cm
成交价　RMB 6,440,000

潘天寿　重山涧水杂草蓬勃
邦瀚斯悉尼　2018/5/9　LOT 1
立轴 设色纸本　132×56cm
成交价　RMB 7,119,393

潘天寿　无限风光
中国嘉德　2018/11/20　LOT 355
立轴 设色纸本　358.5×150cm
成交价　RMB 287,500,000

齐白石 篆书《马文忠公语》
中国嘉德 2018/6/18 LOT 361
镜心 水墨纸本 175.2×96.3cm
成交价 RMB 16,675,000

齐白石 云山深涧
北京保利 2018/6/17 LOT 1764
立轴 设色纸本 162×92cm
成交价 RMB 37,950,000

齐白石 拨弦猎雁图
中国嘉德 2018/6/18 LOT 362
立轴 设色纸本 132×55cm
成交价 RMB 7,820,000

齐白石 贝叶草虫
中国嘉德 2018/6/18 LOT 367
立轴 设色纸本 96.5×33.7cm
成交价 RMB 6,900,000

齐白石 松窗闲话
北京荣宝 2018/6/14 LOT 800
立轴 设色纸本 178.5×48.5cm
成交价 RMB 10,120,000

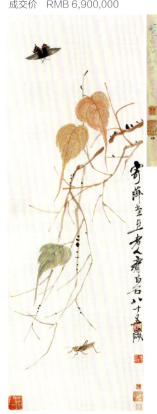

245

齐白石　山水
北京保利　2018/6/17　LOT 1711
册页（十开）设色纸本　33×23cm×10
成交价　RMB 56,350,000

齐白石　福祚繁华
中国嘉德　2018/11/20　LOT 312
立轴 设色纸本　178×49cm×4
成交价　RMB 92,000,000

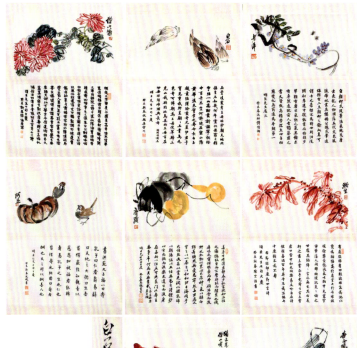

齐白石　花卉册
上海嘉禾　2018/6/25　LOT 8040
册页（八开）设色纸本
25.5×41cm×8
成交价　RMB 5,750,000

齐白石　松鹰图
中国嘉德　2018/11/20　LOT 363
镜心 设色纸本　177×39cm
成交价　RMB 10,350,000

齐白石　百卉争妍册
西泠印社　2018/7/7
LOT 258
（十页）册页 设色纸本
28×45cm×10
成交价　RMB 32,200,000

齐白石　满堂吉庆图
中国嘉德　2018/6/18　LOT 371
镜心 设色纸本　67.5×132.5cm
成交价　RMB 40,250,000

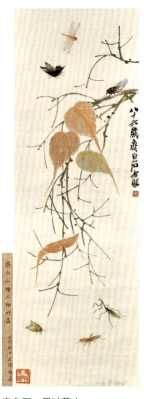

齐白石　篆书五言联
北京保利　2018/12/7　LOT 2221
镜心 水墨纸本　135×33.5cm×2
成交价　RMB 6,555,000

齐白石　铁拐李
中国嘉德　2018/11/20　LOT 359
镜心 设色纸本　95.5×44cm
成交价　RMB 5,750,000

齐白石　贝叶草虫
佳士得香港　2018/5/29　LOT 1461
设色纸本　103.5×34.5cm
成交价　RMB 9,839,878

齐白石　三秋图
上海匡时　2018/12/18　LOT 851
镜心 纸本　34×135cm
成交价　RMB 10,350,000

齐白石　秋色秋声
北京华辰　2018/11/20　LOT 272
镜心 设色纸本　82×148cm
成交价　RMB 8,050,000

中国书画 —— 近现代 —— 齐白石

齐白石　鼠上灯台
广东崇正　2018/12/13　LOT 1157
立轴 设色纸本　101×46.5cm
成交价　RMB 5,865,000

齐白石　菊酒延年
上海荣宝　2018/12/23　LOT 86
立轴 设色纸本　103.5×34cm
成交价　RMB 9,430,000

齐白石　千岁之鹤
中国嘉德　2018/11/20　LOT 314
立轴 设色纸本　136×34cm
成交价　RMB 10,925,000

齐白石　益寿延年 篆书对联
佳士得香港　2018/11/27
LOT 1268
镜框 立轴两幅 设色纸本 水墨纸本
136×33.3cm
成交价　RMB 5,842,614

齐白石　耕牛图
北京保利　2018/12/7　LOT 2314
镜心 设色纸本　67×53cm
成交价　RMB 7,647,500

中国收藏
拍卖年鉴
2019

CHINESE FINE ART &
ANTIQUES AUCTION
YEARBOOK 2019

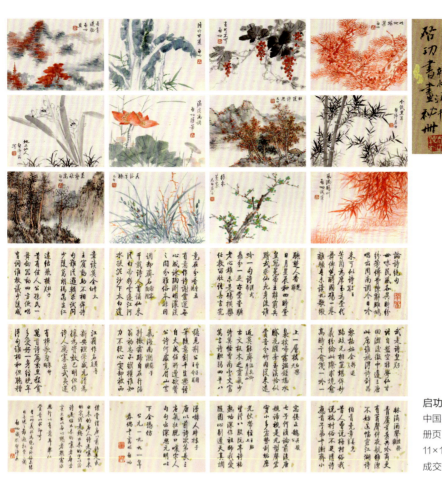

启功　书画秘册
中国嘉德　2018/11/20　LOT 308
册页（24开）设色纸本　水墨纸本
11×15cm×24
成交价　RMB 5,980,000

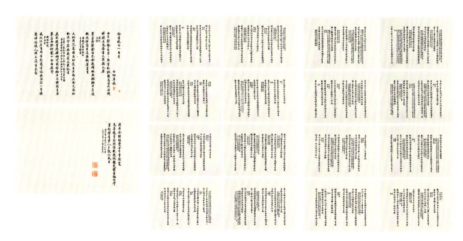

启功　论书绝句百首简注足本
中国嘉德　2018/11/21　LOT 1730
纸本　28×40cm×20
成交价　RMB 8,165,000

启功　草书《琵琶行》
北京匡时　2018/12/6　LOT 1240
手卷　纸本　33×1907cm
成交价　RMB 6,152,500

钱松嵒　鱼满千舟
中国嘉德　2018/6/18　LOT 388
立轴 设色纸本　139.5×95cm
成交价　RMB 5,750,000

钱松嵒　遵义
北京荣宝　2018/6/14　LOT 509
镜心 设色纸本　105.5×68cm
成交价　RMB 6,900,000

钱松嵒　万里长城
北京荣宝　2018/12/3　LOT 560
镜心 设色纸本　82×134cm
成交价　RMB 8,970,000

任伯年　清供图
上海敬华　2018/6/26　LOT 832
立轴 设色纸本　136×51cm
成交价　RMB 5,750,000

任伯年　献寿图
北京匡时　2018/6/15　LOT 806
立轴 纸本　184×94cm
成交价　RMB 5,405,000

251

中国收藏
拍卖年鉴
2019

CHINESE FINE ART &
ANTIQUES AUCTION
YEARBOOK 2019

任伯年 牡丹大吉图
北京荣宝 2018/6/14 LOT 501
立轴 设色纸本 147×78cm
成交价 RMB 5,750,000

石鲁 泼墨荷花
佳士得香港 2018/5/29 LOT 1292
镜框 设色纸本 88.9×46.5cm
成交价 RMB 7,888,167

石鲁 白玉荷风
北京荣宝 2018/12/3 LOT 552
立轴 设色纸本 143×76cm
成交价 RMB 9,200,000

石鲁 陕北高原
北京保利 2018/6/17 LOT 1822
立轴 设色纸本 135×67.5cm
成交价 RMB 9,430,000

石鲁 开天辟地
中国嘉德 2018/6/18 LOT 379
立轴 设色纸本 115×82.5cm
成交价 RMB 17,250,000

石鲁 卢屋集十开
中鸿信 2018/1/7 LOT 971
册页 设色纸本 30×32.5cm×11
成交价 RMB 7,705,000

沈尹默 行书《秦妇吟》
中国嘉德 2018/6/19 LOT 457
镜心 水墨纸本 19×565cm
成交价 RMB 5,750,000

沈尹默 楷书鲍照《飞白书势铭》
中国嘉德 2018/11/20 LOT 376
立轴 水墨纸本 133×32cm×8
成交价 RMB 5,865,000

沈尹默 曼殊上人诗卷
苏富比香港 2018/10/1 LOT 1344
手卷 水墨纸本 31.8×1911.6cm
成交价 RMB 5,860,054

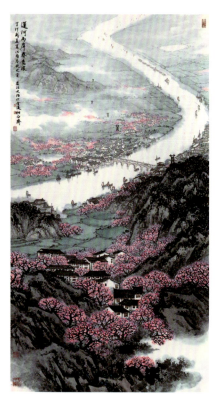

宋文治 运河两岸春意浓
北京保利 2018/6/17 LOT 1841
立轴 设色纸本 180×98.5cm
成交价 RMB 8,050,000

苏曼殊 曼殊上人墨妙
苏富比香港 2018/4/2 LOT 1259
水墨绢本 15 开 共 24 帧册
成交价 RMB 23,431,514

吴昌硕 西泠印社图
中国嘉德 2018/6/18 LOT 311
立轴 水墨纸本 189.5×48.5cm
成交价 RMB 8,050,000

吴昌硕 花卉四屏
中鸿信 2018/1/7 LOT 654
立轴 设色纸本 133×34.5cm ×4
成交价 RMB 6,555,000

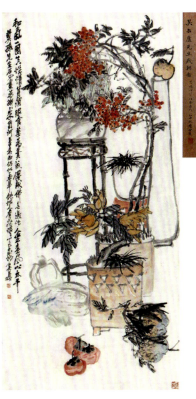

吴昌硕　岁朝清供
中国嘉德　2018/6/18　LOT 312
立轴　设色纸本　178×93.5cm
成交价　RMB 9,430,000

吴昌硕　篆书十言联
中国嘉德　2018/11/20　LOT 319
立轴　水墨纸本　215×27cm×2
成交价　RMB 5,060,000

吴昌硕　春风太平
中国嘉德　2018/6/18　LOT 313
立轴　设色纸本　168.6×81.2cm
成交价　RMB 16,675,000

吴昌硕　四季花卉
上海敬华　2018/6/26　LOT 808
四屏　设色纸本　133×32cm×4
成交价　RMB 11,500,000

吴昌硕　富贵花开
北京保利　2018/6/17　LOT 1789
立轴　设色纸本　152×82cm
成交价　RMB 12,075,000

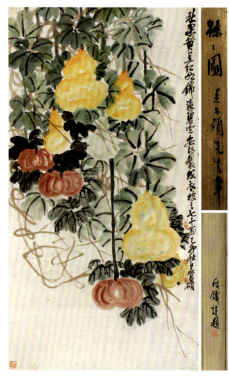

吴昌硕　绵绵图
上海嘉禾　2018/6/25　LOT 8029
立轴 设色纸本　151×81cm
成交价　RMB 10,465,000

吴昌硕　双色梅花
中国嘉德　2018/11/20　LOT 316
立轴 设色纸本　152.5×83cm
成交价　RMB 8,395,000

吴昌硕　富贵神仙
上海敬华　2018/6/26　LOT 807
立轴 设色绫本　197×52cm
成交价　RMB 13,800,000

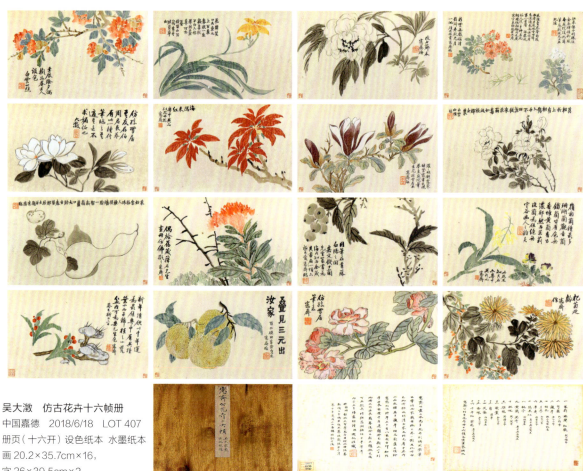

吴大澂　仿古花卉十六帧册
中国嘉德　2018/6/18　LOT 407
册页（十六开）设色纸本 水墨纸本
画 20.2×35.7cm×16，
字 26×39.5cm×2
成交价　RMB 5,175,000

吴冠中 双燕
北京保利 2018/12/6 LOT 3202
设色纸本 69×137cm
成交价 RMB 54,050,000

吴冠中 武夷山
中国嘉德 2018/6/18 LOT 392
镜心 设色纸本 67×131cm
成交价 RMB 8,050,000

吴冠中 江南
北京保利 2018/6/17 LOT 1751
镜心 设色纸本 67×135cm
成交价 RMB 5,750,000

吴冠中 香港中环
北京匡时 2018/6/15 LOT 835
镜心 纸本 68×137.5cm
成交价 RMB 17,250,000

吴冠中　雪山古寺
佳士得香港　2018/5/29
LOT 1488
镜框 设色纸本　123.5×95.5cm
成交价　RMB 12,181,932

吴冠中　鹦鹉
苏富比香港　2018/4/2　LOT 1243
镜框 设色纸本　68.2×68.2cm
成交价　RMB 8,392,359

中国收藏
拍卖年鉴
2019

CHINESE FINE ART &
ANTIQUES AUCTION
YEARBOOK 2019

吴冠中　盆景海
佳士得香港　2018/5/26　LOT 20
设色纸本　97×180cm
成交价　RMB 10,327,806

吴冠中　张家界马鬃岭
北京保利　2018/12/7　LOT 2536
镜心 设色纸本　104×200cm
成交价　RMB 40,250,000

吴冠中　黄河月
佳士得香港　2018/11/27　LOT 1311
镜框 设色纸本　68.5×136.8cm
成交价　RMB 9,505,148

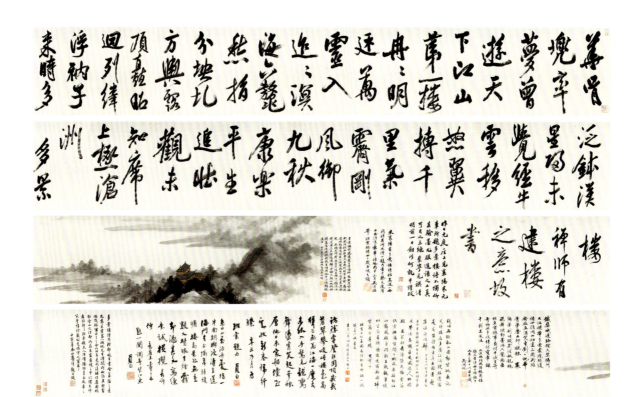

吴湖帆　多景楼书画合璧卷
中国嘉德　2018/6/18　LOT 345
手卷 水墨纸本、设色纸本　30.7×831.6cm
成交价　RMB 9,200,000

吴湖帆　瑞云峰
中贸圣佳　2018/6/20　LOT 168
立轴 设色纸本　113×46cm
成交价　RMB 11,500,000

吴湖帆　拟黄王笔意
上海嘉禾　2018/6/25　LOT 8067
镜片 设色纸本　140×61cm
成交价　RMB 8,970,000

吴湖帆　晓云碧嶂
苏富比香港　2018/10/1　LOT 1442
立轴 设色纸本　112.5×47cm
成交价　RMB 13,708,341

中国收藏
拍卖年鉴
2019

CHINESE FINE ART &
ANTIQUES AUCTION
YEARBOOK 2019

中国书画 —— 近现代 —— 吴湖帆　谢稚柳　徐悲鸿

吴湖帆　秋林观瀑
北京诚轩　2018/6/16　LOT 67
立轴 设色纸本　96.5×52cm
成交价　RMB 7,820,000

吴湖帆　松泉图
上海敬华　2018/6/26　LOT 813
立轴 水墨纸本　95×46cm
成交价　RMB 7,820,000

吴湖帆　潘静淑　齐侯壶拓片补玉兰
中贸圣佳　2018/6/20　LOT 167
立轴 设色纸本
成交价　RMB 11,500,000

谢稚柳　黄鹂翠柳
广东崇正　2018/12/13　LOT 189
立轴 设色纸本　163×82cm
成交价　RMB 6,382,500

徐悲鸿　古柏双骏
北京保利　2018/6/17　LOT 1783
镜心 设色纸本　128.5×76.3cm
成交价　RMB 20,700,000

徐悲鸿　秋林三骏
中国嘉德　2018/6/18　LOT 317
横批 设色纸本　91×180.5cm
成交价　RMB 34,500,000

徐悲鸿　天马六骏
北京保利　2018/6/17　LOT 1714
镜心 设色纸本　94×177.5cm
成交价　RMB 89,700,000

中国书画 —— 近现代 —— 徐悲鸿

徐悲鸿　立马图
中鸿信　2018/1/7　LOT 740
镜心（片）设色纸本
成交价　RMB 9,717,500

徐悲鸿　四喜图
北京匡时　2018/12/6
LOT 1221
立轴 纸本　131×54cm
成交价　RMB 17,250,000

中国收藏
拍卖年鉴
2019

CHINESE FINE ART &
ANTIQUES AUCTION
YEARBOOK 2019

余承尧 大江忆写图
佳士得香港 2018/11/26 LOT 8014
设色纸本 58×1241cm
成交价 RMB 8,458,709

于非闇 醉真图
中国嘉德 2018/11/20 LOT 306
手卷 水墨纸本 引首 28×77cm，本幅 29×183cm，后纸 29×68.5cm，后纸 33×100cm
成交价 RMB 9,200,000

于非闇 锦上添花
北京诚轩 2018/11/19 LOT 175
立轴 设色纸本 150.5×65.5cm
成交价 RMB 7,015,000

于非闇 玉兰绶带
苏富比香港 2018/10/1 LOT 1274
镜框 设色纸本 132.2×68cm
成交价 RMB 13,708,341

张大千 乔木芳晖
佳士得香港 2018/5/29 LOT 1448
镜框 设色纸本 177×61cm
成交价 RMB 17,646,723

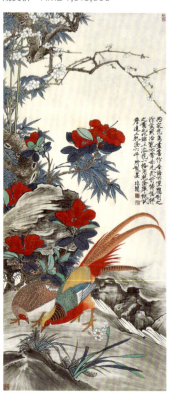

张大千　天女散花
北京保利　2018/6/17　LOT 1710
立轴 设色纸本　167×72cm
成交价　RMB 84,525,000

张大千　天女拈花图
北京保利 2018/6/17
LOT 1769 立轴 设色纸本 144×65cm
成交价　RMB 11,500,000

张大千　凝思
苏富比香港　2018/4/2　LOT 1447
镜框 设色纸本　55×35.5cm
成交价　RMB 5,952,720

张大千　黄山自画像
苏富比香港　2018/4/2　LOT 1342
立轴 设色纸本　192×102cm
成交价　RMB 7,904,431

张大千　四川山色
苏富比香港　2018/4/2　LOT 1420
镜框 设色纸本　146×81cm
成交价　RMB 14,735,421

张大千　桃花雪羽
北京匡时　2018/6/15　LOT 816
立轴 纸本　107.5×46cm
成交价　RMB 6,440,000

中国收藏
拍卖年鉴
2019

CHINESE FINE ART &
ANTIQUES AUCTION
YEARBOOK 2019

张大千　秋江钓艇图
北京匡时　2018/6/15　LOT 820
镜心　纸本　115×54.5cm
成交价　RMB 9,200,000

张大千　树下高士
上海敬华　2018/6/26　LOT 821
立轴　设色纸本　98×43cm
成交价　RMB 5,635,000

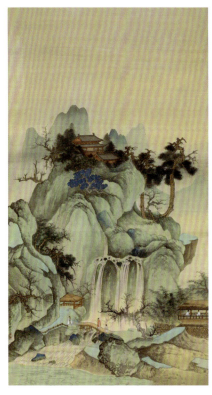

张大千　宋人山寺图
北京匡时　2018/6/15　LOT 818
镜心　绢本　136×75cm
成交价　RMB 43,700,000

张大千　荷花
上海敬华　2018/6/26　LOT 819
镜片　设色纸本　135×69cm
成交价　RMB 5,980,000

张大千　高士观山
佳士得香港　2018/5/29　LOT 1236
镜框　设色纸本　138×70cm
成交价　RMB 5,448,527

张大千　峒关蒲雪图
上海嘉禾　2018/6/25　LOT 8060
镜片　设色纸本　94×46.5cm
成交价　RMB 6,727,500

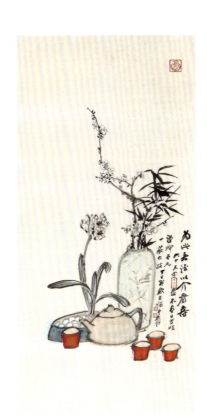

张大千 清供图
中贸圣佳 2018/11/24 LOT 3001
镜心 设色纸本 90×43cm
成交价 RMB 7,130,000

张大千 拟石溪秋林清霭
中国嘉德 2018/11/20 LOT 371
立轴 设色纸本 153×49cm
成交价 RMB 13,800,000

张大千 理妆图
广东崇正 2018/12/13 LOT 147
立轴 设色纸本 122.5×45cm
成交价 RMB 17,250,000

张大千 荷花鸳鸯
北京匡时 2018/12/6 LOT 1208
立轴 纸本 117.5×48cm
成交价 RMB 13,570,000

张大千 水殿风来
北京保利 2018/12/7 LOT 2559
立轴 设色纸本 165×82cm
成交价 RMB 5,520,000

张大千 秋壑鸣泉图
上海敬华 2018/12/21 LOT 833
立轴 设色纸本 115×56cm
成交价 RMB 5,290,000

中国收藏
拍卖年鉴
2019

CHINESE FINE ART &
ANTIQUES AUCTION
YEARBOOK 2019

张大千　观泉图
佳士得香港　2018/5/29　LOT 1379
木板镜框 设色纸本　134×68cm
成交价　RMB 52,228,608

张大千　益都纪游
中国嘉德　2018/11/20　LOT 372
立轴 设色纸本
本幅 96×60.5cm，诗堂 21×60.5cm
成交价　RMB 5,980,000

张大千　临敦煌观音像
苏富比香港　2018/10/1　LOT 1255
镜框 设色绢本　189×86cm
成交价　RMB 41,897,208

张大千　自画像与黑虎
苏富比香港　2018/10/1　LOT 1366
镜框 泼墨泼彩金笺　176×96cm
成交价　RMB 43,373,994

张大千　丁亥（1947年）作 韩干双骥图
中国嘉德　2018/10/3　LOT 1521
立轴 设色纸本　130×63.5cm
成交价　RMB 12,164,845

张大千　江山无尽图
上海匡时　2018/12/18　LOT 819
立轴 纸本　131×70cm
成交价　RMB 7,590,000

张大千　春山瑞雪 行书七绝
苏富比香港　2018/4/2　LOT 1257
镜框 泼墨泼彩纸本
书法 67.5×185.5cm
画 67.2×186.8cm
成交价　RMB 67,501,156

张大千　湖山景色
苏富比香港　2018/4/2　LOT 1363
镜框 泼彩木板　53.9×106.6cm
成交价　RMB 8,099,602

张大千　卷去青霭望水天
苏富比纽约　2018/3/22　LOT 1135
横批 设色纸本　100.5×192.3cm
成交价　RMB 41,748,451

张大千　泼彩钩金朱荷
北京保利　2018/6/17　LOT 1773
镜心 设色纸本　58×116cm
成交价　RMB 33,925,000

张大千　青城金鞭崖
北京保利　2018/6/17　LOT 1826
镜心 设色纸本　63×146cm
成交价　RMB 5,980,000

张大千　颂橘第二图
北京匡时　2018/6/15　LOT 821
镜心 纸本　69×134cm
成交价　RMB 7,820,000

张大千　瑞士雪峰
广东崇正　2018/12/13　LOT 137
镜片 设色纸本　62×95cm
成交价　RMB 6,440,000

张大千 河塘游鱼
苏富比香港 2018/10/1 LOT 1229
镜框 设色纸本 71.5×138cm
成交价 RMB 5,546,123

张大千 烟雨姑苏
佳士得香港 2018/11/26 LOT 1232
纸板镜框 设色金笺 39.5×78.5cm
成交价 RMB 5,110,107

张大千 烟江夕照
佳士得香港 2018/11/26 LOT 1231
镜框 设色金笺 63.5×128.3cm
成交价 RMB 12,644,462

张大千 垂天云影遮寺桥
苏富比纽约 2018/9/13 LOT 570
镜片 设色纸本 42×86.7cm
成交价 RMB 6,254,853

张大千　泼彩山水
佳士得香港　2018/5/29　LOT 1380
纸板镜框 设色纸本　44.5×59.5cm
成交价　RMB 6,424,383

张大千　雪山古寺
佳士得香港　2018/5/29　LOT 1378
纸板镜框 设色纸本　45×60cm
成交价　RMB 8,083,338

张大千　东丹王人马图
苏富比香港　2018/10/1　LOT 1416
立轴 设色纸本　60×73.5cm
成交价　RMB 13,708,341

张大千　碧塘白荷
佳士得香港　2018/11/26　LOT 1235
镜框 设色纸本　86×84.5cm
成交价　RMB 9,505,148

祝大年　玉兰花开
北京保利　2018/6/20　LOT 4214
工笔墨彩　112×234cm
成交价　RMB 10,350,000

中国收藏
拍卖年鉴
2019

CHINESE FINE ART &
ANTIQUES AUCTION
YEARBOOK 2019

白雪石　万山红遍
北京荣宝　2018/9/14　LOT 27
镜心 设色纸本　118×97cm
成交价　RMB 5,520,000

崔如琢　雨气薰薰远近峰
北京保利　2018/6/18　LOT 2641
镜心 设色纸本　76×288cm
成交价　RMB 18,400,000

崔如琢　春雨潇潇
北京匡时　2018/6/15　LOT 850
手卷 纸本　引首 41×96cm，本幅 47×1964cm
成交价　RMB 103,500,000

崔如琢　山明雪夜晴
北京荣宝　2018/5/18　LOT 116
镜心 设色纸本　76×288cm
成交价　RMB 23,000,000

崔如琢 李白将进酒
中国嘉德 2018/10/3 LOT 1447
手卷 设色纸本 引首 47.5×108cm，本幅 47.5×270cm，
书法 47.5×1189cm，后纸 47.5×91cm
成交价 RMB 49,486,000

崔如琢 八开山水团扇
中国嘉德 2018/6/20 LOT 1349
镜心 设色纸本 44×44cm×8
成交价 RMB 14,950,000

崔如琢 篆书七言句
北京保利 2018/6/18 LOT 2642
镜心 水墨纸本 147.5×76.5cm
成交价 RMB 6,900,000

崔如琢 醉雪千山
中国嘉德 2018/10/3 LOT 1446
镜心 设色纸本 177.6×470cm
成交价 RMB 147,150,000

中国收藏
拍卖年鉴
2019

CHINESE FINE ART &
ANTIQUES AUCTION
YEARBOOK 2019

范曾 清奇古怪雅集图
北京保利 2018/6/17 LOT 1845
镜心 设色纸本 122×232cm
成交价 RMB 6,900,000

范曾 十二生肖
保利香港 2018/10/1 LOT 532
镜心 设色纸本 69.5×46cm×12
成交价 RMB 7,202,983

郝量 壳
苏富比香港 2018/9/30 LOT 1060
重彩 绢布 145.5×92cm
成交价 RMB 12,661,903

郝量 猎人与地狱变
佳士得香港 2018/11/24 LOT 36
重彩 绢布 230×147cm
成交价 RMB 9,295,860

黄永玉　仁者寿
中鸿信　2018/7/14　LOT 316
立轴 设色纸本　121.5×97cm
成交价　RMB 5,635,000

黎雄才　守卫在南天门海岸线上
广东崇正　2018/7/4　LOT 382
立轴 设色纸本　172×92cm
成交价　RMB 5,347,500

刘旦宅　泼水节
中国嘉德　2018/6/18　LOT 382
手卷 水墨纸本、设色纸本　画心 30.5×178cm，引首 30.5×65.5cm，后纸① 30.5×137cm，② 30.5×24cm
成交价　RMB 5,750,000

275

中国收藏
拍卖年鉴
2019

CHINESE FINE ART &
ANTIQUES AUCTION
YEARBOOK 2019

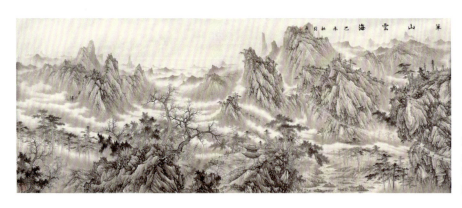

刘广　华山云海
北京保利　2018/12/6　LOT 1016
镜心 设色纸本　139×352cm
成交价　RMB 9,407,000

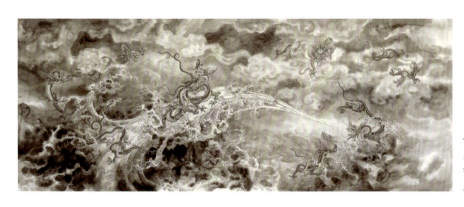

任重　九龙闹海
上海匡时　2018/4/30　LOT 522
镜片 绢本　138.5×357cm
成交价　RMB 17,480,000

任重　丹枫呦鹿
中国嘉德　2018/6/20　LOT 1272
镜心 设色纸本　136×69cm
成交价　RMB 5,462,500

熊红刚　知鱼乐系列
中国嘉德　2018/11/22　LOT 1240
镜心 设色纸本　245.5×61.5cm×4
成交价　RMB 5,405,000

熊红刚　太行盛景
中国嘉德　2018/6/20　LOT 1358
镜心 水墨纸本　141×368cm
成交价　RMB 6,900,000

薛亮　霞映云帆
北京匡时　2018/6/15　LOT 853
镜心 纸本　144×368cm
成交价　RMB 13,800,000

徐乐乐　阆苑女仙图
中国嘉德　2018/11/22　LOT 1146
立轴 设色纸本　113.5×32.5cm×12
成交价　RMB 6,440,000

中国书画 —— 当代 —— 熊红刚　薛亮　徐乐乐

277

油画及中国当代艺术

2018 年，油画及中国当代艺术品类表现出强势增长的态势，该品类全球总成交量 4693 件，同比 2017 年上涨 15.4%，总成交额 61.9 亿，同比 2017 年增长 37.3%，实现了量额双增，市场信心较好且稳步快速发展。目前，油画及中国当代艺术品类在拍卖市场上主要以架上绘画为主，油画占据着大部分的市场交易份额，高达 92.1%。此外，影像、装置、雕塑等板块品类份额占 7.9%，比 2017 年减少了 1 个百分点，市场份额略有缩减。

从全球区域艺术市场表现来看，2018 年度油画及中国当代艺术品类在全球中国文物艺术品市场中全面走势强劲。大陆地区成交数量和成交额均强势上升，26.2 亿的成交额相比 2017 年上升了 48.0%；亚太其他地区表现可圈可点，成交量同比 2017 年基本持平，成交额为 33.7 亿元人民币，实现了同比 31.6% 的增长，成交率为 67.5%，较 2017 年微跌；海外市场表现出众，成交率由 2017 年的 34.2% 升至 62.6%，成交额为 2.0 亿元人民币，较 2017 年同比增长 9.2%，呈现出稳步爬升的态势。

2018 年度，油画及当代艺术精品不断释出。尤其是 20 世纪早期油画近年来市场被深挖和学术研究的拓展，使得其艺术价值、学术价值与市场价值相匹配，成为拍卖市场上资本大鳄竞相追逐的对象。其中以赵无极、吴冠中、朱德群为代表。2018 年香港苏富比春拍赵无极的作品《1985 年 6 月至 10 月》以约 4.45 亿元人民币成交，他的作品占据了油画及中国当代艺术品类的前三个席位。最近几年，亚洲藏家对赵无极的精品追捧热情极高，导致其精品行情大热。紧随其后的是吴冠中的作品《双燕》，在北京保利秋拍的现当代艺术夜场中以 1.13 亿元人民币高价成交，其油画作品数量稀少且价格坚挺，仅此一件作品就为大陆地区油画及中国当代艺术品类总成交额贡献了 4.2% 的份额；第三位是朱德群，其作品《第 268 号构图》以 6601.8 万元人民币成交。赵无极、吴冠中、朱德群的作品占据了油画及中国当代艺术品类前 10 的席位。

经过近年来市场的起伏调整，油画及中国当代艺术市场发展稳定，呈现出持续拉升的态势，高端精品大量释出，尤其是以 20 世纪留法艺术家油画作品为代表，持续高歌猛进，艺术家在中国近现代艺术史的位置已然确定，正在为世界艺术史渐渐认可。其学术地位的确立，无疑为藏家的投资乃至收藏做了权威的背书，属于万无一失的蓝筹股，得到鼎力支持。

艾民有；吕恩谊 1974 年作 西沙自卫反击战
中国嘉德 2018/6/19 LOT 1850
布面 油画 180×419cm
成交价 RMB 5,520,000

艾轩 1980 年作 有志者
中国嘉德 2018/6/19 LOT 1851
布面 油画 94.5×74.5cm
成交价 RMB 24,380,000

常玉 1931 年作 白瓷瓶中的粉红玫瑰
中国嘉德 2018/11/21 LOT 1481
布面 油画 65×49.5cm
成交价 RMB 19,320,000

常玉 草原上的马群
北京保利 2018/12/6 LOT 3211
布面 油画 44×80cm
成交价 RMB 36,800,000

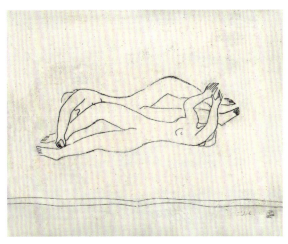

常玉　双裸女、盘腿裸女（双面画）
北京保利　2018/6/20　LOT 4206
墨、油彩纤维板　57×68cm
成交价　RMB 18,400,000

常玉　仰躺的豹
苏富比香港　2018/3/31　LOT 1012
油画纤维板　60×80cm
成交价　RMB 39,957,630

常玉　盆中牡丹
苏富比香港　2018/9/30　LOT 1032
油画纤维板　79.5×65cm
成交价　RMB 60,110,902

朝戈　2005 年作 蒙古史诗（三联画）
中国嘉德　2018/11/21　LOT 1559
布面 油画　62.5×200.5cm×3
成交价　RMB 6,440,000

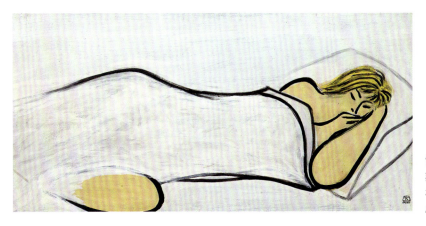

常玉　睡美人
苏富比香港　2018/3/31　LOT 1011
木板油画　50×100cm
成交价　RMB 38,121,395

陈文骥　1996 年作 陈旧的月季
北京翰海　2018/12/8　LOT 1342
布面油画　140×180cm
成交价　RMB 6,382,500

陈逸飞　1990 年作 六弦琴
中国嘉德　2018/6/19　LOT 1856
布面 油画　73×60cm
成交价　RMB 9,200,000

陈逸飞　1984 年作 预言者
中国嘉德　2018/6/19　LOT 1854
布面 油画　117×137.5cm
成交价　RMB 14,720,000

陈逸飞　夜莺之声
中国嘉德　2018/6/19　LOT 1855
布面 油画　130×202cm
成交价　RMB 20,700,000

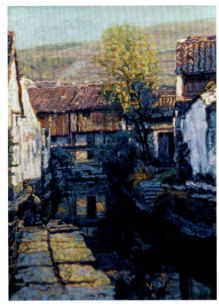

陈逸飞 2003 年作 阳光情缘
北京匡时 2018/6/16 LOT 2104
布面 油画 140×101cm
成交价 RMB 5,750,000

陈逸飞 1996 年作 横卧的裸体
北京保利 2018/12/6 LOT 3240
布面 油画 200×200cm
成交价 RMB 20,700,000

油画及中国当代艺术…… 陈逸飞

陈逸飞
1984 年作 童年嬉戏过的地方
北京匡时 2018/6/16 LOT 2103
布面 油画 89×151cm
成交价 RMB 21,275,000

陈逸飞 1999 年作 真爱
中国嘉德 2018/11/21 LOT 1562
布面 油画 84×210.5cm
成交价 RMB 10,350,000

283

油画及中国当代艺术 —— 丁雄泉 方力钧 关良 郭润文

中国收藏
拍卖年鉴
2019

CHINESE FINE ART &
ANTIQUES AUCTION
YEARBOOK 2019

丁雄泉　我爱悠长夏日
佳士得香港　2018/5/26　LOT 72
亚克力 画布　210×475cm
成交价　RMB 5,546,113

方力钧　第二组，第十幅
富艺斯香港　2018/5/27　LOT 13
布面 油画　70.1 x 116.4cm
成交价　RMB 7,888,167

关良　唐僧与悟空
苏富比香港　2018/9/30　LOT 1038
布面 油画　47.5×54cm
成交价　RMB 8,685,438

郭润文　聆听
中贸圣佳　2018/11/24　LOT 2844
布面 油画　150×75cm
成交价　RMB 7,130,000

油画及中国当代艺术 ……… 何多苓 靳尚谊 李真

何多苓 2017 年作 俄罗斯森林（黄金时代）契珂夫·夜莺
保利香港 2018/9/30 LOT 223
油彩 画布 200×150cm
成交价 RMB 6,071,086

靳尚谊 1999 年作 画僧髡残
中国嘉德 2018/6/19 LOT 1853
布面 油画 150.5×114cm
成交价 RMB 28,750,000

靳尚谊 1988 年作 女人体
中国嘉德 2018/6/19 LOT 1852
布面 油画 64×52cm
成交价 RMB 18,400,000

李真 黄金雨
佳士得香港 2018/5/26 LOT 46
青铜雕塑 157×87×87cm
成交价 RMB 8,083,338

285

中国收藏
拍卖年鉴
2019

CHINESE FINE ART &
ANTIQUES AUCTION
YEARBOOK 2019

廖继春　窗前静物
佳士得香港　2018/11/24　LOT 34
布面 油画　100×81cm
成交价　RMB 10,551,586

林风眠　思
北京保利　2018/6/20　LOT 4208
纸本坦培拉　109×78cm
成交价　RMB 18,975,000

廖继春　淡江风景
苏富比香港　2018/3/31　LOT 1052
布面 油画　65.5×80.5cm
成交价　RMB 7,904,431

廖继春　台南公园
佳士得香港　2018/11/24　LOT 35
布面 油画　90.8×116.8cm
成交价　RMB 5,319,394

油画及中国当代艺术 ······ 林寿宇 刘海粟 刘炜

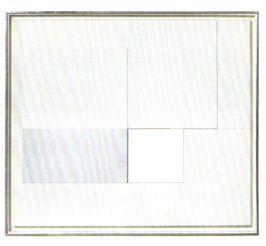

林寿宇 绘画浮雕 12.12.63
苏富比香港 2018/9/30 LOT 1042
综合媒材 116.8×137.2cm
成交价 RMB 7,952,931

林寿宇 1967 年作 24473
保利香港 2018/9/30 LOT 125
油彩 铝 画布 127.7×127.7cm
成交价 RMB 6,688,485

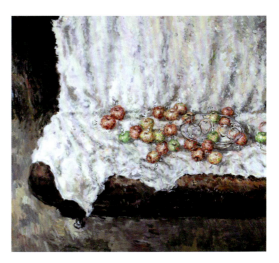

刘炜 2010 年作 苹果·沙发
北京保利 2018/12/6 LOT 3224
布面油画 143×158cm
成交价 RMB 6,785,000

刘海粟 1934 年作 圣扬乔而夫飞瀑
北京匡时 2018/6/16 LOT 2008
布面油画 79.5×59.5cm
成交价 RMB 5,520,000

刘开渠　1958 年作 人民英雄纪念碑浮雕（一组八件）铸铜雕塑（原始版局部）
北京保利　2018/6/20　LOT 4216
铸铜雕塑　尺寸不一
成交价　RMB 31,050,000

刘炜　革命家庭系列：云游时光（双联作）
苏富比香港　2018/3/31　LOT 1060
布面油画　150×100cm，150×200cm
成交价　RMB 28,940,220

刘小东　1990 年作 求婚
中国嘉德　2018/11/21　LOT 1571
布面 油画　130×97cm
成交价　RMB 12,650,000

刘野　1999 年作 喵呜
中国嘉德　2018/11/21　LOT 1581
布面 油画　160×160cm
成交价　RMB 6,900,000

油画及中国当代艺术 —— 刘野 罗中立

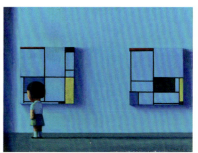

刘野　2002年作 红黄蓝（一组三件）
中国嘉德　2018/6/19　LOT 1845
布面 丙烯　45×60cm×3
成交价　RMB 11,500,000

刘野　红三号
苏富比香港　2018/9/30　LOT 1070
亚克力 画布　195×195cm
成交价　RMB 18,940,532

刘野　读书的女孩
佳士得香港　2018/11/25　LOT 113
亚克力 画布　75×60cm
成交价　RMB 5,005,463

刘野　2007～2008 年作 竹草图
中国嘉德　2018/6/19　LOT 1846
布面 油画　300×220cm
成交价　RMB 10,350,000

罗中立　劝和
佳士得香港　2018/11/24　LOT 40
布面 油画　160×200cm
成交价　RMB 6,784,408

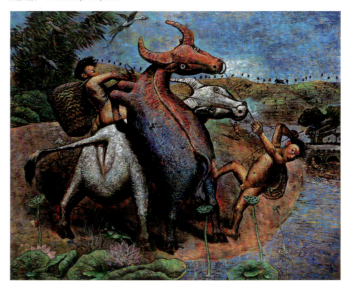

289

毛焰　1990 年作 毛焰和捷尔任斯基之孙
北京保利　2018/6/20　LOT 4224
布面 油画　184×120cm
成交价　RMB 8,625,000

潘玉良　裸女
苏富比香港　2018/3/31　LOT 1018
彩墨纸本　91×65cm
成交价　RMB 11,807,854

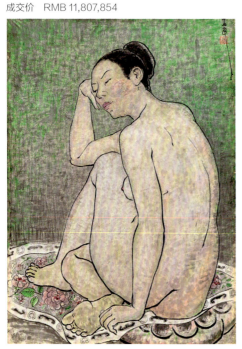

倪贻德　20 世纪 60 年代作 暗香
中国嘉德　2018/6/19　LOT 1884
布面 油画　45.5×44cm
成交价　RMB 5,750,000

潘玉良　约 20 世纪 40 年代作 裸女
中国嘉德　2018/10/2　LOT 60
布面 油画　91×64.2cm
成交价　RMB 6,147,825

潘玉良　海边五裸女
苏富比香港　2018/3/31　LOT 1019
布面 油画　50×65cm
成交价　RMB 22,513,397

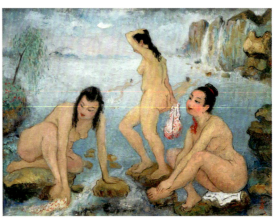

油画及中国当代艺术 ┈┈┈ 庞薰琹 苏天赐 尚扬 童红生 王广义

庞薰琹 1979 年作 文峰塔
中国嘉德 2018/6/19 LOT 1885
布面 油画 80×80cm
成交价 RMB 17,825,000

苏天赐 1962 年作 自有春晖满槐
中国嘉德 2018/6/19 LOT 1876
布面 油画 66.5×55.5cm
成交价 RMB 5,290,000

尚扬 2007 年作 董其昌计划 -9
北京保利 2018/6/20 LOT 4235
布面综合材料 130×400cm
成交价 RMB 5,290,000

童红生 1987 年作 青年朋友
中国嘉德 2018/11/21 LOT 1570
布面 油画 120×120cm
成交价 RMB 11,270,000

王广义 1982 年作 肖像 No.1，北方艺术群体印章一方
北京匡时 2018/12/6 LOT 1629
木板油画 56.5×47cm
成交价 RMB 5,175,000

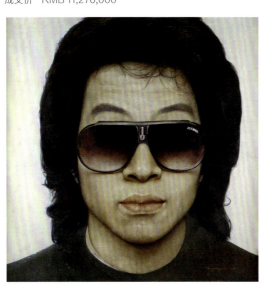

王怀庆　1991 年作 廊
中国嘉德　2018/11/21　LOT 1555
布面 油画　145×112cm
成交价　RMB 6,900,000

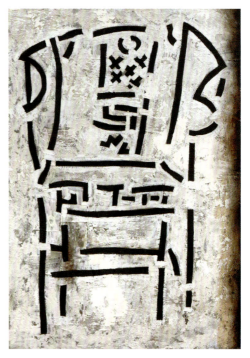

王怀庆　1997 年作 1234567
中国嘉德　2018/10/2　LOT 68
布面 油画　116×81cm
成交价　RMB 9,156,335

王怀庆　玉壶春瓶
苏富比香港　2018/3/31　LOT 1049
布面 油画　213×122cm
成交价　RMB 11,807,854

王怀庆　天工开物（三）
佳士得香港　2018/5/26　LOT 76
布面 油画　256×200cm
成交价　RMB 8,668,851

油画及中国当代艺术——王兴伟 王衍成 王沂东 王玉琦

王兴伟 又不是100分
苏富比香港 2018/9/30 LOT 1051
布面 亚克力 165×240cm
成交价 RMB 8,685,438

王沂东 2004年作 纯真年代
北京保利 2018/6/20 LOT 4225
布面 油画 180×180cm
成交价 RMB 8,280,000

王衍成 2015年作 无题
北京保利 2018/12/6 LOT 3278
布面 油画 190×190cm
成交价 RMB 21,850,000

王玉琦 1990～1996年作 悲怆
北京保利 2018/12/6 LOT 3243
布面 油画 114×147cm
成交价 RMB 8,280,000

王玉琦 2006年作 狗年
北京匡时 2018/12/6 LOT 1637
布面 油画 188×189cm
成交价 RMB 19,550,000

293

吴大羽　黄色谱韵
中国嘉德　2018/11/21
LOT 1526
布面 油画裱于木板
54.5×39.5cm
成交价　RMB 12,880,000

吴大羽　采韵 -20
中国嘉德　2018/6/19
LOT 1870
布面 油画　54.5×39cm
成交价　RMB 6,670,000

吴大羽　无题 28
苏富比香港　2018/3/31
LOT 1029
布面 油画　53×37.8cm
成交价　RMB 9,856,142

吴大羽　无题
苏富比香港　2018/11/24
LOT 139
布面油画裱于木板　53×39cm
成交价　RMB 6,906,493

吴大羽　无题
苏富比香港　2018/9/30
LOT 1015
综合媒材　65×45cm
成交价　RMB 11,615,465

吴大羽　点墨余情
西泠印社　2018/12/15
LOT 709
布面 油画　52.7×37.8cm
成交价　RMB 9,430,000

吴冠中 1960 年前后作 牡丹花
西泠印社 2018/7/7 LOT 805
木板 油画 51×40.5cm
成交价 RMB 9,200,000

吴冠中 1960 年作 花卉
北京保利 2018/6/20 LOT 4202
布面 油画 61×46cm
成交价 RMB 9,200,000

吴冠中 1973 年作 紫竹院儿童游乐园
北京保利 2018/6/20 LOT 4201
木板 油画 58×50cm
成交价 RMB 16,675,000

吴冠中 1975 年 故宫白皮松
中国嘉德 2018/11/21 LOT 1501
布面 油画 72.5×54cm
成交价 RMB 28,750,000

吴冠中 1994 年作 双燕
北京保利 2018/12/6
LOT 3203
布面 油画 69×140cm
成交价 RMB 112,700,000

295

油画及中国当代艺术 ———— 吴冠中

中国收藏
拍卖年鉴
2019

CHINESE FINE ART &
ANTIQUES AUCTION
YEARBOOK 2019

吴冠中　漓江竹林
苏富比香港　2018/3/31　LOT 1047
木板 油画　35.5×54.2cm
成交价　RMB 8,392,359

吴冠中　1996 年作 遗忘的雪
中国嘉德　2018/10/2　LOT 45
布面 油画　91×100cm
成交价　RMB 14,170,518

吴冠中　1978 年作 雨后流泉
北京保利　2018/12/6　LOT 3204
布面油画裱于木板　45×47cm
成交价　RMB 9,775,000

吴冠中　1976 年作 渔家院
北京保利　2018/12/6　LOT 3201
布面 油画　46×46cm
成交价　RMB 9,775,000

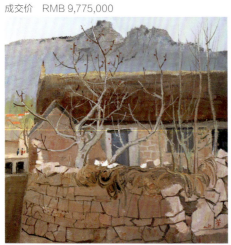

吴冠中　桂林山村
苏富比香港　2018/3/31　LOT 1048
木板 油画　29.5×39.4cm
成交价　RMB 14,735,421

吴冠中　1975 年作 漓江新篁
北京保利　2018/6/20　LOT 4203
布面 油画　77×96cm
成交价　RMB 74,175,000

吴冠中　山村晴雪 I
苏富比香港　2018/9/30　LOT 1030
木板 油画　61.2×46cm
成交价　RMB 19,986,971

吴冠中　桃花
佳士得香港　2018/11/24　LOT 17
木板 油画　45×60cm
成交价　RMB 11,074,805

吴冠中　人人尽说花布街
苏富比香港　2018/10/1　LOT 1264
设色 纸本　53.3×47.7cm
成交价　RMB 6,173,986

吴冠中　新疆天池
上海朵云轩　2018/12/21　LOT 1259
木板 油画　53×73.5cm
成交价　RMB 6,900,000

吴冠中　1975 年作 紫竹院风景
中国嘉德　2018/6/19　LOT 1878
布面 油画　61×54.5cm
成交价　RMB 9,200,000

297

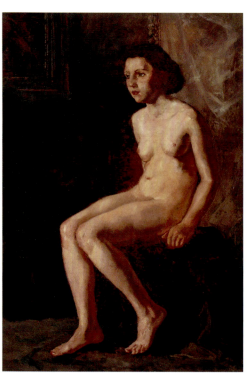

萧勤 冥想的能量
苏富比香港 2018/3/31
LOT 1027
布面 亚克力 160×130cm
成交价 RMB 6,147,891

吴作人 坐女人体
西泠印社 2018/7/7
LOT 812
布面 油画 130×90cm
成交价 RMB 8,625,000

徐悲鸿 1928 年作 杨仲子全家福
西泠印社 2018/7/7 LOT 811
布面 油画 59.5×79.5cm
成交价 RMB 19,320,000

徐悲鸿 1940 年作 喜马拉雅山全景
北京保利 2018/6/20 LOT 4212
布面 油画 37×93.5cm
成交价 RMB 20,700,000

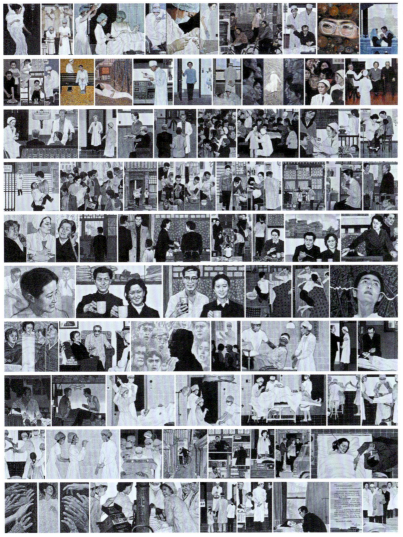

尤劲东 1981 年作 人到中年
（一组七十三幅）
中国嘉德 2018/11/21 LOT 1567
亚克力纸连环画手稿 尺寸不一
成交价 RMB 5,520,000

余友涵 抽象 1988-1
苏富比香港 2018/3/31 LOT 1074
布面 亚克力 160.6×132cm
成交价 RMB 12,783,709

余友涵 无题
苏富比香港 2018/9/30 LOT 1087
布面 油画 156×129cm
成交价 RMB 8,685,438

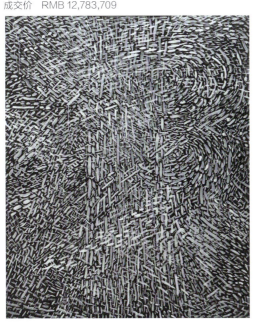

岳敏君　1992 年作 时代戏剧
中国嘉德　2018/6/19　LOT 1802
布面 油画　191×200cm
成交价　RMB 16,100,000

岳敏君　1995 年作 音乐
北京保利　2018/6/20　LOT 4232
布面 油画　140×140cm
成交价　RMB 11,270,000

岳敏君　大天鹅
佳士得香港　2018/11/24　LOT 42
布面 油画　200×280cm
成交价　RMB 7,412,271

曾梵志　我们
佳士得香港　2018/11/24　LOT 38
布面 油画　215 × 330cm
成交价　RMB 23,108,845

曾梵志　肖像
佳士得香港　2018/5/26　LOT 49
布面 油画　250 × 170cm
成交价　RMB 6,424,383

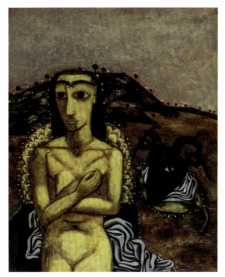

张晓刚　1989 年作 山丘与生灵
中国嘉德　2018/11/21　LOT 1576
布面 油画 91×73cm
成交价　RMB 5,980,000

张晓刚　1995 年作 血缘——大家庭 全家福
中国嘉德　2018/11/21　LOT 1577
布面 油画 100×130cm
成交价　RMB 23,000,000

张晓刚　2008 年作 绿墙：两张单人床
西泠印社　2018/7/7　LOT 822
布面 油画 300×500cm
成交价　RMB 6,900,000

张晓刚　1996 年作 血缘：大家庭 1 号
中国嘉德　2018/6/19　LOT 1839
布面 油画 149×189.5cm
成交价　RMB 40,250,000

张晓刚　1997 年作 血缘：大家庭 1 号
苏富比香港　2018/9/30　LOT 1075
布面 油画 100×130cm
成交价　RMB 11,092,246

中国收藏
拍卖年鉴
2019
CHINESE FINE ART &
ANTIQUES AUCTION
YEARBOOK 2019

张焰 1995 年作 神舞
北京保利 2018/12/6 LOT 3276
布面 油画 170×195cm
成交价 RMB 20,700,000

赵半狄 1989 年作 削苹果的女孩
中国嘉德 2018/11/21 LOT 1569
布面 油画 200×115cm
成交价 RMB 11,040,000

赵无极 05.04.63
佳士得香港 2018/11/25 LOT 407
布面 油画 46×50cm
成交价 RMB 5,319,394

赵无极 02.11.59
佳士得香港 2018/5/26 LOT 24
布面 油画 130×97cm
成交价 RMB 76,929,955

赵无极 05.10.91
佳士得香港 2018/5/26 LOT 3
布面 油画 81×100cm
成交价 RMB 14,231,228

赵无极　09.01.70
佳士得香港　2018/11/24　LOT 18
布面 油画　54×73cm
成交价　RMB 13,167,681

赵无极　14.12.59
佳士得香港　2018/5/26　LOT 23
布面 油画　130×162cm
成交价　RMB 143,715,077

赵无极　04.03.63
佳士得香港　2018/5/27
LOT 426
布面 油画　100×81cm
成交价　RMB 6,424,383

赵无极　05.06.63
佳士得香港　2018/11/24
LOT 24
布面 油画　130×90cm
成交价　RMB 17,876,654

赵无极　10.11.58 – 30.12.70
佳士得香港　2018/5/26　LOT 25
布面 油画　130×195cm
成交价　RMB 58,632,661

赵无极　22.07.64
佳士得香港　2018/11/24　LOT 4
布面 油画　161.5×199.5cm
成交价　RMB 101,133,898

赵无极　7.11.66
苏富比香港　2018/11/24　LOT 107
布面 油画　直径 55cm
成交价　RMB 5,127,547

赵无极　16.02.82
中国嘉德　2018/10/2　LOT 57
布面 油画　65×81cm
成交价　RMB 5,947,257

赵无极　15.12.60
苏富比香港　2018/9/30　LOT 1003
布面 油画　61×81cm
成交价　RMB 42,389,470

赵无极　1951 年 蓝色夜航
中国嘉德　2018/11/21　LOT 1482
布面 油画　80×99cm
成交价　RMB 19,780,000

赵无极　10.05.76
佳士得香港　2018/11/24　LOT 19
布面 油画　116×89cm
成交价　RMB 13,167,681

赵无极　岛
佳士得香港　2018/11/24　LOT 2
布面 油画　60×71cm
成交价　RMB 13,167,681

赵无极　08.10.84
苏富比香港　2018/3/31　LOT 1040
布面 油画　200×162cm
成交价　RMB 28,940,220

赵无极　09.05.61
苏富比香港　2018/9/30　LOT 1029
布面 油画　60×81cm
成交价　RMB 12,138,684

赵无极　21.03.69
苏富比巴黎　2018/6/6　LOT 13
布面 油画　130×81cm
成交价　RMB 31,613,459

赵无极　10.1.68
苏富比香港　2018/11/24　LOT 133
布面 油画　82×117cm
成交价　RMB 60,110,902

赵无极　05.10.93
北京荣宝　2018/12/3　LOT 1668
布面 油画　200×162cm
成交价　RMB 9,200,000

赵无极　18.06.2001
佳士得巴黎　2018/12/4　LOT 9
布面 油画　114×146cm
成交价　RMB 8,580,531

油画及中国当代艺术 —— 赵无极

赵无极　28.5.65
苏富比巴黎　2018/12/5　LOT 17
布面 油画　65×92cm
成交价　RMB 6,130,642

赵无极　25.02.65
苏富比香港　2018/9/30　LOT 1017
布面 油画　81×116cm
成交价　RMB 25,219,162

赵无极　23.05.64
苏富比香港　2018/9/30　LOT 1005
布面 油画　130×96.5cm
成交价　RMB 78,816,858

赵无极　26.04.62
苏富比香港　2018/3/31　LOT 1034
布面 油画　97.4×194.8cm
成交价　RMB 69,337,391

赵无极　5.11.62
罗芙奥　2018/6/3　LOT 220
布面 油画　80.5×116cm
成交价　RMB 32,750,880

赵无极　25.05.70
中国嘉德　2018/11/21　LOT 1483
布面 油画　150×162.5cm
成交价　RMB 28,750,000

赵无极 06.10.68
中国嘉德 2018/10/2 LOT 56
布面 油画 97×105cm
成交价 RMB 15,173,355

赵无极 24.10.68
北京保利 2018/12/6 LOT 3205
布面 油画 73×92cm
成交价 RMB 32,200,000

赵无极 06.10.69
北京保利 2018/12/6 LOT 3208
布面 油画 81×65cm
成交价 RMB 8,050,000

赵无极 28.02.67
佳士得香港 2018/5/26 LOT 65
布面 油画 89×116cm
成交价 RMB 11,303,661

赵无极 09.07.73
罗芙奥 2018/6/3 LOT 221
布面 油画 100×81cm
成交价 RMB 12,473,280

赵无极 23.3.82
北京保利 2018/12/6 LOT 3206
布面 油画 114×161.5cm
成交价 RMB 9,660,000

赵无极　1985年6月至10月
苏富比香港　2018/9/30　LOT 1004
布面 油画（三联作）　280×1000cm
成交价　RMB 445,059,784

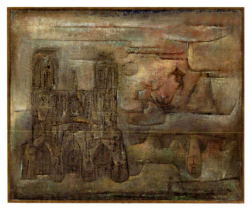

赵无极　巴黎圣母院
苏富比香港　2018/4/1　LOT 748
布面 油画　53.3×65.9cm
成交价　RMB 7,904,431

赵无极　晴空万里
苏富比香港　2018/3/31　LOT 1033
布面 油画　73×92cm
成交价　RMB 36,285,160

赵无极　20.8.84
北京保利　2018/12/6　LOT 3207
布面 油画　50×45.5cm
成交价　RMB 5,750,000

赵无极　16.9.91
北京保利　2018/6/20　LOT 4207
布面 油画　114×146cm
成交价　RMB 25,300,000

赵无极　雪花飞舞
佳士得香港　2018/5/26　LOT 4
布面 油画　73×60cm
成交价　RMB 25,453,569

赵无极　无题
苏富比香港　2018/3/31　LOT 1032
布面 油画　54.5×64.5cm
成交价　RMB 10,831,998

赵无极　雨
苏富比巴黎　2018/6/6　LOT 34
布面 油画　65×50cm
成交价　RMB 11,628,205

赵无极　无题
佳士得香港　2018/11/24　LOT 1
布面 油画　45.5×55cm
成交价　RMB 13,690,901

赵无极　20.01.69
佳士得香港　2018/11/26
LOT 8009 布面 油画　115.8×81cm
成交价　RMB 13,690,901

赵无极　新年快乐
佳士得巴黎　2018/12/4　LOT 8
布面 油画　65×100cm
成交价　RMB 31,422,498

油画及中国当代艺术————赵无极

周春芽　2001 年作 绿狗 2001A
北京匡时　2018/6/16　LOT 2082
布面 油画　250×200cm
成交价　RMB 16,100,000

周春芽　1992 年作 山石图
中国嘉德　2018/6/19　LOT 1836
布面 油画　149.5×129cm
成交价　RMB 43,700,000

周春芽　1993 年 中国风景
中国嘉德　2018/11/21　LOT 1573
布面 油画　194×130.5cm
成交价　RMB 42,550,000

周春芽　1994 年作 红石图
北京匡时　2018/6/16　LOT 2083
布面 油画　150×120cm
成交价　RMB 8,050,000

周春芽　1994 年作 石头系列——雅安上里 1 号
北京保利　2018/12/6　LOT 3221
布面 油画　150×120cm
成交价　RMB 6,900,000

周春芽　1999 年作 红色山石
北京保利　2018/6/20　LOT 4228
布面 油画　150×120cm
成交价　RMB 9,200,000

周春芽　2000 年作 太湖石
北京保利　2018/12/6　LOT 3220
布面 油画　200×150cm
成交价　RMB 27,600,000

周春芽　2010 年作 冬天已经过去
北京保利　2018/6/20　LOT 4229
布面 油画　210×300cm
成交价　RMB 8,970,000

周春芽　花飞莫遣随流水
佳士得香港　2018/5/26　LOT 74
布面 油画　279×197.8cm
成交价　RMB 7,400,239

周春芽　2011 年作 春桃
北京保利　2018/12/6　LOT 3222
布面 油画　280×200cm
成交价　RMB 10,580,000

周春芽　树的系列
佳士得香港　2018/11/26
LOT 8010 布面 油画　195×130cm
成交价　RMB 26,248,160

周春芽
2015 年作 晚樱与桃花
北京保利　2018/6/20
LOT 4227
布面 油画　200×400cm
成交价　RMB 13,800,000

油画及中国当代艺术——周春芽

311

周春芽　桃花又见一年春（双联作）
苏富比香港　2018/3/31　LOT 1062
布面 油画　100×500cm
成交价　RMB 9,856,142

朱德群　1959 年作 构图第十六号
中国嘉德　2018/6/19　LOT 1877
布面 油画　130×81cm
成交价　RMB 9,775,000

朱德群　1987 年作 春天的香氛
罗芙奥　2018/6/3　LOT 219
布面 油画　130×195cm
成交价　RMB 7,668,000

朱德群　第 144 号构图
苏富比香港　2018/11/24　LOT 124
布面 油画　147×97.5cm
成交价　RMB 10,569,026

朱德群　2002 年 瑞雪
中国嘉德　2018/11/21　LOT 1487
布面 油画　129×194cm
成交价　RMB 5,060,000

朱德群　暗影光照 II
苏富比香港　2018/3/31　LOT 1039
布面 油画　162×130cm
成交价　RMB 10,831,998

朱德群　地平在线的光和影
佳士得香港　2018/11/24　LOT 22
油彩 画布　130.2×195.2cm
成交价　RMB 11,598,024

朱德群　第 51 号 ──万家掩映翠微间
佳士得香港　2018/5/26　LOT 26
布面 油画　120×100cm
成交价　RMB 23,501,857

朱德群　无垠苍穹
佳士得香港　2018/5/26　LOT 57
布面 油画　130×195cm
成交价　RMB 7,400,239

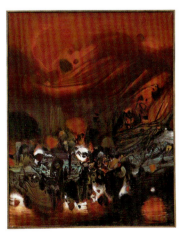

朱德群　第 269 号构图
苏富比香港　2018/9/30　LOT 1010
布面 油画　92×72cm
成交价　RMB 18,940,532

朱德群　红肥绿瘦
苏富比香港　2018/3/31　LOT 1035
布面 油画　87×116cm
成交价　RMB 50,056,923

朱德群　第 268 号构图
苏富比香港　2018/9/30　LOT 1009
布面 油画　150.2×300.5cm
成交价　RMB 66,018,046

朱德群　雾淞 II
苏富比香港　2018/10/1　LOT 750
布面 油画　65 x 92cm
成交价　RMB 6,383,273

朱德群　第 81 号
佳士得香港　2018/5/26　LOT 27
布面 油画　162×130cm
成交价　RMB 31,186,721

朱沅芷　1936 至 1939 年作 公园漫步（巴黎索邦神学院广场）
嘉德（香港）　2018/4/2　LOT 21
油彩 画布　73×92cm
成交价　RMB 6,633,800

朱沅芷　1939 年 马上舞旋（一组两件）
中国嘉德　2018/11/21　LOT 1499
布面 油画 / 纸本 水彩　120×100cm，28×21cm
成交价　RMB 26,680,000

油画及中国当代艺术 ———— 朱沅芷 朱铭

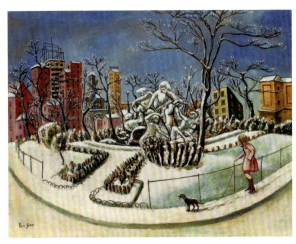

朱沅芷　1937 至 1939 年作 公园喷泉·冬景
中国嘉德　2018/10/2　LOT 59
油彩 画布　72.5×91.5cm
成交价　RMB 6,950,094

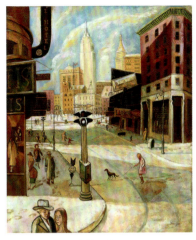

朱沅芷　欢乐节庆的百老汇
佳士得香港　2018/5/26　LOT 29
布面 油画　121 x 101cm
成交价　RMB 47,654,285

朱铭　太极系列：单鞭下势
苏富比香港　2018/3/31　LOT 1051
雕塑　185.5×94×123cm
成交价　RMB 11,807,854

朱铭　太极系列
苏富比香港　2018/3/31　LOT 1050
雕塑　左：23.5×21.2×49.7cm 右：60.1×25×50.4cm
成交价　RMB 6,733,404

中国收藏
拍卖年鉴
2019

CHINESE FINE ART &
ANTIQUES AUCTION
YEARBOOK 2019

瓷玉杂项

Chinese Antiques
& Artworks

2018 年度，全球中国文物艺术品中的瓷玉杂项品类共计成交约 6.4 万件（套）拍品，同比 2017 年成交数量上涨 6.7%，成交率为 52.9%，同比下降 5.0 个百分点，总成交额达到 144.0 亿元人民币，占整个中国文物艺术拍卖市场的 35.5% 的市场份额，同比下滑 23.4 个百分点。由此可以看出，瓷玉杂项品类同比 2017 年市场低迷，成交率与成交额双双下滑，成交数量略有上升，说明该品类在市场上抛售较多，中低价位拍品相对受欢迎。

纵观 2018 年整个瓷玉杂项品类，处于深度调整期。2018 年专场数量达 1803 个，同比 2017 年增加 17.8%，可见其拍卖行在此板块的精耕细作，专题化发展。高价拍品释出较少，成交价过亿拍品共计 5 件（套），比 2017 年下降了 58.3%。500 万元以上成交的拍品为 385 件（套），比 2017 年减少了 17.6%，生货较少。50 万以下的拍品高达 59531 件（套），占该品类总成交数量的 93.4%，可见，中低端价位的拍品更受大众收藏的钟爱。

从地域市场的分布来看，大陆地区成交 2.6 万件（套），成交额 80.6 亿元，均价为 30.6 万元，同比 2017 年下降 15.5 个百分点。京津地区从成交体量和成交总额来看，都属于该品类的拍卖重地，处在行业领先地位。据易拍全球大数据统计，2018 年度，京津地区成交 1.5 万件（套）拍品，占该品类总成交量的 23.4%，成交额达到 57.0 亿元人民币，占总成交额的 39.6%。亚太其他地区总成交额达到了 36.8 亿元人民币，同比 2017 年减少了 31.3 个百分点，成交率仅有 37.4%，在经历了 2016 年和 2017 年的连续上涨后，市场开始有所下滑，但与 2015 年类似，成交率尚在一定范围内震荡起伏，进入调整期。海外地区市场显示出下滑趋势。成交量为 29353 件（套），比 2017 年上涨了 14.3%，成交额为 27.6 亿元人民币，比 2017 年下降了 15.3%，均价为 9.4 万元，比 2017 年下降了 26.0%，由于海外市场中瓷玉杂项一直属于传统大众主要收藏品类，中低端价位占据主流，藏家对于艺术品竞买出价保守，导致拍品价格走低。

瓷玉杂项品类主要包括陶瓷器、玉石器、佛教艺术品、古典家具、文房雅玩、金属器、竹木牙角等多个板块，各个板块市场表现不一。陶瓷器板块是整个品类中占比最大的部分，成交额占 42.2%，成交量占比为 35.3%，是瓷玉杂项品类里的中坚力量。其中，香港苏富比春拍的瓷器《清康熙粉红地珐琅彩开光花卉碗》以 2.08 亿元人民币成交，成为 2018 年度瓷玉杂项品类最贵的拍品；玉石器板块行情稳定，成交量和成交额分别贡献了 18.8 和 10.8 个百分点，市场表现积极平稳；就杂项部分表现来看，佛教艺术品表现平平，并未出现亿元拍品；金属器板块的全球成交额为 11.2 亿元人民币，较上一年下降了 60.4%，未来市场处于调整期，起伏波动频繁。古典家具、文房雅玩和竹木牙角板块，整年价格体系稳定。

近年来，瓷玉杂项艺术品拍卖市场在理性中进入调整期，藏家对于高端收藏相对谨慎。从该品类在中国文物艺术拍卖市场的总成交额占比来看，瓷玉杂项明显弱于中国书画，市场在稳步调整中实现发展，随着新晋买家的介入，逐步建立起新的购藏体系和热点。

北宋 定窑黑釉酱斑斗笠碗
佳士得纽约　2018/3/22　LOT 506
直径 19cm
成交价　RMB 26,848,032

北宋 汝窑天青釉碗
佳士得香港　2018/11/26　LOT 8006
直径 10.2cm
成交价　RMB 49,138,997

宋 官窑青釉盘
莱姆泊滋　2018/12/8　LOT 867
直径 14cm
成交价　RMB 7,101,129

定窑白釉刻划飞龙纹盘
中贸圣佳　2018/6/20　LOT 758
直径 30.5cm
成交价　RMB 9,200,000

金 耀州窑青釉胆式瓶
苏富比伦敦　2018/5/16　LOT 70
高 28.8cm
成交价　RMB 6,909,852

南宋 建窑黑釉鹧鸪斑盏
西泠印社　2018/12/15　LOT 1883
高 6.6cm，口径 12.2cm
成交价　RMB 5,865,000

南宋 龙泉窑仿官釉贯耳壶
佳士得纽约 2018/3/22 LOT 530
高 22.5cm
成交价 RMB 6,962,962

南宋 龙泉窑粉青釉纸槌瓶
佳士得香港 2018/11/26 LOT 8007
高 23.4cm
成交价 RMB 37,366,566

北宋～金 磁州窑白地黑花鱼藻纹小口瓶
佳士得纽约 2018/3/22 LOT 513
高 25.1cm
成交价 RMB 11,169,419

五代～北宋初 定窑沥粉堆花"官"字款花口方盘（一对）
佳士得香港 2018/5/30 LOT 2925
直径 9.6cm
成交价 RMB 7,692,995

明正德 黄地青花折枝花果纹盘
苏富比香港　2018/10/2　LOT 127
口径 29.2cm
成交价　RMB 7,220,424

清乾隆 黄地青花海水龙穿缠枝莲纹天球瓶
苏富比香港　2018/4/3　LOT 3620
高 60.8cm
成交价　RMB 61,553,679

明永乐 青花葡萄纹折沿盘
佳士得香港　2018/11/28　LOT 2904
直径 38cm
成交价　RMB 7,621,559

明成化 青花"竹溪六逸"雅集图罐
北京保利　2018/6/19　LOT 5178
高 23.5cm，宽 24cm
成交价　RMB 27,025,000

明成化 青花缠枝茶花纹宫碗
北京保利　2018/6/19　LOT 5177
直径 15.2cm
成交价　RMB 10,350,000

明宣德 内白釉模印缠枝芍药外青花缠枝莲纹碗
北京保利　2018/12/8　LOT 5475
直径 20cm
成交价　RMB 6,325,000

瓷玉杂项 ⋯⋯ 陶瓷器 ⋯⋯ 元明清 ⋯⋯ 釉下彩

明成化 青花折枝花纹卧足杯
北京保利　2018/6/19　LOT 5176
直径 7.7cm
成交价　RMB 10,005,000

明嘉靖 青花"三羊开泰"图仰钟式碗（一对）
苏富比香港　2018/10/2　LOT 115
口径 16cm
成交价　RMB 18,940,532

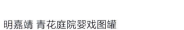

明嘉靖 青花庭院婴戏图罐
北京保利　2018/12/8　LOT 5479
高 34.5cm
成交价　RMB 12,075,000

元 青花云龙纹罐
北京保利　2018/6/19　LOT 5144
高 28.5cm
成交价　RMB 11,500,000

明成化 青花缠枝莲纹莲花口双耳瓶
苏富比纽约　2018/3/20　LOT 113
高 26.6cm
成交价　RMB 18,451,051

明宣德 青花缠枝花纹方流执壶
苏富比纽约　2018/3/20　LOT 110
高 33cm
成交价　RMB 19,980,672

明宣德 青花缠枝花纹花浇
北京保利　2018/12/8　LOT 5355
高 13.4cm
成交价　RMB 15,525,000

明宣德 青花花果纹葵瓣口碗
莱斯利·辛德曼　2018/9/17　LOT 255
直径 22.5cm
成交价　RMB 9,929,153

明永乐 青花缠枝花纹菱花口折沿盘
北京保利　2018/12/8　LOT 5474
直径 34cm
成交价　RMB 5,980,000

明永乐 青花缠枝牡丹纹执壶
佳士得香港　2018/11/28　LOT 2905
高 30cm
成交价　RMB 5,319,394

明永乐 青花葡萄纹折沿盘
苏富比香港　2018/10/2　LOT 110
口径 37.3cm
成交价　RMB 6,592,561

明永乐 青花葡萄纹折沿盘
北京匡时　2018/12/5　LOT 2806
直径 38cm
成交价　RMB 13,225,000

清雍正 青花缠枝花纹撇口大尊
苏富比香港 2018/10/2 LOT 103
高 70cm
成交价 RMB 9,313,301

清乾隆 青花八吉祥吉庆有余纹夔凤耳六方瓶
北京保利 2018/12/12 LOT 5427A
高 35.3cm
成交价 RMB 10,350,000

清乾隆 青花缠枝莲"福庆有余"纹象耳扁瓶
北京匡时 2018/12/5 LOT 2812
高 31cm
成交价 RMB 13,800,000

清乾隆 青花缠枝莲托八吉祥纹铺首耳尊
中贸圣佳 2018/11/24 LOT 3068
高 49.7cm
成交价 RMB 5,175,000

清乾隆 青花缠枝莲纹如意耳蒜头口瓶
佳士得香港 2018/5/30 LOT 3004
高 23.3cm
成交价 RMB 29,356,991

清乾隆 青花春耕图蝠耳扁瓶
佳士得香港 2018/5/30 LOT 2751
高 59cm
成交价 RMB 56,802,932

清乾隆 青花夹洋彩通景"桃花源"图双耳活环大瓶
中国嘉德　2018/6/18　LOT 2630
高 55.2cm
成交价　RMB 50,600,000

清乾隆 青花莲池图贯耳壶
北京保利　2018/12/12　LOT 5426
高 54cm
成交价　RMB 25,300,000

清乾隆 青花云蝠纹螭耳瓶
中国嘉德　2018/10/2　LOT 569
高 19.8cm
成交价　RMB 8,153,498

清乾隆 青花云龙纹荸荠瓶
中贸圣佳　2018/6/20　LOT 606
高 24.7cm
成交价　RMB 10,925,000

清乾隆 青花折枝花果纹梅瓶
北京保利　2018/6/19　LOT 5199
高 32.5cm
成交价　RMB 7,475,000

清乾隆 青花折枝瑞果纹六方撇口瓶
中贸圣佳　2018/11/24　LOT 3067
高 65.7cm
成交价　RMB 9,430,000

清康熙 青花十二月花卉图题诗句杯（一套十二件）
佳士得香港　2018/11/28　LOT 2908
直径 6.5cm
成交价　RMB 31,480,351

清嘉庆 青花海水云龙戏珠纹葫芦瓶
苏富比伦敦　2018/11/7　LOT 70
高 30.3cm
成交价　RMB 5,197,141

清康熙 青花庭园仕女图碗
苏富比香港　2018/10/2　LOT 148
口径 19.5cm
成交价　RMB 16,324,437

明永乐 青花伊斯兰花纹绶带耳葫芦扁瓶
苏富比香港　2018/10/2　LOT 122
高 31.5cm
成交价　RMB 11,092,246

清雍正 青花缠枝花纹绶带耳葫芦扁瓶
佳士得伦敦　2018/11/6　LOT 171
高 53cm
成交价　RMB 12,848,733

清雍正 青花桃蝠纹橄榄瓶
际华春秋　2018/12/22　LOT 2010
高 20cm, 口径 4.8cm, 足径 6cm
成交价　RMB 6,900,000

清雍正 青花折枝花纹罐
苏富比香港　2018/10/2　LOT 132
高 25.2cm
成交价　RMB 8,476,150

元 内白釉模印外青花行龙纹高足杯
北京保利　2018/6/19　LOT 5142
高 10.2cm
成交价　RMB 7,590,000

元 青花缠枝葫芦纹葫芦瓶
北京保利　2018/6/19　LOT 5141
高 47cm
成交价　RMB 56,810,000

元 青花孔雀穿缠枝牡丹图带盖梅瓶
北京保利　2018/6/19　LOT 5148
高 45cm
成交价　RMB 16,675,000

明万历 青花五彩双龙戏珠纹长方盖盒
上海匡时　2018/4/30　LOT 524
长 35cm, 高 10cm
成交价　RMB 8,165,000

明宣德 青花矾红彩海兽波涛纹高足杯
佳士得香港　2018/5/30　LOT 2946
直径 9.9cm
成交价　RMB 9,839,878

清乾隆 松石绿地青花釉里红海水腾龙纹双耳扁壶
广州华艺　2018/5/23　LOT 1062
高 30.8cm
成交价　RMB 16,100,000

清雍正 青花釉里红加胭脂紫彩缠枝莲灵竹纹双耳抱月瓶
中贸圣佳　2018/11/24　LOT 1526
高 48.1cm
成交价　RMB 14,950,000

清乾隆 釉里红云海九龙如意耳抱月瓶
北京保利　2018/12/12　LOT 5424
高 26cm
成交价　RMB 21,850,000

瓷玉杂项　陶瓷器　元明清　釉下彩

清乾隆 白釉如意耳蒜头口瓶
苏富比伦敦　2018/11/7　LOT 73
高 23cm
成交价　RMB 6,687,106

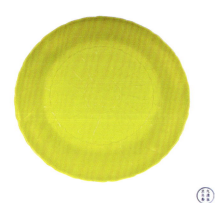

清雍正 柠檬黄釉莲花式盘
北京华辰　2018/11/19　LOT 1009
直径 29.4cm
成交价　RMB 21,850,000

明初 钧窑天蓝釉渣斗式花盆
中国嘉德　2018/11/20　LOT 2318
高 18.5cm，直径 20cm
成交价　RMB 48,875,000

清乾隆 祭蓝釉鸠耳扁壶
苏富比香港　2018/4/3　LOT 3624
高 32.5cm
成交价　RMB 6,906,493

清雍正 宝石蓝釉花囊
中贸圣佳　2018/11/24　LOT 3063
高 15.9cm
成交价　RMB 5,520,000

清雍正 祭蓝釉白花鱼藻纹合碗（一对）
中国嘉德　2018/6/18　LOT 2605
直径 17.5cm
成交价　RMB 7,590,000

瓷玉杂项 ┈┈┈ 陶瓷器 ┈┈┈ 元明清 ┈┈┈ 颜色釉

明 龙泉窑仿官釉净瓶
北京荣宝　2018/12/3　LOT 3006
高 23cm
成交价　RMB 5,290,000

清乾隆 仿汝釉弦纹瓶
北京匡时　2018/12/5　LOT 2810
高 29cm
成交价　RMB 13,225,000

清乾隆 仿汝釉双系花囊
北京匡时　2018/12/5　LOT 2815
高 10cm
成交价　RMB 12,420,000

清乾隆 粉青釉夔凤耳海棠式大瓶"大清乾隆年制"款
苏富比纽约　2018/3/21　LOT 535
高 68.6cm
成交价　RMB 7,896,668

清乾隆 粉青釉描金缠枝花纹如意耳蒜头口瓶
东京中央（香港）　2018/11/26　LOT 1254
高 19cm
成交价　RMB 16,115,149

清乾隆 粉青釉描金络子尊
北京匡时　2018/12/5　LOT 2809
高 12cm
成交价　RMB 5,175,000

329

中国收藏
拍卖年鉴
2019

CHINESE FINE ART &
ANTIQUES AUCTION
YEARBOOK 2019

清乾隆 粉青釉凸刻古铜纹赏瓶
佳士得纽约　2018/3/22　LOT 771
高 40cm
成交价　RMB 7,727,772

清康熙 粉青釉菊瓣瓶
北京保利　2018/12/8　LOT 5484
高 21.1cm
成交价　RMB 6,325,000

清雍正 仿哥釉凸刻八卦纹螭耳抱月瓶
中国嘉德　2018/10/2　LOT 599
高 48.7cm
成交价　RMB 5,144,988

清雍正 仿哥釉凸刻五岳真形图三连双耳瓶
北京华辰　2018/11/19　LOT 1218
高 52.5cm
成交价　RMB 8,970,000

清雍正 仿官釉凸刻古铜纹双耳扁壶
北京保利　2018/12/8　LOT 5497
高 54.4cm
成交价　RMB 8,280,000

元 龙泉粉青釉大贯耳弦纹壶
北京保利　2018/12/12　LOT 5441
高 37.7cm
成交价　RMB 5,520,000

清雍正 粉青釉贯耳六方壶
北京保利　2018/12/8　LOT 5492
高 28cm
成交价　RMB 9,775,000

元至明初 钧窑天蓝釉刻划"四"字铭仰钟式花盆
佳士得香港　2018/11/26　LOT 8021
宽 25.4cm
成交价　RMB 29,387,474

清康熙 胭脂水釉马蹄杯
北京保利　2018/12/8　LOT 5322
直径 8.3cm
成交价　RMB 5,175,000

清雍正 金釉碗
中国嘉德　2018/6/18　LOT 2607
直径 11.2cm
成交价　RMB 8,050,000

清乾隆 窑变釉贯耳杏圆壶
坎比·卡斯塔　2018/6/6　LOT 132
高 30cm
成交价　RMB 9,247,081

清乾隆 窑变釉凸弦纹兽耳罍式尊
北京保利　2018/6/19　LOT 5198
高 34cm
成交价　RMB 5,060,000

331

瓷玉杂项 —— 陶瓷器 —— 元明清 —— 彩瓷

中国收藏
拍卖年鉴
2019

CHINESE FINE ART &
ANTIQUES AUCTION
YEARBOOK 2019

清乾隆斗彩"三多"纹蝠耳抱月瓶
北京保利　2018/12/12　LOT 5423
高 30cm
成交价　RMB 10,120,000

清乾隆斗彩加粉彩暗八仙缠枝莲纹天球瓶
佳士得香港　2018/5/30　LOT 8888
高 53.9cm
成交价　RMB 106,205,625

清乾隆斗彩描金串枝花纹瓜棱瓶
北京中拍　2018/6/30　LOT 6049
高 31.5cm，口径 11.2cm，足径 10.5cm
成交价　RMB 6,325,000

清乾隆斗彩云福纹荸荠瓶
北京印千山　2018/1/12　LOT 1272
高 21cm
成交价　RMB 6,325,000

清乾隆瓷胎画珐琅胭脂紫地寒梅争春图胆式瓶
北京中拍　2018/6/30　LOT 6043
高 8.8cm，口径 1.2cm，足径 2cm
成交价　RMB 19,550,000

清乾隆珐琅彩开光西洋妇婴图贯耳瓶
北京印千山　2018/1/12　LOT 1273
高 15.5cm
成交价　RMB 78,200,000

清雍正珐琅彩万花不露地碗
中国嘉德　2018/6/18　LOT 2606
直径 10.2cm
成交价　RMB 8,970,000

清雍正外胭脂水釉内白釉珐琅彩瑞果纹马蹄杯（一对）
中贸圣佳　2018/6/20　LOT 0611
高 4.2cm，直径 8.3cm
成交价　RMB 8,050,000

清 广彩开光人物故事图碗
坎比·卡斯塔　2018/6/6　LOT 403
20×52cm
成交价　RMB 5,394,131

清乾隆 绿地金彩凸刻古铜纹双系尊（一对）
佳士得香港　2018/5/30　LOT 2753
高 10.2cm
成交价 RMB 19,598,435

清乾隆 绿地洋彩轧道通景十八罗汉图双耳撇口瓶
苏富比伦敦　2018/5/16　LOT 17
高 37.2cm
成交价　RMB 5,753,831

清乾隆 洋彩八仙庆寿图灯笼尊
东京中央（香港）　2018/11/26　LOT 1238
高 36.3cm，直径 17.5cm
成交价　RMB 5,014,183

清嘉庆黄地洋彩开光"三阳开泰"图像耳尊（一对）
北京保利　2018/6/19　LOT 5201
高 29cm
成交价　RMB 5,750,000

清雍正粉彩过枝"福寿双全"图盘（一对）
北京保利　2018/6/19　LOT 5179
直径 20.2cm
成交价　RMB 50,600,000

清雍正粉彩"玉堂富贵"图碗
中国嘉德　2018/11/20　LOT 2301
直径 14.6cm
成交价　RMB 7,475,000

明五彩怪石花蝶纹碗
坎比•卡斯塔　2018/6/6　LOT 156
8.5×18cm
成交价　RMB 11,558,852

清康熙五彩"叩马阻兵"故事图大棒槌瓶
苏富比纽约　2018/3/20　LOT 322
高 70.2cm
成交价　RMB 10,038,137

清康熙五彩西厢记人物故事图仰钟式杯（一对）
苏富比纽约　2018/3/21　LOT 504
高 7.6cm
成交价　RMB 6,045,189

清乾隆祭蓝釉描金花蝶图将军罐（一对）
坎比·卡斯塔 2018/6/6 LOT 181
高 65cm
成交价 RMB 7,705,901

清乾隆御制仿古铜描金夔龙纹小香盒
北京保利 2018/6/19 LOT 5081
直径 5.1cm
成交价 RMB 5,635,000

清乾隆洋彩螭耳百鹿尊
佳士得香港 2018/11/28 LOT 2801
高 44.5cm
成交价 RMB 39,328,638

清乾隆洋彩"江山万代"图如意耳琵琶尊
北京保利 2018/12/8 LOT 5421
高 37cm
成交价 RMB 94,875,000

清乾隆胭脂红地洋彩勾莲暗八仙纹尊
北京华辰 2018/6/21 LOT 1309
高 58cm
成交价 RMB 6,900,000

清乾隆洋彩锦上添花"江山一统"八卦纹旋转笔筒
北京保利 2018/12/12 LOT 5431
直径 10.4cm，高 12.1cm
成交价 RMB 48,300,000

清乾隆洋彩锦上添花山水婴戏图螭耳瓶
佳士得香港　2018/5/30　LOT 2752
高 38.8cm
成交价　RMB 54,058,338

清乾隆洋彩胭脂红地轧道祥莲瑞蝠纹开光题御制诗文兽耳壁瓶
北京保利　2018/12/12　LOT 5432
高 18.2cm
成交价　RMB 23,575,000

清嘉庆胭脂红地洋彩九秋花卉图碗（一对）
北京保利　2018/6/19　LOT 5097
直径 9.2cm
成交价　RMB 5,175,000

清雍正珊瑚红地洋彩花卉图碗（一对）
中国嘉德　2018/6/18　LOT 2608
直径 13cm，直径 13.2cm
成交价　RMB 6,900,000

清乾隆矾红彩描金"万福延年"图葫芦瓶
北京保利　2018/6/19　LOT 5078
高 11cm
成交价　RMB 6,440,000

清雍正黄地绿彩锥拱福寿祥云折枝牡丹纹瓶
东京中央（香港）　2018/11/26　LOT 1252
高 41cm
成交价　RMB 39,067,028

清雍正洋彩仿花梨木纹釉黄彩仿竹篾纹箍桶
北京保利　2018/12/8　LOT 5489
直径 39cm
成交价　RMB 7,130,000

清粉彩山水图瓷板
坎比・卡斯塔　2018/6/6　LOT 197
28.5×44cm
成交价　RMB 6,164,721

中国收藏
拍卖年鉴
2019

CHINESE FINE ART &
ANTIQUES AUCTION
YEARBOOK 2019

粉彩马到成功图瓷板
中国嘉德 2018/11/20 Lot 2975
168×80cm
成交价 RMB 5,750,000

民国 王步青花人物故事图瓷板（一组四件）
北京匡时 2018/6/15 LOT 3461
24×37.5cm×4
成交价 RMB 29,325,000

民国 王琦粉彩四尊者人物图瓷板（一组四件）
北京匡时 2018/6/15 LOT 3425
37.5×24.5cm×4
成交价 RMB 14,950,000

瓷玉杂项 ——— 玉石器 ——— 白玉

白玉雕饕餮纹童子扁瓶摆件
坎比·卡斯塔 2018/6/6 LOT 30
高 17.5cm
成交价 RMB 30,823,604

清白玉雕动物瓶摆件
坎比·卡斯塔 2018/6/6 LOT 29
高 24cm
成交价 RMB 9,247,081

清乾隆白玉镂雕狮纽活环耳三足盖炉
西泠印社 2018/7/7 LOT 1890
高 13.3cm，通径 19.5cm
成交价 RMB 6,095,000

清乾隆白玉山子
坎比·卡斯塔 2018/6/6 LOT 32
17.5×21.5cm
成交价 RMB 22,347,113

清乾隆白玉双马摆件
佳士得香港 2018/11/28 LOT 2913
宽 13.3cm
成交价 RMB 7,412,271

清乾隆御制白玉雕张骞乘槎
邦瀚斯香港 2018/5/29 LOT 37
长 23.5cm
成交价 RMB 6,131,626

中国收藏
拍卖年鉴
2019

CHINESE FINE ART &
ANTIQUES AUCTION
YEARBOOK 2019

瓷玉杂项 ⋯⋯ 玉石器 ⋯⋯ 白玉　黄玉　和田玉

清乾隆御制白玉刻"羲协龢声"册页（十开）
保利香港　2018/10/2　LOT 3319
高 13.8cm，宽 10.3cm
成交价　RMB 5,144,988

清乾隆御制白玉夔凤纹觥
邦瀚斯香港　2018/5/29　LOT 27
高 18.8cm
成交价　RMB 9,059,193

西汉白玉雕熊
邦瀚斯香港　2018/11/27　LOT 108
长 5.7cm
成交价　RMB 5,842,614

清乾隆白玉罗汉修行图山子
佳士得伦敦　2018/5/15　LOT 94
高 22cm
成交价　RMB 6,382,199

清乾隆御制朱彩镌黄玉雕提梁禾亭卣
佳士得香港　2018/5/30　LOT 2930
高 15.3cm
成交价　RMB 14,719,156

和田羊脂玉洒金皮大籽料
北京印千山　2018/9/18　LOT 2296
48500 克
成交价　RMB 20,700,000

马庆华作品和田籽玉炉瓶（三件套）

上海匡时　2018/4/30　LOT 575

高 6.8cm，高 21cm，高 21cm

成交价　RMB 34,500,000

清乾隆御制和田碧玉仿古六兽耳衔环洗

苏富比伦敦　2018/11/7　LOT 18

49.8cm

成交价　RMB 6,474,254

宋建国大师作品：和田羊脂玉籽料"自在光明"摆件

北京印千山　2018/9/18　LOT 2223

15×32×8cm

成交价　RMB 6,210,000

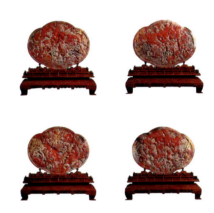

巴林鸡血雕件"屏风"

北京荣宝　2018/12/3　LOT 2599

52.5×44.5×3cm，53×45×3.3cm，重量 11005g，13500g

成交价　RMB 23,000,000

巴林鸡血王自然形

北京荣宝　2018/12/3　LOT 2598

6×20×17cm，重量 3450g

成交价　RMB 23,000,000

巴林血王雕件"全家福"

北京荣宝　2018/12/3　LOT 2600

20×21×16cm，重量 6940g

成交价　RMB 9,200,000

清乾隆青白玉浅刻填金乾隆御笔"玉杯记"玉册八片
北京保利　2018/6/19　LOT 5181
宽 9.5cm，长 24cm
成交价　RMB 5,290,000

清翡翠狮钮双龙耳活环三足盖炉
中国嘉德　2018/6/18　LOT 2668
高 16cm，宽 16.8cm，带座高 24cm
成交价　RMB 7,590,000

战国至西汉早期玉镂空龙纹环
佳士得香港　2018/11/28　LOT 2756
宽 9.5cm
成交价　RMB 6,889,052

新石器时代良渚文化神人兽面纹玉琮
邦瀚斯香港　2018/5/29　LOT 4
宽 8.4cm
成交价　RMB 17,646,723

旧玉琮（一对）
中贸圣佳　2018/6/20　LOT 633
长 6.4cm，宽 6.4cm，高 6.8cm，长 6.7cm，宽 6.8cm，高 7.3cm
成交价　RMB 8,970,000

清多宝屏风
坎比·卡斯塔 2018/6/6 LOT 31
108×106cm
成交价 RMB 29,282,424

清乾隆御制玉仿青金石八骏图座屏
北京保利 2018/12/12 LOT 5433
长 39.8cm，宽 12.8cm，高 37.5cm
成交价 RMB 6,095,000

瓷玉杂项 —— 玉石器 —— 其他

中国收藏
拍卖年鉴
2019

CHINESE FINE ART &
ANTIQUES AUCTION
YEARBOOK 2019

清乾隆阿弥陀佛铜坐像
坎比·卡斯塔　2018/6/7　LOT 577
高 25cm
成交价　RMB 18,494,163

清乾隆大清乾隆癸丑年敬造紫金琍玛无量寿佛
中贸圣佳　2018/11/24　LOT 3085
高 32.5cm
成交价　RMB 6,325,000

明永乐 ——宣德转轮王坐莲花手观音菩萨
北京保利　2018/6/19　LOT 5173
高 24.5cm
成交价　RMB 16,675,000

元 观音
北京保利　2018/6/19　LOT 5172
高 77cm
成交价　RMB 31,050,000

元明青铜观世音菩萨坐像
西泠印社　2018/7/8　LOT 3832
高 142cm
成交价　RMB 9,200,000

十一面观音像
苏富比纽约　2018/3/22　LOT 1031
高 97cm
成交价　RMB 10,420,542

16 世纪上师像
古天一　2018/6/17　LOT 3018
高 72cm
成交价　RMB 5,980,000

明永乐（宫廷）铜鎏金绿度母
中国嘉德　2018/11/21　LOT 2880
高 19cm
成交价　RMB 5,520,000

明大理三身佛
中贸圣佳　2018/6/20　LOT 656
尺寸不一
成交价　RMB 5,520,000

清康熙铜鎏金嵌宝石无量寿佛坐像"四十二号"
中贸圣佳　2018/11/24　LOT 3084
高 41.5cm
成交价　RMB 8,970,000

清康熙铜鎏金无量寿佛坐像
佳士得纽约　2018/5/10　LOT 982
高 41.9cm
成交价　RMB 16,140,687

清康熙长寿佛第七十号
广东崇正　2018/12/13　LOT 1751
高 45cm
成交价　RMB 8,625,000

蒙古 17~18 世纪铜鎏金无量寿佛
中国嘉德　2018/6/19　LOT 3084
高 35.3cm
成交价　RMB 8,280,000

五代铜鎏金佛像
中国嘉德（香港）　2018/4/2　LOT 28
高 33.8cm
成交价　RMB 8,122,360

大明永乐年施款金刚萨埵
上海匡时　2018/12/18　LOT 1269
高 18.4cm
成交价　RMB 7,360,000

明代 大明宣德年施金刚手菩萨
景星麟凤　2018/9/15　LOT 1778
高 25.8cm
成交价　RMB 10,580,000

明永乐／宣德鎏金铜大黑天金刚立像
佳士得香港　2018/5/30　LOT 2863
高 27.8cm
成交价　RMB 9,839,878

瓷玉杂项 ———— 佛像唐卡 ———— 铜鎏金

14 世纪马拉王朝早期大持金刚
北京保利　2018/6/19　LOT 5171
高 43cm
成交价　RMB 44,850,000

13 世纪莲花手菩萨铜鎏金嵌宝石
古天一　2018/12/8　LOT 4077
高 78cm
成交价　RMB 67,850,000

铜局部鎏金大黑天立像
坎比·卡斯塔　2018/6/7　LOT 567
高 19cm
成交价　RMB 8,476,491

铜鎏金嵌绿松石密集金刚坐像
坎比·卡斯塔　2018/6/7　LOT 576
高 19cm
成交价　RMB 6,935,311

局部铜鎏金观音像
坎比·卡斯塔　2018/6/7　LOT 611
高 38cm
成交价　RMB 21,576,523

明宣德鎏金铜观世音菩萨坐像"大明宣德年施"款
佳士得伦敦　2018/11/6　LOT 26
高 26cm
成交价　RMB 17,105,776

中国收藏
拍卖年鉴
2019

CHINESE FINE ART &
ANTIQUES AUCTION
YEARBOOK 2019

明永乐铜鎏金文殊菩萨坐像"大明永乐年施"款
苏富比纽约　2018/3/20　LOT 107
高 18.4cm
成交价　RMB 8,508,516

清康熙 / 雍正铜鎏金立姿菩萨
广州华艺　2018/11/16　LOT 1011
高 65cm
成交价　RMB 6,900,000

隋鎏金菩萨立像
佳士得香港　2018/5/30　LOT 2855
高 35.1cm
成交价　RMB 7,888,167

14/15 世纪铜鎏金释迦牟尼
广州华艺　2018/5/23　LOT 1435
高 55.5cm
成交价　RMB 9,200,000

清乾隆（宫廷）铜鎏金释迦牟尼佛说法像金丝楠木须
弥座三联屏式佛龛
中国嘉德　2018/11/21　LOT 2869
造像（含背光）高 21cm，佛龛 30.2×46.3×11cm
成交价　RMB 9,200,000

狮子座上的释迦牟尼佛镀金青铜雕像
苏富比纽约　2018/3/22　LOT 1036
高 32.5cm
成交价　RMB 6,214,085

西藏约 1400 年嵌银鎏金铜释迦牟尼坐像
佳士得纽约　2018/3/21　LOT 306
高 40.8cm
成交价　RMB 23,023,980

元或明早期铜鎏金释迦牟尼
保利香港　2018/10/2　LOT 3309
高 38.1cm
成交价　RMB 12,347,971

19/20 世纪初铜鎏金
九世班禅禅曲吉尼玛像
广州华艺　2018/11/16
LOT 1009
高 32.5cm
成交价　RMB 7,417,500

13/14 世纪铜鎏金宝冠释迦牟尼
广州华艺　2018/11/16　LOT 1031
高 40cm
成交价　RMB 15,525,000

明镀金木佛
坎比·卡斯塔　2018/6/6　LOT 207
高 55cm
成交价　RMB 7,705,901

清 17 世纪鎏金铜三世达赖喇嘛锁南嘉措像
佳士得香港　2018/5/30　LOT 2866
高 26.4cm
成交价　RMB 6,326,798

铜鎏金莲华手观音像
邦瀚斯香港　2018/10/2　LOT 43
高 55cm
成交价　RMB 16,830,215

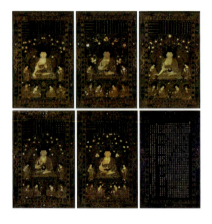

清乾隆纸本墨彩描金七佛偈唐卡（六张）
保利香港　2018/4/2　LOT 3067
长 147cm，宽 103cm，长 107cm，宽 66cm
成交价　RMB 17,183,160

北齐石灰石雕菩萨立像
苏富比纽约　2018/3/20　LOT 203
高 95.3cm
成交价　RMB 5,449,274

东魏兴和三年黄花石雕佛七尊像
苏富比纽约　2018/3/20　LOT 202
高 43.2cm
成交价　RMB 8,508,516

金~元（12 ~ 13 世纪）菩萨立像
保利香港　2018/4/2　LOT 3029
高 142cm
成交价　RMB 14,319,300

辽／金木雕彩绘水月观音坐像
佳士得香港　2018/5/30　LOT 2858
高 66cm
成交价　RMB 24,477,713

唐石灰石雕菩萨立像
苏富比纽约　2018/9/12　LOT 8
高 100cm
成交价　RMB 29,633,650

盛唐石灰岩雕观音菩萨立像
佳士得纽约　2018/9/14　LOT 1124
高 67cm
成交价　RMB 13,620,542

盛唐石灰岩雕大势至菩萨立像
佳士得纽约　2018/9/14　LOT 1123
高 67cm
成交价　RMB 22,233,782

隋石灰石雕观音首像
苏富比纽约　2018/3/20　LOT 204
高 41.3cm
成交价　RMB 5,372,793

宋至明初石雕罗汉首像
苏富比纽约　2018/9/12　LOT 14
高 41.3cm
成交价　RMB 6,336,884

中国收藏
拍卖年鉴
2019

CHINESE FINE ART &
ANTIQUES AUCTION
YEARBOOK 2019

18 世纪须弥山坛城
北京保利　2018/6/20　LOT 5539
长 68cm
成交价　RMB 5,750,000

明永乐宫廷风格织绣莲花手观音卷轴设色绢本
北京荣宝　2018/6/14　LOT 1204
128×60cm
成交价　RMB 11,500,000

明黄花梨螭龙卷草纹三弯腿罗汉床

上海匡时　2018/4/30　LOT 563

长 199cm，深 103.5cm，通高 48cm

成交价　RMB 6,670,000

明末清初黄花梨有束腰马蹄足三屏风独板围子罗汉床

中国嘉德　2018/11/20　LOT 4141

209×103×66cm

成交价　RMB 13,800,000

17/18 世纪 黄花梨六柱架子床

佳士得纽约　2018/3/22　LOT 952

深 157.5cm，宽 226cm，高 211cm

成交价　RMB 12,316,634

明末清初黄花梨螭龙捧寿纹隔扇（十二扇）

中国嘉德　2018/11/20　LOT 4137

323×60.5cm×12

成交价　RMB 8,625,000

明晚期黄花梨高束腰三弯腿榻

中国嘉德　2018/11/20　LOT 4135

199×98.5×53cm

成交价　RMB 31,050,000

瓷玉杂项 ———— 古典家具 ———— 黄花梨 紫檀

中国收藏
拍卖年鉴
2019

CHINESE FINE ART &
ANTIQUES AUCTION
YEARBOOK 2019

明晚期黄花梨「金玉满堂」夹头榫带托子翘头大案
中国嘉德　2018/11/20　LOT 4108
232.5×52.7×81.3cm
成交价　RMB 27,025,000

明晚期黄花梨有束腰马蹄足罗锅枨条桌成对
中国嘉德　2018/11/20　LOT 4138
106×55.3×88cm×2
成交价　RMB 5,290,000

17/18 世纪黄花梨及红木条案
苏富比伦敦　2018/11/7　LOT 125
20×204×65.5cm
成交价　RMB 27,227,340

清黄花梨螭龙纹独面翘头案
中贸圣佳　2018/6/20　LOT 1575
长 275cm，宽 45.5cm，高 93cm
成交价　RMB 9,200,000

明末清初黄花梨镶楠木瘿面小画案
中贸圣佳　2018/6/20　LOT 1567
长 88cm，宽 57.5cm，高 78cm
成交价　RMB 14,260,000

清乾隆紫檀结绳纹条案
北京保利　2018/12/8　LOT 5411
长 192cm，宽 44cm，高 90cm
成交价　RMB 7,935,000

清乾隆御制沉香雕仙山楼阁嵌西洋镜座屏
北京保利　2018/12/12　LOT 5450
长 56cm，宽 25cm，高 81cm
成交价　RMB 24,725,000

清乾隆"御制四得论"挂屏
厦门博乐德　2018/7/2　LOT 478
138×87.6cm
成交价　RMB 7,590,000

清乾隆紫檀万寿锦地嵌百宝大挂屏
中国嘉德　2018/11/20　LOT 4127
141×79.5cm
成交价　RMB 10,350,000

清乾隆紫檀嵌理石大座屏
中国嘉德　2018/11/20　LOT 4123
108×36.8×93cm
成交价　RMB 8,970,000

清雍正御制海屋添筹图紫檀座屏
中贸圣佳　2018/11/24　LOT 3107
长 41.5cm，宽 29.2cm，高 62.3cm
成交价　RMB 6,900,000

清康熙御用紫檀鹿角椅
中贸圣佳　2018/11/24　LOT 3109
长 90.2cm，宽 93cm，高 138.5cm
成交价　RMB 7,015,000

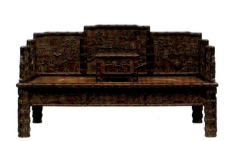

清中期紫檀浮雕和黑漆描金山水人物、花鸟图罗汉床
及紫檀无束腰炕桌
中国嘉德　2018/6/18　LOT 4540
床 194×126×113.5cm，炕桌 78×44×28.5cm
成交价　RMB 11,500,000

清中早期紫檀九屏风螭龙聚宝盆拐子纹大宝座
上海匡时　2018/4/30　LOT 0564
宽 95cm，深 71cm，通高 117cm
成交价　RMB 7,820,000

明掐丝珐琅狮戏球图贲巴瓶
中贸圣佳　2018/11/24　LOT 3075
高 22.5cm
成交价　RMB 5,175,000

铜鎏金头骨盒
坎比·卡斯塔　2018/6/7　LOT 574
9×13cm
成交价　RMB 5,394,131

清乾隆御制铜胎掐丝珐琅春寿宝盒
北京保利　2018/6/20　LOT 5853
直径 20.3cm
成交价　RMB 6,785,000

明宣德御制铜胎掐丝珐琅缠枝花卉纹出戟尊
北京保利　2018/6/19　LOT 5186
高 18.2cm
成交价　RMB 6,900,000

清乾隆御制铜胎掐丝珐琅御制诗文山水挂屏（一对）
北京保利　2018/6/20　LOT 5862
77×40cm×2
成交价　RMB 5,290,000

清康熙御制铜胎掐丝珐琅仿古缠枝莲纹大铜镜
北京保利　2018/6/20　LOT 5839
直径 43.5cm
成交价　RMB 6,555,000

商晚期／西周早期青铜牺首夔龙纹父丁卣
保利香港　2018/10/2　LOT 3103
高 28cm
成交价　RMB 8,026,181

商殷墟时期裸井尊
苏富比纽约　2018/9/12　LOT 183
高 34.6cm
成交价　RMB 9,946,242

商殷墟时期青铜饕餮纹卣
苏富比纽约　2018/3/21　LOT 583
高 28.7cm
成交价　RMB 12,332,568

商晚期鼎方彝
佳士得纽约　2018/9/14　LOT 1106
高 24cm
成交价　RMB 6,647,918

商晚期青铜宁矢觥
西泠印社　2018/12/15　LOT 926
高 16.8cm
成交价　RMB 9,890,000

商晚期青铜兽面纹羊首尊
景星麟凤　2018/9/15　LOT 1900
高 37.4cm，口缘 直径 33.3cm，器底 直径 19.5cm，圈足 高度
11.4cm
成交价　RMB 29,900,000

中国收藏
拍卖年鉴
2019

CHINESE FINE ART &
ANTIQUES AUCTION
YEARBOOK 2019

瓷玉杂项 ········ 金属器 ········ 铜器

西周晚期青铜史颂簋
西泠印社　2018/7/7　LOT 969
高 27.8cm
成交价　RMB 13,800,000

商晚期或西周早期卫簋父辛尊
保利香港　2018/10/2　LOT 3108
高 31cm
成交价　RMB 8,746,480

清康熙四方大鼎式炉连座
中贸圣佳　2018/11/24　LOT 3079
高 32.5cm，长 19.5cm，宽 15.5cm，重 12700g
成交价　RMB 5,290,000

清乾隆御制诗龙凤纹大投壶
中贸圣佳 2018/6/20 LOT 629
高 45.4cm
成交价 RMB 7,762,500

四山四兽镜
景星麟凤 2018/9/15 LOT 1934
直径 17cm，厚 0.6cm
成交价 RMB 5,520,000

清大清乾隆甲辰年八棱铜镜
中贸圣佳 2018/11/24 LOT 3081
直径 19.5cm，重 2340g
成交价 RMB 5,750,000

双龙镜
景星麟凤 2018/9/15 LOT 1930
直径 27.5cm，厚 1.1cm
成交价 RMB 5,750,000

瓷玉杂项 ———— 金属器 ———— 铜器

民国许人出品粉彩春夏秋冬山水人物四方笔筒
北京匡时　2018/6/15　LOT 3422
高 19.5cm
成交价　RMB 8,165,000

清乾隆墨彩开光山水御题诗文八方小笔筒
北京中汉　2018/11/21　LOT 61
高 10cm
成交价　RMB 6,325,000

清乾隆御制碧玉五老图笔筒
苏富比伦敦　2018/11/7　LOT 19
高 17.2cm
成交价　RMB 6,261,401

清康熙青花釉里红"圣主得贤臣颂"笔筒
苏富比香港　2018/10/2　LOT 141
高 19.2cm
成交价　RMB 5,860,054

清寿山田黄石太平有象纽方章
中国嘉德　2018/11/21　LOT 4012
4×4×6.5cm，201g
成交价　RMB 5,750,000

吴让之刻寿山田黄石平顶方章
中国嘉德　2018/6/18　LOT 4438
3×2.9×6.2cm，141g
成交价　RMB 9,200,000

杨玉璇制纽寿山田黄石太狮少狮纽方章
中国嘉德　2018/6/18　LOT 4437
4×4×5cm，164g
成交价　RMB 6,670,000

邓石如刻青田石印章
中国嘉德　2018/11/21　LOT 3896
3×2.9×7.4cm
成交价　RMB 7,130,000

赵之谦刻曹葛民自用青田石印章
中国嘉德　2018/6/18　LOT 4268
4.4×4.3×5.4cm
成交价　RMB 9,200,000

明以前辛弃疾"稼轩"铭涵星砚
中鸿信　2018/7/13　LOT 2322
长 18cm ①宽 9.8cm ②宽 10.1 厚 2.9cm
成交价　RMB 5,750,000

清乾隆御制寿山石双狮纽"乾隆宸翰"宝玺
北京保利　2018/12/12　LOT 5430
3×3cm，高 5.2cm
成交价　RMB 10,695,000

清乾隆御制寿山冻石"乾隆宸翰"宝玺
北京保利　2018/6/19　LOT 5184
长 4.2×4.2×9.1cm，重 363g
成交价　RMB 19,550,000

清乾隆 三年（1738 年）制铜点金异兽纽"乾隆御览之宝"宝玺
北京保利　2018/6/19　LOT 5180
长 9.1×9.1×10.1cm，重 3770g
成交价　RMB 110,975,000

清嘉庆"敷春堂宝"交龙纽玉玺
北京匡时　2018/6/15　LOT 5042
12.3×12.3×9.5cm
成交价　RMB 14,950,000

清乾隆斗彩瑞莲福至心灵水盂
北京保利　2018/12/8　LOT 5329
高 5.5cm
成交价　RMB 8,970,000

清乾隆御制洋彩胭脂红地轧道西洋花卉纹腰圆水盂连盖
北京保利　2018/6/19　LOT 5079
长 7.3cm，高 5.7cm
成交价　RMB 29,900,000

布袋和尚珊瑚雕
坎比·卡斯塔　2018/6/6　LOT 49
重 600g，高 28cm
成交价　RMB 5,008,836

琥珀笔洗
坎比·卡斯塔　2018/6/6　LOT 63
长 11cm
成交价　RMB 20,805,933

1983 年制顾景舟·鹧鸪提梁壶
北京保利　2018/12/6　LOT 1124
高 11.6cm
成交价　RMB 7,475,000

顾景舟·僧帽壶
北京翰海　2018/12/7　LOT 1103
长 15.5cm，高 11.5cm
成交价　RMB 8,970,000

顾景舟·双圈壶
北京翰海　2018/12/7　LOT 1104
长 16.5cm，高 10.5cm
成交价　RMB 9,775,000

何道洪制、范曾绘、毛国强刻大韵壶
上海匡时　2018/12/18　LOT 1012
宽 17.5cm，高 15.5cm
成交价　RMB 5,175,000

蒋蓉荷花青蛙套壶
上海嘉禾　2018/12/22　LOT 755
成交价　RMB 5,520,000

瓷玉杂项　　其他工艺品　　紫砂

365

清道光邵大亨制紫泥大德钟壶
中贸圣佳　2018/11/24　LOT 3103
直径 22.2cm，高 13cm
成交价　RMB 5,175,000

清乾隆·龚心钊旧藏"大清乾隆年制"六字款题"御制"
二字描金描银紫泥虚扁壶
西泠印社　2018/12/15　LOT 1759
7×15.5cm
成交价　RMB 6,440,000

瞿子冶绘邓符生刻杨友兰制何道洪制盖铭刻摹古大壶
上海嘉禾　2018/12/22　LOT 760
高 23.8cm，口径 8.5cm
成交价　RMB 5,520,000

元剔红高浮雕葡萄纹倭角盘
北京保利　2018/6/19　LOT 5157
长 29.2cm
成交价　RMB 8,050,000

清乾隆风景人物漆盒
坎比·卡斯塔　2018/6/6　LOT 234
24×11cm
成交价　RMB 5,008,836

明永乐御制剔红云龙赶珠纹盖盒
苏富比香港　2018/11/28　LOT 2
长 16.5cm
成交价　RMB 6,173,986

宋"开元二年雷霄斫"凤势琴
中国嘉德　2018/11/20　LOT 4307
通长 123cm，肩宽 19.6cm，尾宽 15.6cm
成交价　RMB 6,900,000

宋"石上流泉"仲尼式古琴
中国嘉德　2018/6/18　LOT 4608
通长 102.2cm，肩宽 19.5cm，尾宽 13.3cm
成交价　RMB 8,050,000

宋仲尼式古琴
中国嘉德　2018/6/18　LOT 4605
通长 123.3cm，肩宽 21.6cm，尾宽 14.6cm
成交价　RMB 7,820,000

元代周鲁封旧藏朱致远制黑漆仲尼式"幽素"古琴
中贸圣佳　2018/11/24　LOT 2506
通长 112cm，有效弦长：115.5cm，额宽：16.4cm，
肩宽：18.2cm，尾宽：12.5cm
成交价　RMB 5,405,000

收藏品

Chinese Manuscripts & Collectibles

2018年收藏品品类发展迅速,市场表现积极稳健。全球收藏品品类成交量为13688件(套),专场数量达到800个,成交量较2017年增加11.8%,专场数量增加17.3%,总成交额为24.2亿元人民币,同比2017年上涨45.8%,市场表现强劲,成为2018年文物艺术品拍卖市场的黑马品类。

收藏品主要由邮品钱币、古籍文献及手稿、其他收藏品等三个板块组成。古籍文献及手稿板块主要分为写本写经、书札文牍、历代刻本、碑帖四个部分。2018年,古籍文献及手稿出现了爆发式的增长,成交额达到16.7亿元,比2017年增长了40.3%。其中,1至5万元价格的拍品达到3751件(套),占总成交数量的49.5%;500万以上的拍品32件,比2017年增加了10件,贡献了9.0亿元的成交额,比2017年提高130.8%,占该板块总成交额的53.9%。另外天价拍品频出,拉升了该板块的总成交额。其中,中国嘉德、北京保利、香港苏富比均有高价拍品呈现。2018年香港苏富比春拍推出的《佛慧昭明宣德御制大般若经》以2.08亿人民币成交,创世界最贵佛经拍卖纪录;中国嘉德推出的《安思远藏善本碑帖十一种》以1.93亿元人民币成交,这套作品源自收藏大家安思远,曾参加过1996年的故宫大展,这些都是促使其以天价成交的因素;另一件《石壁精舍音注唐书详节》以1.10亿人民币成交,此拍品为宋刻孤本,曾经递藏于民国政要和图书馆。邮品钱币板块在2018年表现稳定,成交额达到3.4亿元,与2017年持平。其中,中国嘉德秋拍的《大一片红》(未发行)邮票以1380万元人民币的高价成交,刷新了中国邮票的世界纪录。这种特殊历史时期未发行或撤销的邮品是集邮藏家热衷收藏的对象,因其存世量稀少且品相完美。从成交额在500万以下的收藏品来看,此价格区间贡献了14.5亿元人民币的成交额,比2017年增长了16.9%,收藏品不论是高端拍品还是中低价位拍品,均实现了成交额的增长。

纵观中国收藏品市场的全球发展近况,大陆地区市场发展稳定,是收藏品购藏的主要力量,成交额和成交数量分别为19.3亿元人民币和12872件(套),同比2017年的市场表现都有不同程度的上涨。亚太其他地区收藏品市场发展迅速,总成交额达到4.3亿元人民币,同比2017年增加258.3%,占该品类成交大盘的17.8%。其中,亚太地区收藏品成交价在500万以上的拍品有7件,比2017年增加了6件。高端稀有拍品的出现,藏家购藏积极,促成亚太地区成交总额的巨幅增长。海外地区成交额为0.6亿元人民币,占比仅为2.5%,成交额同比2017年增加200%。大陆收藏家去海外竞买中国文物艺术品已经逐步成为趋势,由于海外地区处于市场洼地,成交数量和成交额相对较低,更容易买到质优价低的收藏品。

近年来,由于行业内对收藏品的市场深挖和学术拓展,企业机构收藏与年轻藏家群体纷纷进驻,收藏品已然成为中国文物艺术品拍卖市场的黑马。资本对于博物馆级别的高端收藏品,更是竞相追逐。随着文物艺术品市场的调整,收藏品的学术性有望进一步扩大其在市场的影响力,并保持良好的发展态势。

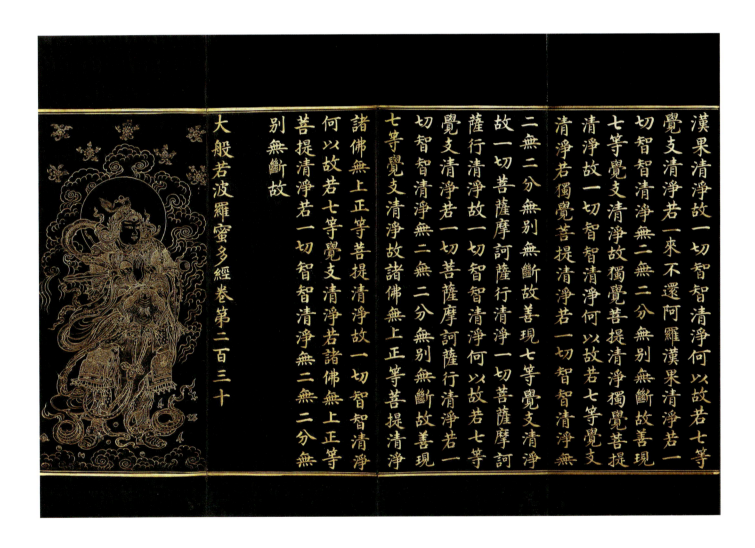

別無斷故

大般若波羅蜜多經卷第二百三十

菩提清淨若一切智智清淨無二無二分無
何以故若七等覺支清淨若諸佛無上正等
諸佛無上正等菩提清淨故一切智智清淨
七等覺支清淨故諸佛無上正等菩提清淨
切智智清淨無二無二分無別無斷故善現
覺支清淨若一切菩薩摩訶薩行清淨若一
薩行清淨故一切智智清淨何以故若七等
故一切菩薩摩訶薩行清淨一切菩薩摩訶
二無二分無別無斷故善現七等覺支清淨
切智智清淨無二無二分無別無斷故善現
覺支清淨若一切菩薩摩訶薩行清淨若一
清淨故一切智智清淨何以故若七等覺支
清淨若獨覺菩提清淨若一切智智清淨無
清淨故獨覺菩提清淨獨覺菩提
七等覺支清淨故獨覺菩提清淨獨覺菩提
切智智清淨故無二無二分無別無斷故善現
覺支清淨若一來不還阿羅漢果清淨若一
漢果清淨故一切智智清淨何以故若七等

369

《大代华岳庙碑》旧拓 四十五开册
苏富比巴黎　2018/6/12　LOT 11
每片 24.5×13.5cm
成交价　RMB 7,004,664

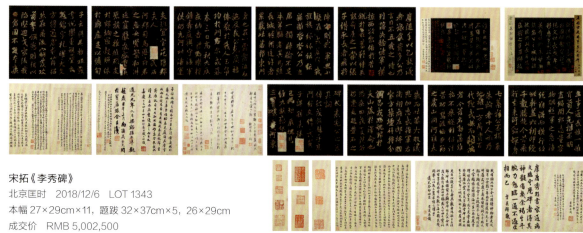

宋拓《李秀碑》
北京匡时　2018/12/6　LOT 1343
本幅 27×29cm×11，题跋 32×37cm×5，26×29cm
成交价　RMB 5,002,500

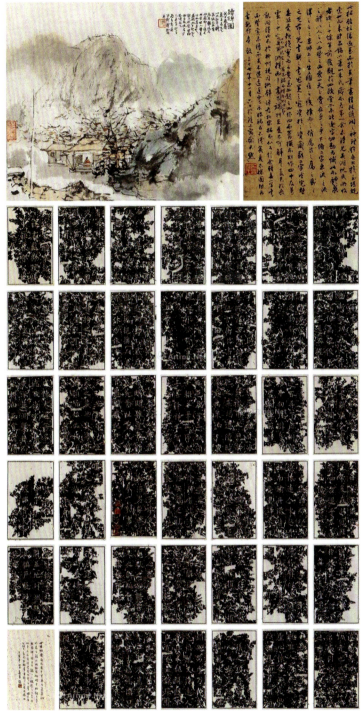

傅抱石《读碑图》及九成宫礼泉铭碑拓
北京荣宝　2018/6/14　LOT 526
镜心 设色纸本　画 28×33.4cm，拓片 25.7×15.6cm×41
成交价　RMB 9,200,000

《泰山二十九字》拓本 立轴
苏富比巴黎　2018/6/12　LOT 18
拓本 立轴　112×37.5cm
成交价　RMB 14,864,683

收藏品 —— 古籍文献及手稿 —— 碑帖

明 王懿荣旧藏 明拓未断本《曹全碑》
上海匡时　2018/12/18　LOT 875
册页 纸本　24×13cm×24
成交价　RMB 9,085,000

安思远藏善本碑帖十一种
中国嘉德　2018/11/20　LOT 1801
纸本　尺寸不一
成交价　RMB 192,625,000

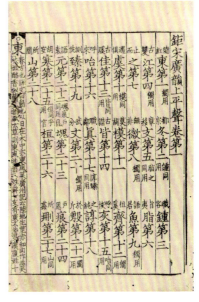

《钜宋广韵》五卷
北京保利 2018/12/7 LOT 284
纸本 21×15cm
成交价 RMB 85,100,000

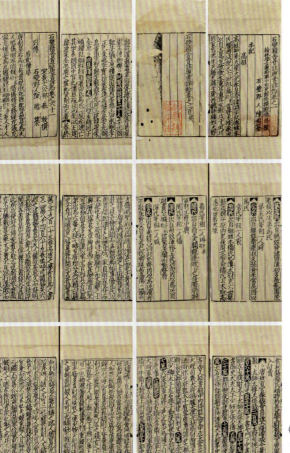

《石壁精舍音注唐书详节》五十一册，一百六十卷
中国嘉德 2018/6/20 LOT 2252
纸本 9.4×6.5cm
成交价 RMB 110,400,000

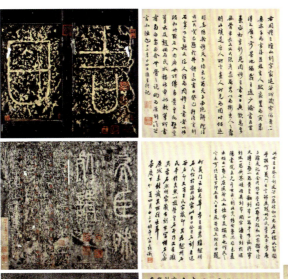

周《坛山刻石》、秦《泰山刻石》廿九字本、
西汉《五凤二年刻石》三种合册
中国嘉德 2018/11/21 LOT 2118
纸本 30.7×17cm
成交价 RMB 6,555,000

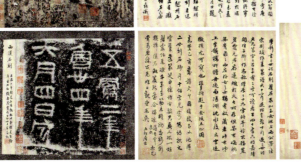

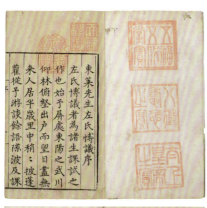

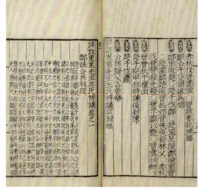

天禄琳琅藏《详注东莱先生左氏博议》全帙
北京伍伦　2018/12/28　LOT 15
纸本　版框 9.5×13.8cm, 开本 11.2×19.1cm
成交价　RMB 9,430,000

《西清古鉴》四十卷《钱录》十六卷
中贸圣佳　2018/6/20　LOT 635
43.4×27.6cm
成交价　RMB 7,360,000

宋《历代钟鼎彝器款识法帖》
中国嘉德　2018/11/21　LOT 2148
纸本　29.7×14.5cm
成交价　RMB 38,525,000

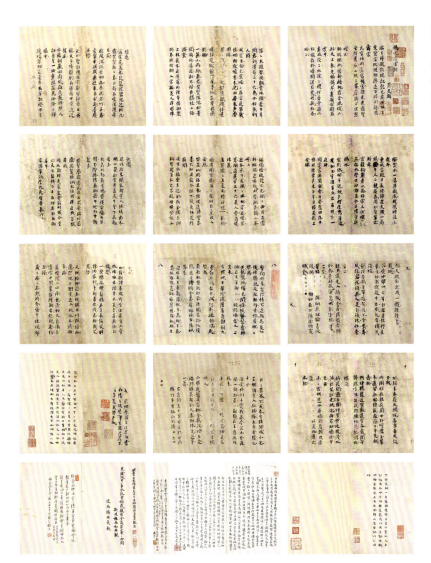

楷书《杨太后宫词》手抄本 水墨纸本
十二开册页
苏富比巴黎 2018/6/12 LOT 34
纸本 每张 21.5×27.5cm
成交价 RMB 18,998,514

董其昌 家书卷
西泠印社 2018/12/15 LOT 523
手卷 纸本 417×31cm
成交价 RMB 5,750,000

高又明旧藏、周伯敏等诸家题跋《智果绘供养神佛像及写经》
西泠印社 2018/7/9 LOT 4878
麻纸 画 32×31cm，书法 22×111.5cm，题跋 25×64.5cm
成交价 RMB 5,520,000

375

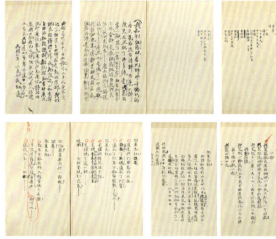

《尝试集》第二编
中国嘉德　2018/6/20　LOT 1960
手稿 纸本　24.2×14.7cm
成交价　RMB 11,500,000

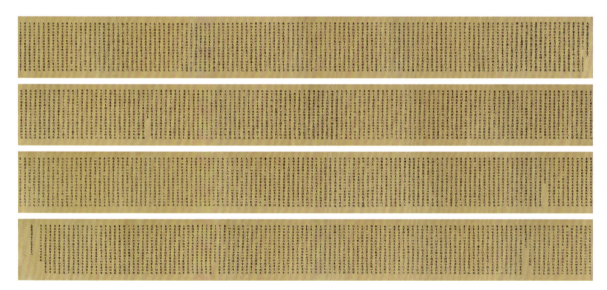

《大般若波罗蜜多经卷》第五百六（敦煌写经）（全）
北京保利　2018/6/18　LOT 63
写经纸本　26×960cm
成交价　RMB 7,992,500

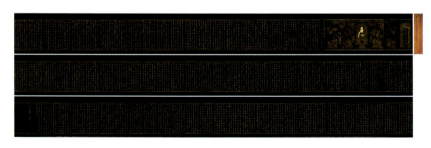

明宣德御制
"大般若波罗蜜多经第八十一"册页
东京中央（香港）　2018/11/25
LOT 628　羊脑笺　40.5×14.5cm×84
成交价　RMB 14,650,136

收藏品 ──── 古籍文献及手稿 ──── 写本写经

中国收藏
拍卖年鉴
2019
CHINESE FINE ART &
ANTIQUES AUCTION
YEARBOOK 2019

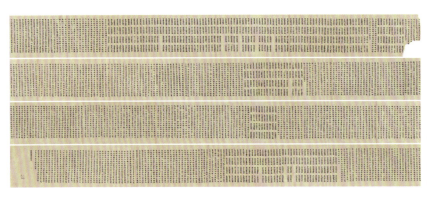

5 世纪末、6 世纪初北魏写本
《敦煌出土大方广佛华严经卷》第四十
东京中央　2018/9/3　LOT 1216
白麻纸手卷　26.5x962cm
成交价　RMB 6,127,500

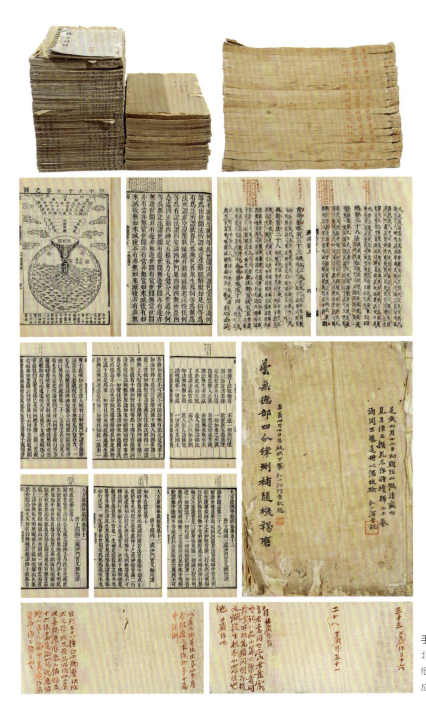

手批《四分律册及藏本华严经卷》五十二册
北京荣宝　2018/12/3　LOT 578
纸本　尺寸不一
成交价　RMB 5,290,000

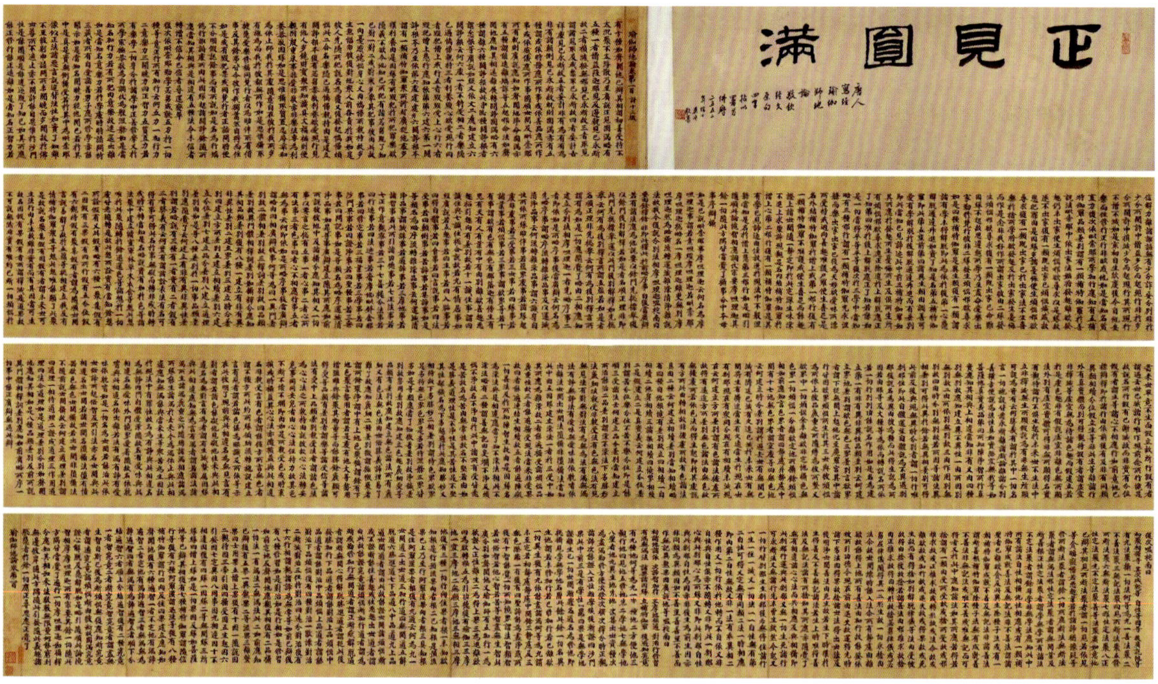

中国收藏
拍卖年鉴
2019

CHINESE FINE ART &
ANTIQUES AUCTION
YEARBOOK 2019

正見圓滿

宋人写经 手卷
广州华艺　2018/11/16　LOT 1034
水墨纸本　引首 27×80cm，经文 29×756cm
成交价　RMB 5,175,000

《智惠山瑜伽师地论卷》第卅三
中贸圣佳　2018/6/20　LOT 638
手卷 麻纸　30.5×408cm
成交价　RMB 6,440,000

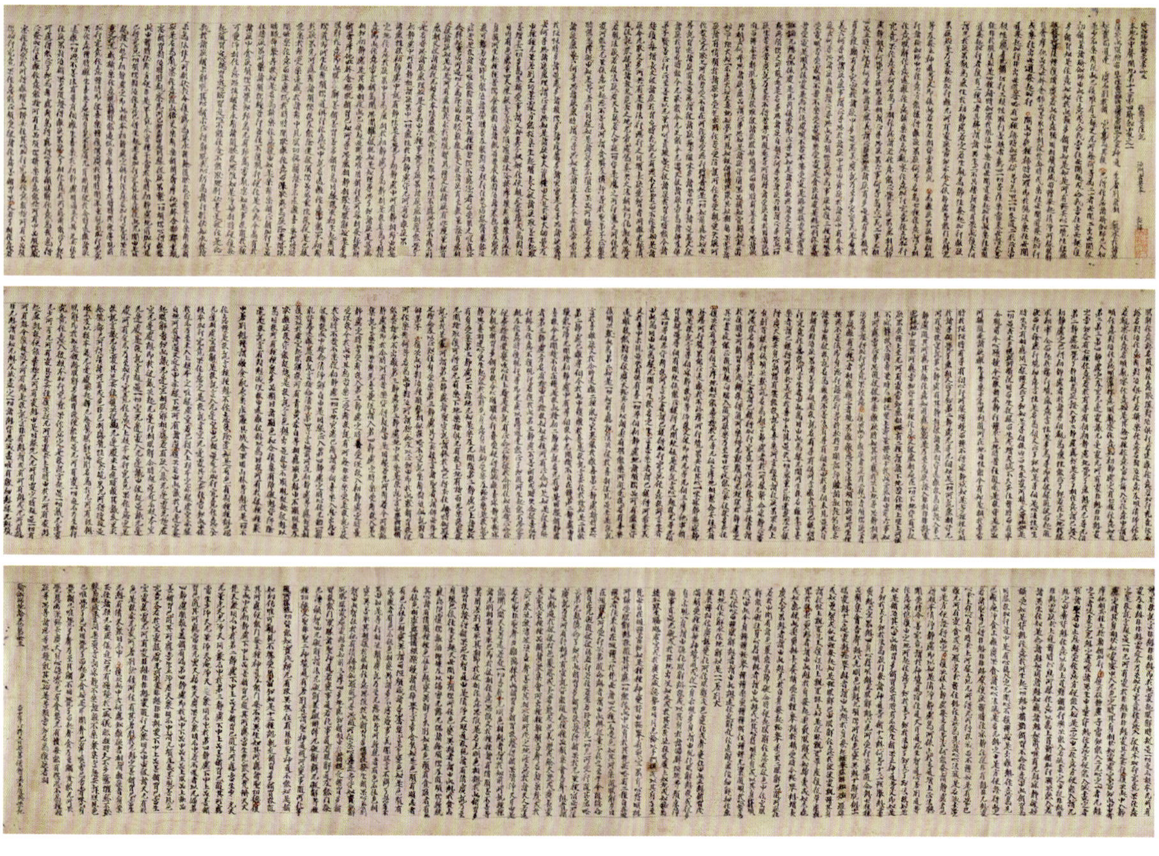

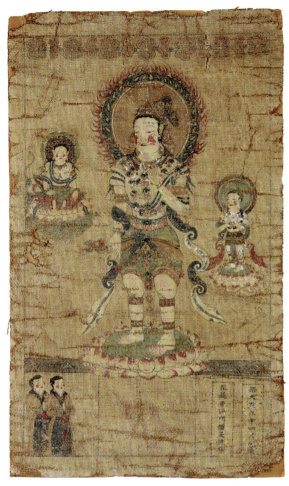

梁天监九年（510）庄严寺沙门僧旻供养敬造佛像画及写经断简
东京中央　2018/9/3　LOT 1233
镜心 设色麻布　63×38cm
成交价　RMB 5,252,143

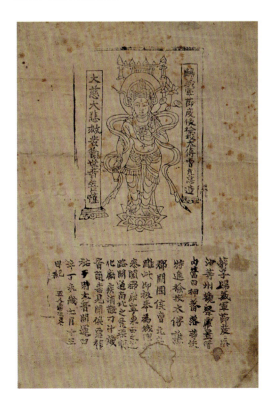

公元 947 年 五代后晋开运四年敦煌归义军节度使曹元忠雕印观世音像
北京伍伦　2018/12/28　LOT 12
麻纸　32×46cm
成交价　RMB 12,190,000

收藏品——茗茶　邮品钱币

中国收藏
拍卖年鉴
2019

CHINESE FINE ART &
ANTIQUES AUCTION
YEARBOOK 2019

20 年代初 百年蓝票宋聘号
东京中央　2018/11/26　LOT 1128
总重量约 2491g
成交价　RMB 11,622,441

80 年代末 88 青饼
仕宏拍卖　2018/11/23　LOT 244
84 片 重约 29080g
成交价　RMB 6,071,086

80 年代末 薄纸 8582 青饼
仕宏拍卖　2018/11/23　LOT 287
约 14954g
成交价　RMB 5,196,438

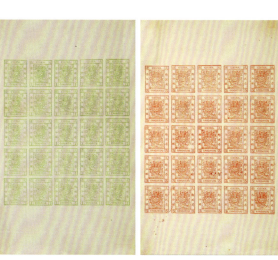

1878 年薄纸大龙壹分银、叁分银、
伍分银无齿样票全套版张
北京保利　2018/12/21
LOT 10169
成交价　RMB 9,200,000

1878 年北京寄上海福利公司大龙封
北京保利 2018/12/21 LOT 10617
成交价 RMB 8,625,000

故宫·五帝钱纪念章一套五枚十公斤
北京保利 2018/6/22 LOT 14189
成交价 RMB 7,130,000

1890 年广东省造光绪元宝库平七钱二分、三钱六分、一钱
四分四厘、七分二厘、三分六厘银币样币全套五枚
北京诚轩 2018/11/23 LOT 1786
成交价 RMB 8,682,500

中国收藏
拍卖年鉴
2019

CHINESE FINE ART &
ANTIQUES AUCTION
YEARBOOK 2019

珠宝尚品

Jewellery &
Watches

珠宝尚品品类的市场处于稳中调整的阶段。2018 年度，珠宝尚品品类总成交额为 42.4 亿元人民币，与 2017 年相比下降了 15.2%，成交数量为 6148 件，比 2017 年下降 8.9%。由于珠宝尚品的资本密集型属性，藏家购藏需求稳定，当经济增速放缓时，在拍卖现场的出价会相对保守。近几年，随着经济环境的改变与中国文物艺术品市场的调整，拍卖企业采取"减量增质"的策略，希望通过推出高端精品留住老藏家，同时发展新藏家。这一策略，在珠宝尚品品类的表现尤为明显，品质好、价格相对合理的藏品受到买家追捧。

2018 年，中国珠宝尚品品类市场在全球不同区域发展有起有伏。中国大陆地区市场表现稳定，成交额为 9.3 亿元人民币，比 2017 年增加了 20.8%，成交数量为 1623 件，比 2017 年增加了 1.6 个百分点，市场表现平稳有序；亚太其他地区是珠宝尚品品类的拍卖重地，2018 年成交额为 33.0 亿元人民币，比 2017 年下降了 22.0%。由于拍卖行推出的天价拍品数量减少，藏家对于价格在 5000 万以上的天价拍品保持观望的态度，使得亚太地区这一价位的拍品仅有 5 件成交，比 2017 年下降了 54.5%，成交额为 4.7 亿元人民币，比 2017 年下降了 63.8%，拉低了亚太地区珠宝尚品品类的总成交额；海外地区成交数量和成交额均有大幅度下降，成交数量为 60 件，比 2017 年减少了 70.0%，成交额为 305.2 万元人民币，比 2017 年下降了 53.0%，珠宝尚品作为高端消费品，与经济发展状况相关度较高，海外地区经济发展增速放缓，影响到该品类的市场。

2018 年珠宝尚品品类市场的各个价格区间成交数量调整程度不一，中高端拍品仍然占据重要地位。其中，10 万至 50 万价位的拍品数量最多，为 2150 件（套），比 2017 年增加了 20.8%，贡献了约 4.9 亿元人民币的成交额，比 2017 年增长了 22.5%，中高端市场被深挖。顶级拍品对于总成交额的贡献最大，500 万以上的拍品共成交 142 件（套），为该品类贡献了 21.5 亿元人民币，占该品类总成交额的 50.7%。

珠宝尚品品类市场以珠宝翡翠板块最受追捧，成交数量为 3556 件（套），占珠宝尚品总成交数量的 57.8%。其中，彩钻、红宝石、蓝宝石、无烧处理的天然宝石受到藏家的偏爱。在 2018 年的拍卖市场中，珠宝尚品品类共成交了两件过亿拍品，均来自香港地区。其中，Moussaieff 设计的 8.01 克拉梨形鲜彩蓝色钻石吊坠项链，以 1.30 亿元人民币的高价成交，成为年度最贵的珠宝。排名第二的是蓝宝石及钻石项链，以 1.17 亿元人民币成交，成为年度最贵珠宝套装。

珠宝尚品品类占中国文物艺术品市场份额的 8.8%，与 2017 年的 8.9% 基本持平，市场需求稳定。由于珠宝尚品拥有贵重金属和宝石的保值特点，与黄金、美元汇率的波动有关，也受到国际局势和宝石开采量的影响。随着网络的发展，知识信息的对等让藏家的专业度不断提高，购藏更加理性，对于珠宝的质地、等级、颜色都有较高的要求。此外，珠宝的设计构思和加工式样更加多元，不断迎合藏家的品位。

中国收藏
拍卖年鉴
2019

CHINESE FINE ART &
ANTIQUES AUCTION
YEARBOOK 2019

缅甸天然满绿翡翠蛋面配钻石戒指
北京保利　2018/6/19　LOT 4707
主石尺寸约为 19.6mm×24.1mm，指环尺寸 15
成交价　RMB 7,475,000

"光明女神"粉色钻石戒指
西泠印社　2018/7/8　LOT 2609
12.45 克拉粉色钻石
成交价 RMB 20,930,000

"粉色幻想"
北京匡时　2018/6/16　LOT 2414
11.75 克拉粉色钻石
成交价　RMB 17,480,000

彩棕粉钻戒指
西泠印社　2018/12/16　LOT 3560
3 克拉
成交价　RMB 9,775,000

橙粉红色刚玉配钻石戒指
苏富比香港　2018/10/3　LOT 1711
橙粉红色刚玉重 16.66 克拉，指环尺寸 6
成交价　RMB 6,173,986

浓彩蓝色钻石配钻石戒指，海瑞温斯顿（Harry Winston）
苏富比香港　2018/10/4　LOT 1749
方形浓彩蓝色钻石重 1.42 克拉，指环尺寸 6
成交价　RMB 5,127,547

浓彩紫粉红色钻石配钻石戒指
苏富比香港　2018/10/4　LOT 1751
钻石重 4.31 克拉，指环尺寸 6
成交价　RMB 6,906,493

水滴形粉钻戒指
上海匡时　2018/12/18　LOT 708
1.02 克拉
成交价　RMB 5,175,000

艳彩紫粉红色钻石配钻石戒指
苏富比香港　2018/4/3　LOT 1782
钻石重 5.01 克拉，指环尺寸 5
成交价　RMB 16,847,656

有色钻石及钻石戒指
佳士得香港　2018/11/27　LOT 1956
11.19 克拉桃尖形淡粉色钻石戒指 6
成交价　RMB 5,110,107

有色钻石及钻石戒指
佳士得香港　2018/5/29　LOT 2088
约 2.24 克拉心形彩紫粉红色钻石，
约 1.95 克拉心形彩蓝色钻石，指环尺寸 6
成交价　RMB 5,448,527

彩橙粉红色钻石配钻石戒指
苏富比香港　2018/4/3　LOT 1639
钻石重 6.40 克拉，指环尺寸 6
成交价　RMB 7,429,712

珠宝尚品 —— 珠宝翡翠 —— 戒指

中国收藏
拍卖年鉴
2019

CHINESE FINE ART &
ANTIQUES AUCTION
YEARBOOK 2019

红宝石及钻石戒指
佳士得香港　2018/11/27　LOT 2067
10.04 克拉椭圆形缅甸天然鸽血红红宝石，戒指尺寸 6
成交价　RMB 49,138,997

红宝石配钻石戒指
苏富比香港　2018/4/3　LOT 1779
24.70 克拉的软垫状红宝石，戒指尺寸 7
成交价　RMB 75,337,014

鸽血红红宝石配钻石戒指
中国嘉德（香港）　2018/4/2　LOT 829
10.02 克拉
成交价　RMB 19,634,430

"希望之火 –The Ember Diamond " 天然彩红橘色钻石
中国嘉德　2018/10/2　LOT 360
1.26 克拉
成交价　RMB 14,170,000

同心同德
北京保利　2018/6/19　LOT 4682
红宝石主石尺寸约为 13.5×9.5×4.5mm，
钻石主石尺寸约为 16.5×9.7×5.0mm，指环大小 14
成交价　RMB 21,620,000

黄色钻石戒指
中国嘉德　2018/11/22　LOT 5016
21.37 克拉
成交价　RMB 12,650,000

珠宝尚品 ——— 珠宝翡翠 ——— 戒指

天然艳彩黄色钻石配钻石戒指
中国嘉德　2018/10/2　LOT 287
10.27 克拉
成交价　RMB 6,248,108

心形艳彩黄色钻石配钻石戒指
上海匡时　2018/4/30　LOT 774
10.02 克拉
成交价　RMB 7,475,000

艳彩橙黄色钻石配钻石戒指
苏富比香港　2018/4/3　LOT 1645
方形钻石重 10.30 克拉，指环尺寸 6
成交价　RMB 9,522,588

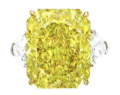

艳彩黄色钻石配钻石戒指
苏富比香港　2018/4/3　LOT 1618
方形钻石重 15.69 克拉，两颗心形钻石各重 1.01 克拉，
指环尺寸 6
成交价　RMB 5,964,698

艳彩黄色钻石配钻石戒指
苏富比香港　2018/4/3　LOT 1659
方形黄色钻石重 30.16 克拉，指环尺寸 6
成交价　RMB 19,463,752

有色钻石及钻石戒指
佳士得香港　2018/11/27　LOT 1938
7.48 克拉，戒指尺寸 6
成交价　RMB 5,842,614

蓝宝石及钻石戒指
佳士得香港　2018/5/29　LOT 1966
约 19.28 克拉八角形克什米尔天然蓝宝石，戒指尺寸 8
成交价　RMB 11,010,905

蓝宝石及钻石戒指
佳士得香港　2018/5/29　LOT 2056
约 20.48 克拉八角形缅甸天然蓝宝石，戒指尺寸 5
成交价　RMB 6,912,311

蓝宝石及钻石戒指
佳士得香港　2018/11/27　LOT 2062
28.39 克拉椭圆形缅甸天然蓝宝石，戒指尺寸 6
成交价　RMB 7,412,271

蓝宝石配钻石戒指，卡地亚
苏富比香港　2018/4/3　LOT 1773
10.18 克拉的垫子状蓝宝石，戒指尺寸 6
成交价　RMB 8,685,438

蓝宝石配钻石戒指
中国嘉德（香港）　2018/4/2　LOT 834
14.41 克拉
成交价　RMB 6,122,108

艳彩蓝色钻石配钻石戒指
苏富比香港　2018/10/3　LOT 1892
5.00 克拉的台阶式蓝色钻石，戒指尺寸 6
成交价　RMB 94,569,242

有色钻石及钻石戒指
佳士得香港　2018/5/29　LOT 2085
约 2.35 克拉梨形浓彩蓝色钻石，戒指尺寸 6
成交价　RMB 12,279,517

钻石戒指
苏富比香港　2018/10/3　LOT 1744
10.05 克拉
成交价　RMB 6,383,273

钻石戒指
上海匡时　2018/4/30　LOT 752
16.09 克拉钻石
成交价　RMB 13,800,000

钻石戒指
佳士得香港　2018/11/27　LOT 1993
15.60 克拉长方形钻石戒指，戒指尺寸 6
成交价　RMB 6,889,052

钻石戒指
苏富比香港　2018/10/3　LOT 1891
方形钻石重 18.45 克拉，指环尺寸 7
成交价　RMB 15,801,218

钻石戒指
佳士得香港　2018/11/27　LOT 2046
9.03 克拉长方形钻石，戒指尺寸 6
成交价　RMB 5,842,614

钻石戒指

佳士得香港　2018/5/29　LOT 2083

10.54 克拉圆形钻石，戒指尺寸 7

成交价　RMB 6,424,383

艳彩蓝绿色钻石配钻石戒指

苏富比香港　2018/10/3　LOT 1748

1.38 克拉蓝绿色钻石，尺寸 6

成交价　RMB 5,546,123

祖母绿钻石戒指

中国嘉德　2018/10/2　LOT 355

19.69 克拉哥伦比亚天然祖母绿

成交价　RMB 17,980,640

祖母绿戒指

苏富比香港　2018/10/3　LOT 1888

三颗祖母绿重 12.85、3.57 及 3.00 克拉，戒指尺寸 6

成交价　RMB 6,173,986

祖母绿及钻石戒指

佳士得香港　2018/11/27　LOT 2063

14.72 克拉八角形哥伦比亚天然祖母绿，戒指尺寸 6

成交价　RMB 6,889,052

"君王风范"金镶帝王绿蛋面翡翠配钻石套链
西泠印社　2018/12/16　LOT 3505
翡翠蛋面尺寸约 18×15.4×9.6mm 至 28.8×25.8×13.2mm
套链重约 147.51 克
成交价　RMB 11,270,000

"木那至尊"
北京匡时　2018/6/16　LOT 2413
主石尺寸约为 51.5×24.5mm，链长约为 46cm
成交价　RMB 21,275,000

缅甸天然满绿翡翠珠链
北京保利　2018/12/7　LOT 7586
翡翠直径约为 10.07-11.65mm，项链长度约为 57.30cm
成交价　RMB 32,200,000

翡翠及钻石项链
佳士得香港　2018/5/29　LOT 2075
69 颗翡翠珠尺寸 8.2 至 10.8mm，最大翡翠圈直径 18.6mm
厚 6.8mm，项链长 73.5cm
成交价　RMB 27,405,280

翡翠珠及有色蓝宝石项链
佳士得香港　2018/11/27　LOT 2035
翡翠 16.0~12.5mm，项链长度 44.5cm
成交价　RMB 19,446,311

缅甸天然满绿翡翠蛋面配钻石项链
北京保利　2018/12/7　LOT 7561
主石约为 24.05×17.85×9.96mm
项链长度约为 41.30cm
成交价　RMB 5,520,000

无与伦比 缅甸天然满绿翡翠珠链
北京保利 2018/6/19 LOT 4594
翡翠珠径直径约为 12.0~14.0mm，共 39 颗
成交价 RMB 9,200,000

天然翡翠配红宝石项链
中国嘉德（香港） 2018/4/2 LOT 824
成交价 RMB 5,982,555

红宝石钻石项链
佳士得香港 2018/5/29 LOT 2061
枕形缅甸天然鸽血红红宝石，项链长度 41.0cm
成交价 RMB 13,743,301

蓝宝石钻石项链
佳士得香港 2018/11/27 LOT 2068
10.56 至 3.02 克拉枕形克什米尔天然蓝宝石，
项链长度 39.5cm
成交价 RMB 101,624,416

MOUSSAIEFF 闪亮的彩色钻石和钻石吊坠项链
佳士得香港 2018/5/29 LOT 2093
蓝钻吊坠：8.01 克拉，圆形浓彩粉红色钻石 1.60 克拉，圆形
D/VS1 钻石约 0.35 克拉，配以钻石，镶金，项链长度 41.6cm
成交价 RMB 129,992,106

祖母绿钻石项链
上海匡时 2018/12/18 LOT 705
祖母绿 50.01 克拉，钻石 25.10 克拉
成交价 RMB 5,635,000

祖母绿配钻石项链，梵克雅宝
中国嘉德（香港）　2018/4/2　LOT 831
成交价　RMB 5,703,450

浓彩黄色钻石配钻石项链
上海匡时　2018/4/30　LOT 749
52.68 克拉全水滴型浓彩黄色钻石
成交价　RMB 5,865,000

天然珍珠及钻石项链
佳士得香港　2018/5/29　LOT 2029
63 颗珍珠尺寸 6.80 ~ 11.15mm，项链长度 55.5cm
成交价　RMB 12,767,445

有色钻石及吊坠项链
佳士得香港　2018/11/27　LOT 1961
24.04 克拉梨形彩黄色钻石
成交价　RMB 8,981,928

钻石项链
佳士得香港　2018/11/27　LOT 2045
10.98 克拉心形钻石，项链长 41cm
成交价　RMB 7,935,490

"满园春色"冰种翡翠镯（一对）
西泠印社　2018/7/8　LOT 2594
手镯内圈直径约 57.9mm
成交价　RMB 14,375,000

"圆圆满满" 缅甸天然翡翠翠阳绿手镯
上海匡时　2018/12/18　LOT 688
成交价　RMB 5,290,000

翠绿欲滴 缅甸天然满色翡翠手镯
北京保利　2018/6/19　LOT 4708
重 259.0 克拉，内圈直径约为 55.8mm，宽度约为
9.0mm，厚度约为 10.5mm
成交价　RMB 7,475,000

宝石配钻石手链，梵克雅宝，1925 年
苏富比香港　2018/4/3　LOT 1783
长度约 190mm
成交价　RMB 8,162,218

红宝石及钻石手链
佳士得香港　2018/5/29　LOT 2058
缅甸天然鸽血红红宝石，手链长度 17.0cm
成交价　RMB 6,912,311

红宝石配钻石手链，Carl Ernst Wiesbaden, 年份约 1940
苏富比香港　2018/4/3　LOT 1745
总重量 16.74 克拉，长度约 160mm
成交价　RMB 5,441,479

钻石珍珠手链
佳士得香港　2018/5/29　LOT 2092
32 颗彩钻，手链长度 18cm
成交价　RMB 28,381,136

祖母绿及钻石手链
佳士得香港　2018/11/27　LOT 2065
3.06 克拉六角形及八角形哥伦比亚天然祖母绿，手链 17.0cm
成交价　RMB 22,062,407

天然翡翠配钻石耳环一对
苏富比香港　2018/4/3　LOT 1753
约 17.26×11.97×5.31mm 和 17.39×12.02×6.20mm
成交价　RMB 8,371,506

红宝石及钻石耳坠
佳士得香港　2018/5/29　LOT 2059
约 5.06 及 5.03 克拉枕形缅甸天然鸽红红宝石，约 2.20
及 2.15 克拉枕形钻石，耳坠长度 2.4cm
成交价　RMB 11,791,589

红宝石配钻石吊耳环一对
苏富比香港　2018/4/3　LOT 1654
梨形红宝石分别重约 10.12 克拉和 10.07 克拉
成交价　RMB 5,232,191

钻石及红宝石耳坠
佳士得香港　2018/5/29　LOT 2053
约 5.95 及 5.83 克拉梨形钻石，约 2.62 及
2.42 克拉枕形缅甸天然鸽血红红宝石，耳坠长度 3.9cm
成交价　RMB 9,644,707

帕拉依巴及钻石耳坠
佳士得香港　2018/5/29　LOT 2006
约 7.46 及 6.81 克拉梨形巴西帕拉依巴，耳坠长度 5.4 厘米
成交价　RMB 17,646,723

祖母绿珍珠钻石耳坠
佳士得香港　2018/5/29　LOT 2015
约 11.92 及 11.39 克拉梨形哥伦比亚祖母绿，
珍珠尺寸 8.67~8.69 x 7.89 及 8.66~8.76 x 7.47mm，
耳坠长度 5.9 cm
成交价　RMB 6,424,383

珍珠钻石耳环
佳士得香港　2018/11/27　LOT 1980
12.90~15.40×18.05、10.50~12.00×13.70、18.20×14.80
×13.65 及 14.65×12.85×10.15mm，耳环 5.3cm
成交价　RMB 6,889,052

有色钻石及钻石耳环
佳士得香港　2018/11/27　LOT 2054
5.21 及 5.01 克拉梨形彩粉红色钻石，耳环 3.4cm
成交价　RMB 29,387,474

钻石吊耳环一对
苏富比香港　2018/4/3　LOT 1656
重 13.01 克拉和 12.97 克拉的梨形钻石，以及一个重 1.03 克拉
和 1.01 克拉的钻石
成交价　RMB20,196,258

钻石耳环
佳士得香港　2018/5/29　LOT 2055
约 8.15 及 8.01 克拉长方形钻石
成交价　RMB 5,155,771

"一千零一夜"
北京匡时　2018/6/16　LOT 2415
约 100 克拉钻石，项链长约 54.8cm，手链长约 44cm，
戒指尺寸 15mm，耳环长 54mm
成交价　RMB 12,776,500

明白玉宝石卧龙点翠宫廷首饰（一组）
厦门博乐德　2018/7/2　LOT 484
尺寸不一
成交价　RMB 5,175,000

缅甸鸽血红宝石及耳环套装 未经加热
北京保利　2018/12/7　LOT 7613
鸽血红红宝石总重 72.32 克拉，
主石约为 7.13×6.06mm~11.65×9.46mm，
项链长度约为 44.30cm
成交价　RMB 15,180,000

"Jambi"项链及耳环套装，卡地亚
富艺斯香港　2018/11/26　LOT 637
43.40 克拉
成交价　RMB 9,400,504

珠宝尚品 —— 珠宝翡翠 —— 套装 裸钻

中国收藏
拍卖年鉴
2019
CHINESE FINE ART &
ANTIQUES AUCTION
YEARBOOK 2019

莫桑比克鸽血红红宝石戒指与红宝石耳钉套装

北京匡时 2018/6/16 LOT 2412

10.03 克拉天然莫桑比克鸽血红红宝石，3.34 克拉钻石，指环
大小 13.5，8.21 及 8.12 克拉天然莫桑比克鸽血红红宝石，钻
石 4.69 及 4.71 克拉，耳环分别约长约 41.2mm，41.3mm

成交价 RMB 8,912,500

浓彩蓝色钻石

苏富比香港 2018/10/3 LOT 1856

梨形重 3.47 克拉深蓝色钻石

成交价 RMB 21,033,409

未镶嵌钻石

佳士得香港 2018/11/27 LOT 2047

14.30 克拉圆形钻石

成交价 RMB 13,481,613

钻石一对

苏富比香港 2018/4/3 LOT 1655

钻石分别重 5.33 克拉和 5.26 克拉

成交价 RMB 7,429,712

劳力士，"John Player Special"型号 6241
富艺斯香港　2018/11/27　LOT 876
直径 37.5mm，"Paul Newman"表盘，1968 年制
成交价　RMB 5,319,394

劳力士，18k 金腕表
佳士得香港　2018/5/27　LOT 2534
成交价　RMB 7,973,840

中国收藏
拍卖年鉴
2019

CHINESE FINE ART &
ANTIQUES AUCTION
YEARBOOK 2018

2018 年综合 TOP 10

序号	地区	拍卖行	拍卖会及专场	Lot 号	作品名称	拍卖时间	人民币成交价（含佣金）
1	香港	苏富比香港	现代艺术晚间拍卖	1004	赵无极《1985 年 6 月至 10 月》	20180930	445,059,784
2	香港	佳士得香港	不凡——宋代美学一千年	8008	苏轼《木石图》	20181126	404,273,981
3	北京	中国嘉德	中国嘉德 2018 秋季拍卖会大观——中国书画珍品之夜·近现代	355	潘天寿《无限风光》	20181120	287,500,000
4	香港	苏富比香港	嫣绯金炼——奈特典藏珐琅彩碗	1	清康熙粉红地珐琅彩开光花卉碗	20180403	208,247,754
5	香港	苏富比香港	佛慧昭明——宣德御制大般若经	101	明宣德御制《大般若波罗蜜多经》十卷	20180403	208,247,754
6	北京	中国嘉德	中国嘉德 2018 秋季拍卖会	1801	安思远藏善本碑帖十一种	20181120	192,625,000
7	香港	保利香港	保利香港 2018 年春季拍卖会	164	赵无极《大地无形》	20180329	147,966,100
8	香港	苏富比香港	舞袖迎风——御制珐琅彩虞美人题诗碗	1	清乾隆御制珐琅彩虞美人题诗碗	20181002	147,733,537
9	北京	中国嘉德	观想——中国书画四海集珍	1446	崔如琢《醉雪千山》	20181003	147,150,000
10	香港	佳士得香港	亚洲 20 世纪及当代艺术（晚间拍卖）	23	赵无极《14.12.59》	20180526	143,715,077

中国书画——国画

序号	地区	拍卖行	拍卖会及专场	Lot 号	作品名称	拍卖时间	人民币成交价（含佣金）
1	香港	佳士得香港	不凡——宋代美学一千年	8008	苏轼《木石图》	20181126	404,273,981
2	北京	中国嘉德	中国嘉德 2018 秋季拍卖会大观——中国书画珍品之夜·近现代	355	潘天寿《无限风光》	20181120	287,500,000
3	香港	中国嘉德	观想——中国书画四海集珍	1446	崔如琢《醉雪千山》	20181003	147,150,000
4	北京	中国嘉德	中国嘉德 2018 秋季拍卖会大观——中国书画珍品之夜·近现代	333	傅抱石《蝶恋花》	20181120	133,400,000
5	香港	苏富比香港	钩沉帝宝——钱维城《台山瑞景》	3301	钱维城《台山瑞景》	20180403	128,009,048
6	北京	中国嘉德	中国嘉德 2018 春季拍卖会大观——中国书画珍品之夜·近现代	376	李可染《千岩竞秀万壑争流图》	20180618	126,500,000
7	北京	北京保利	震古烁今——从宋到近现代的中国书画	1709	宋人《汉宫秋图》	20180617	124,200,000
8	北京	北京匡时	澄道——近现代书画夜场	850	崔如琢《春雨潇潇》	20180615	103,500,000
9	北京	北京保利	中国近现代书画夜场	1779	傅抱石《琵琶行诗意》	20180617	103,500,000
10	北京	中国嘉德	中国嘉德 2018 秋季拍卖会大观——中国书画珍品之夜·近现代	312	齐白石《福祚繁华》	20181120	92,000,000

中国书画——书法

序号	地区	拍卖行	拍卖会及专场	Lot 号	作品名称	拍卖时间	人民币成交价（含佣金）
1	广州	广州华艺	2018 春季拍卖会 中国古代书画	225	祝允明《行草诗词卷》	20180523	41,975,000
2	广州	广州华艺	2019 春季拍卖会 中国古代书画	136	祝允明《前赤壁赋》	20181116	27,600,000
3	北京	北京匡时	2018 春季拍卖会 澄道——古代书画夜场	1753	傅山《开我慧者并太原三先生传》	20180616	25,185,000
4	上海	上海朵云轩	2018 春季艺术品拍卖会 朵云轩藏品暨中国书画夜场	848	黄庭坚《仁亭诗卷》	20180624	20,125,000
5	广州	广州华艺国际	2018 春季拍卖会 中国古代书画	223	傅山《华严经》	20180523	19,550,000
6	上海	荣宝斋（上海）	2018 冬季艺术品拍卖会 奋进——古今中国书画集成	399	王铎 草书	20180121	17,307,500

7	北京	中国嘉德	中国嘉德 2018 春季拍卖会 大观——中国书画珍品之 夜·近现代	361	齐白石 《马文忠公语》	20180618	16,675,000
8	北京	北京匡时	2018 春季拍卖会 澄道——古代书画夜场	1751	张弼 《进学解》	20180616	15,525,000
9	北京	北京保利	北京保利 2018 秋季拍卖会 仰之弥高——中国古代书画 夜场	3585A	八大山人 《送耿蠡县之官》	20181208	15,295,000
10	香港	佳士得香港	中国古代书画	942	沈周 《移竹图》	20180528	13,743,301

油画及中国当代艺术

序号	地区	拍卖行	拍卖会及专场	Lot 号	作品名称	拍卖时间	人民币成交价 （含佣金）
1	香港	苏富比香港	现代艺术晚间拍卖	1004	赵无极 《1985 年 6 月至 10 月》	20180930	445,059,784
2	香港	保利香港	保利香港 2018 年春季 拍卖会	164	赵无极 《大地无形》	20180329	147,966,100
3	香港	佳士得香港	亚洲 20 世纪及当代艺术 （晚间拍卖）	23	赵无极 《14.12.59》	20180526	143,715,077
4	北京	北京保利	北京保利 2018 秋季拍卖会 现当代艺术夜场	3203	吴冠中 《双燕》	20181206	112,700,000
5	香港	佳士得香港	亚洲 20 世纪及当代艺术 （晚间拍卖）	4	赵无极 《05.10.91》	20181124	101,133,898
6	香港	苏富比香港	亚洲重要私人收藏	1005	赵无极 《23.05.64》	20180930	78,816,858
7	香港	佳士得香港	亚洲 20 世纪及当代艺术 （晚间拍卖）	24	赵无极 《02.11.59》	20180526	76,929,955
8	北京	北京保利	北京保利 2018 春季拍卖会 现当代艺术夜场	4203	吴冠中 《漓江新篁》	20180620	74,175,000
9	香港	苏富比香港	亚洲重要私人收藏	1034	赵无极 《26.04.62》	20180331	69,337,391
10	香港	佳士得香港	亚洲 20 世纪及当代艺术 （晚间拍卖）	30	陈逸飞 《丽人行》	20180526	67,781,308

陶瓷器

序号	地区	拍卖行	拍卖会及专场	Lot 号	作品名称	拍卖时间	人民币成交价 （含佣金）
1	香港	苏富比香港	嫣绯金炼——奈特典藏珐琅 彩碗	1	清康熙 粉红地珐琅彩开光花卉碗	20180403	208,247,754
2	香港	苏富比香港	舞袖迎风——御制珐琅彩虞 美人题诗碗	1	清乾隆 御制珐琅彩虞美人题诗碗	20181002	147,733,537

3	香港	苏富比香港	吉庆玲珑——乾隆洋彩透雕夹层玲珑尊	3001	清乾隆 洋彩黄地粉青透龙夹层吉庆有余玲珑尊	20181002	130,012,105
4	香港	佳士得香港	天中八仙——费布克美术馆珍藏乾隆天球瓶	8888	清乾隆 斗彩加粉彩暗八仙缠枝莲纹天球瓶	20180530	106,205,625
5	北京	北京保利	北京保利 2018 秋季拍卖会禹贡（二）秋江碧——乾隆御制洋彩江山万代如意耳琵琶尊	5421	清乾隆 御制洋彩江山万代如意耳琵琶尊	20181208	94,875,000
6	香港	苏富比香港	中国艺术珍品	3620	清乾隆 黄地青花穿花龙纹天球瓶	20180403	61,553,679
7	北京	北京保利	北京保利 2018 春季拍卖会景元（一）——亚历山大瓶与元青花诸器名藏	5141	元 青花缠枝"福禄万代"大葫芦瓶	20180619	56,810,000
8	香港	佳士得香港	乾隆三希——重要私人珍藏清代官窑精品	2751	清乾隆 洋彩通清乾隆青花春耕图双福如意大抱月瓶	20180530	56,802,932
9	香港	佳士得香港	乾隆三希——重要私人珍藏清代官窑精品	2752	清乾隆 瓷胎洋彩黄地锦上添花莲纹长春百子图双龙耳瓶	20180530	54,058,338
10	北京	北京保利	北京保利 2018 春季拍卖会禹贡（二）——三千年结实雍正过枝八桃五蝠盘成对	5179	清雍正 粉彩过枝八桃五蝠福寿双全盘成对	20180619	50,600,000

玉石器

序号	地区	拍卖行	拍卖会及专场	Lot 号	作品名称	拍卖时间	人民币成交价（含佣金）
1	上海	上海匡时	上海匡时 2018 春季拍卖会大器——瓷器工艺品精品夜场	0575	马庆华 和田籽玉炉瓶（三件套）	20180430	34,500,000
2	北京	北京荣宝	2018 秋季艺术品拍卖会石蕴山辉·巴林石集珍专场	2599	巴林鸡血 雕件《屏风》	20181203	23,000,000
3	北京	北京荣宝	2018 秋季艺术品拍卖会石蕴山辉·巴林石集珍专场	2598	巴林鸡血王 自然形	20181203	23,000,000
4	香港	苏富比香港	中国艺术珍品	3638	清乾隆 和阗青玉兽首衔环凫鱼壶	20180403	18,940,532
5	香港	邦瀚斯香港	重要亚洲私人收藏	4	新石器时代 良渚文化 神人兽面纹玉琮	20180529	17,646,723
6	香港	佳士得香港	浮生闲趣	2930	清乾隆 御制朱彩镂黄玉雕提梁禾亭卣	20180530	14,719,156
7	香港	苏富比香港	中国艺术珍品	3636	清 18 世纪 黄玉仿古龙纹瑞兽背瓶盖瓶	20180403	14,231,560
8	北京	北京荣宝	2018 秋季艺术品拍卖会石蕴山辉·巴林石集珍专场	2600	巴林血王 雕件《全家福》	20181203	9,200,000
9	香港	邦瀚斯香港	重要亚洲私人收藏	27	清乾隆 御制白玉夔凤纹觥	20180529	9,059,193

| 10 | 北京 | 中贸圣佳 | 2018 春季艺术品拍卖会 璀璨③——"弘历的帝王品味"古代艺术珍品及宫廷瓷器专场 | 633 | 旧玉琮 | 20180620 | 8,970,000 |

佛像唐卡

序号	地区	拍卖行	拍卖会及专场	Lot 号	作品名称	拍卖时间	人民币成交价（含佣金）
1	北京	北京保利	北京保利 2018 春季拍卖会 景元（二）——斯彼尔曼等典藏西天梵相三尊	5171	14 世纪 马拉王朝早期 大持金刚	20180619	44,850,000
2	香港	苏富比香港	中国艺术珍品	3626	清康熙 藏汉鎏金铜无量寿佛坐像	20181003	41,404,946
3	北京	北京保利	北京保利 2018 春季拍卖会 景元（二）——斯彼尔曼等典藏西天梵相三尊	5172	14 世纪 元 观音	20180619	31,050,000
4	纽约	苏富比纽约	琼肯：中国佛教造像	8	唐 石灰石雕菩萨立像	20180912	29,633,650
5	香港	佳士得香港	正观自在——佛教艺术精品	2858	辽 / 金代 12 世纪 木雕彩绘水月观音坐像	20180530	24,477,713
6	纽约	佳士得纽约	印度、喜马拉雅及东南亚工艺精品	306	约 1400 年 嵌银鎏金铜释迦牟尼坐像	20180321	23,023,980
7	纽约	佳士得纽约	中国瓷器及工艺精品	1123	盛唐 石灰岩雕大势至菩萨立像	20180914	22,233,782
8	北京	北京翰海	2018 秋季拍卖会 中国古董珍玩	1930	清乾隆 铜泥金弥勒菩萨	20181208	17,250,000
9	香港	保利香港	保利香港 2018 年春季拍卖会 芬氲凝熠——玫茵堂暨私人珍藏中国艺术专场	3067	清乾隆 纸本墨彩描金七佛偈唐卡（六张）	20180402	17,183,160
10	伦敦	佳士得伦敦	中国瓷器及工艺精品	26	明宣德 鎏金铜观世音菩萨坐像	20181106	17,105,776

古典家具

序号	地区	拍卖行	拍卖会及专场	Lot 号	作品名称	拍卖时间	人民币成交价（含佣金）
1	北京	中国嘉德	中国嘉德 2018 秋季拍卖会 清隽明朗——明清古典家具精品	4135	明晚期 黄花梨高束腰三弯腿榻	20181120	31,050,000
2	北京	北京保利	北京保利 2018 秋季拍卖会 逍遥座——十面灵璧山居甄藏重要明清家具	5405	明末清初 黄花梨麒麟寿字纹圈背交椅	20181208	27,370,000
3	伦敦	苏富比伦敦	中国艺术珍品	125	17/18 世纪 黄花梨及红木条案	20181107	27,227,340
4	北京	中国嘉德	中国嘉德 2018 秋季拍卖会 清隽明朗——明清古典家具精品	4108	明晚期 黄花梨"金玉满堂"夹头榫带托子翘头大案	20181120	27,025,000

5	北京	中国嘉德	中国嘉德 2018 春季拍卖会 清隽明朗——明清古典家具精品	4513	清早期 黄花梨镶大理石圈椅(四把)	20180618	27,025,000
6	北京	北京保利	北京保利 2018 秋季拍卖会 禹贡(一)乾坤掷——古今东西间的乾隆宫廷艺术幻境	5450	清乾隆 御制沉香雕仙山楼阁嵌西洋镜座屏	20181212	24,725,000
7	北京	中贸圣佳	2018 春季艺术品拍卖会 斫木——明清家具专场	1567	明末清初 黄花梨镶楠木瘿面小画案	20180620	14,260,000
8	北京	中国嘉德	中国嘉德 2018 秋季拍卖会	4141	明末清初 黄花梨有束腰马蹄足三屏风独板围子罗汉床	20181120	13,800,000
9	香港	苏富比香港	中国艺术珍品	3621	明末 16/17 世纪 黄花梨罗汉床	20181003	12,661,903
10	北京	中贸圣佳	2018 秋季艺术品拍卖会 斫木——古琴及明清家具专场	2563	清早期 黄花梨顶箱柜（一对）	20181124	12,650,000

金属器

序号	地区	拍卖行	拍卖会及专场	Lot 号	作品名称	拍卖时间	人民币成交价（含佣金）
1	上海	上海匡时	上海匡时 2018 春季拍卖会 万里云从——龙主题艺术珍品夜场	521	春秋 青铜龙形器	20180430	21,620,000
2	北京	北京东正	2018 年春季艺术品拍卖会 皇家长物	834	清雍正 御制精铜福山寿海龙纹弦纹大瓶	20180617	20,700,000
3	香港	苏富比香港	渊雅尚典——史博曼雅藏中国艺术珍品（一）	3428	明永乐至宣德 掐丝珐琅缠枝莲八吉祥藏草瓶	20180403	18,940,532
4	杭州	西泠印社	2018 年春季拍卖会 中国历代青铜器专场	969	西周晚期 青铜史颂簋	20180707	13,800,000
5	香港	保利香港	保利香港 2018 年春季拍卖会 芬氲凝熠——玫茵堂暨私人珍藏中国艺术专场	3101	商晚期 兽面纹天黾己方鼎	20180402	13,364,680
6	纽约	苏富比纽约	中国艺术珍品	583	商 殷墟时期 青铜饕餮纹卣	20180321	12,332,568
7	伦敦	邦瀚斯伦敦	中国艺术	150	明初 15 世纪前半叶 御制铜鎏金大油灯	20180517	11,636,839
8	纽约	苏富比纽约	中国艺术珍品	183	商 殷墟时期 裸井尊	20180912	9,946,242
9	杭州	西泠印社	2018 年秋季拍卖会 中国历代青铜器专场	926	商晚期 青铜宁矢觥	20181215	9,890,000

| 10 | 香港 | 保利香港 | 保利香港 2018 秋季拍卖会 九皋——欧美暨日本重要藏家收藏青铜器 | 3108 | 商晚期或西周早期 卫篒父辛尊 | 20181002 | 8,746,480 |

文房雅玩

序号	地区	拍卖行	拍卖会及专场	Lot 号	作品名称	拍卖时间	人民币成交价（含佣金）
1	北京	北京保利	北京保利 2018 春季拍卖会 禹贡（三）——铜点金"乾隆御览之宝"宝玺	5180	清乾隆 铜点金异兽纽"乾隆御览之宝"宝玺	20180619	110,975,000
2	香港	苏富比香港	淳古浑朴——宋代雅器精萃	3105	南宋 官窑青釉葵瓣洗	20181002	70,940,666
3	香港	苏富比香港	翰墨儒风——乾隆艺文珍品	3205	清雍正（印玺）清乾隆（盖盒）乾隆帝御宝昌化石与田黄组玺三件	20181002	40,420,422
4	北京	北京保利	北京保利 2018 春季拍卖会 微有兰若——袖里乾坤掌上珍玩	5079	清乾隆 御制洋彩胭脂红地轧道西洋花卉纹腰圆水盂连盖	20180619	29,900,000
5	香港	苏富比香港	翰墨儒风——乾隆艺文珍品	3201	清雍正（印玺）清乾隆（盖盒）乾隆帝御宝昌化石与田黄组玺三件 印文：宝亲王宝、随安室、长春居士	20181002	26,265,600
6	北京	北京保利	北京保利 2018 春季拍卖会 禹贡（四）——"乾隆宸翰"宝玺暨御赏珍玩	5184	清乾隆 御制寿山冻石"乾隆宸翰"宝玺	20180619	19,550,000
7	北京	北京匡时	2018 春季拍卖会 天工开物——瓷器工艺品夜场	5042	清嘉庆 "敷春堂宝"交龙纽玉玺	20180615	14,950,000
8	厦门	保利厦门	保利厦门 2018 春季拍卖会 集珍——中国古代陶瓷	1133	元 天青魁首 汝窑青釉洗（清凉寺）	20180715	11,500,000
9	北京	北京保利	北京保利 2018 秋季拍卖会 禹贡（一）乾坤掷——古今东西间的乾隆宫廷艺术幻境	5430	清乾隆 御制寿山石双狮纽"乾隆宸翰"宝玺	20181212	10,695,000
10	北京	中国嘉德	中国嘉德 2018 春季拍卖会 物华天宝——松涛园旧藏重要田黄及印石珍玩	4438	吴让之刻 寿山田黄石平顶方章	20180618	9,200,000

竹木牙角

序号	地区	拍卖行	拍卖会及专场	Lot 号	作品名称	拍卖时间	人民币成交价（含佣金）
1	北京	北京荣宝	2018 秋季艺术品拍卖会 御翫·宫廷珍藏	2869	明永乐 官造木胎金髹药师如来佛坐像	20181203	6,325,000
2	厦门	保利（厦门）	保利厦门 2018 春季拍卖会 中国古董珍玩	592	18 世纪 木雕金漆释迦牟尼	20180715	4,600,000

3	伦敦	邦瀚斯伦敦	时光之旅：欧宗易珍藏中国早期艺术品拍卖会	8	宋 木雕菩萨坐像 一对	20181108	4,547,498
4	北京	北京保利	北京保利 2018 春季拍卖会 翦翦风——翦淞阁精选文房名品	5018	1945、1947 年作 张大千薄心畲画 近 金西崖刻 高士水仙图扇骨 成对	20180619	4,025,000
5	香港	佳士得香港	浮生闲趣	2917	清乾隆 棋楠仿天然木雕麒麟	20180530	3,789,573
6	北京	北京匡时	匡时香港 2018 年秋季拍卖会 现当代艺术专场	110	1996 年 太极系列（两件一组）木雕	20181003	3,652,942
7	北京	北京保利	北京保利 2018 春季拍卖会 翦翦风——翦淞阁精选文房名品	5041	清道光十年（1830）作 清 六舟上人刻 小绿天盦图象自制竹秘阁	20180619	3,450,000
8	伦敦	邦瀚斯伦敦	中国艺术	92TPY	清 红木镂雕云龙赶珠纹宝座	20180517	2,703,950
9	北京	中国嘉德	嘉德四季第 52 期金秋拍卖会 掌玩心悦——四季瓷器工艺品夜场	3795	清早期 紫檀嵌百宝苏武牧羊人物故事图盒	20180919	2,300,000
10	杭州	西泠印社	2018 年秋季拍卖会 文房清玩·古玩杂件专场	1083	明 沉香雕灵芝螭龙纹如意	20181215	2,242,500

鼻烟壶

序号	地区	拍卖行	拍卖会及专场	Lot 号	作品名称	拍卖时间	人民币成交价（含佣金）
1	香港	东京中央（香港）	2018 创立五周年拍卖 中国重要瓷器及艺术品	1242	清道光 瓷胎珐琅彩芦雁花鸟纹鼻烟壶 （一对）	20181126	1,504,255
2	杭州	西泠印社	2018 年春季拍卖会 西泠印社首届古代玉器专场	1880	清乾隆 白玉双龙寿字纹鼻烟壶	20180707	1,265,000
3	北京	中国嘉德	中国嘉德 2018 春季拍卖会 供御——宫廷瓷器及古董珍玩	2656	清乾隆 白玉拨划御题诗牡丹纹葫芦形鼻烟壶	20180618	1,092,500
4	北京	中国嘉德	中国嘉德 2018 春季拍卖会 供御——宫廷瓷器及古董珍玩	2648	清乾隆 御制玛瑙雕龙纹蝈蝈葫芦形鼻烟壶	20180618	1,035,000
5	北京	北京华辰	2018 年春季拍卖会 洞天锦绣——重要私人收藏鼻烟壶	1653	18 世纪 玛瑙雕刻乾隆御题鼻烟壶	20180621	724,500
6	北京	北京保利	北京保利 2018 春季拍卖会 微有兰若——袖里乾坤掌上珍玩	5099	清乾隆 矾红御题诗八方烟壶	20180619	690,000
7	北京	中贸圣佳	2018 秋季艺术品拍卖会 集萃——古董珍玩专场	2112	清乾隆 苏作玛瑙张骞乘槎玛瑙烟壶	20181124	690,000
8	北京	中贸圣佳	2018 秋季艺术品拍卖会 集萃——古董珍玩专场	1400	清乾隆 苏作白玉观鹤访友图烟壶	20180620	632,500
9	北京	北京华辰	2018 年春季拍卖会 洞天锦绣——重要私人收藏鼻烟壶	1631	19 世纪 宜兴加彩鼻烟壶	20180621	437,000
10	北京	北京华辰	2019 年春季拍卖会 洞天锦绣——重要私人收藏鼻烟壶	1644	18～19 世纪 瓷胎模印鼻烟壶	20180621	437,000

中国收藏
拍卖年鉴
2019
CHINESE FINE ART &
ANTIQUES AUCTION
YEARBOOK 2018

古籍文献及手稿

序号	地区	拍卖行	拍卖会及专场	Lot号	作品名称	拍卖时间	人民币成交价（含佣金）
1	香港	苏富比香港	佛慧昭明——宣德御制大般若经	101	明宣德 御制《大般若波罗蜜多经》十卷	20180403	208,247,754
2	北京	中国嘉德	中国嘉德2018秋季拍卖会 大观——古籍善本 金石碑帖	1801	安思远藏善本碑帖十一种	20181120	192,625,000
3	北京	中国嘉德	中国嘉德2018春季拍卖会 逢辰现世——曹锟旧藏宋刻孤本《石壁精舍音注唐书详节》	2252	《石壁精舍音注唐书详节》	20180620	110,400,000
4	北京	北京保利	北京保利2018秋季拍卖会 古籍文献 唐宋遗书 翰墨菁萃 西文经典	284	宋 《钜宋广韵》五卷	20181207	85,100,000
5	北京	中国嘉德	中国嘉德2018秋季拍卖会 稀世之宝——黄丕烈旧藏宋拓石刻孤本《历代钟鼎彝器款识法帖》	2148	宋 《历代钟鼎彝器款识法帖》	20181121	38,525,000
6	北京	中贸圣佳	2018春季艺术品拍卖会 璀璨③——"弘历的帝王品味"古代艺术珍品及宫廷瓷器专场	636	天禄琳琅宋版 首部著录乾隆御题《朱文公校昌黎先生集》存卷首、卷十至十五	20180620	30,475,000
7	北京	北京荣宝	2018春季艺术品拍卖会 一念莲花开——敦煌写经及佛教艺术专场	1259	8世纪 唐代中期 吐蕃写本 敦煌写经《大般若波罗蜜多经第二十七》	20180614	22,425,000
8	巴黎	苏富比巴黎	墨缘——德国私人旧藏中国书画金石拓本	34	楷书《杨太后宫词》手抄本十二开册	20180612	18,998,514
9	巴黎	苏富比巴黎	墨缘——德国私人旧藏中国书画金石拓本	18	《泰山二十九字》拓本	20180612	14,864,683
10	香港	东京中央（香港）	2018创立五周年拍卖 中国古代书画	628	明宣德御制《大般若波罗蜜多经》第八十一 册页	20181125	14,650,136

邮品钱币

序号	地区	拍卖行	拍卖会及专场	Lot号	作品名称	拍卖时间	人民币成交价（含佣金）
1	北京	中国嘉德	中国嘉德2018秋季拍卖会 邮品	8956	"无产阶级文化大革命"的全面胜利万岁（俗称"大一片红"）未发行邮票一枚	20181122	13,800,000
2	北京	北京保利	北京保利2018年秋季邮品拍卖会 方寸聚九州——邮品	10169	1878年 薄纸大龙壹分银、叁分银、伍分银无齿样票全套版张	20181221	9,200,000

3	北京	北京诚轩	2018 年秋季拍卖会机制币	1786	1890 年 广东省造光绪元宝库平七钱二分、三钱六分、一钱四分四厘、七分二厘、三分六厘银币样币全套五枚	20181123	8,682,500
4	北京	北京保利	北京保利 2018 年秋季邮品拍卖会 方寸聚九州——邮品	10617	1878 年 北京寄上海福利公司大龙封	20181221	8,625,000
5	北京	北京保利	北京保利 2018 春季拍卖会 泉韵古今——古钱机制币纸币	14189	故宫·五帝钱纪念章一套五枚十公斤	20180622	7,130,000
6	北京	北京保利	北京保利 2018 春季拍卖会 方寸聚九州——邮品	10379	1910 年 库伦寄北京快信红条封	20180623	4,623,000
7	北京	北京诚轩	2018 年秋季拍卖会机制币	1785	1889 年 喜敦版广东省造光绪元宝库平七钱三分银币样币一枚	20181123	3,220,000
8	北京	北京诚轩	2018 年秋季拍卖会机制币	1705	1928 年 张作霖文装像大元帅纪念银币样币一枚	20181123	2,587,500
9	北京	北京保利	北京保利 2018 年秋季邮品拍卖会 方寸聚九州——邮品	10211	1884 年 毛齿厚纸大龙伍分银复组新票二十枚全张	20181221	2,530,000
10	北京	北京诚轩	2018 年秋季拍卖会机制币	1704	1916 年 张作霖戎装像陆海军大元帅纪念银币样币一枚	20181123	2,300,000

珠宝尚品

序号	地区	拍卖行	拍卖会及专场	Lot 号	作品名称	拍卖时间	人民币成交价（含佣金）
1	香港	佳士得香港	香港瑰丽珠宝及翡翠首饰	2093	8.01 克拉梨形鲜彩蓝色 IF 钻石项链	20180529	129,992,106
2	香港	佳士得香港	香港瑰丽珠宝及翡翠首饰	2068	蓝宝石及钻石项链	20181127	101,624,416
3	香港	苏富比香港	瑰丽珠宝及翡翠首饰	1892	艳彩蓝色钻石配钻石戒指	20181003	94,569,242
4	香港	苏富比香港	瑰丽珠宝及翡翠首饰	1779	红宝石配钻石戒指	20180403	75,337,014
5	香港	保利香港	保利香港 2018 年春季拍卖会 璀璨珠宝专场	2194	8.5 克拉浓彩紫粉色配钻石戒指	20181002	63,797,853
6	香港	佳士得香港	香港瑰丽珠宝及翡翠首饰	2067	红宝石及钻石戒指	20181127	49,138,997
7	香港	保利香港	保利香港 2018 年春季拍卖会 璀璨珠宝专场	2134	碧玉生辉 缅甸天然翡翠珠配钻石项链	20180401	36,275,560
8	香港	保利香港	保利香港 2018 年春季拍卖会 璀璨珠宝专场	2069	10.22 克拉彩蓝色钻石配钻石戒指	20180401	36,275,560
9	北京	北京保利	北京保利 2018 秋季拍卖会 璀璨珠宝	7586	缅甸天然满绿翡翠珠链	20181207	32,200,000
10	北京	北京荣宝	2018 秋季艺术品拍卖会 石蕴山辉——巴林石集珍专场	2643	巴林鸡血原石	20181203	32,200,000

Chapter 5

Global Arts Events in 2018

第五章　行业全球大事记

一月大事记
January

中国收藏
拍卖年鉴
2019

CHINESE FINE ART &
ANTIQUES AUCTION
YEARBOOK 2019

日本三大博物馆联合举办"吴昌硕和他的时代"大展

1月2日，为纪念吴昌硕逝世90年，由日本东京国立博物馆、书道博物馆、朝仓雕塑馆联合举办的"吴昌硕和他的时代"大展正式开幕。该展较为全面地呈现了海派书画泰斗吴昌硕的巨大成就，分前、后两期，共展出78件吴昌硕画作以及他与日本友人的交往文献。其中重点展品包括吴昌硕《行书齐侯罍识语轴》《墨竹图轴》《山水图轴》《行书王维五言句》和陆恢的《海浜话别图卷》等。

王春法任国家博物馆新一任馆长

1月4日，文化部公布王春法担任中国国家博物馆馆长职务。王春法历任全国人大常委会办公厅研究室国际室主任，中国科协调研宣传部副部长（主持工作）、部长，中国科协机关党委书记。曾任中国科协常委、书记处书记、党组成员。王春法长期从事科技政策和技术创新问题研究，并倡导促进科学文化与传统文化的有机融合，让科学的价值注入传统文化的机体。

福建出台促进非国有博物馆发展的实施意见

1月上旬，福建省文化厅、文物局出台《关于进一步促进福建省非国有博物馆的实施意见》，指导非国有博物馆规范设立，提高办馆质量，推进非国有博物馆健康、可持续发展。《实施意见》明确提出：省级财政将非国有博物馆年度经费300万列入年度部门预算用于奖励履行社会公共文化责任、免费或低票价开放的非国有博物馆；国有博物馆与非国有博物馆"结对子""一对一"持续帮扶业务活动和规范化管理；建立"博物馆特派员"制度，定期选派专家到非国有博物馆指导业务工作；促进资源共享，在省级博物馆行业组织设立非国有博物馆专业委员会，支持建立非国有博物馆联盟等要求。该《实施意见》对福建非国有博物馆的可持续发展提供了政策保障。

全国文物局长会议在杭州召开 民间收藏成关注重点

1月11至12日，全国文物局长会议在浙江杭州召开。该会议总结2017年工作，部署2018年任务，重点探讨民间收藏文物的制度设计。与会代表就《关于促进民间收藏文物保护利用、规范文物市场健康发展的意见》展开讨论，经过广泛征求意见，梳理出目前对民间收藏文物管理的总体思路：严管严控国有文物入市，鼓励民间文物合法流通，依法查处涉案文物和禁止交易文物。会议期间还同时召开了长城保护总体规划工作会、大运河文化带工作会议。

国家博物馆推出张大千艺术展

1月16日，由中国国家博物馆、四川博物院和荣宝斋联合主办的张大千艺术展在国家博物馆开展。该展览分为"集古得新""临摹敦煌""大风堂收藏""大千师友""大千用印"五个单元，共展出100余件（套）作品，系统全面地展示了张大千的艺术生涯。张大千艺术展是国家博物馆20世纪名家系列展的重要项目。自新馆开馆以来，国家博物馆先后策划举办了潘天寿、李可染、黄胄、刘开渠、蒋兆和、关山月等艺术大师作品展。该系列展项目对研究、展示、传播中国20世纪艺术具有深远影响和积极意义。

我国发布第二批传统建筑"基因谱系"

1月16日，住房和城乡建设部发布了第二批传统建筑"基因谱系"的调查成果。《中国传统建筑解析与传承》丛书是住房城乡建设部自2014年组织全国31个省开展调查研究的成果，共计31卷，分三批出版。此次发布的是第二批，包括上海、辽宁、福建、陕西、江西、湖南、天津、广西、山西、甘肃10卷。

该丛书是对中国传统建筑文化最深入、最系统的分析总结，通过翔实解释中国传统建筑的文化性、地域性、内涵性和图解性，以体现中国传统建筑文化的地域精神和民族精神，为弘扬地域传统和建筑文化奠定了坚实基础。

甘肃省出台文物安全管理办法

1月16日，为贯彻落实习近平总书记关于文物安全工作的重要指示精神，全面落实全国文物安全电视电话会议，《国务院办公厅关于进一步加强文物安全工作的实施意见》和甘肃省委、省政府关于文物工作的部署要求，切实加强全省文物安全工作，经2017年12月27日省政府第175次常务会议审议通过，省政府办公厅印发实施《甘肃省文物安全管理办法》。对于依法加强文物保护管理，推动全省文物安全管理科学化、规范化、精细化具有重要意义。

特大艺术品造假案告破，涉及 A 股上市拍卖公司

1月18日，在公安部指挥部署下，贵州遵义公安机关历时近半年，辗转北京、天津等多个省市，成功破获一起特大制贩假冒名家书画作品案，摧毁了制贩假冒齐白石、启功、范曾、李可染等名家作品的3个犯罪网络，抓获犯罪嫌疑人24名，扣押字画1165幅，查获一批伪造的印章及各类用于制作假鉴定证书的工具，查扣涉案资金2600余万元。制贩假冒名家书画作品违法犯罪行为不仅严重扰乱书画市场秩序，还破坏中国书画艺术品的国际声誉和形象。公安机关将进一步加大对假冒他人书画作品违法犯罪的打击力度，依法惩处制假贩假违法犯罪行为，为繁荣有序的艺术品市场创造良好氛围。

陕西考古新发现：隋唐长安城宅邸遗址

1月22日，第六届"体验考古·感受文明"2017年度陕西考古新发现公众报告会正式拉开帷幕，报告会公布了西安市文物保护考古研究院2017年度对隋唐长安城遗址开展了一系列调查和发掘工作，取得了丰硕成果，首次发现隋唐长安城宅邸遗址。这是隋唐长安城宅邸遗址的首次发现，对于了解宅邸布局、结构及功能有重要意义。

国家文物局印发《国家文物局 2018 年工作要点》

1月25日，国家文物局印发《国家文物局2018年工作要点》。该要点指出，2018年是全面贯彻习近平新时代中国特色社会主义思想和党的十九大精神的开局之年，是改革开放40周年，是决胜全面建成小康社会、实施"十三五"规划承上启下的关键一年。国家文物局要坚持以习近平新时代中国特色社会主义思想为指导，深入学习贯彻党的十九大精神，努力开创新时代文物工作新局面，分别从八个方面全面推进文物工作的展开。这八个方面为：推动学习宣传贯彻习近平新时代

中国特色社会主义思想和党的十九大精神不断深入；有序开展文物保护利用重点工程，全面加强文物保护、利用和传承；落实文物安全责任，坚守文物安全底线；提升博物馆发展质量，推动让文物活起来落实落地，不断满足人民对美好生活的向往；加强对外和对港澳台文物交流合作，提升文物领域国际传播能力；加强文物保护能力建设，提供文物工作支撑保障；深入推进文物领域各项改革，提升文物事业治理能力和水平；全面从严治党，改进工作作风。

湖南省博物馆展示西方崛起背后的东方因素

1月26日，湖南省博物馆推出原创大型特展"在最遥远的地方寻找故乡——13～16世纪中国与意大利的跨文化交流"展。通过"从四海到七海""指南针指向东方""大都的日出""马可·波罗的行囊""来而不往非礼也"五个部分展示来自48个国内外博物馆的250件（套）精品文物体现中西方的紧密联系。此次大展以实物为证、以图像做对比，为观众展现了中西方的交流印记，着重探讨西方艺术与文化现象的背后与东方世界的关联。

"中国文博创意"主题活动亮相法兰克福

1月27日至30日，以2018中国——欧盟旅游年为契机，中国文物交流中心与法兰克福展览公司再次合作，邀请了故宫博物院、中国国家博物馆、秦始皇帝陵博物院、敦煌研究院、四川博物院等近20家中国具有代表性的文博单位组团，以"中国文博创意"为主题设立"东方文化元素展区"，在德国法兰克福Paperworld国际文化创意产业盛会精彩亮相。

Paperworld法兰克福办公用品博览会是世界上展出规模最大，层次最高的专业纸制品、办公用品和文化创意的贸易博览会，此次展会有来自全世界63个国家和地区的2938家厂商参加，其中中国内地有500多家参展商。

中英文化合作踏上新台阶，涉及文化遗产保护等领域

1月31日，应中国总理李克强邀请，英国首相特雷莎·梅（Theresa May）对中国进行为期三天的国事访问，并于2月1日宣布新的中英文化合作一揽子计划，进一步提升两国文化交流与合作。

此次访问中，英国数字、文化、媒体和体育部与中国国家文物局签署了《推动中英文化遗产和博物馆领域合作谅解备忘录》，《备忘录》的签署将带动两国在"一带一路"和其他重点文化遗产保护领域的合作。另外，新的文化合作计划还带来了包括"未来菁媄·艺述女性"系列文艺活动、蛇形画廊北京展厅的建设和开放等艺术活动。

二月大事记
February

中国收藏
拍卖年鉴
2019

CHINESE FINE ART &
ANTIQUES AUCTION
YEARBOOK 2019

阿富汗珍宝首次现身成都

2 月 1 日，展览"文明的回响：来自阿富汗的古代珍宝"在成都博物馆开展，来自阿富汗国家博物馆的 231 件（套）在战火中幸存下来的重要文物首次现身成都。这些文物分别出土于"法罗尔丘地""阿伊哈努姆""蒂拉丘地""贝格拉姆"四个考古遗址，包括大量精美的金器、牙雕及玻璃制品，展现公元前 3 世纪至公元 1 世纪的阿富汗风貌，揭示了阿富汗作为中西方交界的多文化融合的历史。本次对于阿富汗历史文化的研究和展示对于全面、系统、深入地加强对"一带一路"的认识与建设，具有显著的推动作用。

"秦始皇和兵马俑展"在利物浦国家博物馆开幕

2 月 8 日，由陕西省文物局与英国利物浦国家博物馆共同举办的"秦始皇和兵马俑展"，在利物浦国家博物馆举行了盛大的开幕式。本次展览从 2 月 9 日至 10 月 28 日对公众开放。参展展品共 125 件（组），其中 120 件（组）为文物展品、5 件（组）为辅助展品，以大型秦代兵马俑为主，并兼有春秋战国及汉代时期的陶器、青铜器、金银器、玉器等，历史跨度近 1000 年，集中展现秦在统一中国前后以及汉代的历史、政治、经济、军事、文化等社会面貌。

古埃及文物展中国首站在贵州博物馆开幕

2 月 10 日，古埃及文物展"不朽之旅——古埃及人的生命观"在贵州省博物馆开启中国巡展第一站。100 余件（套）展品来意大利佛罗萨国立考古博物馆，大部分为古埃及新王朝和后王朝时期文物，包括木乃伊、棺椁、亡灵书、护身符等，展示了古埃及人对生命的思考。

在贵州博物馆的展览结束之后，此展穿越安徽、河北等地，进行了为期一年的巡展。我国引入古埃及文物展，旨在伴随"一带一路"的推进，增进观众对古埃及文明的了解，促进两国文化交流。

"丝路明珠：敦煌石窟在威尼斯"展览亮相意大利

2月21日，由敦煌研究院、威尼斯大学和敦煌文化弘扬基金会联合主办的"丝路明珠：敦煌石窟在威尼斯"展览在意大利威尼斯大学展览空间开幕。展览期间，还陆续举办了"中国年"与"丝路味道：中意手工面食文化交流"、敦煌艺术活化之剧场呈现——庆元宵、敦煌文化高峰论坛等活动。此次展览让威尼斯观众充分领略到敦煌文化艺术历久弥新的魅力，进一步加深对中国传统艺术的了解，借此体现中意两国的人文交流，加深两国人民的相互理解和友谊。

三月大事记

March

中国收藏
拍卖年鉴
2019

CHINESE FINE ART &
ANTIQUES AUCTION
YEARBOOK 2019

河北雄安新区发现 263 处文物遗存

3月2日，河北雄安新区通过半年的考古调查，全面掌握了雄安新区境内文物遗存总体分布情况，共发现从新石器时期至明清时期文物遗存 263 处。

河北省文物研究所联合中国社会科学院考古所、故宫博物院、国家博物馆等单位成立雄安新区联合考古队，于 2017 年 6 月至 12 月对雄安新区全境 33 个乡镇的 640 个行政村约 2000 平方公里区域进行了系统的考古调查。263 处文物遗存中包括遗址 189 处、墓葬 43 处、古代建筑 15 处、近现代文物 16 处。地下埋藏文物以新石器、战国、汉代为多，涉及城址、聚落、墓葬、窑址等；地上遗存多是明清时期的建筑、碑刻以及近现代革命史迹。

两会文博提案涉及多方面

3月6日，全国政协十三届一次会议文艺界联组会讨论上，文博行业工作者提出了一系列继续促进我国文博事业发展的提案，内容涉及博物馆建设、考古挖掘、文化遗产保护、文物鉴定、国民美术教育等问题。委员们关注的焦点集中在人才培养、先进技术及科学仪器的引进、青少年在校的美术教育、文物艺术品及各类博物馆最大限度发挥作用、大运河及长城文化带的保护开发及利用等方面。

陕西出台进一步加强文物安全工作意见

3月7日，陕西省人民政府办公厅印发《关于进一步加强文物安全工作的实施意见》，要求按照习近平总书记关于文物安全工作的重要批示和《国务院办公厅关于进一步加强文物安全工作的实施意见》精神，加强全省文物保护利用和文化遗产保护传承，筑牢文物安全底线。

《意见》要求坚持"保护为主、抢救第一、合理利用、加强管理"原则，健全文物安全制度，完善文物保护法律法规体系，加强文物行政执法力量，完善文物执法督察体系，形成文物保护监管合力，切实保证文物安全，强调落实政府和相关部门责任。

美国费城就借展兵马俑受损事件正式向中方致歉

3月18日，美国费城市议会通过决议，就向中方借展的兵马俑在费城富兰克林科学博物馆展览期间受损事件正式向中方道歉。

2017年12月21日，兵马俑在费城富兰克林科学博物馆展览期间，由于博物馆安保疏忽，一名游客进入闭馆区域，损坏并偷走了其中一件兵马俑的手指，对文物造成重大损害。目前，该手指已被追回，该批文物已经回到国内，窃贼已被捕并被控以盗窃艺术品等多项罪名。陕西省正在编制"断指"兵马俑的修复方案，待报国家文物局审批后正式进行修复工作。

上海历史博物馆正式免费开放

3月26日，由上海历史博物馆和上海革命历史博物馆双馆合并的上海历史博物馆在位于南京西路325号的新址正式向公众免费开放。新的上海历史博物馆以"以城市史为脉络，以革命史为重点"为原则，共展出1100余件文物，梳理了上海的历史脉络，城市发展中各历史时期的重要节点和重大革命历史事件。在展陈设计上，秉承"让文物活起来"的思想，以故事线挖掘历史文物内涵，叙述上海故事，并注重运用新媒体互动装置及视觉技术，提高观众参与度。

文艺复兴时期艺术品亮相首博

3月27日，由意大利文化遗产活动与旅游部、中国国家文物局、北京市文物局共同主办的"文艺复兴时期意大利的艺术、文化和生活"展在首都博物馆开幕，展览共展出102件（组）展品，分别来自乌菲齐美术馆、巴杰罗国家博物馆、翁布里亚国家美术馆等意大利17家博物馆和机构。这次展览包括了提香、波提切利、佩鲁吉诺、丁托列托和老帕尔马等古典艺术大师的作品，以及像章、服装、日常生活用品、建筑构件和模型，全景式呈现文艺复兴时期意大利的艺术、文化和社会生活。

此次展览隶属中意文化合作机制框架下的"意大利博物馆睡美人"项目，该机制得到中意两国政府的共同支持，是两国在文化、艺术、创意设计等领域展开长期对话的平台，也是在知识、文化和可持续发展领域共建"一带一路"的新媒介。

第四届 Art Central 艺博会在香港举行

3月27日，第四届 Art Central 艺博会在香港中环海滨活动空间举行。本届展会参展画廊超过百家，75%来自亚太地区，其中三分之一的画廊首次参与 Art Central 艺博会。各地画廊除了带来新锐艺术家作品外，还有大师杰作亮相。本届展会的特别项目"装置汇萃"专为展示大型装置作品而设立，力求通过崭新的交流方式，拉近艺术品与观众的距离，增进互动。Art Central 一直以来注重新藏家的培养，让更多的人接受除传统绘画及雕塑以外形式的艺术品。

第六届巴塞尔艺术展香港展会举行

3月29日至3月31日，第六届巴塞尔艺术展香港展会在香港会议展览中心举行。该届展会汇集全球 32 个国家和地区的 248 间画廊带来的知名和新晋艺术家的创作，展出横跨 20 世纪初的现代时期至最近期的当代作品。

本届巴塞尔艺术展香港展会设置五大展区，分别为艺廊荟萃、亚洲视野、艺术探新、艺聚空间和策展角落。作为展会最主要展区，艺廊荟萃展区呈现了 195 间世界顶级艺廊的油画、雕塑、绘画、装置艺术、摄影、录像及限量印刷作品。来自亚洲的成熟画廊依然是展区的生力军，同时也能够反映出整个亚洲地区艺术生态的稳健与长足的发展。

"全国博物馆馆长论坛"在国家博物馆举办

3月30日，在中国国家博物馆举办了"新时代新气象新作为：全国博物馆馆长论坛"。文化和旅游部部长雒树刚围绕党中央对文化旅游事业的战略部署，对新时代博物馆事业发展提出明确要求。论坛期间，国家博物馆与故宫博物院、首都博物馆、天津博物馆、河北博物院、中国社会科学院研究生院分别签订战略合作协议。

甘肃省第一次可移动文物普查成果发布

3月30日，甘肃省人民政府新闻办公室在甘肃省博物馆召开新闻发布会，通报甘肃省第一次可移动文物普查情况并公布普查成果。

此次发布会重点介绍了普查成果。普查数据显示，甘肃省 330 个国有单位及宗教寺庙共登录可移动文物 423444 件（套），实际数量 1958351（套），分别位居全国第 17 位和第 10 位；其中包括珍贵文物 117470 件（套），实际数量 251890（套），分别位居全国第 5 位和第 3 位。

四月大事记
April

文化和旅游部正式挂牌

4月8日，文化和旅游部正式挂牌。按照中共中央印发的《深化党和国家机构改革方案》，文化部、国家旅游局进行职责整合，组建文化和旅游部，作为国务院组成部门。不再保留文化部、国家旅游局。组建后，文化和旅游部的主要职责是，贯彻落实党的文化工作方针政策，研究拟订文化和旅游工作政策措施，统筹规划文化事业、文化产业、旅游业发展，深入实施文化惠民工程，组织实施文化资源普查、挖掘和保护工作，维护各类文化市场包括旅游市场秩序，加强对外文化交流，推动中华文化走出去等。

亚洲最大设计博物馆落户中国美术学院

4月8日，中国国际设计博物馆正式亮相中国美术学院象山校区。该馆由1992年普利兹克奖得主、葡萄牙著名建筑师阿尔瓦罗·西扎设计，历时6年落成，是亚洲最大的设计博物馆，同时也是中国首家拥有西方现代设计系统收藏的设计类博物馆。博物馆内同时配套建有文献中心、驻馆设计师工作室、儿童工坊、设计品商店等设施。作为中国首个具有西方现代设计原作系统收藏的设计博物馆，中国国际设计博物馆的建成与开馆，具有重要的历史和现实意义。

2017年度十大考古新发现揭晓

4月10日，2017年度全国十大考古新发现终评评选会在北京落幕，经过评审和投票，最终产生了2017年度全国十大考古新发现。它们分别是：新疆吉木乃通天洞遗址、山东章丘焦家遗址、陕西高陵杨官寨遗址、宁夏彭阳姚河塬西周遗址、河南新郑郑韩故城遗址、陕西西安秦汉栎阳城遗址、河南洛阳东汉帝陵考古调查与发掘、江西鹰潭龙虎山大上清宫遗址、吉林安图金代长白山神庙遗址、四川彭山江口沉银遗址。

山西应县警方打掉涉盗掘古墓葬团伙

4月11日，山西省应县警方成功打掉一个涉嫌盗掘古墓葬、倒卖走私文物的恶势力犯罪团伙。该团伙自2018年以来对全国重点文物保护单位广武汉墓群实施盗掘、贩卖文物。在此次行动中，共计11名犯罪嫌疑人被抓获，扣押作案车辆并缴获金属探测仪、探照灯、铁锹、铁镐等作案工具，收缴了大量文物。经山西省级文物部门专家鉴定，该批文物涉及国家二级文物4件（套），国家三级文物17件（套），一般文物502件（套）。

2017全国美术馆优秀项目评选名单出炉

4月18日，文化和旅游部办公厅公布了2017年度全国美术馆优秀项目的评选结果。共评出7个优秀展览项目、9个优秀公共教育项目、25个优秀展览提名项目、12个优秀公共教育提名项目。

与往年相比，今年不仅提高了对优秀项目的评选标准、压缩了项目数量，还增设了提名项目的层级，注重分级、分类指导，并加强了对民营美术馆、名家馆和基层美术馆的关注。获奖项目中更多地出现了注重学术性和具有特定学术视角的展览，真正惠及大众的公教项目也是本届评选关注的焦点。

中国四个项目被正式列入全球重要农业文化遗产名录

4月19日，联合国粮农组织在罗马总部召开全球重要农业文化遗产（GIAHS）国际论坛，中国有4个传统农业项目获得授牌，被正式列入全球重要农业文化遗产名录。至此，在入选全球重要农业文化遗产名录的50个传统农业项目中，中国拥有15个，在数量和覆盖类型方面均居世界首位。

当天获得授牌的有来自中国、西班牙、韩国、墨西哥、日本等国的共13个项目，其中包括4个中国项目——甘肃迭部扎尕那农林牧复合系统、浙江湖州桑基鱼塘系统、山东夏津黄河故道古桑树群、中国南方山地稻作梯田系统（由江西崇义客家梯田、福建尤溪联合梯田、湖南新化紫鹊界梯田、广西龙胜龙脊梯田组成）。

国家文物局正式发布外国被盗文物数据库

4月20日，为了发动全社会抵制买卖他国被盗文物的行为，国家文物局正式发布外国被盗文物数据库，这是我国支持打击文物非法贩运国际合作的重要举措。中国是联合国教科文组织《关于发生武装冲突情况时保护文化财产的公约》《关于禁止和防止非法进出口文化财产和非法转让其所有权的方法的公约》和国际统一司法协会《关于被盗或者非法出口文物的公约》缔约国，并且与秘鲁、意大利、美国等20个国家签署了防止盗窃、盗掘和非法贩运文化遗产的双边协定或谅解备忘录。根据国际公约精神与双边协定规定，2008年以来，国家文物局共公布了厄瓜多尔、伊拉克、秘鲁等国向我国通报的38批次共计6900余件（套）被盗文物信息。此次发布的外国被盗文物数据库包含了此前分批通报的外国被盗文物信息，并将根据他国通报情况进行实时更新。

我国首次深海考古调查发现第一个文物标本

4月23日，在西沙群岛北礁海域进行的我国首次深海考古调查在执行第四个潜次的过程中发现并带回本次调查的第一个文物标本——一个陶罐。这个陶罐是于当天中午12时20分许在水下460多米的海底被发现的。被发现时，陶罐半掩埋在海底泥沙中，罐体完整，罐底外露。陶罐釉面纹饰清晰，为青黄釉小口罐。利用载人深潜器"深海勇士"号的机械手，潜航员将这个陶罐完整采集并带回母船"探索一号"，水下考古工作者对其进行脱盐处理和进一步研究。

国家文物局要求做好文物进出境审核中被盗文物查验工作

4月26日，国家文物局下发通知，要求做好文物进出境审核中被盗文物的查验工作。国家文物局要求，各文物进出境审核管理处应按照《中华人民共和国文物保护法》《中华人民共和国文物保护法实施条例》和《文物进出境审核管理办法》的规定，严格执行文物出境审核程序、文物临时进境复出境和文物临时出境复进境的审核登记查验程序。

该通知的出台主要在于两方面，一方面是由于国内盗窃盗掘文物活动屡有发生，一些不法分子通过使文物出境再入境的方式，掩盖文物的非法取得和流通性质；另一方面由于国际文化文物交流愈加频繁，临时进境的外国文物数量不断增长，增加了外国被盗文物进入我国境内并流通的风险。

五月大事记

May

中国收藏
拍卖年鉴
2019

CHINESE FINE ART &
ANTIQUES AUCTION
YEARBOOK 2019

上林湖后司岙窑址首次出土"秘色"字样

5月9日，浙江省考古文物研究所发布了司岙窑址最新考古进展。继2016年上林湖后司岙窑址被发现之后，2017年文物部门再次对该窑址进行了发掘。其中在一件瓷质匣钵上发现了"罗湖师秘色椀"六个字，"秘色椀"三个字与法门寺地宫衣物账上的文字完全相同。这是首次在窑址上发现"秘色"字样，同样也再次证明瓷质匣钵就是烧造秘色瓷的重要窑具。

另外，在此次发掘工作中，对后司岙窑址Y66窑炉下坡的堆积进行的发掘，清理出了大量的北宋瓷器残片。目前，上林湖越窑遗址博物馆、荷花芯现场保护展示工程均已完成并对外开放。

国务院同意将河北省蔚县列为国家历史文化名城

5月10日，公开的《国务院关于同意将河北省蔚县列为国家历史文化名城的批复》中，同意将河北省蔚县列为国家历史文化名城，明确要求河北省、张家口市及蔚县人民政府要按照《历史文化名城名镇名村保护条例》的要求，加强文物保护利用和文化遗产保护传承。同时要求河北省和住房城乡建设部、国家文物局要加强对蔚县国家历史文化名城规划、保护工作的指导、监督和检查。河北省国家历史文化名城数量增至6座，分别是正定、承德、保定、邯郸、山海关、蔚县。

洛克菲勒藏品拍卖总价 8.32 亿美元创纪录

5月11日，佳士得拍卖行以"佩吉及大卫·洛克菲勒夫妇珍藏"为主题的一系列专场拍卖在纽约结束，美国已故富豪佩吉与大卫·洛克菲勒夫妇的私人藏品在以往的拍卖中创下22项世界纪录，总成交价达8.32亿美元（约合52.69亿元人民币），是迄今最贵私人收藏艺术品纪录。上拍的1500多件洛克菲勒夫妇藏品全部成交，最高价拍品为1.15亿美元成交的毕加索1905年绘制的《拿着花篮的女孩》，另有莫奈的《绽放的睡莲》和马蒂斯的《侧卧的宫娥与玉兰花》等名作高价成交。洛克菲勒家族决定将此次拍卖所得全部捐赠慈善事业。

《国际丝绸之路考古与文化遗产保护西安共识》发布

5月12日，由国家文物局与陕西省人民政府主办、陕西省文物局承办、陕西省考古研究院和西北大学文化遗产学院协办的"考古视野下的'丝绸之路'国际论坛"在西安开幕。来自中国、俄罗斯、哈萨克斯坦、蒙古、乌兹别克斯坦、吉尔吉斯斯坦和英国的学者共同分享了丝绸之路考古新发现及相关的学术研究成果，并发表了《国际丝绸之路考古与文化遗产保护西安共识》。《西安共识》提出了一系列针对丝绸之路考古过程中关于国际合作、遗产保护、共同申遗等工作的积极倡议。此外，与会代表一致通过成立"丝绸之路考古联盟"，搭建合作平台，共同完成《西安共识》中的工作目标。

敦煌研究院与大英博物馆开展文物研究与保护合作

5月15日，敦煌研究院与大英博物馆在伦敦签订首份合作备忘录，正式确定两个机构之间的合作关系。双方约定在研究、保护、数字化保存、展览及其他服务于中国、英国及全世界观众的博物馆、遗产地活动等重要领域携手合作，在世界文化遗产地与收藏品单位之间创建一个长期的合作关系。

除了藏品研究等专业领域的合作，双方在人才培养及学术交流方面也进一步加强合作。大英博物馆为敦煌研究院专业人员提供参加大英博物馆交流活动和国际培训项目的机会，接纳来自敦煌研究院的专业学者在大英博物馆短期实习，以实现研究和技术的共享并支持双方专业知识的相互转化。敦煌研究院为大英博物馆的博物馆管理及其他专业人员提供在敦煌研究院从事数字技术、展览设计、中国绘画、壁画保护、科研活动等领域专业研究、共享技术与专业知识的机会。

国新办举行中华文明起源与早期发展综合研究成果发布会

5月15日，国务院新闻办公室就中华文明起源与早期发展综合研究成果有关情况举行了发布会。国家文物局副局长关强出席发布会并介绍了"中华文明起源与早期发展综合研究"实施的情况与进展。自2001年"中华文明探源工程"被正式提出以来，已实施了4个阶段的研究工作，2016年"中华文明探源工程"4期完成结项。

国家文物局积极与科技部等部门协商，将"中华文明探源工程"后续研究工作列入国家重点研发计划专项，尽快完成指南的编制、发布，并配合教育部和相关部门加强成果整理与宣传。

西沙群岛水下考古出新成果

5月24日，国家文物局水下文化遗产保护中心和海南省博物馆共同发布了西沙群岛水下考古新成果。

国家文物局水下文化遗产保护中心与海南省博物馆于 2018 年 3 月至 4 月联合开展并实施了 2016 ～ 2017 年度西沙群岛水下考古调查项目，进行对金银岛遗址的调查、华光礁潟湖内水下考古的探测和华光礁文化遗存的复查等工作内容。在本次工作中，发现了大量的石质类文物及船板，并确认了金银岛一号为沉船遗址。以石质类文物为主要堆积形式的水下文化遗存的性质，众多水下遗物的发现也为海上丝绸之路等相关学术研究提供了新的实物资料。

香港故宫文化博物馆奠基

5月28日，香港故宫文化博物馆动土奠基。香港故宫文化博物馆计划占地约 1 万平方米，总建筑面积逾 3 万平方米。坐落于西九文化区西部海滨，毗邻艺术公园。这座博物馆将由西九文化区管理局管理和营运，以独特的策展手法展览故宫博物院丰富多彩的文物藏品。馆内主要设施包括陈列展厅、多个临时展览厅、数字展示区、综合活动室、演讲厅、文化创意产品店和观众餐厅等。

艺术品进口关税再下调

5月31日，根据国务院第 10 次常务会议决定，国务院关税税则委员会印发《关于降低日用消费品进口关税的公告（税委会公告〔2018〕4 号）》。公告指出，降低包括艺术品在内的日用消费品进口关税，涉及 1449 个税目，平均税率由 15.7% 降为 6.9%，其中，将"唐卡以外的手绘油画、粉画及其他画 (97011019)""雕版画、印制画、石印画的原本 (97020000)""各种材料制的雕塑品原件 (97030000)"取消 3% 暂定税率并下调至 1%；将"唐卡 (97011011) 由现行 12% 最惠税率下调至 6%"；将"手绘油画、粉画及其他画的复制品 (97011020)""拼贴画及类似装饰板 (97019000) 由现行 14% 最惠国税率下调至 6%"。此公告自 2018 年 7 月 1 日起开始实施。

上海实施全国首个美术馆管理办法

6月1日，由上海市文化广播影视管理局制定的《上海市美术馆管理办法(试行)》开始实施，试行期为两年。这是全国出台的首个省级美术馆管理地方性法规。《办法》明确了美术馆"公益性"和"非营利性"的基本属性，规定了美术馆不得从事艺术作品原作的商业经营活动，以严格区分美术馆与画廊。

近年来上海美术馆行业发展迅速，但在发展中存在的行业乱象，引发了社会各界的关注，此番出台和实施美术馆管理办法，被认为对全国美术馆行业的规范管理具有强烈的借鉴示范意义。

中国当选联合国教科文组织保护非遗政府间委员会委员国

6月6日，在法国巴黎联合国教科文组织总部举行的《保护非物质文化遗产公约》缔约国大会第7届会议上，中国成功以123票当选保护非物质文化遗产政府间委员会委员国。

有半数委员国在本届会议上改选，与中国同时当选委员国的还有荷兰、阿塞拜疆、波兰、牙买加、日本、哈萨克斯坦、斯里兰卡、喀麦隆、吉布提、多哥和科威特。本届新当选委员国的任期从2018年到2022年。

《涉案文物鉴定评估管理办法》出台

6月20日，国家文物局、最高人民法院、最高人民检察院、公安部、海关总署联合印发《涉案文物鉴定评估管理办法》。出台办法旨在贯彻落实《国务院关于进一步加强文物工作的指导意见》（国发〔2016〕17号）和《国务院办公厅关于进一步加强文物安全工作的实施意见》（国办发〔2017〕81号）的要求，规范涉案文物鉴定评估程序，保证涉案文物鉴定评估质量为导向，更好地适应人民法院、人民检察院和公安机关等办案机关办理文物犯罪刑事案件的需要，充分发挥涉案文物鉴定评估对依法打击文物违法犯罪活动的支撑作用。

该办法共分六章五十六条，对涉案文物鉴定评估的相关定义和基本原则、涉案文物鉴定评估的范围内容、涉案文物鉴定评估的机构条件和人员标准、涉案文物鉴定评估的委托受理组织和实施程序、涉案文物鉴定评估的监督管理以及相关执行等六方面问题，作了全面系统的规定，并附有涉案文物鉴定评估报告格式文本和涉案文物鉴定评估委托书参考文本，构建了涉案文物鉴定评估的基础管理制度。

"江口沉银"考古成果展在国家博物馆展出

6月26日，由国家博物馆、四川省文化厅、眉山市政府联合主办的"江口沉银——四川彭山江口古战场遗址考古成果展"在国家博物馆开幕。作为2017年度全国十大考古新发现之一的四川彭山江口古战场遗址，共计42000余件文物被发现，是21世纪明清史领域的重大考古发现。"江口沉银——四川彭山江口古战场遗址考古成果展"共展出文物500余件，是江口古战场遗址考古成果的全方位展示。

江口古战场遗址发现了上千件与张献忠大西政权直接相关的文物。此外，遗址内还出水了大批反映明代封藩制度和社会生活的文物，对研究明代的政治制度、社会经济和物质文化具有重要意义。

日本永青文库向中国国家图书馆捐赠 4175 册汉籍

6月26日，正值中日和平友好条约缔结40周年，日本永青文库向国家图书馆捐赠汉籍仪式在国家图书馆典籍博物馆举行。日本永青文库设立于昭和25年。此次共捐赠36部4175册汉籍，是自1949年以来日本友人向中国捐赠汉籍规模最大的一次。为配合此次捐赠，国家图书馆专门策划了"书卷为媒 友谊长青——日本永青文库捐赠汉籍入藏中国国家图书馆展"。

国家文物局印发《不可移动文物认定导则（试行）》

6月27日，为进一步规范不可移动文物认定工作，为地方各级文物部门开展认定工作提供指导，国家文物局组织编制的《不可移动文物认定导则（试行）》通过审议并印发，全文分十二条对不可移动文物认定进行了详细规定。

古遗址、古墓葬、建筑、石窟寺和石刻、近代现代重要史迹等可以认定为不可移动文物所具备的条件。县级以上地方文物行政部门认定不可移动文物，应当开展调查研究，收集相关资料，充分听取专家意见，召集专门会议研究并作出书面决定。不能判定确切年代的，可以认定为某一世纪上、中、下叶，某一朝代或者某一考古学文化早、中、晚期。在不可移动文物本体确认和时代确定过程中，文献记载和口头传说不能独立作为依据。不可移动文物应当按照"所在县域名称（或者约定俗成的名称）+ 文物本体名称"的方式，统一命名。古遗址、古墓葬类，应增加所在行政村、自然村名称或相应的小地名。

《国有馆藏文物退出管理暂行办法》公布

6月29日，为加强对国有馆藏文物退出的管理，促进文物保护和合理利用，国家文物局公布了《国有馆藏文物退出管理暂行办法》，对国有馆藏文物退出的定义、拟退出的馆藏文物应符合的条件、退出流程、所需备案材料、退出处理后的账物处置等方面进行了规定。

《办法》要求，国有文物收藏单位拟将馆藏文物作退出处理的，应当组织专家组对拟退出的馆藏文物的基本情况、退出理由、退出后的处置方案等进行评估，并经本单位理事会或者集体研究同意。国有文物收藏单位对馆藏文物作退出处理所取得的补偿或收入，应当用于博物馆事业发展。国有文物收藏单位应当为退出馆藏的文物建立专项档案，并报主管的文物行政部门备案。属于馆藏二、三级文物的，应当逐级报省级文物行政部门备案。属于馆藏一级文物的，应当逐级报国务院文物行政部门备案。专项档案应当保存75年以上。

七月大事记

July

中国收藏
拍卖年鉴
2019

CHINESE FINE ART &
ANTIQUES AUCTION
YEARBOOK 2019

部委联合印发《涉案文物鉴定评估管理办法》

7月4日，国家文物局、最高人民法院、最高人民检察院、公安部、海关总署联合印发《涉案文物鉴定评估管理办法》。旨在贯彻落实《国务院关于进一步加强文物工作的指导意见》（国发〔2016〕17号）和《国务院办公厅关于进一步加强文物安全工作的实施意见》（国办发〔2017〕81号）的要求，以规范涉案文物鉴定评估程序，保证涉案文物鉴定评估质量为导向，更好适应人民法院、人民检察院和公安机关等办案机关办理文物犯罪刑事案件的需要，充分发挥涉案文物鉴定评估对依法打击文物违法犯罪活动的支撑作用。

该办法共分六章五十六条，对涉案文物鉴定评估的相关定义和基本原则、涉案文物鉴定评估的范围内容、涉案文物鉴定评估的机构条件和人员标准、涉案文物鉴定评估的委托受理组织和实施程序、涉案文物鉴定评估的监督管理以及相关执行等六方面问题，作了全面系统的规定，为维护文物安全、打击文物犯罪提供了有力支持。

贵州出台文物安全实施意见

7月10日，为严格落实文物安全保护责任，坚决筑牢文物安全防线，贵州省政府办公厅印发了《贵州省人民政府办公厅关于加强文物安全工作的实施意见》。《意见》从贵州文物安全管理工作的指导思想、基本原则、主要目标、重点任务和保障措施等五个方面提出强化文物安全工作的新思路、新办法、新举措。县级以上人民政府负有属地文物安全管理主体责任，文物安全管理要明确责任人，配齐安全保卫人员，确保责任到岗、责任到人，公安部门根据需要，可在文物资源密集、安全形势严峻的省级以上文物保护单位和国家三级及以上博物馆，设立派出所或警务室，配备专职人员，加强重点保护。

云冈第 7 窟头像流失百年后回归

7 月 13 日，美籍华人"王纯杰伉俪文物捐赠仪式"在山西博物院举行，王纯杰夫妇将一件北魏时期的石雕天王头像捐赠给山西博物院。这是他们第二次向山西博物院捐赠文物。

此次捐赠的石雕天王头像保存基本完好，属于山西大同云冈石窟第 7 窟主室西壁左侧天王。该头像雕刻精细，时代特征鲜明，代表了石雕天王头像皇家洞窟造像高超的艺术水平。通过与相关出版物对照，估计此头像在 1925 年被盗，曾为美国奥斯本旧藏，维克多·豪格递藏，还可能参与了 1978 年在克利夫兰艺术博物馆、纽约日本房屋博物馆与旧金山亚洲艺术博物馆举办的巡回展览。

"互联网＋文物信息资源"国际学术研讨会在徐州召开

7 月 13 日，由中国博物馆协会博物馆建筑空间与新技术专家委员会、徐州博物馆、文物保护领域物联网建设技术创新联盟联合主办，徐州博物馆承办的"互联网＋文物信息资源"国际学术研讨会在江苏徐州召开，相关单位共 80 余位专家参与了研讨会。

"互联网＋文物信息资源"为本次研讨会的主题。研讨会就文物信息资源开放共享、价值挖掘、创新利用等方面进行了交流，旨在落实"互联网＋中华文明"三年行动计划要求，加快构建文物信息资源开放共享体系，进一步发挥文物在培育弘扬社会主义核心价值观、构建中华优秀文化传承体系和公共文化服务体系中的独特优势。

公安部和国家文物局部署开展打击文物犯罪专项行动

7 月 17 日，为深入贯彻习近平总书记等中央领导同志重要批示精神，严厉打击文物犯罪，切实保护国家文物安全，公安部和国家文物局在京召开电视电话会议。会议要求，要进一步提高政治站位，牢固树立"四个意识"，坚定"四个自信"，切实把思想和行动统一到习近平总书记重要批示精神上来，站在建设社会主义文化大国的高度，以对国家、对历史、对子孙后代负责的态度，切实增强使命感和责任感，严厉打击文物犯罪，严惩犯罪分子，切实保护国家文物安全。

佳士得拍卖行在纽约举办艺术科技峰会

7月17日，佳士得拍卖行在伦敦举办"Art+Tech"艺术科技峰会，探讨艺术市场对区块链技术的共识和未来的应用方向。参会方包括来自佳士得、TEFAF、伦敦 V&A 美术馆和蛇形画廊等传统艺术市场的领袖，以及 Artsy、Vastari 和 Codex 等互联网艺术市场领域的创业公司。

峰会上，各方冷静分析了区块链技术运用的局限性，期待该技术能对提高艺术市场透明度有所贡献。同时，也对技术本身的透明度持有质疑，普遍对区块链技术更倾向于驻足观望的态度。

首个针对革命文物保护的中央政策文件出台

7月29日，首个专门针对革命文物的中央政策文件印发。该文件由中共中央办公厅、国务院办公厅印发，全称是《关于实施革命文物保护利用工程（2018－2022年）的意见》（以下简称"《意见》"）。《意见》提出，要拓展革命文物利用途径，深入挖掘革命文物的价值内涵和文化元素，运用市场机制开发更多文化创意产品，促进文化消费。

国家文物局局长刘玉珠表示，2014至2016年国家文物通过整体规划、连片保护，实施了赣南等原中央苏区革命旧址的保护利用工程，实施革命旧址项目750个，支持项目资金达11亿元，受益县和革命老区多达54个，探索出文物保护利用与乡村振兴、惠及民生相结合的方式。下一步要将革命文物的片区作为革命文物保护利用的工作重点，总结推广此前革命旧址整体保护的经验，整合资源、突出重点，加大对革命文物保护利用片区的支持力度，助力革命老区打赢精准脱贫攻坚战。

中国收藏
拍卖年鉴
2019

CHINESE FINE ART &
ANTIQUES AUCTION
YEARBOOK 2019

八月大事记

四川出台《关于进一步加强文物安全工作的实施意见》

8月1日，为贯彻落实《国务院办公厅关于进一步加强文物安全工作的实施意见》精神，切实推进四川文物安全工作水平整体提升，四川省人民政府办公厅印发《关于进一步加强文物安全工作的实施意见》，就加强全省文物安全工作提出了四个方面的主要任务和具体措施。一要切实增强文物安全意识，牢固树立保护文物也是政绩的科学理念。二要严格落实文物安全责任，落实好地方政府的主体责任、部门监管责任、文物管理使用者直接责任。三要加强文物安全执法监管，完善文物安全层级督察机制。四要夯实文物安全基础保障，将文物安全经费纳入财政预算，提升文物安全监管能力。

《意见》的出台将进一步强化四川文物安全工作，对加强全省的文物安全制度化建设具有重要意义。

敦煌莫高窟展览"平山郁夫的丝路世界"开幕

8月1日，"平山郁夫的丝路世界—— 平山郁夫丝绸之路美术馆文物展"在甘肃敦煌莫高窟开幕，中日两国代表出席开幕仪式。此次展览是第三届丝绸之路（敦煌）国际文化博览会展览项目之一，由敦煌研究院与日本平山郁夫丝绸之路美术馆合作举办，敦煌研究院敦煌石窟文物保护研究陈列中心承办。

展览包含 170 件来自平山郁夫丝绸之路美术馆收藏的帕米尔以西地区文物，8 件平山郁夫敦煌石窟写生作品及部分丝绸之路写生作品。平山郁夫自 1979 年首次来到敦煌后，便与敦煌结下不解之缘。他一生来敦煌约 40 次，持续为敦煌培育人才、筹集资金，对弘扬敦煌文化起到重要作用。

全球最大文物艺术品仓库在上海落成

8月9日，由上海自贸区国际文化投资发展有限公司、国家对外文化贸易基地（上海）主办的"2018上海对话——艺术开启未来"在上海开幕。上海自贸区国际文化投资发展有限公司宣布上海国际艺术品保税服务中心（简称"国艺中心"）将于第四季度投入使用。

上海国际艺术品保税服务中心包含有全球最大、最安全、运营和管理最先进的文物艺术品仓库。以"国艺中心"项目为契机，由公安部检测中心牵头，组成项目组共同起草艺术品及贵重物品安全防范技术规范，主要内容包括设计、建设、验收、运营、检验检测、认证认可等，技术规范的出台将在艺术品及贵重物品的存储、运输、交易、运维等方面起到保驾护航的作用。

"东西汇流——13至18世纪的海上丝绸之路"展览亮相香港

8月14日，"东西汇流——13至18世纪的海上丝绸之路"展览在香港海事博物馆举行。展览由香港海事博物馆与广东省博物馆共同举办，展品涵盖了陶瓷器、金银器、丝绸、古籍地图等，共计超过200件由内地及香港收藏的南宋至清初时期的出土文物，以及一只2016年从西贡粮船湾打捞的宋代船锚。

此次展览是香港海事博物馆与内地多家博物馆的再次合作，展览重现了海上丝绸之路中东西汇流的发展和香港在其中所扮演的角色，加深民众对本地历史的了解，让香港市民、内地及海外游客了解香港在海上丝绸之路的重要角色。

中、日、韩博物馆发起"博物馆联盟"倡议

8月15日，第17届中、日、韩博物馆国际学术研讨会在首都博物馆举行。该研讨会由中国首都博物馆、沈阳故宫博物院、日本江户东京博物馆和韩国首尔历史博物馆三国四馆发起。本次研讨会的主题为"资源共享与学术联合——'首都学'语境下的博物馆'超级连接'"。在中、日、韩三国博物馆馆长圆桌会议上，就建立"首都城市博物馆联盟"进行协商，签署《倡议书》。"都市·生活——18世纪的东京与北京"展作为中、日、韩研讨会的重要成果之一，在首都博物馆同期举办。

《电子商务法》颁布

8月31日，十三届全国人大常委会第五次会议表决通过了《电子商务法》，对电子商务经营者、电子商务合同的订立与履行、电子商务争议解决、电子商务促进、法律责任等进行详细规定，并将于2019年1月1日起施行。

《电子商务法》规定，网络拍卖活动应同时遵循《电子商务法》和《拍卖法》等相关法律、行政法规。根据"国家平等对待线上线下商务活动"的规定，从事网络拍卖的电子商务经营者，也应取得商务部门颁布的拍卖经营许可，涉及文物拍卖的经营者，还应取得文物主管部门的文物拍卖许可。

《电子商务法》的出台对日益壮大的艺术品网络拍卖将会是重要的法律规范和保障。有助于创造更为有序、公平的良性市场竞争环境。

九月大事记

September

中国收藏
拍卖年鉴
2019

CHINESE FINE ART &
ANTIQUES AUCTION
YEARBOOK 2019

文化遗产大会在杭州召开

9 月 1 日，两年一度的"第四届文化遗产世界大会"在杭州召开，此次大会由浙江大学与国际思辨遗产研究协会 (The Association of Critical Heritage Studies，ACHS) 共同举办。共有来自五大洲 40 多个国家的 460 余位代表参会，其中 85% 以上为国际代表。此次大会的主题是"跨界视角下的遗产"(Heritage across borders)，围绕"遗产与文化多样性""遗产文明与考古""遗产展示与博物馆"等 19 个议题，进行 5 场主旨演讲，展开 84 个主题的分会场、560 多场发言讨论。

大会设立了良渚分会场，并组织了与会者参观良渚博物院，召开了良渚古城国际学术研讨会，200 多位国际专家共同探讨良渚古城遗址的重大价值，分享良渚古城遗址保护的"中国经验"。

巴西国家博物馆大火，仅 10% 藏品幸存

9 月 2 日，位于巴西里约热内卢市的国家博物馆发生严重火灾，在经过了一夜的灭火行动后，当地消防队控制了火情。但博物馆整个三层建筑基本被烧毁，并存在坍塌风险。同时，巴西国家博物馆副馆长已表示，博物馆仅有 10% 的馆藏得以幸存，包括陨石、矿石和部分陶艺收藏等。其他数以百万计的历史珍品恐抢救无望。

巴西国家博物馆原本馆藏两千万历史资料及文物，包括古埃及、古希腊罗马文物，拉丁美洲多个民族不同年代的文物及艺术品、巴西 500 年历史文献资料等。这场火灾给巴西造成了无法估量的经济与价值损失。

巴塞尔艺博会制定收费新标准

9 月 2 日，巴塞尔艺术博览会宣布，从 2019 年瑞士的艺博会开始，将会调整收费方式，新标准将依展商规模调涨或调降展位费用。艺博会根据参展画廊的规模进行租金的调整，将规模较

小的画廊支付的租金减少 8%，降到每平方米 760 瑞士法郎；将规模较大的画廊租金增加 9%，即每平方米 905 瑞士法郎，并且暂停每年 5% 的固定涨幅。预计这样的模式也将适用于 2019 年的迈阿密海滩和 2020 年的香港。通过费用调整，巴塞尔集团希望能够让发展中的画廊有更多的发挥空间。

第二届北京媒体艺术双年展在京举办

9 月 5 日，第二届北京媒体艺术双年展（BMAB）在中央美术学院美术馆开幕。本届双年展以"后生命"为主题，共分为主题展览、实验空间、超链接展、试听演出、主题论坛、工作坊六大模块，集中呈现艺术家在艺术与科技领域的跨学科艺术实验，并触发艺术家、设计师、科学家和理论家之间的深入探讨。

此次展览意在引发人们从"认识论"及"新科技"层面重新思考人类与其他物种的关系，思考是否将作为万物标尺的"人"真正去中心化的问题。

"南京博物院故宫馆"定名

9 月 9 日，"2018 中国南京金秋经贸洽谈会南部新城专场推介会"在南京举行。有两大公共文化项目即将落户南京南部新城，分别是南迁文物博物馆和中国第二历史档案馆新馆。此次推介会上，披露了这两大项目的最新进展。

南迁文物博物馆目前已完成项目建议书编制，并由国家发改委正式批复立项，定名为"南京博物院故宫馆"，预计该馆地上建筑面积约 10 万平方米。据南京博物院院长龚良介绍，"故宫馆"将通过展出南迁文物，将中国历史文化的精华陈列出来。

85 件龙泉青瓷珍品亮相联合国总部

9 月 10 日，两在美国纽约曼哈顿区联合国总部大厦四楼举办了"人类非遗·中华经典"——2018 龙泉青瓷巡展·纽约站。该巡展由浙江省龙泉市人民政府承办，共有 81 位龙泉青瓷艺人的 85 件（套）青瓷珍品被展出。

此次活动包含了"起源""流淌""融合"三大篇章，以"海上丝绸之路"为切入点，重现"青瓷之路、开放之路、辉煌之路"。在联合国总部展结束后，龙泉还在纽约 SOHO 区举办为期一周的展销，并组织企业团开展青瓷产品推介，与美国有关企业签订青瓷销售合作协议，既宣传"人类非遗"

437

文化，更让龙泉青瓷文创产品走向国际市场。

邦瀚斯拍卖行易主

9月初，创立于1793年的邦瀚斯拍卖行（Bonhams）正式易主英国私募基金Epiris公司，具体收购金额尚未披露。早在2014年，邦瀚斯已有易主打算，曾挂牌出售。贝恩资本以及欧洲最大的私募股权公司Bridgepoint等都曾参与，但由于竞价问题最终没有达成交易。此次易主对邦瀚斯来说是一个新的开始，借助资本力量的助推，以期实现邦瀚斯拍卖公司跻身国际顶级位置，形成与苏富比、佳士得等国际拍卖行分庭抗礼的格局。

泰特美术馆珍藏展巡展至中国美术馆

9月12日，迄今国内最大规模的英国风景画展"心灵的风景——泰特不列颠美术馆珍品展（1700～1980）"作为中英两国文化交流的重要项目在中国美术馆开幕。此前，该展览曾于今年早些时间在上海博物馆展出，受到观众的热烈欢迎。

本次展览展出70件来自泰特不列颠美术馆的藏品，包含前拉斐尔派、印象派、超现实主义、先锋现代主义等诸多流派的画家。展览以时间为线索，分为五部分，追溯了英国风景画三百余年的发展历程，并向英国对世界视觉艺术所作出的重要贡献致敬。

中国文物首次大规模赴沙特展出

9月13日至11月23日，由中国国家文物局、沙特旅游及民族遗产总机构主办，中国文物交流中心、沙特阿拉伯利雅得国家博物馆承办的"华夏瑰宝"展览在利雅得国家博物馆举办。展览以历史发展为顺序，展出从新石器时代至清代的精美考古遗存及传世珍品。共有来自国内13家文博机构的264件展品参展，其中文物展品173组220件，包括一级品38件。展览将有助于沙特民众了解古代中国的华夏瑰宝，感知丝绸之路上从古至今的文化交流。

美国放弃中国艺术品和古董关税贸易政策

9 月 17 日，美国公布的中国进口货物关税修订清单上，已经不见针对艺术品和古董的条款。此前特朗普政府推出对 2000 亿美元的中国商品征收的关税里，包含原产于中国无论从世界任何港口出口的中国画、油画、粉彩画、版画和石刻、原始雕塑以及"超过 100 年的古董"。

有国外律师认为，对中国艺术品征收关税是不合逻辑的，可能会直接损害美国和欧洲的艺术品企业和收藏家的利益。

第三批国家二、三级博物馆名单公布

9 月 19 日，《第三批国家二级博物馆定级评估复核合格单位名单》和《第三批国家三级博物馆定级评估复核合格单位名单》正式出炉。该名单经全国博物馆评估委员会组织专家复核、并报请国家文物局备案，由中国博物馆协会确定。

本次评级工作由中国博物馆协会根据国家文物局发布的《博物馆定级评估办法》于 2018 年上半年启动。共有北京汽车博物馆等 97 家博物馆入选国家二级博物馆，中国传媒大学博物馆等 86 家博物馆入选国家三级博物馆。

数字化助力流失海外的克孜尔石窟壁画"回归"

9 月 20 日，"海外克孜尔石窟壁画及洞窟复原影像展"在西北大学博物馆开幕。此次展览由新疆龟兹研究院、陕西省西安市文物局和西北大学共同主办。展览利用现代数字技术展示了 4 个洞窟的 125 幅复原影像，其中还原了两个仿真洞窟，让流失海外的克孜尔石窟壁画以特殊形式"回归"故土。

自 1998 年起，新疆龟兹研究院就开始翻拍、收集流散在海外的克孜尔石窟壁画的图像资料，并远赴德国、美国、日本、法国、俄罗斯和韩国的博物馆、美术馆实地调查这些文物。此次展出的 125 幅高清晰度图版内容包括两大板块，分别是"流失海外克孜尔石窟壁画与复原"和"千年丝绸之路与克孜尔石窟艺术数字互动演绎空间"，前者展示从海外收集来的壁画高清摄影图片，后者对克孜尔第 118、110、67、117 窟的 4 个洞窟进行影像复原。

甲午海战经远舰遗址考古圆满结束

9月26日，经过考古探查，辽宁大连庄河海域甲午海战"经远舰"遗址水下考古调查工作圆满结束。目前确定"经远舰"残存舰体全长约80米、宽12米，在水下呈倒扣状态，军官舱等重要舱室及舱面武器可能被保存下来。

2018年7月至9月，由国家文物局水下文化遗产保护中心、辽宁省文物考古研究所、大连市文物考古研究所联合组队，在大连庄河海域搜寻、发现并确认甲午海战北洋水师沉舰"经远舰"。目前，水下考古共计清理出包括舰体结构及武器装备在内的各类遗物标本500余件，这是继"致远舰"后，甲午海战遗迹水下考古工作获得的又一重大成果。

第三届丝绸之路（敦煌）国际文化博览会开幕

9月27日，第三届丝绸之路（敦煌）国际文化博览会在甘肃敦煌开幕。此次文博会由甘肃省政府、文化和旅游部、国家广播电视总局、中国贸易促进会共同主办。文博会秉持"和平合作、开放包容、互学互鉴、互利共赢"的丝路精神，以"展现丝路风采，促进人文交流，让世界更加和谐美好"为主题，设置包括高峰会议、分论坛、文艺演出、文化展览展示、文化成果发布在内的五大主体活动，邀请近百个国家和地区的上千名国内外嘉宾出席。

高峰会议中，我国阐明了对外交流的主张和立场，14个分论坛内容涉及文旅、文化遗产保护、丝路沿线国家文化发展等一系列"一带一路"建设重大课题。

赵无极作品以5.1亿港元成交

9月30日，在香港苏富比"现代艺术晚间拍卖"中，旅法艺术家赵无极平生创作尺幅最大油画《1985年6月至10月》以510,371,000港币成交（含佣金），刷新3项拍卖纪录，包括赵无极作品的世界拍卖纪录、亚洲油画世界拍卖纪录，以及香港拍卖史上最高成交画作。

此件作品的创作契机源于华人建筑师贝聿铭的邀请，是赵无极为其设计的新加坡莱佛士城的重要工程而创作，自1986年至2005年莱佛士城大规模翻修重建为止，作品一直处于公共展出状态。

香港苏富比进行亚洲首例艺术概念拍卖

9月30日，香港苏富比以艺术概念《徐震超市》作为拍品上拍，开创亚洲艺术概念拍卖先

中国收藏
拍卖年鉴
2019

CHINESE FINE ART &
ANTIQUES AUCTION
YEARBOOK 2019

河，拍品最终以 200 万港元价格成交。此件拍品并非由于是一件艺术品实体而受到艺术界的关注，作品竞得者获得的是一张徐震®签发的《徐震超市》概念艺术作品 1/1 版证书，并有权委托重新建造《徐震超市》以及此概念的重新演示。

《徐震超市》重现了一间中国便利商店的配置，货架上摆放着只有包装并无实际内容的琳琅满目的商品，观者受邀以正常价格购买空无一物的产品包装，购买或拒绝购买之举动，以及背后的思索和抉择过程，都是对包装推广和消费文化的反思与批评，旨在讽刺消费主义和全球资本主义。

十月大事记

October

中国收藏
拍卖年鉴
2019

CHINESE FINE ART &
ANTIQUES AUCTION
YEARBOOK 2019

中共中央办公厅、国务院办公厅联合印发《关于加强文物保护利用改革的若干意见》

10月8日，中共中央办公厅、国务院办公厅印发了《关于加强文物保护利用改革的若干意见》，并发出通知，要求各地区各部门结合实际认真贯彻落实。

该《意见》共提出十六项改革的主要任务，涵盖树立并传播中华文明精神、加强革命文物的保护与利用、加强文物安全工作、完善国家文物登记制度、健全社会参与机制、加强文化方面的科技支撑和创新人才机制等内容。在完善法律法规方面，鼓励各级政府制定文物保护地方性法规，加强舆论监督和政策宣传指导，为文物事业的改革发展营造良好氛围。

《国家宝藏》在戛纳电视节展映

10月15日，由法国戛纳秋季电视节在法国南部城市戛纳开幕。来自中国的原创的大型文博探索节目《国家宝藏》吸引了众多业内人士关注。

在14日举办的《国家宝藏》专场推介会上，中央广播电视总台和恩德莫尚集团签约，进行《国家宝藏》国际版权合作；同时还与英国广播公司世界新闻频道签署合作协议，共同制作纪录片《中国的宝藏》；另有泰国买家购买了该节目版权。一系列的国际合作进一步带动中国文化走向世界。

在海外，《国家宝藏》引起的热烈反响，见证了中国人的时代美学追求，体现了中国人的文化传承理念，是电视创意向传统优秀文化的一次回归。

第二届中国考古学大会开幕

10 月 22 日，第二届中国考古学大会在成都开幕。大会以"古代文化交流的考古学研究"为主题。会上相关负责人表示，中国近期将与埃及签署考古合作协议，中国考古队将首次赴埃及参与考古发掘研究工作，此举将推动中国和埃及这两大文明古国在考古研究领域开展更多合作。

近年来，中国在田野发掘、专题研讨、综合研究、文物保护、公共考古、科研管理、人才队伍建设等方面取得了突破性进展，并且正在积极实施"走出去"战略。赴外考古工作的展开，对于增强世界不同地区古代文明的比较研究，扩大中国考古在国际上的影响力，抢占国际学术前沿和掌握国际话语权，都具有非常重大的学术意义和现实意义。

金砖国家博物馆联盟在北京成立

10 月 25 日，金砖国家博物馆联盟在北京成立，中国国家博物馆馆长王春法担任首届联盟主席。首届联盟成员包括巴西博物学院、俄罗斯国家历史博物馆、印度国家博物馆、南非迪宗博物馆和中国国家博物馆。

根据联盟宣言，今后金砖国家博物馆将在联盟框架下持续开展交流与合作，每两年举办一次金砖国家博物馆联盟大会。未来五年，联盟成员计划通过举办联合巡展、专业人员学术交流与培训、开设联盟门户网站等方式，增进成员间了解互信，促进信息共享，合力宣传金砖国家文化遗产。

人工智能创作的艺术品首次拍卖

10 月 26 日，有史以来首次使用人工智能创作的艺术作品《爱德蒙·德·贝拉米肖像》在纽约佳士得拍卖。作品以 35 万美元的价格被拍出，超过估价。

这件人工智能作品是由巴黎艺术团体 Obvious 开发的人工智能算法创建的，一组虚构的贝拉米家族的肖像之一。这次拍卖引发了艺术界人士的批评与思考，有人认为过高的成交价是市场炒作的结果，人工智能与艺术领域的结合目前充满投机性。

北京市文物进出境鉴定所入区服务正式启动

10 月 26 日，北京市文物进出境鉴定所入区服务启动仪式在国家对外文化贸易基地（北京）举行。该启动仪式标志着北京市文物进出境鉴定所将正式服务国家对外文化贸易基地（北京），开展文物进出境审核工作。

北京市文物进出境鉴定所将在国家对外文化贸易基地（北京）设立服务点，就地完成文物进出境审核，减少文物包装、拆卸的次数，简化区内企业及相关机构的文物进出境审核手续，可以有效地提升文物安全度，缩短文物艺术品存储、展示、交易的进出境审核时间，提升区内企业和相关机构的文物艺术品进出境审核效率。

叙利亚国家博物馆重新开放

10 月 28 日，因安全原因关闭了 6 年多的叙利亚国家博物馆重新对公众开放。叙利亚政府官员、多国考古学家和文物专家出席了当天的开馆仪式。

叙利亚国家博物馆收藏了从史前、古叙利亚、希腊罗马到伊斯兰时期的出土文物，率先开放的是希腊罗马时期的文物展厅，其他几个展厅将随后开放，按照年代和发掘地被分门别类展出。叙利亚国家博物馆见证和记录了这片土地上人们的奋斗和文明成果，叙利亚文化部表示将继续做好文物保护、发掘和研究工作，推动叙利亚文化发展。

伦敦亚洲艺术周启动

11月1日，伦敦亚洲艺术周在英国伦敦启动。一系列的商业展览、拍卖会、酒会、讲座及学术会议吸引了来自世界各地的亚洲艺术爱好者。苏富比、佳士得、邦瀚斯等欧洲各大拍卖企业在艺术周期间推出了多场拍卖会，呈现丰富的亚洲和中国古董精品。中国最大的古董艺术品在线拍卖平台易拍全球成为本届伦敦亚洲艺术周的中国战略合作伙伴。

本年度"伦敦亚洲艺术周"还发起了一项新的年度奖项评选——"新兴艺术家"奖，重点突出从事亚洲文化艺术创作的艺术家的作品，意在连接过去与未来。

河南省实行重大文物安全事故责任终身追究制

11月2日，河南省政府办公厅印发《河南省文物安全责任制实施办法》。该办法提出实行文物安全事故和案件责任终身追究制，并且提出文物安全事故调查工作应当自事故发生之日起45日内完成。

河南省政府将按照"分级负责、属地管理""谁主管、谁使用、谁负责"的原则，逐级建立文物安全责任制，将文物安全工作纳入政府目标管理体系，并将文物安全经费纳入本级财政预算。

全球专家聚会，通过《黄山共识》

11月2日，第三届联合国教科文组织名录遗产与可持续发展黄山对话会在安徽省黄山市闭幕。对话会主题是"联合国教科文组织名录遗产助力可持续发展"，会议讨论并通过了《黄山共识》。

《黄山共识》强调天空地一体化的空间技术服务于联合国2030可持续发展目标的巨大潜力，呼吁"一带一路"沿线国家建立空间技术应用于名录遗产可持续发展的合作，加强信息共享，促进文化交流，积极推广中国黄山的可持续发展模式，努力将全球名录遗产地打造成可持续发展的示范地。

巴塞尔艺术展母公司财务自救

11月2日，总部位于瑞士、世界顶级艺术博览会巴塞尔艺术展的母公司MCH集团宣布，将放弃开拓一系列新的区域性展会。集团将出售德国杜塞尔多夫艺博会和印度艺博会的股权，并将退出2019秋季的"艺术新加坡"豪车展（Grand Basel），也不会再登陆2019年迈阿密海滩艺术展。

2018年2月，MCH集团公布的2017年度财报显示了1.19亿美元的年度亏损。此次战略性收缩行为，是出于对目前展览和活动发生了根本性变革的考虑，MCH集团需要做出相应重大改变以稳定全局，在对投资与发展做出战略评估后，决定退出某些艺术博览会。

国家文物局水下文化遗产保护中心北海基地启用

11月6日，国家文物局位于青岛市即墨区"蓝色硅谷"的水下文化遗产保护中心北海基地正式启用。"致远舰"和"经远舰"的出水文物，在9月底已经运抵北海基地，开始一系列的后续研究工作。

北海基地集水下考古调查、勘探、发掘、保护、展示、研究、学术交流和人才培养于一体，不仅统筹黄海、渤海海域，更是面向全国乃至世界的国家级水下文化遗产保护基地。对探索完善我国水下文化遗产保护工作管理模式，促进水下文化遗产保护事业的发展有着重大意义。北海基地的启用填补了我国北方水下文化遗产保护事业、国家级公共技术支撑平台的空白，形成了与南海基地共同构建我国水下文化遗产保护事业"一南一北、双翼齐飞"的格局。

三部委联合印发《文物保护装备发展纲要（2018~2025 年）》

11 月 12 日，国家文物局、工业和信息化部、科学技术部联合印发了《文物保护装备发展纲要（2018~2025 年）》。这是三部门贯彻落实中共中央办公厅、国务院办公厅《关于加强文物保护利用改革的若干意见》，更好支撑保障文物保护利用，对我国文物保护装备领域作出的全面部署。此次纲要明确了安全防范与监管、文物勘查与考古、文物监测与修复、文物展示与利用 4 个重点领域，部署了分类推进文物保护装备发展、提升文物保护装备保障能力、深化文物保护装备发展模式、优化文物保护装备发展环境 4 项主要任务。

国务院新闻办发表《新疆的文化保护与发展》白皮书

11 月 15 日，国务院新闻办发表《新疆的文化保护与发展》白皮书。白皮书包括前言、新疆各民族文化是中华文化的组成部分、各民族语言文字广泛使用、宗教文化受到尊重和保护、文化遗产保护和传承取得成就、文化事业和文化产业不断发展、对外文化交流日趋活跃等部分。

新疆自古以来就是多民族迁徙聚居生活的地方，也是多种文化交流交融的舞台。在以习近平同志为核心的党中央坚强领导下，中华民族已经走进新时代，踏上新征程，在文化交流交融的舞台上，新疆各族人民应该而且一定能够担负起自己新的文化使命，在文化创造中铸就新繁荣，在文化进步中取得新发展。

第八届中国博物馆及相关产品与技术博览会开幕

11 月 23 日，第八届"中国博物馆及相关产品与技术博览会"（简称博博会）在福州开幕。本届博博会由国家文物局指导，中国博物馆协会、中国自然科学博物馆协会主办，以"博物馆——新时代·新征程"为主题，汇集了国内 613 家博物馆和企业参展，有 42 个国家的外宾出席相关活动，内容涉及展陈、照明、数字化、文创开发、网络技术等九个专门领域。

首届"国际博物馆青年论坛"在博博会期间同时举办，主题为"变革中的博物馆青年"，共有来自加拿大、韩国、日本、法国、荷兰、美国、俄罗斯、土耳其等 39 个国家的 70 位青年博物馆代表参加本次论坛。

苏轼《木石图》回归中国

11月26日，苏轼《木石图》于佳士得香港秋拍"不凡——宋代美学一千年"晚间拍卖以4.1亿港元落槌，连佣金成交价为4.636亿港元，成为佳士得香港迄今为止拍出的最高价中国古代书画作品。此作上拍前曾收藏于日本阿部房次郎爽籁馆，据佳士得负责人透露，买家为来自大中华地区的机构藏家，说明此作已回归中国。《木石图》是继中国美术馆藏苏轼《潇湘竹石图》、台北故宫藏苏轼《雨竹》之后，第三件重回大众视线、被认为是苏轼的传世之作。作品中的枯木与石头，是一种精神性的象征，完美阐释了苏轼的绘画理念："论画与形似，见于儿童邻"，主张不以形似为要，而是赋予创作对象以精神性。

"意大利文艺复兴三杰"展亮相南京博物院

11月27日，"世界巨匠——意大利文艺复兴三杰"展在南京博物院特展馆开幕。此次展览由南京博物院和意大利梅塔莫弗斯文化基金会共同举办，共有68件出自"文艺复兴三杰"及其追随者的油画、雕塑及大量素描手稿作品展出。本次展览系统地展示了意大利文艺复兴盛期的艺术成就，反映了在文艺复兴人文主义的精神核心下，艺术家们对"人的解放"的理解与诠释。

80件希腊当代艺术作品亮相中国美术馆

11月28日，由中国美术馆、希腊雅典国家当代美术馆共同主办的"道之为物：由象及神"希腊当代艺术展于中国美术馆开幕，共展出40名希腊艺术家创作的近80幅作品。此次展览是继2017年秋在希腊雅典国家当代美术馆举办的"中国写意：来自中国美术馆的艺术"展览后，希腊雅典国家当代美术馆的部分藏品在京参展，这也是在中希文化交流年的框架内，希腊雅典国家当代美术馆与中国美术馆的再次合作。

"东风西韵——紫禁城与海上丝绸之路"展在葡萄牙开幕

12 月 3 日，由中国文化和旅游部、葡萄牙文化部和葡萄牙文化遗产总局支持，故宫博物院与葡萄牙阿茹达国家宫合作举办的"东风西韵——紫禁城与海上丝绸之路"展在葡萄牙里斯本阿茹达国家宫开幕。

此次展览是 2019 年葡萄牙"中国文化节"的重要项目之一。展览精心遴选故宫博物院馆藏的陶瓷、玉器、科学仪器和玻璃器、珐琅器等各类代表性、珍品文物共 66 件（套）。

民族非遗研究院在京成立

12 月 6 日，民族非遗研究院在北京成立，并在国家图书馆典籍博物馆举办成立座谈会。民族非遗研究院院长刘东昌在会上表示，研究院将以立足保护，传承之本为宗旨，抢救、挖掘、保护民族非物质文化遗产。以基础研究为核心，重构民族非遗文化产权及评估体系，最终建立民族非遗的产、学、研、金为一体的智库。非遗的推广和传承，要和扶贫工作相结合，以非遗扶贫为突破口，与文旅发展相结合，真正让民族非遗，融入我们的现实生活。

第 17 届巴塞尔迈阿密艺术博览会开幕

12 月 6 日至 9 日，第 17 届巴塞尔迈阿密艺术博览会（Art Basel Miami Beach）开幕。在主展馆（迈阿密海滩会展中心，Miami Beach Convention Center）中，有 200 多家画廊参展，展示了来自世界各地的 4000 多名艺术家的作品。该展览围绕六个主要部分展开：艺廊荟萃（Galleries）、青艺初见（Nova）、新锐探寻（Positions）、限量编制（Edition）、策展角落（Kabinett）

和艺术史事（Survey）。今年的重大变化是取消了迈阿密海滩声音景观公园（Miami Beach Sound Scape Park）的公共艺术项目（免费的户外雕塑装置）和电影项目，取而代之的是观念艺术家 Abraham Cruzvillegas 的现场行为表演艺术。

中国收藏
拍卖年鉴
2019

CHINESE FINE ART &
ANTIQUES AUCTION
YEARBOOK 2019

圆明园流失文物青铜"虎鎣"归国

12月11日，圆明园流失文物青铜"虎鎣"正式入藏中国国家博物馆。此件青铜"虎鎣"为西周晚期文物，顶盖内铸有"自作供鎣"铭文，造型精美独特，具有极高的历史、艺术及文化价值。今年四月，该文物曾在英国一家拍卖机构拍出，拍卖结束后买家向中国国家文物局表示希望将文物无条件捐赠给中国。随后中方专家团队赴英国做鉴定接收工作，并于11月23日将文物安全带回北京。近年来，国家文物局积极开展流失文物追索返还工作，已经成功促成多批流失文物回归祖国，青铜"虎鎣"的主动捐赠正是其中具有代表性的范例。

秦始皇兵马俑在新西兰国家博物馆展出

12月15日，"秦始皇兵马俑：永恒的守卫"在新西兰首都惠灵顿正式开幕，作为新西兰国家博物馆的跨年大展，为2019"中新旅游年"的到来拉开序章。

此次展览的展品来自20余家博物馆的展品，包括了8件兵俑、2件马俑、2件铜车马的复制品，160多件（套）西周至汉代的玉石和青铜器。作为首个在新西兰国家博物馆全新艺术展厅展出的外国主题展，此次展览不仅是器物的展出，还设置了与观众互动环节，让观众有效地参与，具有很高的专业水平。

"艺拍指数"在国家发改委价格监测中心网站正式上线

12月18日，"艺拍全球文物艺术品指数"（以下简称"艺拍指数"）在国家发展和改革委员会价格监测中心门户网站正式上线。"艺拍指数"数据内容包括中国文物艺术品市场指数、中国文物艺术品市场总量、中国文物艺术品市场区域发展、中国文物艺术品价格分布、中国文物艺术品市场研究报告。

"艺拍指数"以近10年，超过3600万条文物艺术品公开交易数据为基础，遵循国际标准及行业自律规则，以极为科学严谨的态度，选取样本数据，经由文博、艺术、经济、金融等领域数十位专家、学者组成的顾问委员会反复论证，严格把关，并采用国际上广泛使用的"特征回归"模型（Hedonic Regression），通过机器学习结合人工智能技术，由专业致力于全球文物艺术品大数据研究的易拍全球（北京）科技有限公司历时两年独家研发而成。

中国证券博物馆在上海揭牌

12 月 22 日，中国证券博物馆在上海揭牌成立，馆址坐落在 1990 年上海证券交易所成立时的原址——浦江饭店，其举办的"中国资本市场改革开放历程展""世界与'一带一路'交易所文化展""湘财历道藏品精华展"也同期开幕。中国证券博物馆将致力于收藏展示和传承发展资本市场的历史文化，尤其是改革开放以来资本市场的发展成就，努力建成证券期货藏品收藏展示中心、证券期货文化国际交流中心、证券期货知识教育研究中心。

全国打击防范文物犯罪成果展开幕

12 月 26 日，"众志成城 守护文明——全国打击防范文物犯罪成果展"在中国国家博物馆开幕。本次展览由公安部、最高人民法院、最高人民检察院和国家文物局联合举办，总结了党的十八大以来中国文物安全工作取得的显著成绩。

展览包括了两个展厅，以加强和改进文物安全工作、强力打击防范文物犯罪为主线，由三大部分组成，分别是"文物屡蒙殇""向文物犯罪亮剑""警钟长鸣、共筑钢铁长城"。展览以 14 个重点文物犯罪案例为切入点，精选 750 余件（套）由公安机关查货、追缴和考古抢救性发掘出土的文物，全面展示了我国在打击文物犯罪方面的能力及决心。

Chapter 6

Commentary: Arts & Culture Policies

第六章　年度收藏与拍卖行业政策法规点评

年度收藏与拍卖行业政策法规点评
Commentary: Arts & Culture Policies

一 《关于做好文物进出境审核中被盗文物查验工作的通知》

由国家文物局印发。旨在进一步加强文物进出境审核监管，防止经走私出境的国内被盗文物以临时进境登记方式"洗白"以及外国被盗文物以申请进境登记方式进入我国境内，维护文物市场秩序，保障国家文物安全，并积极履行我国的国际义务。

《通知》是在近年来我国文物保护和文物流通态势发生重大变化的背景下出台的。一方面，国内文物盗掘、盗窃、走私案件频发，安全形势严峻，典型的有辽宁"红山大案"、四川"江口沉银大案"、广州美院馆藏书画被盗并拍卖案等，公安部、国家文物局联合发布"中国被盗（丢失）文物信息发布平台"（截至 2017 年 11 月已在 19 个省份采集了 2230 余份被盗、丢失文物信息，先期发布约 200 条）；另一方面，国内民间收藏热度不减，国际文物交流频繁，外国被盗文物进入我国境内并流通的风险加大，国家文物局建立了"外国被盗文物数据库"（截至 2018 年 4 月已公布秘鲁、日本、伊拉克等国向我通报的 6900 余件被盗文物信息）。

文物进出境审核，是《中华人民共和国文物保护法》规定的管理制度，包括文物出境审核、文物临时进境复出境审核和文物临时出境复进境审核，由国家文物局指定文物进出境审核机构（现有 21 个）具体执行。①文物出境审核，依据《文物出境审核标准》（2007），对经审核允许出境的文物，标明文物出境标识，发给文物出境许可证。海关查验文物出境标识后，凭文物出境许可证放行。经审核不允许出境的文物，由文物进出境审核机构登记并发还。②因修复、展览、销售、鉴定等原因临时进境的文物，经海关加封后，报文物进出境审核机构审核、登记，标明文物临时进境标识。临时进境文物复出境时，向原审核、登记的文物进出境审核机构申报。经审核查验无误的，标明文物出境标识，发给文物出境许可证。③因展览、科研等原因临时出境的文物，向文物进出境审核机构申报办理审核、登记手续。临时出境文物复进境时，由原审核、登记的文物进出境审核机构审核查验。本《通知》关切的，主要是临时进境文物和申请出境文物。

对于收藏与拍卖行业，《通知》与相关法律法规、国际公约等一起，完善了制度体系：一是划出了法律"红线"——不买卖出土文物和走私文物；二是明确了收藏"底线"——不仅是不收藏来源不合法的中国文物，也不收藏非法入境的外国被盗文物；三是提示了市场"流线"——即使将文物走私到境外，也不可能"洗白"，无论其是否经过公开拍卖、是否打着"回流"的旗号。

关注：第一，文物合法来源方式（《文物拍卖标的审核办法》第十四条）没有包括境外拍卖。第二，莫使有一日，中国的收藏者成为国际非法流失文物的被追索人。

扫码阅读该项通知

二 《全国文化市场黑名单管理办法》

由文化和旅游部颁布。旨在完善文化市场信用监管制度，健全守信激励和失信惩戒机制，提高监管效能，促进文化市场健康有序发展。

本《办法》是在天津、河北、上海、浙江、湖南、广东、广西、重庆、云南等9省市开展文化市场经营主体黑名单管理试点工作的基础上，对《文化市场黑名单管理办法（试行）》（2016）进行的修订，在加强事中事后监管、强化市场主体责任、推动行业自律、扩大社会监督等方面有较大幅度的调整。业界认为，这是文化市场信用监管制度的升级版。

《办法》规定，按照"谁负责、谁列入，谁处罚、谁列入"的原则，将严重违法失信的文化市场主体及人员（企业、个体工商户及其法定代表人或者主要负责人等）列入全国文化市场黑名单，向社会公布，实施信用约束、联合惩戒。主要明确了将什么人列入、由谁经过什么程序列入、列入后如何惩戒、管理周期及怎样移出等内容。

对于收藏与拍卖行业，文化市场黑名单主要指在艺术品经营活动中严重违法失信的市场主体及人员，包括：艺术品收购、销售、租赁；经纪；进出口经营；鉴定、评估、商业性展览等服务；以艺术品为标的物的投资经营活动及服务；网络经营等领域。作为重点监管对象，将对相关市场主体及人员增加检查频次，加大监管力度，发现再次违法违规经营行为的，依法从重处罚。

关注：健全对严重违法失信者联合惩戒机制，营造风清气正的文化艺术品市场环境。

扫码阅读该项办法

三　《涉案文物鉴定评估管理办法》

由国家文物局、最高人民法院、最高人民检察院、公安部、海关总署联合颁布。旨在规范涉案文物鉴定评估程序，适应办案机关办理文物犯罪刑事案件的需要，充分发挥涉案文物鉴定评估对依法打击文物违法犯罪活动的支撑作用。

《办法》对涉案文物鉴定评估的相关定义和基本原则、范围内容、机构条件和人员标准、委托受理组织实施程序、监督管理以及相关执行等作出全面系统规定，构建了涉案文物鉴定评估的基础管理制度。

此前，国家文物局依据《最高人民法院、最高人民检察院关于办理妨害文物管理等刑事案件适用法律若干问题的解释》（2016年1月1日起施行），在全国范围内遴选指定了41家涉案文物鉴定评估机构（其中多家为民间收藏文物鉴定试点单位），至本《办法》颁布时，这些机构共对1300余起刑事案件涉及的7万余件（套）可移动文物、近600处不可移动文物进行了鉴定评估，为打击文物犯罪、保障文物安全提供了有力支持。

对于收藏与拍卖行业，一方面，《办法》维护了国家文物安全和文物市场秩序；另一方面，也促进了相关文物鉴定评估机构提升水平和质量，推动完善文物鉴定科学体系。

关注：第一，涉案文物鉴定评估与文物司法鉴定的协调统一；第二，涉案文物鉴定评估机构开展文物经济价值评估的方法和成果；第三，涉案文物鉴定评估工作建立的科学鉴定机制，为民间收藏提供更多优质的文物鉴定服务；第四，涉案文物鉴定评估管理实践，为构建民间收藏文物鉴定管理制度（资质资格、标准、流程、诚信、监管等）准备条件。

扫码阅读该项办法

四　《国有馆藏文物退出管理暂行办法》

由国家文物局颁布。旨在加强对国有馆藏文物退出的管理，促进文物保护和合理利用。

《办法》规定了拟退出的馆藏文物应符合的条件、退出流程、后续管理等内容。

《办法》指出，国有文物收藏单位将馆藏文物退出本单位藏品序列并注销文物账目，应当从严掌握、谨慎执行。文物退出馆藏，须经过至少5个程序：①专家组评估；②单位理事会或者集体研究同意；③社会公示；④报文物行政部门备案、核查；⑤专项档案备案。

对于收藏与拍卖行业，应该借鉴包括退出管理在内的国有博物馆严格的藏品管理制度，不断提高文物保护水平。

关注：非国有博物馆馆藏文物退出管理制度有待进一步明确。

扫码阅读该项办法

五　《关于实施革命文物保护利用工程（2018~2022年)的意见》

由中共中央办公厅、国务院办公厅印发。旨在切实加强新时代革命文物工作，充分发挥革命文物在开展爱国主义教育、培育社会主义核心价值观、实现中华民族伟大复兴中国梦中的重要作用。

《意见》是新中国成立以来首个专门针对革命文物的中央政策文件，明确了实施革命文物保护利用工程的重要意义，对今后五年革命文物保护利用的指导思想、基本原则、发展目标、主要任务和保障措施进行了全面谋划和顶层设计。

《意见》提出五项主要任务：（一）夯实革命文物基础工作；（二）加大革命文物保护力度；（三）拓展革命文物利用途径；（四）提升革命文物展示水平；（五）创新革命文物传播方式。部署了六方面重点项目：（一）百年党史文物保护展示工程；（二）革命文物集中连片保护利用工程；（三）长征文化线路整体保护工程；（四）革命文物主题保护展示工程；（五）革命文物陈列展览精品工程；（六）革命文物宣传传播工程。

对于收藏与拍卖行业，可以关注红色文物的保护、收藏、研究、展示，积极参与相关重点项目，传承红色基因，增强文化自信。也可运用市场机制开发更多文化创意产品，促进文化消费。

关注：革命文物保护利用，不仅是把今天的人们拉回到七十、八十、九十、一百年前，更是要将七十、八十、九十、一百年前的革命精神赋予当代价值和大众意义，焕发生机活力，永续传承下去。

扫码阅读该项意见

六　《关于完善促进消费体制机制，进一步激发居民消费潜力的若干意见》

由中共中央、国务院发布。旨在按照高质量发展的要求，坚持以供给侧结构性改革为主线，从供需两端发力，完善促进消费体制机制，进一步激发居民消费潜力。

《意见》指出，要构建更加成熟的消费细分市场，壮大消费新增长点；健全质量标准和信用体系，营造安全放心消费环境；强化政策配套和宣传引导，改善居民消费能力和预期。在"推进服务消费持续提质扩容"一节中提出要"健全文物合法流通交易体制机制"。

几天后，国务院办公厅印发《完善促进消费体制机制实施方案（2018~2020年）》，明确"完善文物合法流通交易体制机制"的任务。

文物合法流通交易体制机制，包括合法经营文物资质、可以合法流通的文物、流通交易审核与监管以及相关管理与服务等。当前，文物流通领域的主要矛盾是人民日益增长的文物收藏鉴赏需要与文物市场不平衡不充分的发展之间的矛盾。主要表现为：文物经营门槛过高，合法经营主体偏少；文物保护普法薄弱，收藏者法律意识淡漠；文物市场联合执法机制滞后，文物违法经营（特别是无资质经营）普遍；独立鉴定机构短缺，优质中介服务匮乏；市场信用体系缺失，消费者信心不足；文物进境税负沉重，回流通道不畅等等。解决上述问题，关键在完善体制机制，理顺政府和市场的关系，在保障国家文物安全的前提下，疏通市场"梗阻"，一是大幅降低文物经营门槛，减免文物进境税负，增加文物流通供给，使收藏者"可以藏"；二是探索资格管理制度，培育优质中介机构，提高文物鉴定、保险服务质量，建立文物市场信用体系，惩处造假、鉴假、售假、拍假不法分子，使收藏者"放心藏"；三是加大文物普法、联合执法力度，严厉打击买卖国家禁止买卖文物的行为，使收藏者"合法藏"。

对于收藏与拍卖行业，"合法"与"流通"是相融一体的，只有合法才能让文物畅通地流通，只有流通才能使文物实现更大的价值，所以必须要科学立法、严格执法、公正司法、全民守法，构建政府监管、社会监督、行业自律、企业诚信、公众理性的文物市场体系和规则明确、权责一致、奖罚分明、保障有力的文物流通交易体制机制。

关注：将文物合法流通上升到国家"消费"层面，就必须保护好消费者的合法权益。

扫码阅读该项意见

七 《关于加强文物保护利用改革的若干意见》

中国收藏
拍卖年鉴
2019

CHINESE FINE ART &
ANTIQUES AUCTION
YEARBOOK 2019

由中共中央办公厅、国务院办公厅印发。旨在深入贯彻落实党的十九大精神，进一步做好文物保护利用和文化遗产保护传承工作。

《意见》是全面加强新时代文物保护利用改革的纲领性文件，核心是聚焦文物工作的重点难点和改革发展问题，加强顶层设计、制度创新和精准管理，在保护中发展，在发展中保护，推动文物工作更好地服务经济社会发展大局，更好满足人民日益增长的美好生活需要，不断推进文物治理体系和治理能力现代化，努力走出一条符合国情的文物保护利用之路。

《意见》明确了文物保护利用改革的重要意义，指出了文物保护利用的指导思想、基本原则、总体目标、保障措施，提出了 16 项具体任务。其中第 11 项任务是"促进文物市场活跃有序发展"。内容如下：

制定关于引导民间收藏文物保护利用促进文物市场健康发展的意见，开展文物流通领域登记交易制度试点。建立全国文物购销拍卖信息与信用管理系统，接入全国信用信息共享平台，开展守信联合奖励和失信联合惩戒。规范文物鉴定机构发展，多层次开展文物鉴定服务。适时扩大享受文物进口免税政策的文物收藏单位名单，促进海外文物回流。

据了解，国家文物局已经在江苏省南京市（文物拍卖）、苏州市（文物商店）部署开展文物流通领域登记交易制度试点。试点工作将构建文物经营主体自愿申报登记拟交易的文物标的，文物登记单位鉴定申报登记的文物标的是否属于文物、是否可交易，并分类进行登记，文物行政部门依据文物登记单位意见依法开展文物流通活动的全流程监管，文物收藏者和社会公众便利了解登记交易文物基本信息等系列工作机制，推动文物市场发展方式从规模增长向质量提升转变。此前，国家文物局已经建立了文物拍卖标的备案信息管理系统，开展了民间收藏文物鉴定试点（上海市也开展相关工作），并会同有关部门调研推动完善文物进口免税政策。

对于收藏与拍卖行业，《意见》聚焦民间收藏文物领域的热点和难点问题，给出了明确的改革路径，分类推进，综合施策，供给、监管与服务并重，努力打破政策制度、思想观念的"藩篱"，扫除积淀已久的"买假自负""瑕疵不担责"的沉疴，积极探索符合国情的社会文物保护利用之路。从业者宜立足新时代公众文物收藏鉴赏需要，一同创建保障文物安全、维护公众权益的文物市场新秩序。收藏者宜树立正确的收藏理念，科学理性地对待文物收藏，以文怡情，以文化人，以文增值。

关注：一是文物登记交易制度试点是否有利于便利企业、有利于活跃市场、有利于增强消费者信心；二是文物市场信用体系如何建立，如何实现全国共享，实施守信联合奖励和失信联合惩戒，让造假、售假、拍假者无处容身；三是推动国有文博单位为公众提供鉴定服务，并规范社会鉴定机构的行为；四是协调财政、税务、海关等部门，为海外文物回流提供更多便利。

扫码阅读该项意见

八　《国家文物局关于优化文物拍卖许可证审批服务工作的通知》

由国家文物局印发。旨在进一步优化文物拍卖许可证审批事项，做好文物拍卖经营主体准入服务，构建规范、便捷、高效、公开、联动的审批制度。

《通知》提出5项具体要求：一是便利企业申领，推广网上办理；二是压缩审批时限，提高审批效率；三是优化审批程序，精简审批材料；四是公示服务指南，公开办理进度；五是推进信息共享，开展协同监管。核心是转变政府职能，提高办事效率，减轻企业负担，便利企业经营，同时加强事中事后监管。

对于收藏与拍卖行业，国家文物部门"放管服"改革力度逐步加大，为企业经营活动创造了更优环境。政府干预少了，企业更应守法诚信经营，履行好自己的社会责任。

关注：文物拍卖许可证审批改革的最后一个题目是"5名高级文物博物专业技术职务人员"。

扫码阅读该项通知

九　《关于支持自由贸易试验区深化改革创新若干措施的通知》

由国务院发布。旨在支持自由贸易试验区深化改革创新，进一步提高建设质量。

《通知》提出营造优良投资环境、提升贸易便利化水平、推动金融创新服务实体经济、推进人力资源领域先行先试等四个方面53项措施。其中第二十二项（属"提升贸易便利化水平"）是：开展艺术品保税仓储，在自贸试验区内海关特殊监管区域之间以及海关特殊监管区域与境外之间进出货物的备案环节，省级文化部门不再核发批准文件。支持开展艺术品进出口经营活动，凭省级文化部门核发的准予进出口批准文件办理海关验放手续；省级文化部门核发的批准文件在有效期内可一证多批使用，但最多不超过六批。

自贸区是以开放倒逼改革的产物，其核心价值有二：一是缓税（境外与自贸区之间双向免税，从自贸区进入境内其他区域交税）；二是通关及贸易便利。

对于收藏与拍卖行业，主要关切的是境外文物进境及外资企业文物拍卖准入问题。境外文物进境后暂存自贸区内，具有缓税（保税）的优势，但出区进入境内其他区域则需要交纳高额担保金或者税金，或者由海关工作人员驻场监管，成本很大。外资拍卖企业受法律限制（《中华人民共和国文物保护法》第五十五条第三款），尚未能取得在自贸区内拍卖文物的许可。

关注：扩大自贸区范围（如上海浦东、海南全岛），产生文物展示和拍卖活动的集聚环境（现有区域过偏过小）。调整法律规定，在境外征集标的、进出境审核、拍卖审核备案的制度框架下，试行外资企业在自贸区拍卖文物，并探索扩展。

扫码阅读该项通知

Chapter 7

Appendix

第七章 附录

扫码解析艺术市场

全国文物评估鉴定机构
Art Authentication Organizations in China

涉案文物鉴定评估机构名单

　　《最高人民法院 最高人民检察院 关于办理妨害文物管理等刑事案件适用法律若干问题的解释》于 2016 年 1 月 1 日起正式施行。该司法解释第十五条明确表示，对案件涉及的有关文物鉴定、价值认定等专门性问题难以确定的，由司法鉴定机构出具鉴定意见，或者由国务院文物行政部门指定的机构出具报告。其中，对于文物价值，也可以由有关价格认证机构做出价格认证并出具报告。根据此条司法解释，国家文物局于 2016 年 1 月 4 日确定了首批涉案文物鉴定评估机构。为满足司法机关对涉案文物鉴定评估工作的需要，充分发挥文物鉴定评估对依法打击文物违法犯罪活动的支撑作用，国家文物局于 2016 年 9 月 30 日公布第二批涉案文物鉴定评估机构名单。

批次	机构名称	电话	地址
第一批	北京市文物进出境鉴定所	010-64014608	北京市东城区府学胡同 36 号
	天津市文物管理中心	022-23395236	天津市和平区大理道 44 号
	山西省文物鉴定站	0351-4050840	山西省太原市文庙巷 33 号
	内蒙古博物院	0471-4608462	内蒙古自治区呼和浩特市新城区新华东街 27 号
	辽宁省文物保护中心	024-24846318	辽宁省沈阳市沈河区朝阳街少帅府巷 48 号
	浙江省文物鉴定审核办公室	0571-87081576	浙江省杭州市教场路 26 号
	安徽省文物鉴定站	0551-62826619	安徽省合肥市安庆路 268 号
	国家文物出境鉴定河南站	0371-65963495	河南省郑州市人民路 11 号
	湖南省文物鉴定中心	0371-84441768	湖南省长沙市芙蓉区五一大道 399 号
	广东省文物鉴定站	020-87047999	广东省广州市水荫四横路 32 号楼 5-7 楼
	国家文物出境鉴定四川站	028-86120526	四川省成都市少城路 6 号
	陕西省文物鉴定研究中心	029-85360103	陕西省西安市雁塔区雁塔西路 193 号陕西省文物局内 103、105 室
第二批	北京市古代建筑研究所	010-83168738	北京市西城区东经路 21 号
	河北省博物院	0311-86045642	河北省石家庄市长安区东大街 4 号
	山西省文物交流中心	0351-7225133	山西省太原市迎泽区小南关西街 6 号
	辽宁省文物总店	024-23224679	辽宁省沈阳市和平区民主路 68 号
	吉林省博物院	0431-81959567	吉林省长春市净月高新产业开发区永顺路 1666 号
	黑龙江省博物馆	0451-53636187	黑龙江省哈尔滨市南岗区红军街 50 号
	上海市文物保护研究中心	021-54651200	上海市徐汇区岳阳路 48 号
	南京博物院	025-84800448	江苏省南京市玄武区中山东路 321 号
	苏州文物商店	0512-65224972	江苏省苏州市姑苏区人民路 1208 号

	淮安市博物馆	0517-83645659	江苏省淮安市清河区健康西路 146-1
	福建省文物鉴定中心	0591-87118174	福建省福州市台江区白马中路 15 号
	江西省文物商店	0791-86778942	江西省南昌市东湖区民德路 349 号
	山东省文物鉴定中心	0531-85058086	山东省济南市历下区经十路 11899 号
	湖北省博物馆	027-86783171	湖北省武汉市武昌区东湖路 160 号
	湖南省文物考古研究所	0731-84441768	湖南省长沙市开福区东风路东风二村巷 18 号
	广西壮族自治区博物馆	0771-2707025	广西壮族自治区南宁市青秀区民族大道 34 号
	国家文物进出境审核海南管理处	0898-66961649	海南省海口市龙华区龙昆南路 76 号金霖花园 45 栋
	重庆市文化遗产研究院	023-63526660	重庆市渝中区枇杷山正街 72 号
第二批	重庆中国三峡博物馆	023-63679011	重庆市渝中区人民路 236 号
	贵州省博物馆	0851-86822214	贵州省贵阳市云岩区北京路 168 号
	云南省文物总店有限公司	0871-63158542	云南省昆明市五华区青年路 371 号 4 楼
	西藏文物鉴定中心	0891-6826335	西藏自治区拉萨市城关区天海路 16 号
	甘肃省文物考古研究所	0931-2138656	甘肃省兰州市城关区和平路 165 号
	甘肃省博物馆	0931-2346308	甘肃省兰州市七里河区西津西路 3 号
	青海省博物馆	0971-6118691	青海省西宁市城西区西关大街 58 号
	青海省文物考古研究所	0971-8176135	青海省西宁市城东区为民巷 15 号
	宁夏回族自治区博物馆	0951-5015460	宁夏回族自治区银川市金凤区人民广场东街 6 号
	新疆维吾尔自治区文物总店	0991-2825161	新疆维吾尔自治区乌鲁木齐市天山区解放南路 39 号
	新疆维吾尔自治区博物馆	0991-4533451	新疆维吾尔自治区乌鲁木齐市沙依巴克区西北路 581 号

民间收藏文物鉴定试点单位

为积极回应社会关切，引导规范民间收藏文物鉴定行为，国家文物局于 2014 年 10 月 24 日发布通知，批准 7 家文博单位面向社会公众开展民间收藏文物鉴定试点工作。此举旨在通过引导国有文博单位参与民间收藏文物鉴定活动，探索民间收藏文物鉴定管理制度，逐步建立民间收藏文物鉴定程序及标准，以规范民间收藏文物鉴定行为，引导公众树立正确的文物价值观。

机构名称	电话	地址
天津市文物开发咨询服务中心	022-23119579 022-23396363	天津市和平区大理道 44 号
黑龙江省龙博文物司法鉴定所	0451-53636187	黑龙江省哈尔滨市南岗区红军街 62 号
西泠印社艺术品鉴定评估中心	0571-86018223	浙江省杭州市西湖区孤山路 31 号
厦门市文物鉴定中心	0592-5052004	福建省厦门市思明区湖滨北路 36 号文物大楼四楼
湖南省文物鉴定中心	0731-84444472 0731-84441768	湖南省长沙市芙蓉区五一大道 399 号

| 广东省文物鉴定站 | 020-87047999 | 广东省广州市水荫四横路 32 号楼 5 ~ 7 楼 |
| 云南文博文物评估鉴定有限公司 | 0871-63160925 | 云南省昆明市青年路 371 号文化科技大楼 4 楼 401 室 |

国家文物进出境审核管理机构名录

依据《中华人民共和国文物保护法》第六十一条，和《中华人民共和国文物保护法实施条例》第四十五条，由国家文物局指定的文物进出境审核机构决定是否受理文物出境许可证的申请；由相关文物进出境审核机构具体审核并做出决定；经审核允许出境的文物，由相关文物进出境审核机构发给由国家文物局签发的文物出境许可证。

机构名称	电话	地址
北京管理处	010-64014608	北京市东城区府学胡同 36 号
天津管理处	022-23396363	天津市和平区贵州路 58 号
河北管理处	0311-85286812	河北省石家庄市长安区东大街 4 号
上海管理处	021-64045311	上海市徐汇区岳阳路 48 号
江苏管理处	025-84841206	江苏省南京市玄武区中山东路 321 号
浙江管理处	0571-87081576	浙江省杭州市下城区校场路 26 号
安徽管理处	0551-62827802	安徽省合肥市庐阳区安庆路 268 号
福建管理处	0591-87118174	福建省福州市台江区白马中路 25 号
山东管理处	0531-85058187	山东省济南市历下区经十路 11899 号
河南管理处	0371-65963945	河南省郑州市金水区人民路 11 号
湖北管理处	027-65399532	湖北省武汉市武昌区公正路 23 号
广东管理处	020-87047165	广东省广州市天河区水荫四横路 32 号 5-7 楼
云南管理处	0871-67204783	云南省昆明市官渡区广福路 6393 号
陕西管理处	029-85360103	陕西省西安市高新区科技一路 35 号
辽宁管理处	024-24846318	辽宁省沈阳市浑南区智慧三街 157 号
四川管理处	028-86120526	四川省成都市青羊区蜀都大道少城路 6 号
山西管理处	0351-5687506	山西省太原市迎泽区文庙巷 33 号
内蒙古管理处	0471-4608271	内蒙古自治区呼和浩特市新城区新华东街 27 号
西藏管理处	0891-6826335	西藏自治区拉萨市城关区天海路 16 号
海南管理处	0898-66987097	海口市龙昆南路 76 号
重庆管理处	023-63679223	重庆市渝中区人民路 236 号

全国重要美术馆及文物艺术类博物馆
Important Museums in China

全国重要文物艺术类博物馆 *

*注：全国主要文物艺术类博物馆名单摘自国家文物局网站公布的《2018 年度全国博物馆名录（2019.8.22 更新）》，仅收录其中质量等级为一、二级的省、市级文物艺术类博物馆以及县级文物艺术类特色博物馆。

序号	名称	质量等级	地址
北京市			
1	故宫博物院	一级	东城区景山前街 4 号
2	中国国家博物馆	一级	东城区东长安街 16 号
3	首都博物馆	一级	西城区复兴门外大街 16 号
4	恭王府博物馆	一级	西城区前海西街 17 号
5	周口店北京人遗址博物馆	一级	房山区周口店大街 1 号
6	孔庙和国子监博物馆	二级	东城区国子监街 15 号
7	明十三陵博物馆	二级	昌平区十三陵镇明十三陵 – 定陵
8	北京古代建筑博物馆	二级	西城区东经路 21 号
9	大钟寺古钟博物馆	二级	海淀区北三环西路甲 31 号
天津市			
10	天津博物馆	一级	河西区平江道 62 号
河北省			
11	河北博物院	一级	石家庄市东大街 4 号
12	邯郸市博物馆	一级	邯郸市中华北大街 45 号
13	河北美术馆	二级	石家庄市裕华区槐安东路 113 号
14	石家庄市博物馆	二级	石家庄市建设北大街 11 号
15	唐山博物馆	二级	唐山市工人文化宫院内龙泽南路 22 号
16	武强年画博物馆	二级	武强县武强镇新开街 1 号
17	秦皇岛市山海关长城博物馆	二级	秦皇岛市山海关区一关路
18	张家口市博物馆	二级	张家口市桥东区东兴街 14 号
19	承德市避暑山庄博物馆	二级	承德市双桥区避暑山庄丽正门

20	沧州市博物馆	二级	沧州市运河区浮阳南大道 31 号
21	廊坊博物馆	二级	廊坊市和平路 238–1 号
22	磁州窑博物馆	二级	磁县磁州路中段路北
山西省			
23	山西博物院	一级	太原市滨河西路北段 13 号
24	大同市博物馆	二级	大同市御东新区太和路
25	晋城博物馆	二级	晋城市凤台东街 1263 号
26	吕梁市汉画像石博物馆	二级	吕梁市离石区龙凤南大街 39 号
27	山西祁县乔家大院民俗博物馆	二级	晋中市祁县东观镇乔家堡
28	榆社县化石博物馆	二级	晋中市榆社县迎春南路 27 号
29	山西省艺术博物馆	二级	太原市起凤街一号
30	太原市晋祠博物馆	二级	太原市晋源区晋祠镇
31	长治市博物馆	二级	长治市太行西街 259 号
32	运城博物馆	二级	运城市盐湖区禹西路与魏南街交汇处
内蒙古自治区			
33	鄂尔多斯博物馆	一级	鄂尔多斯市康巴什新区文化西路南 5 号
34	内蒙古博物院	一级	呼和浩特市新华东街 27 号
35	赤峰市博物馆	二级	赤峰市新城区富河街 10A
36	内蒙古自治区将军衙署博物院	二级	呼和浩特市新城区新华大街 31 号（鼓楼西侧）
37	鄂尔多斯青铜器博物馆	二级	鄂尔多斯市东胜区准格尔南路 3 号
38	呼伦贝尔民族博物馆	二级	内蒙古自治区呼伦贝尔市海拉尔区阿里河路老年大学旁边
39	通辽市博物馆	二级	内蒙古自治区通辽市科尔沁区建国路文化体育广场北侧
40	阿拉善博物馆	二级	阿拉善盟阿拉善左旗浩特镇政通路与额鲁特东路交叉口西南 150 米
41	巴林右旗博物馆	二级	赤峰市巴林右旗大板镇大板街南
42	呼和浩特博物馆	二级	呼和浩特市新城区通道北路 62 号
43	包头博物馆	二级	包头市昆区阿尔大街 25 号
辽宁省			
44	大连现代博物馆	一级	大连市沙河口区会展路 10 号
45	辽宁省博物馆	一级	沈阳市沈河区市府大路 363 号
46	旅顺博物馆	一级	大连市旅顺口区斯大林路
47	沈阳故宫博物院	一级	沈阳市沈河区沈阳路 171 号
48	鞍山市博物馆	二级	鞍山市铁东区千山中路 41 号

49	锦州市博物馆	二级	锦州市古塔区北三里 1 号
	吉林省		
50	吉林省博物院	一级	长春市净月高新技术产业开发区永顺路 1666 号
51	伪满皇宫博物院	一级	长春市光复北路 5 号
52	白城市博物馆	二级	白城市金辉北街文化中心 C 座
53	吉林市博物馆	二级	吉林市丰满区吉林大街 100 号
54	延边博物馆	二级	延吉市长白西路 8627 号
	黑龙江省		
55	大庆市博物馆	一级	大庆市高新开发区文苑街 2 号
56	黑龙江省博物馆	一级	哈尔滨市南岗区红军街 50 号
57	哈尔滨市阿城金上京历史博物馆	二级	哈尔滨市阿城区金源文化旅游区
58	佳木斯市博物馆	二级	黑龙江省佳木斯市前进区长安东路 52 号
59	黑龙江流域博物馆	二级	黑龙江省萝北县名山岛
60	黑龙江省民族博物馆	二级	哈尔滨市南岗区文庙街 25 号
61	齐齐哈尔市博物馆	二级	齐齐哈尔市建华区中华路 1 号
62	伊春市博物馆	二级	伊春市伊春区新兴西大街 1 号
	上海市		
63	上海博物馆	一级	人民大道 201 号
64	上海市历史博物馆	二级	南京西路 325 号
65	嘉定博物馆	二级	嘉定镇博乐路 215 号
66	上海市松江区博物馆	二级	上海市松江区中山东路 233 号
67	上海市青浦区博物馆	二级	青浦区华青南路 1000 号
	江苏省		
68	常州博物馆	一级	常州市新北区龙城大道 1288 号
69	南京博物院	一级	南京市中山东路 321 号
70	南京市博物总馆	一级	南京市秦淮区中华路 257 号
71	南通博物苑	一级	南通市濠南路 19 号
72	苏州博物馆	一级	苏州市姑苏区东北街 204 号
73	扬州博物馆	一级	扬州市文昌西路 468 号
74	常熟博物馆	二级	常熟市北门大街 1 号
75	淮安市博物馆	二级	淮安市健康西路 146-1
76	江阴市博物馆	二级	江阴市澄江中路 128 号
77	连云港市博物馆	二级	连云港市朝阳东路 68 号
78	无锡博物院	二级	无锡市钟书路 100 号

79	徐州博物馆	二级	徐州市和平路 101 号
80	徐州汉兵马俑博物馆	二级	徐州市云龙区兵马俑路 1 号
81	镇江博物馆	二级	镇江市润州区伯先路 85 号
82	苏州碑刻博物馆	二级	苏州市姑苏区人民路 613 号
83	徐州汉画像石艺术馆	二级	徐州市泉山区湖东路
浙江省			
84	杭州博物馆	一级	杭州市上城区粮道山 18 号
85	宁波博物馆	一级	宁波市鄞州区首南中路 1000 号
86	温州博物馆	一级	温州市鹿城区市府路 491 号
87	浙江自然博物馆	一级	杭州市下城区朝晖街道西湖文化广场 6 号
88	浙江省博物馆	一级	杭州市西湖区孤山路 25 号
89	中国丝绸博物馆	一级	杭州市玉皇山路 73-1 号
90	杭州南宋官窑博物馆	二级	杭州市上城区南复路 60 号
91	杭州市余杭博物馆	二级	杭州市余杭区临平南大街 95 号
92	湖州市博物馆	二级	湖州市仁皇山新区吴兴路 1 号
93	保国寺古建筑博物馆	二级	宁波市江北区保国寺
94	绍兴博物馆	二级	绍兴市越城区偏门直街 75 号
95	杭州市萧山区博物馆	二级	杭州市萧山区北干街道北干山南路 651 号
96	余姚博物馆	二级	宁波市余姚市舜水南路（龙泉山西麓广场）
97	杭州工艺美术博物馆	二级	杭州市拱墅区小河路 336 号
98	杭州西湖博物馆	二级	杭州市上城区南山路 89 号
99	永康市博物馆	二级	金华市永康市文博路 1 号
100	丽水市博物馆	二级	丽水市莲都区括苍路 701 号
101	嘉兴博物馆	二级	嘉兴市南湖区海盐塘路 485 号
102	宁波市天一阁博物馆	二级	宁波市天一街 5 号
103	衢州市博物馆	二级	衢州市新桥街 98 号
104	绍兴市上虞博物馆	二级	上虞区人民中路 228 号
安徽省			
105	安徽博物院	一级	合肥市怀宁路 268 号（新馆）、合肥市安庆路 268 号（老馆）
106	安庆市博物馆	二级	安庆市沿江东路 150 号
107	寿县博物馆	二级	淮南市寿县寿春镇西大街
108	皖西博物馆	二级	六安市佛子岭中路
109	歙县博物馆	二级	歙县新安碑园内

110	阜阳市博物馆	二级	阜阳市颍州区清河东路 335 号
111	宿州市博物馆	二级	宿州市埇桥区通济一路 8 号
112	马鞍山市博物馆	二级	马鞍山市太白大道 2006-1 号
113	蚌埠市博物馆	二级	蚌埠市东海大道市民广场
114	淮北市博物馆	二级	淮北市相山区博物馆路 1 号
115	淮南市博物馆	二级	淮南市洞山中路 15 号
	福建省		
116	福建博物院	一级	福州市鼓楼区湖头街 96 号
117	中国闽台缘博物馆	一级	泉州市丰泽区北清东路 212 号
118	上杭县博物馆	二级	福建省上杭县临江镇临江路 52 号
119	三明市博物馆	二级	三明贵溪洋新区城市文化广场
120	厦门市博物馆	二级	厦门市思明区体育路 95 号
121	龙岩市博物馆	二级	龙岩市人民广场左侧
122	德化县陶瓷博物馆	二级	泉州市德化县浔中镇唐寨山
123	福州市博物馆	二级	福州市晋安区文博路 8 号
124	晋江市博物馆	二级	晋江市世纪大道 382 号
125	泉州市博物馆	二级	泉州市丰泽区北清东路西湖公园北侧
126	漳州市博物馆	二级	漳州市龙文区迎宾路与龙文路交接处
127	福州市长乐区博物馆	二级	福州市长乐区吴航街道爱心路 198 号
	江西省		
128	江西省博物馆	一级	南昌市新洲路 2 号
129	江西客家博物院	二级	赣州市赣县区县城杨仙大道 1 号
130	九江市博物馆	二级	九江市浔阳区浔阳东路 16 号
131	江西省庐山博物馆	二级	九江市庐山市芦林 1 号
132	宜春市博物馆	二级	宜春市卢洲北路 536 号
133	萍乡博物馆	二级	萍乡市安源区滨河东路 376 号
134	婺源博物馆	二级	上饶市婺源县文公北路
135	赣州市博物馆	二级	赣州市博物馆
136	景德镇陶瓷馆	二级	景德镇市紫晶路 1 号
	山东省		
137	青岛市博物馆	一级	青岛崂山区梅岭东路 51 号
138	青州博物馆	一级	青州市范公亭西路 1 号
139	山东博物馆	一级	济南市经十路 11899 号（燕山立交桥东 2 公里）
140	潍坊市博物馆	一级	潍坊市东风东街 6616 号

141	烟台市博物馆	一级	烟台市芝罘区毓岚街 2 号
142	东营市历史博物馆	二级	东营市广饶县月河路 270 号
143	济南市博物馆	二级	济南市历下区经十一路 30 号
144	临沂市博物馆	二级	临沂市北城新区兰陵路 10 号
145	威海市文登区博物馆	二级	威海市文登区柳营街 57 号
146	济南市章丘区博物馆	二级	济南市章丘区清照路
147	山东大学博物馆	二级	济南市历城区山大南路 27 号中心校区知新楼 27 楼
148	泰安市博物馆	二级	泰安市泰山区朝阳街 7 号（岱庙内）
149	诸城市博物馆	二级	诸城市和平北街 125 号
150	淄博市博物馆	二级	淄博市张店区商场西街 153 号
151	莒县博物馆	二级	莒县振兴东路 208 号
河南省			
152	河南博物院	一级	郑州市农业路 8 号
153	开封市博物馆	一级	河南省开封新区五大街与六大街郑开大道北侧
154	洛阳博物馆	一级	洛阳市洛龙区聂泰路
155	南阳市汉画馆	一级	南阳市卧龙区汉画街 398 号
156	郑州博物馆	一级	郑州市中原区嵩山南路 168 号
157	洛阳周王城天子驾六博物馆	二级	洛阳市西工区人民东路与中州中路交叉口王城广场
158	三门峡市博物馆	二级	三门峡市陕州公园内
159	巩义市博物馆	二级	郑州市巩义市杜甫路 82 号
160	安阳博物馆	二级	安阳市文峰区文明大道
161	平顶山博物馆	二级	平顶山市新华区长安大道中段
162	周口市博物馆	二级	周口市川汇区文昌大道东段 02 号
163	信阳博物馆	二级	信阳市平桥区前进街道
164	新郑市博物馆	二级	河南省新郑市轩辕路西段 228 号
165	新安县千唐志斋博物馆	二级	洛阳市新安铁门镇
166	驻马店市博物馆	二级	驻马店市通达路中段
167	洛阳龙门博物馆	二级	洛阳市洛龙区龙门石窟
168	鹤壁市博物馆	二级	鹤壁市淇滨区湘江路 12 号
169	洛阳古代艺术博物馆	二级	洛阳市机场路 45 号
170	南阳市博物馆	二级	南阳市卧龙路 766 号
171	三门峡市虢国博物馆	二级	三门峡市六峰北路
172	许昌市博物馆	二级	许昌市许都路东段

		湖北省	
173	湖北省博物馆	一级	武汉市武昌区东湖路 160 号
174	武汉博物馆	一级	武汉市江汉区青年路 373 号
175	荆州博物馆	一级	荆州市荆中路 166 号
176	恩施土家族苗族自治博物馆	二级	湖北省恩施市舞阳大道博物馆路 2 号
177	武当博物馆	二级	武当山特区博物馆路 14 号
178	黄冈市博物馆	二级	黄冈市黄州区公园路 7 号
179	鄂州市博物馆	二级	鄂州市鄂城区寒溪路 7 号
180	黄石市博物馆	二级	黄石市下陆区团城山广会路 12 号
181	十堰市博物馆	二级	十堰市北京北路 91 号
182	随州市博物馆	二级	随州市擂鼓墩大道 98 号
183	襄阳市博物馆	二级	襄阳市襄城区北街 1 号
184	宜昌博物馆	二级	宜昌市西陵区夷陵大道 115 号
		湖南省	
185	湖南省博物馆	一级	长沙市开福区东风路 50 号
186	长沙简牍博物馆	一级	长沙市天心区白沙路 92 号
187	常德博物馆	二级	常德市武陵区武陵大道南段 282 号
188	郴州市博物馆	二级	郴州市博物馆路 5 号
189	益阳市博物馆	二级	益阳市康富南路 18 号
190	湘潭市博物馆	二级	湘潭市岳塘区人大西北角
191	里耶古城博物馆	二级	湘西土家族苗族自治州龙山县乌龙山国家地质公园博物馆附近
192	岳阳博物馆	二级	岳阳市岳阳楼区龙舟路 14 号
193	长沙市博物馆	二级	长沙市开福区新河三角洲滨江文化园
194	株洲市博物馆	二级	株洲市芦淞区建设中路文化园内
		广东省	
195	广东省博物馆	一级	广州市天河区珠江新城珠江东路 2 号
196	西汉南越王博物馆	一级	广州市解放北路 867 号
197	深圳博物馆	一级	深圳市福田区同心路 6 号
198	潮州市博物馆	二级	潮州市人民广场西侧
199	东莞市博物馆	二级	东莞市莞城区新芬路 36 号
200	广州博物馆	一级	广州市越秀山镇海楼
201	广州艺术博物院	二级	广州市麓湖路 13 号
202	惠州市博物馆	二级	惠州市江北市民乐园西路 3 号

中国收藏
拍卖年鉴
2019

CHINESE FINE ART &
ANTIQUES AUCTION
YEARBOOK 2019

203	番禺博物馆	二级	广州市番禺区银平路 121 号
204	广东海上丝绸之路博物馆	二级	阳江市江城区试验区十里银滩
205	东莞展览馆	二级	东莞市南城街道鸿福路 97 号
206	佛山市顺德区博物馆	二级	佛山市顺德区大良街道碧水路北侧
207	东莞市可园博物馆	二级	东莞市城区可园路 32 号
208	南越王宫博物馆	二级	广州市越秀区北京路与中山四路交界处
209	河源市博物馆	二级	河源市源城区滨江大道龟峰公园内龟峰山北麓
210	广东中国客家博物馆	二级	中国广东省梅州市梅江区东山大道 2 号
211	江门市博物馆	二级	江门市蓬江白沙大道西 37 号
212	韶关市博物馆	二级	韶关市武江区工业西路 90 号
213	云浮市博物馆	二级	云浮市世纪大道中博物馆大楼
214	肇庆市博物馆	二级	肇庆市端州区江滨路
215	珠海市博物馆	二级	珠海市吉大景山路 191 号九洲城
	广西壮族自治区		
216	广西民族博物馆	一级	南宁市青环路 11 号
217	广西壮族自治区博物馆	一级	南宁市青秀区民族大道 34 号
218	桂海碑林博物馆	二级	桂林市七星区龙隐路 1 号
219	南宁博物馆	二级	南宁市良庆区龙堤路与宋厢路交汇处附近西
220	梧州市博物馆	二级	梧州市万秀区大学路 20 号
221	桂林博物馆	二级	桂林市秀峰区西山路 4 号
222	柳州市博物馆	二级	柳州市解放北路 37 号
	海南省		
223	海南省博物馆	一级	海口市国兴大道 68 号
	重庆市		
224	重庆中国三峡博物馆	一级	渝中区人民路 236 号
225	重庆市万州区博物馆	二级	重庆市万州区高笋塘女人广场（新城路北）
226	云阳县博物馆	二级	重庆市云阳县双江街道云阳青少年活动中心
227	巫山博物馆	二级	重庆市巫山县巫峡镇平湖西路 369 号
	四川省		
228	成都博物馆	一级	成都市青羊区小河街 1 号（天府广场西侧）
229	成都金沙遗址博物馆	一级	成都市青羊区金沙遗址路 2 号
230	成都武侯祠博物馆	一级	成都市武侯祠大街 231 号
231	成都杜甫草堂博物馆	一级	成都市青羊区青华路 37 号
232	四川博物院	一级	成都市浣花南路 251 号

233	三星堆博物馆	一级	广汉市西安路 133 号
234	成都永陵博物馆	二级	成都市金牛区永陵路 10 号
235	新都杨升庵博物馆	二级	成都市新都区桂湖中路 109 号
236	宜宾市博物院	二级	宜宾市翠屏区真武山 7 组 46 号
237	泸州市博物馆	二级	泸州市江阳区江阳西路 37 号
238	眉山三苏祠博物馆	二级	眉山市东坡区沙毂行南段 72 号
239	四川宋瓷博物馆	二级	遂宁市船山区西山路 613 号
贵州省			
240	贵州省博物馆	二级	贵阳市云岩区北京路 168 号
云南省			
241	云南省博物馆	一级	昆明市官渡区广福路 6393 号
242	云南民族博物馆	一级	昆明市滇池路 1503 号
243	楚雄彝族自治州博物馆	二级	楚雄市鹿城南路 471 号
244	昆明市博物馆	二级	昆明市官渡区拓东路 93 号
245	大理白族自治州博物馆	二级	大理市下关洱河南路 8 号
246	红河州博物馆	二级	蒙自市天马路 65 号
247	玉溪市博物馆	二级	玉溪市红塔区红塔大道 30 号
西藏自治区			
248	西藏博物馆	一级	拉萨市民族南路 2 号
陕西省			
249	宝鸡青铜器博物院	一级	宝鸡市滨河大道中华石鼓园
250	汉阳陵博物馆	一级	西安经济技术开发区泾河工业园机场路东段
251	秦始皇帝陵博物院	一级	西安市临潼区
252	陕西历史博物馆	一级	西安市雁塔区小寨东路 91 号
253	西安碑林博物馆	一级	西安市碑林区三学街 15 号
254	西安半坡博物馆	一级	西安市半坡路 155 号
255	西安博物院	一级	西安市碑林区友谊西路 72 号
256	西安大唐西市博物馆	一级	西安市莲湖区劳动南路 118 号
257	汉中市博物馆	二级	汉中市汉台区东大街 26 号
258	茂陵博物馆	二级	兴平市南位镇茂陵村南
259	法门寺博物馆	二级	宝鸡市扶风县法门寺佛文化景区
260	安康博物馆	二级	安康市汉滨区黄沟路
261	宝鸡市周原博物馆	二级	宝鸡市岐山县京当镇
262	乾陵博物馆	二级	咸阳市乾县

263	咸阳博物院	二级	咸阳市中山街 53 号
264	耀州窑博物馆	二级	铜川市王益区黄堡镇新宜南路 25 号
265	昭陵博物馆	二级	咸阳市礼泉县烟霞镇
甘肃省			
266	敦煌研究院	一级	敦煌市莫高窟
267	甘肃省博物馆	一级	兰州市七里河区西津西路 3 号
268	天水市博物馆	一级	天水市秦州区伏羲路 110 号
269	临夏州博物馆	二级	临夏回族自治州临夏市折桥镇
270	张掖市甘州区博物馆	二级	张掖市县府街 86 号
271	兰州市博物馆	二级	兰州市城关区庆阳路 240 号
272	平凉市博物馆	二级	平凉市崆峒区城东宝塔梁
青海省			
273	青海省博物馆	一级	西宁市西关大街 58 号
274	中国青海柳湾彩陶博物馆	二级	海东市乐都区高庙镇柳湾村
宁夏回族自治区			
275	宁夏回族自治区博物馆	一级	银川市金凤区人民广场东街 6 号
276	固原博物馆	一级	固原市西城路 133 号
新疆维吾尔自治区			
277	新疆维吾尔自治区博物馆	一级	乌鲁木齐市西北路 581 号
278	吐鲁番博物馆	一级	吐鲁番市木纳尔路 1268 号
279	巴音郭楞蒙古自治州博物馆	二级	新疆库尔勒市人民广场

中国收藏
拍卖年鉴
2019

CHINESE FINE ART &
ANTIQUES AUCTION
YEARBOOK 2019

全国重要美术馆 *

*注: 2016 年 5 月 11 日《国务院办公厅转发文化部等部门关于推动文化文物单位文化创意产品开发若干意见的通知》(国办发〔2016〕36 号）印发以来，文化部、国家文物局确定（以下称：文创开发试点）或备案（以下称：文创开发试点备案）了 154 家试点单位。本名单仅收录其中的美术馆。

序号	名称	质量等级	地址
1	中国美术馆	文创开发试点	北京市东城区五四大街 1 号
2	中央美术学院美术馆	文创开发试点	北京市朝阳区花家地南街 8 号
3	中国美术学院美术馆	文创开发试点	浙江省杭州市上城区南山路 218 号
4	北京画院美术馆	文创开发试点备案	北京市朝阳区朝阳公园南路 12 号院北京画院院内
5	河北美术馆	文创开发试点备案	河北省石家庄市槐安东路 113 号（世纪公园北门对面）
6	中华艺术宫（上海美术馆）	文创开发试点备案	上海市浦东新区上南路 205 号
7	上海刘海粟美术馆	文创开发试点备案	上海市延安西路 1609 号
8	上海当代艺术博物馆	文创开发试点备案	上海市黄浦区花园港路 200 号
9	江苏省美术馆	文创开发试点备案	江苏省南京市长江路 333 号
10	南京书画院（金陵美术馆）	文创开发试点备案	江苏省南京市秦淮区剪子巷 50 号
11	宁波美术馆	文创开发试点备案	浙江省宁波市江北区人民路 122 号（老外滩）
12	江西省美术馆	文创开发试点备案	江西省南昌市高新大道 1978 号
13	山东美术馆	文创开发试点备案	山东省济南市经十路 11777 号（燕山立交桥东 2 公里）
14	济南市美术馆	文创开发试点备案	山东省济南市腊山河西路与威海路交叉口
15	河南省美术馆	文创开发试点备案	河南省郑州市郑东新区商务内环路 1 号
16	广西美术馆	文创开发试点备案	广西壮族自治区南宁市五象新区秋月路西段
17	广东美术馆	文创开发试点备案	广东省广州市越秀区二沙岛烟雨路 38 号
18	深圳美术馆	文创开发试点备案	广东省深圳市爱国路东湖一街 32 号（东湖公园内）
19	深圳关山月美术馆	文创开发试点备案	广东省深圳市红荔路 6026 号
20	重庆美术馆	文创开发试点备案	重庆市渝中区临江路 1 号国泰艺术中心
21	四川美术馆	文创开发试点备案	四川省成都市人民西路 6 号
22	陕西省美术博物馆	文创开发试点备案	陕西省西安市长安北路 14 号

全国重要文物艺术品收藏组织
Art Collection Organizations in China

中国收藏
拍卖年鉴 2019
CHINESE FINE ART &
ANTIQUES AUCTION
YEARBOOK 2019

中国大陆地区

单位名称	联系电话	地址
中国收藏家协会	010-84027307	北京市朝阳区朝阳公园南路 19 号郡王府内敦煌艺术馆
中国文物学会	010-84020901	北京市西城区西皇城根北街 21 号
中国文物保护基金会	010-64025850	北京市东城区五四大街 29 号
中国博物馆协会	010-64031809	北京市西城区阜成门内大街宫门口二条 19 号北京鲁迅博物馆院内中国博物馆协会
中国书法家协会	010-59759345	北京市朝阳区北沙滩 1 号院 32 号楼 B 座
中国美术家协会	010-59759390	北京市朝阳区北沙滩 1 号院 32 号楼 B 座 18 层
中国文学艺术界联合会	010-64810112	北京市朝阳区安苑北里 22 号
中国艺术研究院	010-64891166	北京市朝阳区惠新北里甲 1 号
中国艺术科技研究所	010-87930700	北京市东城区雍和宫大街戏楼胡同 1 号柏林寺
中国国家画院	010-68412606	北京市海淀区西三环北路 54 号
北京画院	010-65025171	北京市朝阳区朝阳公园南路 12 号院
李可染艺术基金会	010-67203123 010-67206303 13801326799	北京市朝阳区弘燕路山水文园东园 3 号楼底商 101 室
李可染画院	010-56916301 010-68250507	北京市大兴区北兴路西红门星光生态文化休闲公园 1 号
北京收藏家协会	010-63370493	北京复兴门外大街 16 号首都博物馆内
天津市收藏家协会	022-86218642	天津市水上公园内东门入口左侧"雅阁轩"三楼
河北省收藏家协会	0311-86212249	河北省石家庄市桥西区中华南大街 380 号盛景大厦 18 楼
山西省收藏家协会	0351-4085545	山西省太原市太原广场收投分公司 01012 信箱
辽宁省收藏家协会	024-23928181	辽宁省沈阳市沈河区青年大街 215 号 62B
上海市收藏协会	021-62583256	上海市中山南路 1551 号
上海市工商联收藏俱乐部	021-65879910	上海市中山西路 518 号 3 楼 3126 天山茶城古瓷轩
上海市收藏鉴赏家协会	021-64877449	上海市南丹东路 300 弄 3 号 103 室
江苏省收藏家协会	025-85597900	江苏省南京市秦淮区瞻园路 19 号中国秦淮古玩城三层 306、307 室
浙江省收藏协会	0571-86053603	浙江省杭州市下城区文晖路 269 号通盛嘉苑 1 栋 902 室
六安市收藏家协会	0564-3334315	安徽省六安市交通路 28 号
河南省收藏家协会	0371-65865531	河南省郑州市经五路 1 号附 5 号
湖北省收藏家协会	027-86812800	武汉市武昌区徐东古玩城五楼
湖南省收藏协会	0731-4443953	湖南长沙市清水塘路 25 号

广东省收藏家协会	020-83333406	广东省广州市解放北路 542 号
广西收藏协会	0771-2564939	广西南宁市民主路北四里 12-3 号
海南省收藏家协会	0898-6928942	海南省海口市琼山区国兴大道 68 号省博物馆
重庆收藏协会	023- 63528552	重庆市枇杷山正街 72 号
贵州省收藏协会	0851-8532755	贵州省贵阳市南明区都司高架桥路 23 号
遵义市收藏家协会	081-28687276	贵州省博物馆内一楼（遵义市收藏学会）
云南省收藏家协会	0871-5389989	云南省昆明市人民西路 124 号昆明潘家湾文化市场办公楼二楼
陕西省收藏家协会	029-84352528	陕西省西安市东新街 2 号
甘肃省收藏协会	0931-4607166	甘肃兰州市城关区陇西路金城大剧院西侧
宁夏收藏家协会	0951-5025665	宁夏银川市解放东街 5 号楼
新疆维吾尔自治区收藏家协会	0991-8877177	新疆乌鲁木齐市人民路 1 号文华大厦

港澳台地区

敏求精舍（香港）	协会简介："敏求精舍"是一个成立于 1960 年的收藏家团体，其成员是一群醉心于中国文物艺术品收藏的香港藏家。他们以《论语·述而篇》"我非生而知之者，好古敏而求之者也"的经典论述，给收藏社团命名为"敏求精舍"，又以"研究艺事，品鉴文物"作为"敏求"的宗旨。"敏求"的会友荟萃了一批既是社会栋梁之材，又是收藏佼佼者的知名人士。他们的藏品不但等级高，影响大，在一定程度上可以说享誉世界。为弘扬中华文化，"敏求精舍"经常与不同机构合作举办讲座、研讨会及展览，也组织会友到世界各地参观学习，举办会友藏珍展览，有力推动香港艺术市场的发展，有效地防止中华文物精品的流失，使中国的民间收藏最早与世界接轨，在香港社会中所发挥的作用不容忽视。
清玩雅集（台湾）	协会简介："清玩雅集"成立于 1992 年，由一群台湾知名的收藏家共同发起。团体立名引籍明朝嘉靖年间书刊"清玩"为典，以凸显其崇尚博雅的古风，而"玩"乃玩的古字，寓意观赏与研习。与该会创建的发想与目的相辅相成。"清玩雅集"成员的收藏涵盖多个领域，非常丰富，每个成员均有其专精的系列收藏，他们的藏品也先后在北京故宫博物院、台北历史博物馆、首都博物馆举办过多次大展。

中国收藏
拍卖年鉴
2019
CHINESE FINE ART &
ANTIQUES AUCTION
YEARBOOK 2019

开设文物艺术相关专业高校
Higher Education in the Arts

省份	开设院校	历史学类			艺术学理论类	美术学类				设计学类		院校等级
		文博类	考古学	文物保护/修复技术		绘画（中国画、油画、版画、水彩等）/美术（非师范）	雕塑	摄影	书法学	工艺美术	公共艺术	
北京	北京大学	√	√		√							985①/211②/"双一流"④
	中国人民大学					√						985/211/"双一流"
	清华大学				√	√	√	√		√		985/211/"双一流"
	北京工业大学					√				√		211/"双一流"
	北京航空航天大学					√						985/211/"双一流"
	北京服装学院					√	√	√			√	
	北京印刷学院					√		√				
	北京师范大学								√			985/211/"双一流"
	首都师范大学		√			√						"双一流"
	北京语言大学					√						
	中国传媒大学							√				211/"双一流"
	中央财经大学								√			211/"双一流"
	中央美术学院			√	√		√	√	√		√	"双一流"
	中国戏曲学院					√						
	北京电影学院							√				
	中央民族大学	√				√						985/211/"双一流"
	北京联合大学	√										
	北京城市学院								√	√	√	
	首都师范大学科德学院								√			
	中国人民解放军艺术学院					√						军事院校③

省份	开设院校	历史学类			艺术学理论类	美术学类				设计学类		院校等级
		文博类	考古学	文物保护/修复技术		绘画(中国画、油画、版画、水彩等)/美术(非师范)	雕塑	摄影	书法学	工艺美术	公共艺术	
天津	南开大学	√				√						985/211/"双一流"
	天津科技大学										√	
	天津工业大学									√		"双一流"
	天津理工大学							√				
	天津师范大学	√				√						
	天津商业大学					√						
	天津美术学院					√	√	√	√	√	√	
	天津体育学院运动与文化艺术学院									√		
	南开大学滨海学院							√				
	天津师范大学津沽学院								√			
河北	河北大学					√			√			
	河北工程大学	√										
	华北理工大学					√						
	河北科技大学					√					√	
	河北农业大学					√						
	河北师范大学		√			√		√	√			
	保定学院	√				√						
	廊坊师范学院							√	√			
	衡水学院					√						
	邯郸学院									√		
	邢台学院					√						
	燕山大学						√				√	
	河北经贸大学					√						
	河北传媒学院							√				
	河北美术学院					√	√		√	√	√	
	河北科技学院										√	
	华北理工大学轻工学院					√						
	河北师范大学汇华学院								√			
	河北东方学院	√										
山西	山西大学		√			√	√				√	
	太原科技大学					√				√		

省份	开设院校	历史学类			艺术学理论类	美术学类				设计学类		院校等级
		文博类	考古学	文物保护/修复技术		绘画(中国画、油画、版画、水彩等)/美术(非师范)	雕塑	摄影	书法学	工艺美术	公共艺术	
山西	太原理工大学			√		√			√	√		211/"双一流"
	山西师范大学	√							√			
	太原师范学院					√			√			
	山西大同大学			√					√			
	晋中学院								√			
	忻州师范学院											
	山西应用科技学院											
	太原理工大学现代科技学院								√			
	山西师范大学现代文理学院								√			
	山西传媒学院								√			
内蒙古	内蒙古大学	√				√	√					211/"双一流"
	内蒙古师范大学	√	√			√	√				√	
	赤峰学院		√									
	呼伦贝尔学院							√	√			
	呼和浩特民族学院											
	内蒙古大学创业学院					√						
	内蒙古师范大学鸿德学院								√			
	内蒙古艺术学院					√						
辽宁	辽宁大学		√						√			211/"双一流"
	大连理工大学						√					985/211/"双一流"
	沈阳航空航天大学					√						
	大连工业大学							√	√			
	大连医科大学											
	辽宁师范大学											
	沈阳师范大学	√				√					√	
	渤海大学	√				√						
	鞍山师范学院							√	√			
	鲁迅美术学院					√	√	√	√	√		
	沈阳大学					√	√				√	

省份	开设院校	历史学类			艺术学理论类	美术学类				设计学类		院校等级
		文博类	考古学	文物保护/修复技术		绘画(中国画、油画、版画、水彩等)/美术(非师范)	雕塑	摄影	书法学	工艺美术	公共艺术	
辽宁	辽宁科技学院					√						
	沈阳工学院									√		
	大连工业大学艺术与信息工程学院										√	
	沈阳城市学院							√				
	大连艺术学院					√	√			√		
	沈阳科技学院					√						
	辽宁传媒学院								√		√	
吉林	吉林大学	√	√			√						985/211/"双一流"
	延边大学					√						211/"双一流"
	吉林建筑大学								√			
	东北师范大学						√					211/"双一流"
	北华大学					√	√					
	通化师范学院					√	√					
	吉林师范大学					√						
	吉林工程技术师范学院									√		
	长春师范大学					√			√			
	吉林艺术学院			√		√	√	√	√	√	√	
	长春工程学院										√	
	吉林警察学院					√						
	长春大学					√						
	长春光华学院						√					
	吉林建筑大学城建学院						√				√	
	长春建筑学院										√	
	吉林动画学院					√			√	√		
	东北师范大学人文学院					√						
黑龙江	黑龙江大学		√			√						
	哈尔滨理工大学					√					√	
	佳木斯大学					√				√		
	哈尔滨师范大学			√		√		√	√	√		
	齐齐哈尔大学					√						

省份	开设院校	历史学类			艺术学理论类	美术学类				设计学类		院校等级
		文博类	考古学	文物保护/修复技术		绘画（中国画、油画、版画、水彩等）/美术（非师范）	雕塑	摄影	书法学	工艺美术	公共艺术	
黑龙江	牡丹江师范学院					√					√	
	哈尔滨学院					√		√			√	
	大庆师范学院					√						
	黑龙江工商学院							√				
	黑河学院					√			√			
上海	复旦大学	√										985/211/"双一流"
	上海应用技术大学					√						
	华东师范大学					√	√				√	985/211/"双一流"
	上海师范大学					√	√	√				
	上海戏剧学院					√						
	上海大学					√	√					211/"双一流"
	上海工程技术大学							√				
	上海视觉艺术学院					√	√	√		√	√	
江苏	南京大学		√									985/211/"双一流"
	江南大学										√	211/"双一流"
	南京林业大学							√			√	"双一流"
	南京师范大学	√				√		√				211/"双一流"
	江苏师范大学					√			√			
	淮阴师范学院								√			
	南京艺术学院			√	√	√	√	√	√	√	√	
	常州工学院										√	
	扬州大学							√			√	
	三江学院					√						
	南京工程学院									√		
	南京晓庄学院					√						
	江苏理工学院							√				
	泰州学院					√						
	无锡太湖学院					√						
	中国传媒大学南广学院							√				

省份	开设院校	历史学类			艺术学理论类	美术学类				设计学类		院校等级
		文博类	考古学	文物保护/修复技术		绘画（中国画、油画、版画、水彩等）/美术（非师范）	雕塑	摄影	书法学	工艺美术	公共艺术	
江苏	南京师范大学泰州学院							√				
	南京师范大学中北学院							√				
浙江	浙江大学	√										985/211/"双一流"
	浙江工业大学										√	
	浙江农林大学							√				
	杭州师范大学				√				√		√	
	绍兴文理学院								√			
	丽水学院							√				
	中国美术学院			√	√	√	√	√	√	√	√	"双一流"
	浙江科技学院							√				
	浙江财经大学							√				
	浙江传媒学院							√				
	温州商学院									√		
安徽	安徽大学		√			√						211/"双一流"
	安徽工业大学										√	
	安徽工程大学									√		
	安徽师范大学					√	√	√	√			
	阜阳师范学院					√						
	淮北师范大学					√			√			
	安徽财经大学					√						
	宿州学院								√			
	淮南师范学院							√				
	安徽三联学院							√				
	安徽师范大学皖江学院							√				
福建	厦门大学		√			√						985/211/"双一流"
	福州大学					√	√			√		211/"双一流"
	闽江学院					√	√					
	泉州师范学院								√			
	闽南师范大学										√	
	莆田学院								√			

省份	开设院校	历史学类			艺术学理论类	美术学类				设计学类		院校等级
		文博类	考古学	文物保护/修复技术		绘画（中国画、油画、版画、水彩等）/美术（非师范）	雕塑	摄影	书法学	工艺美术	公共艺术	
江西	南昌大学					√						211/"双一流"
	景德镇陶瓷大学		√			√	√			√		
	江西师范大学	√										
	上饶师范学院								√			
	宜春学院								√			
	井冈山大学	√										
	景德镇学院	√					√			√		
	江西科技师范大学	√								√		
	九江学院					√						
	景德镇陶瓷大学科技艺术学院					√	√					
山东	山东大学	√	√									985/211/"双一流"
	青岛科技大学					√				√		
	济南大学							√				
	青岛理工大学					√						
	齐鲁工业大学								√			
	青岛农业大学					√						
	山东师范大学							√				
	曲阜师范大学	√				√			√			
	聊城大学								√			
	临沂大学								√			
	泰山学院	√										
	山东艺术学院				√	√	√	√	√	√		
	山东工艺美术学院			√		√			√	√	√	
	青岛大学					√						
	潍坊学院	√										
	齐鲁理工学院								√			
	济南大学泉城学院								√			
	齐鲁师范学院								√			
	北京电影学院现代创意媒体学院					√		√				
河南	华北水利水电大学										√	

中国收藏
拍卖年鉴
2019

CHINESE FINE ART &
ANTIQUES AUCTION
YEARBOOK 2019

省份	开设院校	历史学类			艺术学理论类	美术学类				设计学类		院校等级
		文博类	考古学	文物保护/修复技术		绘画(中国画、油画、版画、水彩等)/美术(非师范)	雕塑	摄影	书法学	工艺美术	公共艺术	
河南	郑州大学		√			√	√		√			211/"双一流"
	河南理工大学					√						
	郑州轻工业学院					√	√			√		
	中原工学院							√				
	河南科技学院									√		
	河南大学	√	√			√		√	√			
	河南师范大学					√						
	信阳师范学院					√						
	周口师范学院					√						
	安阳师范学院		√			√		√	√			
	许昌学院					√						
	南阳师范学院						√					
	洛阳师范学院					√						
	商丘师范学院						√	√				
	河南财经政法大学					√						
	安阳工学院					√						
	黄河科技学院							√				
	河南科技学院新科学院									√		
湖北	武汉大学		√									985/211/"双一流"
	武汉科技大学					√					√	
	中国地质大学(武汉)									√		211/"双一流"
	武汉纺织大学							√				
	湖北工业大学										√	
	华中师范大学					√						211/"双一流"
	湖北师范大学								√			
	湖北民族学院					√						
	湖北文理学院					√						
	湖北美术学院				√	√	√	√	√	√	√	
	中南民族大学	√				√						
	江汉大学					√					√	

省份	开设院校	历史学类			艺术学理论类	美术学类				设计学类		院校等级
		文博类	考古学	文物保护/修复技术		绘画（中国画、油画、版画、水彩等）/美术（非师范）	雕塑	摄影	书法学	工艺美术	公共艺术	
湖北	汉口学院									✓		
	武昌理工学院									✓		
	武昌工学院							✓				
	武汉工商学院					✓						
	湖北商贸学院							✓				
	湖北民族学院科技学院					✓						
湖南	湖南科技大学					✓	✓					
	湖南师范大学					✓				✓		211/"双一流"
	衡阳师范学院					✓						
	湖南人文科技学院								✓			
	湖南第一师范学院								✓			
	长沙师范学院								✓	✓		
广东	中山大学		✓									985/211/"双一流"
	汕头大学										✓	
	韶关学院					✓						
	岭南师范学院								✓			
	肇庆学院								✓	✓		
	广州美术学院					✓	✓	✓		✓		
	广东技术师范学院									✓		
	广州大学					✓						
	广东培正学院					✓				✓		
	中山大学南方学院										✓	
	北京理工大学珠海学院									✓		
广西	桂林电子科技大学								✓			
	桂林理工大学											
	广西师范大学					✓			✓	✓		
	广西师范学院								✓			
	玉林师范学院					✓						
	广西艺术学院	✓	✓			✓	✓	✓	✓	✓	✓	
	南宁学院									✓		
	桂林旅游学院									✓		

省份	开设院校	历史学类			艺术学理论类	美术学类				设计学类		院校等级
		文博类	考古学	文物保护/修复技术		绘画（中国画、油画、版画、水彩等）/美术（非师范）	雕塑	摄影	书法学	工艺美术	公共艺术	
广西	北海艺术设计学院						✓					
	北京航空航天大学北海学院					✓						
海南	海南大学					✓						211/"双一流"
	海南师范大学					✓						
	三亚学院						✓					
重庆	重庆大学					✓						985/211/"双一流"
	西南大学					✓	✓					211
	重庆师范大学	✓				✓		✓				
	长江师范学院						✓					
	四川美术学院				✓	✓	✓	✓	✓	✓	✓	
	重庆工商大学						✓					
	重庆人文科技学院						✓					
	四川外国语大学重庆南方翻译学院					✓						
	重庆第二师范学院										✓	
四川	四川大学	✓	✓			✓						985/211/"双一流"
	西南交通大学					✓						211
	四川师范大学					✓						
	西华师范大学					✓						
	四川音乐学院				✓		✓	✓			✓	
	西南民族大学	✓				✓						
	成都学院					✓						
	四川传媒学院						✓	✓		✓	✓	
	成都文理学院					✓						
	四川文化艺术学院	✓				✓						
贵州	贵州大学					✓	✓					211/"双一流"
	贵州师范大学					✓		✓	✓			
	贵州民族大学	✓							✓			
	贵州大学科技学院					✓						

489

省份	开设院校	历史学类			艺术学理论类	美术学类				设计学类		院校等级
		文博类	考古学	文物保护/修复技术		绘画（中国画、油画、版画、水彩等）/美术（非师范）	雕塑	摄影	书法学	工艺美术	公共艺术	
云南	云南大学					√						211/"双一流"
	昆明理工大学					√						
	大理大学					√						
	云南师范大学	√							√			
	昭通学院								√	√		
	曲靖师范学院								√			
	保山学院									√		
	红河学院					√		√		√		
	云南艺术学院					√	√	√	√			
	云南民族大学									√		
	玉溪师范学院					√						
	楚雄师范学院						√					
	文山学院									√		
	云南师范大学商学院							√				
	昆明医科大学海源学院									√		
	云南艺术学院文华学院					√	√	√				
西藏	西藏大学					√						211/"双一流"
	西藏民族大学	√										
陕西	西北大学	√	√	√								211/"双一流"
	西安交通大学						√		√			985/211/"双一流"
	西北工业大学								√			985/211/"双一流"
	西安理工大学						√	√				
	西安建筑科技大学					√	√	√				
	西安工程大学							√				
	陕西师范大学	√				√						211/"双一流"
	咸阳师范学院					√			√			
	西安美术学院			√		√	√	√	√	√	√	
	西安文理学院	√									√	

中国收藏
拍卖年鉴
2019

CHINESE FINE ART &
ANTIQUES AUCTION
YEARBOOK 2019

省份	开设院校	历史学类			艺术学理论类	美术学类				设计学类		院校等级
		文博类	考古学	文物保护/修复技术		绘画（中国画、油画、版画、水彩等）/美术（非师范）	雕塑	摄影	书法学	工艺美术	公共艺术	
陕西	西安培华学院									✓		
	西安交通大学城市学院								✓			
	西北大学现代学院								✓			
	西安建筑科技大学华清学院					✓			✓			
甘肃	兰州大学	✓										985/211/"双一流"
	兰州交通大学					✓						
	西北师范大学					✓			✓			
	兰州城市学院									✓		
	陇东学院					✓						
	天水师范学院	✓								✓		
	河西学院					✓						
	兰州财经大学					✓					✓	
	西北民族大学	✓		✓		✓						
	甘肃政法学院					✓						
	兰州财经大学长青学院									✓		
	兰州交通大学博文学院									✓		
宁夏	宁夏师范学院					✓						
	北方民族大学					✓		✓				
	宁夏理工学院									✓		
新疆	新疆师范大学	✓										
	伊犁师范学院					✓						
	新疆艺术学院					✓	✓	✓				

① 1998 年 5 月，时任国家主席江泽民同志在北京大学百年校庆时提出 "为了实现现代化，我国要有若干所具有世界先进水平的一流大学"。1999 年，国务院批转教育部《面向 21 世纪教育振兴行动计划》，"创建若干所具有世界先进水平的一流大学和一批一流学科"，"985 工程" 正式启动，分期开展。在随后的几年时间里，陆续有 39 所高校进入重点建设行列。

② "211 工程" 即面向 21 世纪、重点建设 100 所左右的高等学校和一批重点学科的建设工程。1995 年，经国务院批准，原国家计委、原国家教委和财政部联合下发《"211 工程"总体建设规划》，"211 工程" 正式启动，最终选定 112 所建设高校。

③ 军事院校是军队所属的以培养军事人才为主要任务的学历教育院校和非学历教育院校的统称。

④ 中央全面深化改革领导小组于 2015 年 8 月会议审议通过《统筹推进世界一流大学和一流学科建设总体方案》，将 "211 工程"、"985 工程" 及 "优势学科创新平台" 等重点建设项目统一纳入世界一流大学和一流学科建设。2017 年 9 月 21 日，教育部、财政部、国家发展改革委联合发布《关于公布世界一流大学和一流学科建设高校及建设学科名单的通知》，正式确认公布 "双一流" 建设高校及建设学科名单，首批双一流建设高校共计 137 所，其中世界一流大学建设高校 42 所（A 类 36 所，B 类 6 所），世界一流学科建设高校 95 所，双一流建设学科共计 465 个。

中国文物艺术品拍卖机构 *
Auction Houses in China

中国收藏拍卖年鉴2019

CHINESE FINE ART & ANTIQUES AUCTION YEARBOOK 2019

* 注：中国文物艺术品拍卖机构名单来自国家文物局公布的《文物拍卖企业信息表（2017.12.13 更新）》，不包含暂停资质的文物拍卖企业。等级评估名单来自中国拍卖行业协会公布的《2019 年拍卖企业等级评估结果公示的名单》（中拍协 [2019] 54 号）；行业自律公约成员名单来自中拍协公布的《文物艺术品拍卖企业自律公约成员名单》首批 56 家，及其他陆续加入的文物艺术品拍卖企业；标准化达标企业名单来自中拍协公布的《关于第二届中国文物艺术品拍卖标准化达标企业评定结果的公告》（中拍协 [2015] 14 号）。

序号	省份	拍卖机构	等级评估	行业自律公约成员	标准化达标企业
1	北京市	北京翰海拍卖有限公司	AAA	√	√
2	北京市	北京华辰拍卖有限公司	AAA	√	√
3	北京市	北京荣宝拍卖有限公司	AAA	√	√
4	北京市	北京瑞平国际拍卖有限公司	AAA	√	√
5	北京市	北京中招国际拍卖有限公司	AAA	√	√
6	北京市	中都国际拍卖有限公司	AAA	√	√
7	北京市	中国嘉德国际拍卖有限公司	AAA	√	√
8	北京市	北京嘉禾国际拍卖有限公司	AAA	√	
9	北京市	中鸿信国际拍卖有限公司	AAA	√	
10	北京市	北京保利国际拍卖有限公司	AA	√	√
11	北京市	北京诚轩拍卖有限公司	AA	√	√
12	北京市	北京匡时国际拍卖有限公司	AA	√	√
13	北京市	北京长风拍卖有限公司	AA	√	√
14	北京市	太平洋国际拍卖有限公司	AA	√	√
15	北京市	北京传是国际拍卖有限责任公司	AA	√	
16	北京市	北京海华宏业拍卖有限责任公司	AA	√	
17	北京市	北京建亚世纪拍卖有限公司	AA	√	
18	北京市	北京永乐国际拍卖有限公司	AA	√	
19	北京市	北京中汉拍卖有限公司	A		
20	北京市	东方国际拍卖有限责任公司	AAA	√	
21	北京市	中宝拍卖有限公司		√	
22	北京市	中联国际拍卖中心有限公司	AA	√	
23	北京市	北京中鼎国际拍卖有限公司	AA		
24	北京市	鼎丰国际拍卖有限公司	AA		

25	北京市	中安太平（北京）国际拍卖有限公司	AA		
26	北京市	北京德宝国际拍卖有限公司	A	√	√
27	北京市	北京中拍国际拍卖有限公司	A	√	√
28	北京市	北京泰和嘉成拍卖有限公司	A	√	
29	北京市	北京银座国际拍卖有限公司	AAA	√	√
30	北京市	中贸圣佳国际拍卖有限公司		√	√
31	北京市	北京包盈国际拍卖有限责任公司			
32	北京市	北京东方大观国际拍卖有限公司		√	
33	北京市	北京东方利德拍卖有限公司		√	
34	北京市	北京东正拍卖有限公司		√	
35	北京市	北京歌德拍卖有限公司		√	
36	北京市	北京海王村拍卖有限责任公司		√	
37	北京市	北京华夏传承国际拍卖有限公司		√	
38	北京市	北京嘉德在线拍卖有限公司		√	
39	北京市	北京九歌国际拍卖股份有限公司		√	
40	北京市	北京琴岛荣德国际拍卖有限公司		√	
41	北京市	北京市古天一国际拍卖有限公司		√	
42	北京市	北京天琅文晖拍卖有限公司		√	
43	北京市	北京文博苑国际拍卖有限公司		√	
44	北京市	北京宣石国际拍卖有限公司		√	
45	北京市	北京亚洲宏大国际拍卖有限公司		√	
46	北京市	北京印千山国际拍卖有限公司		√	
47	北京市	北京盈时国际拍卖有限公司		√	
48	北京市	北京卓德国际拍卖有限公司		√	
49	北京市	汉秦（北京）国际拍卖有限公司		√	
50	北京市	品盛（北京）国际拍卖有限公司		√	
51	北京市	朔方国际拍卖（北京）有限公司		√	
52	北京市	中联环球国际拍卖（北京）有限公司	AA		
53	北京市	保信利诚拍卖（北京）有限公司			
54	北京市	北京八方荟萃拍卖有限公司			
55	北京市	北京百衲国际艺术品拍卖有限公司			
56	北京市	北京宝纶国际拍卖有限公司			
57	北京市	北京宝瑞盈国际拍卖有限公司			
58	北京市	北京宝裕国际拍卖有限公司			

59	北京市	北京博宝拍卖有限公司			
60	北京市	北京博美国际拍卖有限公司			
61	北京市	北京传观国际拍卖有限公司			
62	北京市	北京大晋浩天国际拍卖有限公司			
63	北京市	北京鼎兴天和国际拍卖有限公司			
64	北京市	北京东联盛世宝国际拍卖有限公司			
65	北京市	北京东拍国际拍卖有限公司			
66	北京市	北京东西方国际拍卖有限责任公司			
67	北京市	北京梵堂艺术品拍卖有限公司			
68	北京市	北京富比富国际拍卖有限公司			
69	北京市	北京富古台国际拍卖有限公司			
70	北京市	北京古玩城国际拍卖有限公司			
71	北京市	北京古吴轩国际拍卖有限公司			
72	北京市	北京观唐莳椿国际拍卖有限公司			
73	北京市	北京亨申世纪拍卖有限公司			
74	北京市	北京恒盛鼎国际拍卖有限公司			
75	北京市	北京恒元泰国际拍卖有限公司			
76	北京市	北京弘宝国际拍卖有限公司			
77	北京市	北京宏正国际拍卖有限公司			
78	北京市	北京洪阡拍卖有限公司			
79	北京市	北京华夏鸿禧国际拍卖有限公司			
80	北京市	北京华夏天天拍卖有限公司			
81	北京市	北京吉古国际拍卖有限公司			
82	北京市	北京际华春秋拍卖有限公司			
83	北京市	北京佳银国际拍卖有限公司			
84	北京市	北京今典联合国际拍卖有限公司			
85	北京市	北京金槌宝成国际拍卖有限公司			
86	北京市	北京金锤声国际拍卖有限公司			
87	北京市	北京金仕德国际拍卖有限公司			
88	北京市	北京景星麟凤国际拍卖有限公司			
89	北京市	北京巨力国际拍卖有限公司			
90	北京市	北京聚宝金鼎国际拍卖有限公司			
91	北京市	北京骏璟伟业国际拍卖有限公司			
92	北京市	北京匡德国际拍卖有限公司			

中国收藏
拍卖年鉴
2019

CHINESE FINE ART &
ANTIQUES AUCTION
YEARBOOK 2019

93	北京市	北京隆荣国际拍卖有限公司			
94	北京市	北京美三山拍卖有限公司			
95	北京市	北京明珠双龙国际拍卖有限公司			
96	北京市	北京盘古拍卖有限公司			
97	北京市	北京旗标典藏拍卖有限公司			
98	北京市	北京启石国际拍卖有限公司			
99	北京市	北京冉东国际拍卖有限公司			
100	北京市	北京荣盛轩国际拍卖有限公司			
101	北京市	北京儒嘉拍卖有限公司			
102	北京市	北京瑞宝行国际拍卖有限公司			
103	北京市	北京桑杰国际拍卖有限公司			
104	北京市	北京尚古品逸国际拍卖有限公司			
105	北京市	北京晟永国际拍卖有限公司			
106	北京市	北京盛佳国际拍卖有限公司			
107	北京市	北京适珍国际拍卖有限公司			
108	北京市	北京收藏在线拍卖有限公司			
109	北京市	北京双宝通国际拍卖有限公司			
110	北京市	北京天雅恒逸国际拍卖有限公司			
111	北京市	北京维塔维登国际拍卖有限公司			
112	北京市	北京文津阁国际拍卖有限责任公司			
113	北京市	北京伍伦国际拍卖有限公司			
114	北京市	北京西荣阁拍卖有限公司			
115	北京市	北京新华拍卖有限公司			
116	北京市	北京新民勤拍卖有限公司			
117	北京市	北京玄和国际拍卖有限公司			
118	北京市	北京亚洲宸泽拍卖有限公司			
119	北京市	北京一峰翰林国际拍卖有限公司			
120	北京市	北京艺典臻藏国际拍卖有限公司			
121	北京市	北京艺融国际拍卖有限公司			
122	北京市	北京银河国际拍卖有限公司			
123	北京市	北京盈昌国际拍卖有限公司			
124	北京市	北京湛然国际拍卖有限公司			
125	北京市	北京至诚国际拍卖有限公司			
126	北京市	北京中博国际拍卖有限公司			

127	北京市	北京中海艺澜国际拍卖有限公司			
128	北京市	北京中和正道国际拍卖有限公司			
129	北京市	北京中恒信拍卖有限公司			
130	北京市	北京中天信达拍卖有限公司			
131	北京市	北京中豫国际拍卖有限公司			
132	北京市	大维德（北京）国际拍卖有限公司			
133	北京市	大象（北京）国际拍卖有限公司			
134	北京市	东方国蕴拍卖有限公司			
135	北京市	东方求实国际拍卖（北京）有限公司			
136	北京市	东方融讯（北京）国际拍卖有限公司			
137	北京市	东方御藏国际拍卖（北京）有限公司			
138	北京市	宏善拍卖（北京）有限公司			
139	北京市	冀德国际拍卖有限公司			
140	北京市	嘉珑国际拍卖有限公司			
141	北京市	金远见（北京）国际拍卖有限公司			
142	北京市	龙泽德拍卖（北京）有限公司			
143	北京市	舍得拍卖（北京）有限公司			
144	北京市	无与伦比（北京）国际拍卖有限公司			
145	北京市	亚洲上和（北京）拍卖有限公司			
146	北京市	中古陶（北京）拍卖行有限公司			
147	北京市	中恒一品（北京）国际拍卖有限公司			
148	北京市	中惠拍卖有限公司			
149	北京市	重锤国际拍卖（北京）有限责任公司			
150	天津市	天津蓝天国际拍卖行有限责任公司	AAA	√	√
151	天津市	海天国际拍卖（天津）有限公司	AA	√	
152	天津市	天津市同方国际拍卖行有限公司	AA	√	
153	天津市	天津鼎天国际拍卖有限公司	A	√	√
154	天津市	天津国际拍卖有限责任公司	AA	√	
155	天津市	瀚琮国际拍卖（天津）有限公司			
156	天津市	天津滨海健业拍卖有限公司			
157	天津市	天津博世嘉拍卖行有限公司			
158	天津市	天津德隆国际拍卖有限公司			
159	天津市	天津瀚雅拍卖有限公司			
160	天津市	天津融德堂艺术品拍卖行有限公司			

中国收藏
拍卖年鉴
2019

CHINESE FINE ART &
ANTIQUES AUCTION
YEARBOOK 2019

161	河北	大马河北拍卖有限公司			
162	河北	河北翰如拍卖有限公司			
163	河北	河北嘉海拍卖有限公司	AA		
164	河北	巨力国际拍卖有限公司	AA		
165	河北	石家庄盛世东方国际拍卖有限公司			
166	山西	山西百业拍卖有限公司	AAA	√	
167	山西	山西晋宝拍卖有限公司	AA	√	√
168	山西	山西融易达拍卖有限公司	AA		
169	山西	山西兴晋拍卖股份有限公司	AA		
170	山西	山西晋德拍卖有限责任公司		√	
171	山西	山西晋通拍卖有限公司	A	√	
172	辽宁	富佳斋拍卖有限公司	AA		
173	辽宁	辽宁建投拍卖有限公司	AA	√	
174	辽宁	辽宁国际商品拍卖有限公司	A	√	
175	辽宁	辽宁华安拍卖有限公司	A		
176	辽宁	辽宁友利拍卖有限公司			
177	辽宁	辽宁中正拍卖有限公司			
178	吉林省	吉林省虹桥拍卖有限公司			
179	黑龙江	黑龙江嘉瑞拍卖有限公司			
180	上海	上海大众拍卖有限公司	AAA	√	√
181	上海	上海东方国际商品拍卖有限公司	AAA	√	√
182	上海	上海朵云轩拍卖有限公司	AAA	√	√
183	上海	上海国际商品拍卖有限公司	AAA	√	√
184	上海	上海拍卖行有限责任公司	AAA	√	√
185	上海	上海青莲阁拍卖有限责任公司	AAA	√	√
186	上海	上海长城拍卖有限公司	AAA	√	√
187	上海	上海华夏拍卖有限公司	AAA	√	
188	上海	上海黄浦拍卖行有限公司	AAA	√	
189	上海	上海老城隍庙拍卖行有限公司	AAA	√	
190	上海	上海泓盛拍卖有限公司	AAA	√	√
191	上海	上海驰翰拍卖有限公司	AA	√	
192	上海	上海宝江拍卖有限公司	AA		
193	上海	上海产权拍卖有限公司	AA		
194	上海	上海技术产权拍卖有限公司	AA		

195	上海	上海捷利拍卖有限公司	AA		
196	上海	上海金槌商品拍卖有限公司	AA		
197	上海	上海金沪拍卖有限公司	AAA		
198	上海	上海大公拍卖有限公司	AAA		
199	上海	上海嘉泰拍卖有限公司	A		
200	上海	上海申之江拍卖有限公司	AAA		
201	上海	荣宝斋（上海）拍卖有限公司		√	√
202	上海	上海博古斋拍卖有限公司	AA	√	√
203	上海	上海宝龙拍卖有限公司		√	
204	上海	上海道明拍卖有限公司		√	
205	上海	上海泛华拍卖有限公司		√	
206	上海	上海工美拍卖有限公司		√	
207	上海	上海恒利拍卖有限公司			
208	上海	敬华（上海）拍卖股份有限公司		√	
209	上海	上海聚德拍卖有限公司			
210	上海	上海联合拍卖有限公司		√	
211	上海	上海明轩国际艺术品拍卖有限公司		√	
212	上海	上海铭广拍卖有限公司		√	
213	上海	上海中福拍卖有限公司		√	
214	上海	上海博海拍卖有限公司			
215	上海	宝库（上海）拍卖有限公司			
216	上海	上海富铭拍卖有限公司			
217	上海	上海汉霖拍卖有限公司			
218	上海	上海和韵拍卖有限公司			
219	上海	上海宏大拍卖有限公司			
220	上海	上海鸿生拍卖有限公司			
221	上海	上海华宇拍卖有限公司			
222	上海	上海汇元拍卖有限公司			
223	上海	上海嘉禾拍卖有限公司		√	
224	上海	璟祥拍卖（上海）有限公司			
225	上海	上海金艺拍卖有限公司			
226	上海	上海康华拍卖有限公司			
227	上海	上海匡时拍卖有限公司			
228	上海	上海融汇拍卖有限公司			

229	上海	上海尚敷精舍拍卖有限公司			
230	上海	上海天赐玉成拍卖有限公司			
231	上海	上海天衡拍卖有限公司			
232	上海	上海熙雅拍卖有限公司			
233	上海	上海新华拍卖有限公司			
234	上海	上海阳明拍卖有限公司			
235	上海	上海雅藏拍卖有限公司			
236	上海	上海元贞拍卖有限公司			
237	上海	上海自贸区拍卖有限公司			
238	上海	上海中南拍卖有限公司			
239	上海	上海中亿拍卖有限公司			
240	江苏	江苏省拍卖总行有限公司	AAA	√	
241	江苏	江苏省实成拍卖有限公司	AAA	√	
242	江苏	南京经典拍卖有限公司	AA	√	√
243	江苏	苏州市吴门拍卖有限公司	AA	√	√
244	江苏	南京嘉信拍卖有限公司	AA	√	√
245	江苏	苏州东方艺术品拍卖有限公司	AA	√	√
246	江苏	江苏景宏国际拍卖有限公司	AA	√	
247	江苏	江苏苏天拍卖有限公司	AA		
248	江苏	江苏五爱拍卖有限公司	AA		
249	江苏	江苏爱涛拍卖有限公司	A	√	√
250	江苏	江苏淮海国际拍卖有限公司	A	√	
251	江苏	江苏天诚拍卖有限公司	A		
252	江苏	南京十竹斋拍卖有限公司		√	
253	江苏	南京正大拍卖有限公司		√	
254	江苏	江苏沧海拍卖有限公司		√	
255	江苏	江苏凤凰国际拍卖有限公司			
256	江苏	江苏观宇艺术品拍卖有限公司			
257	江苏	江苏嘉恒国际拍卖有限公司			
258	江苏	江苏九德拍卖有限公司			
259	江苏	江苏聚德拍卖有限公司		√	
260	江苏	江苏旷世国际拍卖有限公司			
261	江苏	江苏磊峰拍卖有限公司			
262	江苏	江苏两汉拍卖有限公司			

263	江苏	江苏龙城拍卖有限公司			
264	江苏	江苏五彩石拍卖有限公司			
265	江苏	江苏真德拍卖有限公司			
266	江苏	江苏中山拍卖有限公司			
267	江苏	南京海德国际拍卖有限公司			
268	江苏	荣宝斋（南京）拍卖有限公司			
269	江苏	无锡阳羡拍卖有限公司			
270	浙江	浙江国际商品拍卖中心有限责任公司	AAA	√	√
271	浙江	浙江三江拍卖有限公司	AAA	√	√
272	浙江	温州汇丰拍卖行有限公司	AAA	√	
273	浙江	浙江嘉泰拍卖有限公司	AAA		
274	浙江	浙江皓翰国际拍卖有限公司	AA		
275	浙江	浙江汇通拍卖有限公司	AA		
276	浙江	浙江省省直拍卖行	AA		
277	浙江	浙江一通拍卖有限公司	AA	√	
278	浙江	浙江浙商拍卖有限公司	AA		
279	浙江	浙江佳宝拍卖有限公司	A	√	√
280	浙江	浙江大地拍卖有限公司	A		
281	浙江	浙江鸿嘉拍卖有限公司	A		
282	浙江	浙江经典拍卖有限公司	A		
283	浙江	浙江世贸拍卖中心有限公司	A	√	
284	浙江	浙江中财拍卖行有限公司	A		
285	浙江	浙江中钜拍卖有限公司	A		
286	浙江	西泠印社拍卖有限公司		√	√
287	浙江	宁波富邦拍卖有限公司		√	
288	浙江	浙江美术传媒拍卖有限公司		√	
289	浙江	浙江长乐拍卖有限公司		√	
290	浙江	杭州开源拍卖有限公司			
291	浙江	杭州天工艺苑拍卖有限公司			
292	浙江	杭州旺田国际拍卖有限公司			
293	浙江	绍兴翰越堂拍卖有限公司			
294	浙江	浙江横店拍卖有限公司			
295	浙江	浙江嘉瀚拍卖有限公司		√	
296	浙江	浙江嘉浩拍卖有限公司			

中国收藏
拍卖年鉴
2019

CHINESE FINE ART &
ANTIQUES AUCTION
YEARBOOK 2019

297	浙江	浙江骏成拍卖有限公司			
298	浙江	浙江丽泽拍卖有限公司			
299	浙江	浙江六通拍卖有限公司			
300	浙江	浙江隆安拍卖有限公司			
301	浙江	浙江南北拍卖有限公司			
302	浙江	浙江其利拍卖有限公司			
303	浙江	浙江盛世拍卖有限公司			
304	浙江	浙江中赢拍卖有限公司			
305	安徽	安徽盘龙企业拍卖集团有限公司	AA		√
306	安徽	安徽古今天元拍卖有限公司			
307	安徽	安徽省盛唐拍卖有限公司			
308	安徽	安徽星汉拍卖有限公司			
309	安徽	安徽艺海拍卖有限责任公司			
310	福建	福建省贸易信托拍卖行有限公司	AAA	√	√
311	福建	福建省顶信拍卖有限公司	AAA	√	
312	福建	福建省华夏拍卖有限公司	AAA		
313	福建	厦门特拍卖有限公司	AAA		
314	福建	福建省拍卖行	AA	√	
315	福建	福建运通拍卖行有限公司	AA		
316	福建	福建静轩拍卖有限公司		√	
317	福建	保利（厦门）国际拍卖有限公司			
318	福建	福建东南拍卖有限公司			
319	福建	福建省伯雅拍卖有限公司			
320	福建	福建省大明拍卖有限公司			
321	福建	福建省定佳拍卖有限公司			
322	福建	福建省居正拍卖行有限公司			
323	福建	厦门谷云轩拍卖有限公司			
324	福建	厦门华辰拍卖有限公司			
325	福建	厦门市方分拍卖有限公司			
326	山东	佳联国际拍卖有限公司	AA		
327	山东	山东同亨拍卖有限公司	AA		
328	山东	山东新世纪拍卖行有限公司	A		
329	山东	迦南国际拍卖有限公司			
330	山东	青岛中艺拍卖有限公司			

331	山东	荣宝斋（济南）拍卖有限公司			
332	山东	山东天下收藏拍卖有限公司			
333	河南	河南拍卖行有限公司	AAA		
334	河南	郑州拍卖总行	AAA	√	
335	河南	河南省方迪拍卖有限公司	AA		
336	河南	河南省清风拍卖行有限公司	AA		
337	河南	河南省豫呈祥拍卖有限责任公司	AA	√	
338	河南	河南金帝拍卖有限公司	A	√	√
339	河南	河南省新恒丰拍卖行有限公司	A	√	
340	河南	河南福德拍卖有限公司			
341	河南	河南和同拍卖有限公司			
342	河南	河南鸿远拍卖有限公司			
343	河南	河南厚铭拍卖有限公司			
344	河南	河南华宝拍卖有限公司			
345	河南	河南省匡庐拍卖有限公司			
346	河南	河南中嘉拍卖有限公司			
347	河南	嘉信诚（郑州）拍卖有限公司			
348	河南	洛阳市佳德拍卖有限公司			
349	湖北	湖北诚信拍卖有限公司	AAA	√	√
350	湖北	湖北德润古今拍卖有限公司	AAA		
351	湖北	湖北嘉宝一品拍卖有限公司			
352	湖北	武汉市大唐拍卖有限责任公司			
353	湖北	武汉中信拍卖有限公司			
354	湖南	湖南省国际商品拍卖有限公司	A	√	
355	湖南	湖南雅丰拍卖有限公司			
356	广东	广东省拍卖行有限公司	AAA	√	√
357	广东	广州华艺国际拍卖有限公司	AAA	√	√
358	广东	深圳市拍卖行有限公司	AAA	√	√
359	广东	安华白云拍卖行有限公司	AAA	√	
360	广东	广东华友拍卖有限公司	AAA		
361	广东	广东衡益拍卖有限公司	AA	√	√
362	广东	广州市皇玛拍卖有限公司	AA	√	√
363	广东	广东保利拍卖有限公司	AA		
364	广东	广东光德拍卖有限公司	AA		

中国收藏
拍卖年鉴
2019

CHINESE FINE ART &
ANTIQUES AUCTION
YEARBOOK 2019

365	广东	广东浩宏拍卖有限公司	AA	√	
366	广东	广东旭通达拍卖有限公司	AA	√	
367	广东	广东省古今拍卖有限公司	A	√	√
368	广东	广东崇正拍卖有限公司		√	√
369	广东	广东凤凰拍卖有限公司		√	
370	广东	广州市银通拍卖行有限公司		√	√
371	广东	广东精诚所至艺术品拍卖有限公司			
372	广东	广东侨鑫拍卖有限公司			
373	广东	广东小雅斋拍卖有限公司			
374	广东	深圳市华夏典藏拍卖有限公司			
375	广西	广西正槌拍卖有限责任公司	AAA		
376	广西	广西华盛拍卖有限公司	AA		
377	广西	广西泓历拍卖有限公司			
378	广西	广西邕华拍卖有限责任公司			
379	广西	荣宝斋（桂林）拍卖有限公司			
380	海南	海南恒鑫拍卖有限公司	A		
381	海南	海南安达信拍卖有限公司			
382	四川	四川嘉诚拍卖有限公司	AAA	√	√
383	四川	四川盈信天地拍卖有限公司	AAA		
384	四川	成都市金沙拍卖有限公司	AA		
385	四川	四川达州市万星拍卖有限公司	AA		
386	四川	四川东方拍卖有限责任公司	A		
387	四川	四川中天拍卖有限责任公司	A		
388	四川	四川翰雅拍卖有限公司		√	
389	四川	成都八益拍卖有限公司		√	
390	四川	成都诗婢家拍卖有限责任公司			
391	四川	四川德轩拍卖有限责任公司			
392	四川	四川嘉宝拍卖有限公司			
393	四川	四川联拍拍卖有限公司	AA		
394	四川	四川省梦虎拍卖有限责任公司		√	
395	四川	四川世玺拍卖有限公司			
396	四川	四川重华拍卖有限公司			
397	云南	云南典藏拍卖集团有限公司	A	√	
398	云南	昆明雅士得拍卖有限公司			

399	重庆	重庆恒升拍卖有限公司	AAA		√		√
400	重庆	重庆市拍卖中心有限公司	AAA				
401	重庆	重庆华夏文物拍卖有限公司	A		√		√
402	陕西	陕西天龙国际拍卖有限公司	AAA		√		√
403	陕西	陕西宝隆拍卖有限责任公司	AA				
404	陕西	陕西诚挚拍卖有限责任公司	A				
405	陕西	陕西大德拍卖有限责任公司	A				
406	陕西	陕西金花拍卖有限责任公司	A				
407	陕西	陕西华夏国际拍卖有限公司					
408	陕西	陕西秦商拍卖有限责任公司					
409	陕西	陕西瑞晨拍卖有限公司					
410	陕西	陕西盛世长安拍卖有限公司					
411	陕西	陕西天一国际拍卖有限公司					
412	陕西	西安力邦拍卖有限公司					
413	甘肃	未来四方集团拍卖有限公司	AAA		√		√
414	宁夏	宁夏力鼎拍卖有限公司					
415	香港	邦瀚斯国际（香港）拍卖有限公司					
416	香港	宝港国际拍卖有限公司					
417	香港	保利香港拍卖有限公司					
418	香港	淳浩拍卖有限公司					
419	香港	东京中央拍卖（香港）有限公司					
420	香港	富艺斯拍卖有限公司					
421	香港	佳士得香港有限公司					
422	香港	利得丰香港有限公司					
423	香港	拍得高拍卖（国际）有限公司					
424	香港	普艺拍卖有限公司					
425	香港	仕宏拍卖有限公司					
426	香港	苏富比（香港）国际拍卖有限公司					
427	香港	天成国际拍卖有限公司					
428	香港	万昌斯拍卖行有限公司					
429	香港	香港佳富拍卖行有限公司					
430	香港	北京匡时国际拍卖（香港）有限公司					
431	香港	中国嘉德（香港）国际拍卖有限公司					
432	香港	香港怡和国际拍卖有限公司					

中国收藏
拍卖年鉴
2019

CHINESE FINE ART &
ANTIQUES AUCTION
YEARBOOK 2019

433	香港	香港中怡国际拍卖有限公司			
434	澳门	澳门新亚太国际拍卖有限公司			
435	台湾	帝图科技文化股份有限公司			
436	台湾	金仕发拍卖有限公司			
437	台湾	景薰楼国际拍卖股份有限公司			
438	台湾	罗芙奥股份有限公司			
439	台湾	门得扬拍卖股份有限公司			
440	台湾	沐春堂拍卖股份有限公司			
441	台湾	台北富博斯国际艺术有限公司			
442	台湾	台北宇珍国际艺术有限公司			
443	台湾	台湾富德国际拍卖股份有限公司			
444	台湾	台湾壶禄堂拍卖公司			
445	台湾	台湾世家国际拍卖			
446	台湾	新光国际艺术有限公司			
447	台湾	艺流国际拍卖股份有限公司			
448	台湾	易拍好股份有限公司			
449	台湾	中诚国际艺术股份有限公司			
450	台湾	新象艺术文创			

海外地区主要文物艺术品拍卖机构
Overseas Auction Houses

序号	国家	拍卖机构
1	爱尔兰	Sheppard's Irish Auction House
2	爱沙尼亚	Baltic Auction Group
3	奥地利	Galerie Zacke Vienna
4	奥地利	Leitz Photographica Auction
5	比利时	Carlo Bonte Auctions
6	比利时	DVC
7	比利时	Galerie Moderne
8	比利时	Rob Michiels Auctions
9	比利时	Veilinghuis Loeckx
10	波兰	Desa Unicum
11	德国	Auction Team Breker
12	德国	Auktionshaus Eppli
13	德国	Auktionshaus Dr. Fischer
14	德国	Auktionshaus Geble
15	德国	Auktionshaus Rheine
16	德国	Badisches Auktionshaus
17	德国	Ginhart
18	德国	Hampel Fine Art Auctions
19	德国	Hargesheimer Kunstauktionen Düsseldorf
20	德国	Henry's Auktionshaus AG
21	德国	Historia Auktionshaus
22	德国	Jeschke Van Vliet
23	德国	Karl & Faber
24	德国	Kastern
25	德国	Kiefer Buch-und Kunstauktio
26	德国	Kunst & Kuriosa
27	德国	Kunstauktionshaus Schlosser
28	德国	Lempertz
29	德国	Nagel
30	德国	Neumeister
31	德国	Ruef

中国收藏
拍卖年鉴
2019

CHINESE FINE ART &
ANTIQUES AUCTION
YEARBOOK 2019

32	德国	Schmidt Kunstauktionen Dresden OHG
33	德国	Sigalas
34	德国	Stahl
35	德国	Van Ham
36	俄罗斯	Anticvarium
37	法国	Art Richelieu
38	法国	Artcurial
39	法国	Artprecium
40	法国	Beaussant Lef è vre
41	法国	Boisgirard−Antonini
42	法国	Christie's Paris
43	法国	Cornette De Saint−Cyr
44	法国	Expertisez.com
45	法国	Fauve Paris
46	法国	Lebrech & Associes
47	法国	Leclere − Maison De Ventes
48	法国	Osenat
49	法国	Pescheteau Badin
50	法国	Sotheby's Paris
51	法国	Thierry De Maigret
52	法国	Tajan
53	荷兰	AAG Arts & Antiques Group
54	荷兰	Oriantal Art Auctions
55	荷兰	Venduhuis de Jager
56	荷兰	Venduehuis der Notarissen
57	荷兰	Zeeuws Veilinghuis−Auctionhouse Zeeland
58	捷克共和国	Antikvity
59	捷克共和国	Arcimboldo
60	捷克共和国	Auction House Zezula
61	摩纳哥	Accademia Fine Art
62	葡萄牙	Marques dos Santos
63	葡萄牙	Veritas Art Auctioneers
64	瑞士	Dogny Auction
65	瑞士	Galartis SA
66	瑞士	Gen è ve Ench è res

67	瑞士	Piguet Hôtel des Ventes
68	瑞士	Koller Auctions
69	瑞士	Schuler Auktionen AG
70	西班牙	La Suite Subastas
71	西班牙	Marbella Online Art Auction
72	西班牙	Sala Moyua de Brancas
73	意大利	Ansuini Aste
74	意大利	Aste Boetto
75	意大利	Cambi Casa d'Aste
76	意大利	Capitolium Art
77	意大利	Casa d'Aste Martini
78	意大利	Colasanti Casa d'Aste
79	意大利	IL Ponte Casa D'Aste
80	意大利	Lucas Aste
81	意大利	Pandolfini Casa d'Aste
82	意大利	Sotheby's Milan
83	意大利	Wannenes
84	英国	Baldwin's
85	英国	Bolton Auction Rooms
86	英国	Bonhams Edinburgh
87	英国	Bonhams London
88	英国	British Bespoke Auctions
89	英国	Bromley Fine Art
90	英国	Canterbury Auction Galleries
91	英国	Cheffins
92	英国	Chiswick Auctions
93	英国	Christie's London
94	英国	Dreweatts & Bloomsbury
95	英国	Eastbourne Auction Rooms
96	英国	Ewbank's
97	英国	Fellows
98	英国	Gardiner Houlgate
99	英国	Gorringes
100	英国	Halls Fine Art Auctioneers
101	英国	Henry Aldridge & Son

102	英国	International Autograph Auctions
103	英国	Lawrences
104	英国	London Auction
105	英国	Lyon & Turnbull
106	英国	MacDougall's
107	英国	Mallams Ltd.
108	英国	McTear's
109	英国	Nicholas Mellors Auctioneers
110	英国	Peter Wilson
111	英国	Roseberys London
112	英国	Sotheby's London
113	英国	Sworders
114	英国	Toovey's
115	加拿大	Dupuis Fine Jewellery Auctioneers Inc.
116	加拿大	Eins Auction & Appraisal
117	加拿大	Gosby Auction
118	美国	Ander's Auction
119	美国	Antique Reader
120	美国	Apex Art & Antiques Auctioneer Inc
121	美国	Artingstall & Hind
122	美国	Bonhams New York
123	美国	Bonhams San Francisco
124	美国	California Asian Art Auction Gallery USA
125	美国	Christie's New York
126	美国	Converse Auctions
127	美国	Doyle New York
128	美国	Eddie's Auction
129	美国	Empire Auction House
130	美国	Leslie Hindman Auctioneers
131	美国	Maven Auction
132	美国	Phillips
133	美国	Pook & Pook, INC.
134	美国	Royal Fine Antiques Asia
135	美国	Skinner
136	美国	Sotheby's New York

137	美国	William's Auction, LLC
138	澳大利亚	Bonhams Sydney
139	澳大利亚	Barsby Auctions
140	澳大利亚	Graham's Auction
141	澳大利亚	Lugosi Auctioneers & Valuers
142	澳大利亚	Mossgreen PTY LTD
143	澳大利亚	WA Art Auctions
144	亚美尼亚	Arman Antiques LLC
145	以色列	Pasarel
146	以色列	Tiroche Auction House
147	韩国	K Auction
148	日本	iART 拍卖公司
149	日本	JADE 株式会社（日本美协）
150	日本	东京国际拍卖有限公司
151	日本	东京新日本拍卖股份有限公司
152	日本	关西美术竞卖株式会社
153	日本	横滨国际拍卖公司
154	日本	株式会社东京中央拍卖
155	日本	日本每日拍卖行
156	日本	日本伊斯特拍卖有限公司
157	日本	日本童梦艺术拍卖会
158	新加坡	33 拍卖公司
159	新加坡	新加坡国际拍卖有限公司
160	新加坡	新加坡臻冠国际拍卖公司

中国收藏
拍卖年鉴
2019

CHINESE FINE ART &
ANTIQUES AUCTION
YEARBOOK 2019

全球重要文物艺术品交易行业协会

中国大陆地区

协会名称	地址	电话	网址
中国拍卖行业协会	北京市朝阳区北辰东路 8 号院北辰汇园大厦 H 座 A2511 室	010-64931499 010-64932499	www.caa123.org.cn
北京拍卖行业协会	北京市西城区北礼士路甲 98 号阜成大厦 B 座 305 室	010-68337868	www.bjpmhyxh.com
北京画廊协会	北京市朝阳区望京阜通东大街 6 号方恒国际中心 A 座 1808 室	010-84783776	http://aga.china.cn
河北省拍卖行业协会	河北省石家庄市和平西路 448 号五矿大厦 1312	0311-86045287	www.hebaa.cn
山西省拍卖行业协会	太原市迎泽大街 229 号三楼 352 室 (省供销社贸易大楼)	0351-4185257	www.sxspx.cn
内蒙古拍卖行业协会	呼和浩特市赛罕区如意和大街 52 号内蒙古世和大酒店 12 楼	0471-6935861	www.nmpx.cn
辽宁省拍卖行业协会	沈阳市皇姑区宁山东路 36 号 412 室	024-86894299	www.lnspx.org.cn
吉林省拍卖行业协会	吉林省长春市安达街 982 号	0431-88549466	www.jlpm.info
黑龙江拍卖行业协会	黑龙江省哈尔滨市道里区经纬五道街 16 号	0451-84283460	www.hljpm.com
上海市拍卖行业协会	上海市黄浦区乔家路 2 号 (近中华路)	021-64226596	www.staa.com.cn
江苏省拍卖行业协会	江苏省南京市中山北路 101 号后楼 301 室	025-83301180	www.js-auction.com
浙江省拍卖行业协会	浙江省杭州市武林路 100 号鸿鼎商务楼 510 室	0571-87913705	www.zjpmw.com
安徽省拍卖协会	合肥市政务区祁门路 1688 号兴泰金融广场 1803 室 (祁门路与翡翠路交口)	0551-63542827	www.aaa123.org.cn
福建省拍卖行业协会	福建省福州市五四路 210 号国际大厦 9 层 A 区	0591-87872331	www.fjaac.com
江西省拍卖行业协会	江西省南昌市洪城路 8 号长青国贸大厦 21 楼 2102 室	0791-86286850	www.jxpmxh.com
山东省拍卖行业协会	山东省济南市历下区佛山苑小区一区 9 号楼	0531-86041244	www.sdaa123.org.cn
河南省拍卖行业协会	河南省郑州市任砦北街 2 号 1 号楼 218 房间	0371-63937879	www.pai.org.cn
湖北省拍卖行业协会	湖北省武汉市硚口区建设大道 439 号湖北商业广场 725、628 室	027-83616662	www.hbpm123.cn
湖南省拍卖行业协会	湖南省长沙市五一大道 351 号省政府机关二院机关印刷厂 205	0731-82212852	www.hnpx.org.cn
广东省拍卖行业协会	广东省广州市越秀区水荫路 2 号恒鑫大厦西座 903 室	020-87396612	www.gdaa.cn
广西拍卖行业协会	广西南宁市桃源路 59 号	0771-5323043	www.gxpm123.com

四川省拍卖行业协会	四川省成都市文武路 38 号新时代广场 12 楼 D1	028-86617321	www.saa123.com
云南省拍卖行业协会	云南省昆明市西山区广福路与前卫西路交叉口奥宸财富广场 C2 座 1109 室	0871-63625025	www.ynpm.cn
重庆市拍卖行业协会	重庆市渝中区上清寺太平洋广场 B 座 1502 室	023-63616169	www.cqspx.com
陕西省拍卖行业协会	陕西省西安市碑林区长安大街三号 B 座 1702 室	029-87294521	www.sxpmxh.com
贵州省拍卖行业协会	贵州省贵阳市中华北路 188 号外贸大楼三楼	0851-6571340	www.gzspm.com
天津市拍卖行业协会	天津市河北区昆纬路与胜利路交口北斗花园（昆纬路小学对面）7 号楼 2 门 701	022-26418556	www.tjaa123.org.cn
中国收藏家协会	北京市朝阳区朝阳公园南路 19 号郡王府内敦煌艺术馆	010-84027307	www.zcxn.com/index.html

港台地区

协会名称	地址	电话	网址
香港画廊协会	香港上环荷李活道 248 号地下	+852 3480 5051	www.hk-aga.org
台湾画廊协会	台湾省台北市松山区光复南路 1 号 2 楼之 1 室	+8862 2742 3968	www.aga.org.tw

海外地区

协会名称	协会简介	地址	网址
CINOA – International Confederation of Art and Antique Dealers' Associations	CINOA（艺术品和古董经销商协会国际联合会），1935 年成立于比利时首都布鲁塞尔，是全球性的艺术品和古董经销商联合会，参会成员包括来自 22 个国家，32 个协会的 5000 多家文物艺术品经销商，其交易内容广泛，从古代文物到当代艺术应有尽有。CINOA 要求会员以丰富的学术知识为基础，秉持"高品质、专业化、全方位"的行业准则，致力于在全球范围内形成高等级的行业道德标准，传播艺术市场咨询，以及促进世界艺术品的自由流通。1976 年起，CINOA 设立年度奖项，以鼓励成员国中在学术著作或艺术品保护领域做出杰出贡献的学者及艺术工作者。如今，CINOA 年度奖也对其他领域艺术家的努力做出肯定，如展览、保护、教育项目等，表彰在艺术品领域及艺术市场贡献突出的博物馆研究员和公众人物。		www.cinoa.org
ILAB – International League of Antiquarian Booksellers	ILAB（国际古书商联合会）是珍贵书籍交易商的全球性网络，从印刷术发明到如今的 21 世纪，ILAB 在所有领域、所有专业都能提供优质的书籍、精准的描述和专业的价格。ILAB 的会员们共享全球范围内的品质、知识、建议和经验。		www.ilab.org

ADAA – Art Dealers Association of America	ADAA（美国艺术经销商协会）是艺术品领域非营利性的画廊会员组织，成立于 1962 年。协会致力于在行业内推广最高标准的鉴赏能力、学术水平和行业规范。协会成员主要涉足绘画、雕塑、版画、素描和照片，时间跨度覆盖文艺复兴时期直至今天。每个协会成员都是自身领域的行业翘楚，如今，ADAA 已经在美国 25 座城市拥有 175 家画廊会员。	205 Lexington Avenue, Suite #901, New York, NY 10016	www.artdealers.org
NAADAA – National Antique & Art Dealers Association of America, Inc.	NAADAA（美国国家古董及艺术品经销商协会）是美国主要艺术品交易商组成的非营利性组织。其成员承诺维护通过正当道德的途径购买、出售或收集古董艺术品的行为。多年的研究和实践经验使 NAADAA 的成员积累了丰富的专业素养，并在各自领域里树立了威望。	220 East 57th Street, New York NY, 10022	www.naadaa.org
NAA – National Auctioneers Association	NAA（美国拍卖行业协会）成立于 1949 年，是全球最大的拍卖行业专业人士的协会，协会成员服务于广泛的拍卖业务。协会致力于为其成员提供教育规划和各类资源，同时，协会成员遵守严格的职业道德规范，并与网络拍卖的专业人士进行广泛合作。	8880 Ballentine St. Overland Park, KS 66214, United States	www.auctioneers.org
FEAGA – Federation of European Art Galleries Association	FEAGA（欧洲画廊协会联盟）代表着活跃在欧盟及瑞士的现当代艺术画廊的利益，在各国之间协助游说，例如降低增值税税率和艺术家转售权利等问题。	President: Adriaan Raemdonck, Galerie De Zwarte Panter, Hoogstraat 70–72, B–2000 Antwerpen, Belgium	www.europeangalleries.org
BAMF – British Art Market Federation	BAMF（英国艺术市场联合会）成立于 1996 年，在与政府沟通时，代表了英国庞大而多元化的文物及艺术品市场的利益。BAMF 的成员共同组成了英国文物及艺术品市场的中坚力量，如：英国古董经销商协会 (British Antique Dealers' Association)、邦瀚斯、佳士得、苏富比、伦敦艺术经销商协会 (SLAD)、艺术品拍卖师和估价协会 (SOFAA) 等。	52 Ailesbury Park, Newbridge, Co Kildare, Ireland	clikcreative.com/ project/british–art– market–federation/
SLAD – Society of London Art Dealers	SLAD（伦敦艺术经销商协会）成立于 1932 年，是英国主要艺术品交易商共同发起的协会。134 家会员的经营范围涵盖了古典绘画艺术、雕塑、当代艺术等，协会章程要求会员秉承诚信、专业的准则，以专业素养和可信度获得买家的信赖。	CK International House, 1 – 6 Yarmouth Place, Mayfair, London, W1J 7BU	www.slad.org.uk

LAPADA – Association of Art & Antique Dealers	从 1974 年成立以来，LAPADA（艺术品和古董交易商协会）已拥有超过 600 名会员，成为英国最大的专业艺术品和古董交易商协会。虽然协会的大部分会员来自英国，但是近几年陆续有来自 16 个国家的 50 名会员申请加入。LAPADA 对会员资格要求严格：丰富的行业经验、高质量的艺术品收藏、专业的文物艺术品研究水平等。如今，LAPADA 的会员收藏涵盖了从古代文物到当代艺术的各个品类。	535 Kings Road, London, SW10 OSZ	lapada.org
SOFAA – Society of Fine Art Auctioneers And Valuers	SOFAA(艺术品拍卖师和估价师协会)成立于1973年，为全英国范围的专业机构提供服务。协会成员致力于提供全面而专业的古董、艺术品、珠宝和不动产拍卖及估价服务。	2 Kingfisher Court, Bridge Road, East Molesey, Surrey KT8 9HL	www.sofaa.org

中国收藏
拍卖年鉴
2019

CHINESE FINE ART &
ANTIQUES AUCTION
YEARBOOK 2019